U0661124

"十三五"国家重点图书出版规划项目

中国互联网金融研究丛书

丛书主编 裴平

# 互联网金融冲击下的主流经济学

### 基于中国实践的理论探索

章安辰　裴平　著

南京大学出版社

**裴平** 管理学博士，1993—2002年担任南京大学金融学系主任，2002—2015年担任南京大学商学院副院长，2013—2017年受聘为教育部高等学校教学指导委员会委员。现为南京大学国际金融管理研究所所长，二级教授，博士生导师，南京大学教学名师，江苏省优秀研究生导师，国家精品课程"国际金融学"负责人，国家社会科学基金重大项目"互联网金融的发展、风险与监管研究"首席专家，享受国务院特殊津贴。兼任中国金融学年会理事、中国保险学会理事、中国国际金融学会理事、中国上市公司协会独立董事专门委员会副主任、江苏国际金融学会副会长、江苏保险学会副会长、江苏互联网金融协会副会长、江苏上市公司协会独立董事专门委员会主任。已出版《中国货币政策传导研究》《美国次贷风险引发的国际金融危机研究》《互联网+金融：金融业创新与重塑》和《国际金融学》等著作、教材20多部，在《经济研究》《管理世界》和《金融研究》等期刊上发表论文290多篇，30多次获省校级以上教学科研优秀成果奖。

**章安辰** 经济学博士，中级经济师，2018年7月进入交通银行博士后科研工作站从事博士后课题研究，2020年8月出站，现在交通银行江苏省分行工作，已在《农业经济问题》《南京社会科学》《学海》等期刊上发表论文十余篇，参与了上报国务院和中国人民银行的调研报告撰写。

# 总　序

## 一

　　1994 年 4 月,中国国家计算机与网络设施(The National Computing and Networking Facility of China,简称 NCFC)通过美国移动运营商(SPRINT)全功能接入国际互联网 64K 专线,从而拉开了中国与世界互联互通的历史帷幕。1997 年 7 月,中国银行在互联网上建立专门网页介绍银行的主要业务,这标志着中国互联网金融开始萌芽。2013 年 6 月,以"余额宝"的推出为里程碑,中国进入"互联网金融元年"。

　　2014 年 3 月,国务院总理李克强在十二届全国人民代表大会的政府工作报告中指出"要促进互联网金融健康发展",这引起理论界和实务部门对互联网金融的高度重视。互联网金融是指基于互联网,采用先进信息和通信技术,实现支付、结算、投融资和中介服务的新型金融业务模式。为推进互联网金融的理论探索和业务实践,国家社会科学基金于 2014 年初发布了中国第一个以"互联网金融"为研究主题的重大项目。2014 年 7 月,经过充分论证和认真准备申报材料,我作为首席专家,带领以南京大学教授和博士生为主的课题组成功获得"互联网金融的发展、风险与监管研究"重大项目(14ZDA043)的立项。

　　几年来,课题组成员积极投入到重大项目的研究之中,如多次举办高层次互联网金融论坛,到阿里巴巴等互联网公司的互联网金融平台和工商银行等各类金融机构的互联网金融部门深入调研,并且还组织和参与了互联网金融的创业实践。目前,课题组提交的三份决策咨询报告得到了副省级以上领导的肯定性批示,在《经济研究》等刊物公开发表了标注项目编号的论文 78 篇,出版了《互联网＋金融:金融业的创新与重塑》等著作 4 部,完成了与互联网金

融相关的博士学位论文 7 篇,而且还与江苏广播电视总台等单位联合录制了
《互联网金融风云人物访谈》(1—4),多次获优秀成果奖。为不断深化互联网
金融研究,课题组决定撰写和出版《中国互联网金融研究丛书》。经申报和评
审后,《中国互联网金融研究丛书》成功入选"十三五"国家重点图书出版规划
项目。2021 年 2 月 9 日,"互联网金融的发展、风险与监管研究"重大项目
(14ZDA043)通过全国哲学社会科学工作办公室组织的评审,准予结项。

## 二

回顾历史,以蒸汽机发明与应用为代表的第一次工业革命使人类社会进
入蒸汽机时代,以发电机发明与应用为代表的第二次工业革命使人类社会进
入电气时代,以计算机发明与应用为代表的第三次工业革命使人类社会进入
信息时代,以网络技术发明与应用为代表的第四次工业革命使人类社会进入
互联网时代。第一次工业革命前,以现金和网点为主要特征的传统金融十分
活跃。经历了蒸汽机时代、电气时代、信息时代,特别是在迈进互联网时代后,
资金融通的底层技术构架在不断升级。随着互联网、大数据、云计算、人工智
能和区块链等先进信息技术与金融服务的深入融合,互联网金融的科技含量
已经远远超过传统金融的科技含量。尽管如此,互联网金融的支付、结算、投
融资和中介服务等基本功能并没有因为科技进步而发生根本变化,互联网金
融的本质还是金融。近 10 年来,互联网支付、网络借贷、股权众筹、互联网保
险、互联网基金、互联网信托,以及互联网消费金融等业务模式各异的互联
网金融呈现井喷式发展,不仅明显降低了融资成本、提高了金融效率、改善
了客户体验,而且推动了金融业的创新与重塑,进而为社会经济发展提供了
强有力的金融支持。如今,中国已成为拥有 10 多亿网民的互联网金融第一
大国。

但是,由于社会信用缺失和金融监管不到位等原因,中国互联网金融发展
过程中也出现了一些问题和挫折,如不少 P2P 网络借贷平台侵犯投资者权益

等行为严重损害了互联网金融的声誉,在不少场景中,互联网金融被贴上非法集资和危害社会稳定的标签,人们甚至羞于讨论源于中国的"互联网金融",而是较多地讨论源于美国的"金融科技"。其实,这是历史虚无主义和缺乏道路自信的表现。第一,中国的互联网金融萌芽于接入国际互联网后中国银行的网上金融业务介绍,发轫于阿里巴巴等互联网公司跨界进入金融领域;而美国的金融科技则萌芽于硅谷科技公司为银行业提供性能较好的打票机等设备,发轫于金融机构采用先进信息技术全面提升金融效率。中国互联网金融产生与发展的背景不同于美国金融科技产生与发展的背景。第二,中国互联网金融的基因是"互联网+金融",美国金融科技的基因是"科技+金融"。事实上,当代金融科技也是基于互联网底层技术架构的,即互联网+(如大数据、云计算、人工智能和区块链等)。离开了互联网,就没有当代金融科技,当代金融科技在很大程度上可被视为互联网金融的升级版。第三,不论是互联网金融还是金融科技,它们都是金融与科技深度融合的产物,都有利于金融业发展和服务实体经济。中国对互联网金融进行清理整顿是必要的,但不能在倒"洗澡水"时,把"婴儿"也倒掉。因此,课题组认为,中国的"互联网金融"无须改名换姓为美国的"金融科技"。

为互联网金融正名,坚持中国发展互联网金融的道路自信。课题组不会因互联网金融发展过程中的问题和挫折而在思想认识上摇摆不定,更不会将《中国互联网金融研究丛书》改名为《中国金融科技研究丛书》。课题组始终立足于中国的理论探索和业务实践,通过深入思考和勤奋写作,力争使《中国互联网金融研究丛书》具有较高的学术和应用价值,并且能够在世界金融发展史上留下深刻和闪亮的印记。

## 三

互联网金融的历史渊源、主要实践和重大影响都根植于中国大地,互联网金融在很大程度上就是中国的著名品牌,中国应该有一部准确记载和科学分析互联网金融历史演进的编年史。课题组有责任肩负起这一使命,即借鉴历史学研究的理论和方法,在广泛收集和认真考证历史资料的基础上,追本溯源,梳理发展脉络,记录重大事件,总结经验教训,并且预测互联网金融发展趋势,撰写一部具有编年史意义的著作。这不仅有利于为中国互联网金融树碑立传,而且有利于以史为鉴,指引中国互联网金融的稳健发展。

互联网金融以不同于传统金融的经营理念和业务模式推动着金融业的创新与重塑,并且能够为实体经济发展提供强有力的金融支持。课题组基于"开放、平等、协作、分享和透明"的互联网精神,研究互联网金融"用户中心、体验至上"的经营理念;研究互联网支付、网络借贷、股权众筹、互联网保险、互联网基金、互联网信托,以及互联网消费金融等业务模式;研究传统金融机构互联网化和互联网公司跨界进入金融领域的路径与策略;研究互联网金融时代中国普惠金融发展等,力求使所做研究具有较高的理论价值和可操作性。

互联网金融借助先进信息技术,对实体经济、金融机构,以及不同社会群体都具有强大的渗透力和影响力。课题组重视互联网金融发展对经济增长、金融机构、小微企业和中低收入群体,以及货币政策有效性等重要方面的影响,并且对这些重要影响进行经济学分析和实证检验,希望所做研究能够为政策制定和企业决策提供科学的依据。

互联网金融不仅面临传统金融的信用风险、流动性风险、市场风险、操作风险和合规风险,而且面临与互联网金融特征相关的征信风险、道德风险、技术风险、"长尾"风险 和声誉风险。这些风险一旦产生,就会在互联网上迅速传播,能够在短时间内造成较大经济损失并诱发社会不稳定事件。针对互联网金融风险的复杂性和特殊性,课题组在对互联网金融风险进行识别的同时,研究互联网金融风险的形成和传导机制,探讨以大数据征信和风险控制为核心的互联网金融风险管理理论与方法,进而为防范互联网金融风险提供有益的借鉴与参考。

互联网金融在中国异军突起。一方面,互联网金融产品和服务创新层出不穷,但其中也混杂着不少资质低下,或超出经营许可范围的不规范行为;另一方面,互联网金融监管的法律法规不健全,分业监管模式和传统监管手段还不能对互联网金融进行有效监管。针对互联网金融监管存在的问题,课题组研究互联网金融监管的法律法规体系,探索互联网金融监管的新模式,提出大数据监管和"监管沙盒"等监管创新的合理建议。课题组还研究互联网金融的行业自律机制,进而为形成政府监管与行业自律相辅相成的互联网金融监管架构贡献智慧与方案。

在互联网金融平台,数据已成为最重要的生产要素,而且获取数据的成本很低,同样的数据还可以反复使用,原始数据交叉组合又会自动生成新数据……,数据可谓是取之不尽、用之不竭的"金矿"。课题组认为,迅速发展的互联网金融已经动摇了主流经济学"资源稀缺性"的假设前提,并且向主流经济学的"边际革命"理论、货币需求理论,以及厂商理论等发起了挑战,实践呼唤理论创新。课题组把握理论创新的重要机遇,从互联网金融主要实践中抽象和概括出一些重要规律,争取在修正主流经济学局限性和拓展经济学理论框架的同时,为发展具有中国特色的经济学,特别是互联网金融学做出原创性贡献。

中国互联网金融发展还面临不少理论与实践问题,如互联网金融的社会责任、投资者教育,以及知识产权和隐私权保护等问题也都需要研究和解决。随着大数据、云计算、人工智能和区块链等先进信息技术与金融服务的进一步融合,互联网金融的发展趋势更令人关注。因此,课题组必须以更加广阔和长远的眼光,加倍努力和坚持不懈地深化对互联网金融,特别是对中国互联网金融发展的研究。

# 四

《中国互联网金融研究丛书》的出版是以国家社会科学基金重大项目(14ZDA043)课题组所做研究为基础的,其理论分析框架是比较宏大和严密的，其研究内容也是比较丰富和具有典型意义的。丛书中每一本著作都是作者潜心研究和认真写作的结晶。

　　作为国家社会科学基金重大项目（14ZDA043）的首席专家，我不仅要继续投身于互联网金融的研究和写作，而且要精心组织、修改和编撰丛书中的每一本著作。我相信每一本著作的作者也会与我共同努力，力争使《中国互联网金融研究丛书》成为相关研究领域中的扛鼎之作。

　　我并代表课题组，向所有关心和支持《中国互联网金融研究丛书》出版的专家学者和各界朋友们表示由衷的感谢。

裴平

**2021 年 1 月 8 日**

# 目 录

# 图目录

# 表目录

# 第一章 导 论

## 一、研究背景与研究意义

### (一) 研究背景

自 2012 年以来，互联网金融在中国呈"爆炸式"的发展态势，尤其是在 2013 年下半年，随着"余额宝"的推出，第三方支付、网络借贷、众筹、互联网消费金融、互联网银行和数字货币等模式各异、种类多样的互联网金融在中国迅速发展。因此，2013 年被认为是中国的"互联网金融元年"。

互联网金融能在中国异军突起得益于互联网等信息技术的迅速发展，通过将互联网等信息技术应用在金融领域，互联网金融不仅能够降低交易成本、减少信息不对称和提高金融交易效率，而且能够不断促进中国金融市场的发展与完善。在中国传统金融体系发展不完善，投融资渠道不畅，以及社会资金大量闲置的基本国情之下，互联网金融发挥出前所未有的巨大能量，受到社会各界的广泛关注。

2014 年，中国政府对互联网金融的态度是"鼓励创新发展、规范和完善监管"。在政府的支持下，互联网金融得以迅速发展，2014 年成立了 2 100 多家 P2P 网络借贷平台，成交量突破 2 500 亿元，投资人同比增长近 4 倍；第三方支付机构开始大规模拓展应用场景，股权众筹平台以惊人的速度增加，互联网消费金融平台也开始出现，整个互联网金融行业发生的股权融资额为 58 亿元，同比实现近 10 倍的增长。在互联网金融迅速发展的同时，监管机构也开始着手对互联网金融行业的监管进行研究与部署。2014 年 4 月，中国人民银行发布《关于加强商业银行与第三方支付机构合作业务管理的通知》，指出要"保护客户资金安全和信息安全"。同年 12 月，《私募股权众筹融资管理办法

（试行）（征求意见稿）》和《互联网保险业务监管暂行办法（征求意见稿）》先后出台，金融监管部门针对互联网金融平台的监管政策秉持了创新和包容的总基调。

2015年3月5日，李克强总理代表国务院在十二届全国人大三次会议上所做的政府工作报告中，两次提到"互联网金融"，认为互联网金融在中国是"异军突起"，并提出要促进"互联网金融健康发展"。2015年的政府工作报告中充分肯定了互联网金融对发展普惠金融的优势，以及在解决中小微企业融资难、融资贵中所发挥的作用。另外，李克强总理在报告中还首次提出"互联网＋"行动计划，推动移动互联网、云计算、大数据、物联网等高新科技与现代制造业结合，促进电子商务、工业互联网和互联网金融健康发展，引导互联网企业拓展国际市场。随后，中国人民银行等十部委于2015年7月18日联合发布了《关于促进互联网金融健康发展的指导意见》（以下简称《指导意见》），首次全面、系统地阐述了中央监管层面对互联网金融发展的立场、要求和相关责任机构等，提出了一系列政策措施，积极鼓励互联网金融平台产品和服务创新、从业机构相互合作、拓宽从业机构融资渠道、坚持简政放权、完善财税政策，以及推动信用基础设施和配套服务体系的建设。同时，按照"依法监管、适度监管、分类监管、协同监管、创新监管"的原则，《指导意见》明确了互联网支付、网络借贷、股权众筹融资、互联网基金销售、互联网保险、互联网信托和互联网消费金融等互联网金融主要业态的监管分工，落实了监管责任。

2015年之后，P2P网络借贷平台频频发生恶性事件，泛亚、e租宝、大大集团、三农资本先后出事，4家平台涉案金额接近1 500亿元，对国家稳定和社会和谐造成极其严重的负面影响。2016年的政府工作报告中对互联网金融的措辞开始出现变化，提出"规范发展互联网金融"。2016年4月，国务院组织14个部委召开电视会议，针对互联网金融出现的风险事件，提出要在全国范围内展开为期一年的互联网金融专项整治活动。不仅如此，由中国人民银行牵头，联合多个部委出台了《互联网金融风险专项整治工作实施方案》，在这份统领性文件之下，相关部委分别出台了第三方支付、P2P、股权众筹、互联网保险、互联网跨界资管、互联网金融广告，以及投资理财从事金融活动等七个子方案。

2017年，针对互联网金融的监管更加严格，当年的政府工作报告中明确提出"对不良资产、债券违约、影子银行、互联网金融等累积风险要高度警惕"，措辞明显变得异常严厉。同年7月，互联网金融整治办下发《关于对互联网平台与各类交易场所合作从事违法违规业务开展清理整顿的通知》，要求"各地互联网平台在7月15日前停止与各类交易场所合作开展涉嫌突破政策红线的违法违规业务的增量；同时，互联网平台须积极配合各类交易场所妥善化解存量违法违规业务"。9月，首次代币发行（Initial Coin Offering，ICO）新规出台，虚拟货币交易在全国范围内不再合法。12月，现金贷新规出台，对现金贷的场景、利率和期限都做了严格的限制。一系列严格的监管很快就收到了显著的效果，银监会数据显示，2017年有100多家银行实现主动缩表，同业资产负债自2010年以来首次收缩，同业理财同比下降3.4万亿元，交叉金融产品的野蛮生长趋于停止。在互联网金融领域，通过重点整治金交所合作的大标产品、ICO和现金贷乱象，强化个人信息保护意识，加快网联和信联等行业基础设施建设，整个互联网金融行业环境得到极大改善。

互联网金融起源于美国，如成立于2005年的Prosper和2007年的Lending Club等P2P网络借贷公司，以及成立于2009年的Kickstarter等众筹公司。然而，互联网金融在美国的发展并未对整个金融体系和社会造成显著影响，却在中国焕发出惊人的影响力。电子支付和电子货币的出现不仅改变了人们日常的交易习惯，还对人们的货币需求和中央银行的货币政策造成了巨大的影响，特别是互联网金融的发展提升了资金融通的效率，降低了交易成本，弥补了传统金融体系的短板。

互联网金融在中、美两国发展呈现出截然不同的特点，其主要原因如下：

① 从技术层面来看，互联网、大数据、云计算和人工智能等信息通信技术的进步与普及是互联网金融得以蓬勃发展的重要原因。近年来，中国信息通信技术的发展速度是有目共睹的，互联网、移动设备的全民普及，物联网、人工

智能在各个领域的应用,数字经济、智能社会成为中国发展的新趋势。在信息通信技术迅速发展的冲击下,人们的行为方式和思维方式都发生了"急转弯"式的变化。互联网金融把握住了信息通信技术的发展优势,将其充分应用到金融业务的各个环节,使支付和交易的过程更加便捷,不仅能够大大降低交易成本和市场信息不对称,而且明显提高了资金的配置效率。随着大数据、云计算和人工智能等技术在互联网金融行业的进一步运用,互联网金融的发展将会展现更强的动能、更快的速度和更高的效率。

② 从市场层面来看,中国的金融业虽然发展较快,但仍然存在效率低、成本高和垄断性较强等问题,特别是以间接融资为主的商业银行在金融市场还始终占据主导地位。因此,这就导致了中国的投融资渠道非常有限,无法满足社会上旺盛的投融资需求,造成了大量社会闲置资金和融资需求得不到满足并存的矛盾,这种矛盾的存在正是互联网金融得以迅速发展的重要原因之一。借助互联网、大数据、云计算和人工智能等技术,互联网金融能够针对商业银行等传统金融机构不愿涉足的中小微企业的融资需求提供个性化、多样化与高效率的金融产品和服务。不仅如此,对于社会资金盈余方,互联网金融也为他们提供了更多、更好的投资渠道。在互联网金融的支持下,中小微企业的融资需求和社会资金盈余的贷款人有了更加有效的匹配渠道,这也为互联网金融迅速发展提供了广阔空间。

③ 从制度层面来看,中国长期的利率和信贷规模管制对金融市场运行具有很强的抑制和扭曲作用,进而造成了金融资源配置效率低与金融机构创新能力差的后果。在这样的背景下,不仅众多中小企业的融资需求和草根阶层的金融服务需求无法得到满足,而且金融机构把主要精力集中在规避信贷规模管制上,特别是忽视了提升服务质量和效率以及加强产品创新的重要性。正是这样,传统金融市场的低效率和不完善为互联网金融的异军突起创造了条件。

技术、市场和制度层面上的"中国特色"让互联网金融在中国迅速发展,互联网金融也已经对中国经济社会发展产生了重要影响。马克思指出,实践是理论的基础,理论对实践具有指导意义,理论产生于实践,在实践中完善,并更好地指导实践。专家学者们通过在西方经济发展的实践中不断总结和抽象，进而形成了主流经济学的理论，而主流经济学的理论也在西方经济实践中不断完善和发展。互联网金融在中国的发展从侧面说明了中国经济与西方经济的不同，虽然主流经济学对中国经济具有一定的借鉴作用，但中国经济的发展不能完全参照主流经济学的理论，需要具有中国特色的经济学理论进行指导才能在正确的道路上不断前行。当前，互联网金融的异军突起为中国经济金融的发展带来新的机遇和挑战，但针对互联网金融的理论研究进展缓慢，对互联网金融实践发展的指导作用非常有限。本书将借鉴主流经济学，并在互联网金融蓬勃发展的基础上提出一些理论见解，为主流经济学在互联网金融时代的完善和发展做出一定的贡献。

## （二）研究意义

互联网金融在中国迅速发展引领了世界金融创新和金融深化的发展，互联网金融的交易成本低、缓解信息不对称、方便快捷和不存在时空限制等优势也对传统经济金融体系造成了巨大冲击。一直以来，中国的经济金融实践都是在借鉴主流经济学理论和模仿西方经济金融发展模式的基础上不断发展。虽然这给中国带来经济高速增长、人们生活水平不断提高等积极作用，但主流经济学理论和经济金融发展模式是以西方国家的经济金融实践为基础，通过不断总结和抽象而形成的，对中国经济金融实践的指导具有一定局限性。当中国经济发展到一定阶段，中国的经济金融实践需要具有中国特色的经济学理论来指导，习近平总书记所提出的"道路自信、理论自信、制度自信和文化自信"，无一不意味着构建具有中国特色的经济学理论的重要性和必要性。在此基础上，本书将借鉴主流经济学理论分析框架，基于中国的实践探索互联网金融时代主流经济学的与时俱进。

### 1. 本书所做研究具有重要理论意义

本书通过分析主流经济学理论框架，总结互联网金融时代经济金融活动所呈现出的特征，有针对性地对主流经济学中相关假设前提和基本规律提出质疑，认为主流经济学在互联网金融时代必须与时俱进。

　　本书还从边际理论、双边市场理论、货币需求理论、金融监管和金融排斥理论五个层面研究了互联网金融理论框架。关于边际理论，本书明确指出资源稀缺性假设、边际效用递减规律、边际产量递减规律、边际成本递增规律和边际利润递减规律等主流经济学的假设前提和基本规律在互联网金融时代存在较大局限性，并且探索互联网金融时代的新"边际理论"。关于双边市场理论，本书突出了互联网金融平台的双边市场特征，对互联网金融平台在实践中的差异化竞争策略、排他性策略、用户资质认证策略、互联互通策略和不对称定价策略等进行深入研究。关于货币需求理论，本书指出凯恩斯货币需求的交易动机、预防动机和投机动机在互联网金融时代已经发生了巨大变化，互联网金融对传统的货币供给理论和货币政策提出了挑战。关于金融监管，本书采用博弈论的方法构建了互联网金融时代金融机构与金融监管机构的静态与动态博弈模型，深入研究二者的最优策略组合，并指出传统的金融监管理论和实践在互联网金融时代的有效性明显下降。关于金融排斥理论，本书论证了金融发展理论、金融排斥理论与普惠金融之间的辩证统一关系，认为金融排斥理论是普惠金融的理论渊源，而普惠金融则是金融发展理论的时代前沿，并且提出了互联网金融时代普惠金融理论发展的方向和路径。

　　2. 本书所做研究具有重要现实意义

　　在微观层面，通过构建互联网金融时代新"边际理论"，以及论述金融排斥理论的局限性，深入剖析互联网金融的发展逻辑和内在机理，为互联网金融时代经济金融的持续健康发展提供指导。在中观层面，通过阐述互联网金融平台的差异化、排他、用户资质认证、互联互通和不对称定价等市场竞争策略，来帮助人们正确认识互联网金融在实践中的特征，促进中国互联网金融持续健康发展。在宏观层面，分析互联网金融对货币需求、货币供给和货币政策的影响，为中央银行在互联网金融时代实施货币政策调控宏观经济提供一些有针对性的政策建议。另外，本书还深入研究了金融监管的理论和实践在互联网金融时代的与时俱进，并提出金融监管机构在互联网金融时代须采用监管沙盒、大数据监管和穿透式监管的建议。

## 二、文献回顾

站在前人的肩膀上,借鉴他们的研究成果是构建中国互联网金融经济学的重要途径之一。因此,本书同样会借鉴主流经济学的相关理论,并在主流经济学理论分析的框架下来研究互联网金融对其造成的冲击,并以修正后的经济学理论来指导符合中国国情的互联网金融实践。

### (一) 主流经济学的内涵、特征与基本假设前提

各个国家在不同的历史时期,总是有一种或几种经济学派引导整个经济学的发展。随着社会的进步和经济形势的变化,原来占主导地位的经济学派解释现实经济的能力会不断下降,此时会出现新的经济学派,或是以对旧经济学派进行的修正来取代旧经济学派的主导地位,主流经济学就是沿着这样的动态路径不断发展与完善的。

#### 1. 主流经济学的概念辨析

经济学的研究对象是人类社会的经济活动和经济现象,其研究范围十分广泛。例如,研究与利率、股价和风险等相关的金融市场行为;研究不同国家之间经济发展状况迥异的原因;研究在经济危机时如何让经济走出困境;研究经济的周期性及其产生的原因;研究国际贸易、国际金融和全球化对不同国家经济发展的影响;研究促进经济增长,优化资源配置,实现充分就业,稳定价格水平和达到社会公平的政策措施等。简言之,经济学研究的是一个社会如何利用稀缺的资源生产有价值的商品,并将它们在不同的人之间进行最优分配(Paul A. Samuelson,1948)[1]。从经济学的这个定义中可以发现,经济学背后隐含的一大假设,即资源稀缺性,正是由于资源稀缺性的约束,以及人们为了追求效用最大化和利润最大化的愿望才使得经济学研究不断深入和完善。

在经济学发展过程中,由于不同的经济学家在解决相同或者不同的经济问题时,受到客观事物和人类有限理性的影响,往往会得出不同的结论。而在经济学理论竞争中脱颖而出的,或对实践有着最恰当的解释与指导作用的某种理论或学说,就是主流经济学。

### 2. 主流经济学与非主流经济学的区别

根据经济学的定义可知,经济学的研究领域主要包括两类问题:一是市场是如何运行的? 如生产要素和产品价格的决定因素,以及实现资源配置最优化的途径。二是市场是如何形成的,以及非市场决策的产生机制有哪些? 如对市场是否是组织经济活动的唯一途径表示质疑,并对不同于市场的选择进行针对性研究,以及非市场决策的决定因素。纵观整个经济学的发展历程,针对第一类问题的研究被称作主流经济学,如古典经济学、凯恩斯主义、货币主义、供给学派、新古典宏观经济学、新凯恩斯主义等;针对第二类问题的研究则被称作非主流经济学,如制度经济学、新制度经济学、演进经济学、公共选择理论、奥地利学派、伦敦学派、瑞典学派、激进政治经济学、历史学派等。

卢周来(2002)认为,主流经济学与非主流经济学有两个显著的不同之处。第一,主流经济学在学界、业界和政界的地位和权威性要远远强于非主流经济学。主流经济学主要针对当前社会上存在的重要经济问题进行研究,较多地涉及并影响国家制度的设计与操作过程。例如,凯恩斯主义带领西方经济走出 20 世纪 30 年代的"大萧条";20 世纪 60 年代,主要发达国家面临越来越高的通货膨胀,反通货膨胀的货币主义成为主流经济学流派;20 世纪 70 年代,理性预期学派和供给学派则对"滞胀"做出了合理解释,并对国家政策的制定产生了较大影响。同时,主流经济学也是获益者,如主流经济学常常受到知识集团(学界)、资本集团(业界),以及权力集团(政界)的认同或追捧。在这样的背景下,主流经济学不仅能够得到学界、业界和政界的支持,也成了社会上强势集团的一部分,因此主流经济学必然能够在学术地位和话语权上压制住非主流经济学。而非主流经济学则主要研究普通工人和农民等相对弱势的群体及其诉求,相对于主流经济学,往往得不到学界、业界和政界的关注与重视。因此,非主流经济学在地位和权威上被主流经济学所压制,并且常常会处于边缘的位置。

第二,相对于非主流经济学,主流经济学所做的研究更加符合学术规范。主流经济学的专家学者大多数受过系统和高质量的教育,因此在经济学素养方面较强，他们的研究也就更符合学术研究规范。同时，主流经济学更注重理论体系的构建，并通过研究现实社会中的重大经济问题为当权者提供对策。而非主流经济学的专家学者，虽然他们中也有许多人在经济学素养方面丝毫不逊色于前者，但整体上还是弱于前者。非主流经济学试图挑战主流经济学在话语上的权威性，因而批判性文字和指谬性文字较多，而建构性文字相对较少，其研究的规范性方面在整体上也不如前者。[2]

### 3. 主流经济学的特征

经济学的基本任务是解释经济事实，为经济社会出现的重要问题提供解释和政策建议。要使得政策建议为经济学同行和政治家所接受，就必须为政策主张提供相应的理论根据。因此，主流经济学的发展一般要经过三个步骤：新的经济问题——新的政策建议——新的经济理论。经济问题的出现和经济形势的变化推动了主流经济学的发展与完善。由于在不同的历史时期，西方发达国家面临的主要经济问题是不同的，因此主流经济学也就随之发生变化。通常，主流经济学具有以下特征：

#### （1）多样性

主流经济学主要起源于17—19世纪的西方经济学，可以说西方资本主义市场经济的发展是主流经济学得以不断更迭和完善的根本推动力。纵观主流经济学的发展历程，多样性和多元化是主流经济学的一个重要特征。

自1776年亚当·斯密（Adam Smith）出版《国民财富的性质和原因的研究》以来，经过大卫·李嘉图（David Ricardo）、阿尔弗雷德·马歇尔（Alfred Marshall），以及阿瑟·塞西尔·庇古（Arthur Cecil Pigou）等经济学家的不断修正和完善，古典经济学成为很长一段时期的主流经济学。古典经济学在理性人、完全信息、完全竞争和市场出清的假设前提下对社会经济现象和经济问题进行研究。古典经济学崇尚自由，认为市场是一只"看不见的手"，当个人追求自身利益时，也会增进社会利益，这种社会利益的增进是出乎个人意料之外的，而这正是市场所发挥的作用（Adam Smith，1776）。[3]虽然古典经济学承认资本主义市场经济会出现失业、通货膨胀等经济波动，但是价格水平和总产量偏离充分就业水平只是暂时的、局部的现象,市场的自发运行和自我调整使得一旦经济失衡,"看不见的手"就能够迅速反应和调整,并将经济恢复到充分就业的均衡状态。古典经济学认为市场配置资源是最优的资源配置方式,充分就业是资本主义市场经济的常态。因此,古典经济学主张"自由放任"的政策,即政府不应介入经济的运行,应该让"经济人"自由交易、自由竞争和自由经营,因为只有这样才能让资源得到最优配置,进而维持经济的持续增长。

1929—1933 年的世界性大萧条粉碎了古典经济学对市场这只"看不见的手"自动调节经济能力的信心。约翰·梅纳德·凯恩斯(John Maynard Keynes)于 1936 年出版的《就业、利息与货币通论》改变了主流经济学的发展方向,凯恩斯主义取代古典经济学而获得了主流经济学的地位。凯恩斯主义以非充分就业假设、产出和就业理论代替了古典经济学的充分就业假设和价格理论;用货币的生产理论取代了古典经济学的货币数量论;用比较静态分析取代了古典经济学的静态分析;用相机抉择取代了古典经济学的放任自由;等等。在此基础上,凯恩斯主义创立了衡量宏观经济活动的指标体系和总量分析方法,并以宏观经济分析取代了古典经济学的微观主体经济分析。可以看出,在凯恩斯主义的理论体系中,古典经济学的假设前提基本被推翻,并且当时在很大程度上,它解决了古典经济学无法解决的经济难题,因而成为主流经济学。

20 世纪 60 年代,由于英、美等发达国家的持续高通货膨胀,货币主义学派逐渐兴起。货币主义学派坚持认为货币数量变化是影响价格总水平和名义国民收入的主要决定因素,同时也倡导政府对经济运行自由放任。货币主义学派提出自然率假说[①]和适应性预期假说[②],构筑起货币主义的经济理论和政

---

① 米尔顿·弗里德曼(Milton Friedman, 1968)提出"自然率假说",包括自然失业率假说和国民收入自然率假说。前者通过菲利普斯曲线指出,货币政策只能在短期内影响失业率,在长期只会引起通货膨胀,而失业率则趋于自然失业率水平;后者则通过总需求—总供给模型指出,货币政策只能在短期内增加国民收入,而长期国民收入并未改变。[4]

② 菲利普·卡根(Phillip Cagen, 1956)提出适应性预期理论,认为人们会根据过去的经验去预期未来,而且每一次在发现自己犯了预期错误之后,都会按照自己预期错误的程度来修改自己的预期。[5]

策主张赖以成立的前提。货币主义学派认为,经济是自发稳定的,相机抉择的政策措施只能对经济稳定产生干扰,因此政府没有必要实施试图稳定经济的政策措施。

古典经济学、凯恩斯主义和货币主义等经济学派共同构成了主流经济学。随着时间不断推移,社会生产活动、经济形势和人类的生活方式都在发生新的变化,主流经济学的内容也会不断充实,这将推动主流经济学朝着多元化的方向发展。

(2) 现实性

主流经济学伴随着客观现实的变化而不断发展,每当出现社会经济制度变革或是重大经济问题时,新的经济学理论就会破茧而出,不断对主流经济学进行补充和完善。如前所述,主流经济学在学界、业界和政界都有着较高的地位和话语权,主流经济学中所得到的理论成果必须对实践活动具有一定的指导作用。政府面对无法轻易解决的经济问题时,主流经济学也能够为其提供政策建议,以指引经济走出困境。因此,现实性是主流经济学的重要特征,同时也是主流经济学得以发展的根本动能。

古典经济学面对 1929—1933 年所发生的世界性经济大萧条无能为力,于是凯恩斯主义应运而生。对经济大萧条的严峻形势,凯恩斯主义基本推翻了古典经济学的假设前提,并指出对市场放任自由的做法不再适合这一时期的宏观经济调控,只有通过相机抉择的政策措施对经济进行一定的干预和引导,才能达到宏观经济调控的目的,即在通货膨胀时实施紧缩的财政政策与货币政策,在通货紧缩时实施宽松的财政政策与货币政策。在凯恩斯主义的引领下,西方经济逐渐走出大萧条的阴影。

凯恩斯主义对 20 世纪 50—60 年代发达资本主义国家的经济和政策产生了重要影响。然而,信息不完全等市场失灵因素限制了政府对经济形势的判断,且从政策的制定、实施到政策发挥作用之间存在较长的时滞,再加上政治因素和利益集团力量对政府制定和实施政策的影响,这些都会导致稳定经济的政策变成使经济更不稳定的负面因素。从 1968 年开始,美国、英国和法国等主要资本主义国家的物价大幅度攀升,通货膨胀成为头号经济问题。为遏制通货膨胀,美国国会和政府根据凯恩斯主义的政策指导,开征一项附加10%的个人所得税。但该政策实施之后近 2 年的时间内,美国的通货膨胀率反而进一步上升了。在这种经济形势下,凯恩斯主义的失败使得以反通货膨胀为首要目标的货币主义取代凯恩斯主义成为主流经济学。

20 世纪 70—80 年代前半期,美国经济陷入滞胀,在石油输出国组织(OPEC,Organization of the Petroleum Exporting Countries)的主导下,油价从 1973 年 10 月的每桶接近 3 美元涨到 1974 年 1 月的每桶 11.65 美元,价格提高了近 4 倍,国际石油价格暴涨导致美国经济在 1975 年前后陷入衰退。1975 年,美国的通货膨胀率接近 10%,失业率接近 9%。1979 年,国际石油价格由 1978 年的每桶 14 美元猛涨到每桶 34 美元。第二次石油危机使 1980 年美国的通货膨胀率上升到 13.4%,失业率达到 8%;到 1982 年,经济增长率下降,虽然这一年的通货膨胀率有所下降,但失业率上升到 10%。这种高失业率和高通货膨胀率并存的局面是当时货币主义经济学无法解释的,新古典宏观经济学就此产生。

20 世纪 80 年代,美国和其他发达国家的货币流通速度出现明显下降的趋势,货币流通速度明显下降也是美国经济衰退的重要原因之一。虽然,货币主义学派一直坚持认为货币需求函数是一个稳定的函数,但是,80 年代初,货币流通速度明显下降对货币主义的这个"结论"形成了严峻挑战。这是因为,如果货币流通速度是易变的,那么人们就有理由怀疑货币主义学派所主张的"稳定的货币供应量增长率"单一规则是否可信和可行。由于货币主义经济学不能较好地解释和解决现实问题,因此,新古典宏观经济学取代货币主义成为主流经济学。

主流经济学的发展与客观现实有着紧密的联系,特别是主流经济学的根本任务是要解释和解决现实问题,因此,主流经济学具有很强的现实性特征。

(3)传承性

主流经济学的历史流变,是一代又一代经济学家不懈努力和研究的成果。

虽然主流经济学的发展具有很强的现实性,但新的主流经济学通常是在旧的主流经济学的基础上所建立的,而不是凭空产生的。因此,传承性是主流经济学历史流变的基本特征。

主流经济学起源于亚当·斯密所创立的古典经济学,在后来的专家学者们共同努力下不断发展,有很多理论成果和前提假设传承至今。“经济人”假设作为主流经济学的根本假设,它把任何时代和不同社会的人都抽象为“理性”和“利己”的人,在“利己”目标的指引下,“经济人”的行为基于“理性”的考虑,而与既定的社会结构、社会关系无关。至于为什么人是“理性”和“利己”的,则被归结于人类永恒不变的本性。主流经济学把人的这种不变的、永恒的本性看成每个人行为的动机,而社会经济运动就是个人行为的加总及由此产生的结果。“经济人”假设在传承的同时,也受到了不同程度的修正。“经济人”概念早期是指具有特定社会伦理关系的自利人,后来被抽象原子化的“经济人”所取代,接着又演变为更中性的理性人。理性的原意也仅仅体现为实现特定目的的有效手段选择,后来又涉及行为的一致性问题。“经济人”的内涵也在不断扩大,如将人们追求享乐和金钱扩大到其他领域的效用最大化等。

（4）原子个体主义方法论

主流经济学自古典经济学创立以来,虽然掺杂了整体的观念,但是基本都是从个体主义视角出发,如“经济人”假设、消费者效用价值论、厂商理论等。随着主流经济学的发展,原子个体主义方法论更是成为主流经济学的主要研究方法,私人领域则取代公共领域成为主流经济学的重点关注对象。自“边际革命”以来,主流经济学不再以宏观的社会结构性问题为导向,而是基于原子个体主义的方法,致力于既定制度下个人行为的研究。

基于原子个体主义方法论,主流经济学假定每个个体行为人都是无差异的,其所研究的是个体行为对社会经济现象的作用。进一步说,原子个体主义将个人看作组成社会的基本原子,而社会经济现象则是由每个个人的活动聚集后所产生的结果。因此,原子个体主义方法论的基本思想是将整体分解为部分,将研究重点聚焦在个体层面上,强调所有的社会经济实践与理论都能够通过研究个体行为而得到较好解释。

但是,原子个体主义方法论只针对孤立和抽象的个体进行考察和研究,而忽视了复杂的人性,尤其是人与人之间的社会关系、多个个体形成的集体效应等。这种不符合现实的弊端引起了主流经济学的高度关注。由此,主流经济学开始从现实存在的个体出发,将个体活动放在真实的社会环境下,考虑社会环境对个人行为的制约和影响,进而把关注点从微观个体拓展到宏观整体。

4. 主流经济学的基本假设

(1) 资源稀缺性约束

在主流经济学的历史流变中,专家学者们不断挖掘和论证,最终形成受到普遍认同的研究对象——人们如何在资源稀缺性约束下最大限度地满足自己的欲望。萨缪尔森(Samuelson,1948)认为,经济学"研究的是社会如何利用稀缺的资源来生产有价值的商品,并将它们分配给不同的个人"。"经济学的精髓在于承认稀缺性的现实存在,并研究一个社会如何进行组织,以便最有效地利用资源。"可以看出,针对资源配置的研究是主流经济学的核心所在。[1] 因此,为了最有效地利用资源,就需要对资源配置进行持续和深入的研究,而研究资源配置的前提则是要厘清资源的性质,以及承认资源的稀缺和人的欲望无穷。

经济物品以及生产这些物品的资源是稀缺的。在主流经济学中,满足人类欲望的物品可以被分为"自然物品"和"经济物品"两类。"自然物品"是自然界存在的,人类可以不付任何代价就能自由取用的物品,它是无限的。"经济物品"则是人类必须通过一定的经济行为才能得到的物品,即必须通过投入有限的人力、物力和财力等,通过加工制造而生产出来的物品,它是有限的。

人类的欲望是无限的。亚伯拉罕·马斯洛(Abraham H. Maslow)的需要层次论是关于欲望或需要的权威理论。马斯洛(Maslow,1954)指出,人的需要分为五个层次,从低到高分为生理需要、安全需要、社交需要、尊重需要和自我实现的需要。其中第一、第二层次的需要是低层次需要,主要是物质需要;第三、第四、第五层次的需要是高级需要,属于精神需要。不仅如此,需要层次论指出,人的需要的变化有着一定的规律。一般来说,人的需要从低级到高级,循序渐进,在前一层次需要得到满足或部分得到满足后,就会产生后一层次需要,层层递进,永无止境。[6]因此,可以认为,在人类自己的认知中,人类的需要或欲望确实是无限的。

满足人类欲望的资源必须具有现实可得性。在主流经济学中,满足人类欲望的资源必须在当前或可预见的未来能够被人类所获得,并且能够被投入生产活动中以生产出满足人类欲望的产品。实际上,现实中可能存在着无穷的物质,但这些物质并不一定都能成为人类的经济资源。因为对于人类来说,直到目前或可预见的未来,仍有大量的资源是可望而不可即的,并不具备现实可得性,比如,外太空的金属等。即使是地球本身储备的物质,如果不具有现实可得性,也是不能被当作经济资源的。

通过对人类欲望是否无限,以及满足人类欲望的资源是否稀缺这两个命题的论述,可以认为,人类的欲望是无限的,相对于人类欲望的无限性,资源具有稀缺性,资源稀缺性是一个相对的概念。

徐晋(2016)在资源稀缺性的基础假设前提下提出了资源稀缺的二元性,即自然资源的相对稀缺与社会资源的绝对稀缺。基于此,他认为凡是具有自然物质属性的资源,包括技术资源,都是相对稀缺的。自然资源具有获得性与非排他性,如空气、水等,每个人都能够获得,且不能阻止其他人一起使用,而且通过生产力的发展,自然资源是可以不断获取的,故自然资源是可以让所有人获得绝对满足的。但是作为具有社会属性的资源,如社会层级与社会地位,则是绝对稀缺的,是不可能让所有人获得绝对满足的。社会资源具有选拔性与排他性,如市长或总统的职位不可能提供给每个人,否则就失去了设立市长或总统的意义。市长或总统只有一个,这样的社会地位就是典型的选拔性和排他性的社会资源。另外,在主、客体相对关系的层面上,徐晋还指出资源稀缺的二元性是指商品生产的相对稀缺性与消费者可支配时间的绝对稀缺性[7]。

正是由于资源的稀缺性,人们才不可能无限量地生产所需要的物品。在每一特定时期,人们必须对生产什么、如何生产,以及为谁生产的问题做出合适的选择。主流经济学在这些问题的基础上结合实际不断深入研究,进而得到充足的发展与完善,可以说,资源稀缺性是主流经济学得以持续进步的根本推动力之一。

(2)"经济人"假设

主流经济学是在资源稀缺性的基本假设下,对"经济人"在配置资源时的行为进行研究,因而"经济人"假设是从资源稀缺性假设演绎而来的(杨春学,2005)[8]。"经济人"假设最早可追溯到亚当·斯密的《国富论》,斯密(Smith,1776)将经济活动中的人视为一个追求自身利益最大化者[3]。随着人们对货币和物质的追求被视为主流经济学主要的研究对象,在既定社会制度下探究如何进行经济活动时,利润最大化就成了主流经济学分析经济主体行为的基本范式。随着"边际革命"把经济学研究的重点从生产转向消费,效用最大化就成了主流经济学研究消费者行为的基本范式。因此,维尔弗雷多·帕累托(Vilfredo Pareto,1896)将具有这种行为倾向的人概括为"经济人",并把它视为全部经济分析的前提假设。[9]

早期的"经济人"主要体现为对物质的追求,如商人追求货币的利润最大化,消费者追求商品的效用最大化。但人类的社会属性决定了人们不可能仅关注物质需求,现实中的人类交换往往包含更多的非物质内容,如荣誉、名望和赏识等的交换。随着人类物质的日益丰富以及人类具体需要的日益多样化,经济学界逐渐产生了新的认识:① 经济原则是所有理性行动的基本原则,而不仅仅是特定的某种理性行动的特征,因而所有理性行动都可被视为一种经济化的行动;② 每一种有意义的行动都是理性的,因而追求荣誉、虔诚以及政治目标等的行动都被视为理性的(Ludwig Heinrich Edler von Mises,1949)[10]。自"边际革命"之后,"经济人"的内涵开始逐渐扩大,人们所追求的效用也超越了享乐和金钱的范围,几乎所有有意识的行为都被视为"经济人"理性行动,这又促使"经济人"的内涵发生了根本性变化。

理性是指为实现特定目标的有效手段的选择。显然,目标不同,人们所采取的有效手段也有所差异。在缺乏对目标和信息的了解时,人们很难判断一个人的行为是理性的还是非理性的。尽管存在这种含糊性,主流经济学在运用"理性人"概念时基本上还是延续了原先"经济人"的基本内涵,即追求效用最大化,只不过现在的效用不再仅仅局限于经济效用,而是包含可能存在的各类偏好。因此,理性的内涵逐渐演变成不仅是有关实现目标的手段选择问题,而且涉及选择的内部一致性(Internal Consistency of Choice)问题,即理性偏好。根据理性偏好的基本假定,"经济人"又被赋予了三个基本特征,即传递性、最大化行为以及目标和手段的分离。"经济人"理性偏好的基本假定被萨缪尔森和弗里德曼等人继承和发展,并逐渐成为现代经济学的基石。

萨缪尔森(Samuelson,1948)指出,偏好只要满足完备性和传递性就可以体现为理性。这样,"理性人"就可被表述为约束条件下最大化自身偏好的人。他提出了显示偏好原理,指出消费者在一定价格条件下的购买行为显示了其内在的偏好倾向。因此,可以根据消费者的购买行为来推测消费者的偏好。显示偏好原理不是基于"偏好关系(效用函数)决定消费者选择"的逻辑思路,而是相反,即"消费者选择决定偏好关系"[1]。例如,你在消费过程中选择了苹果而舍弃了梨子,那么你的行为就揭示了你偏好苹果甚于梨子。而且,除非你的行为不一致,你的行为必然被视为设法使个人的总体效用达到最大化。米尔顿·弗里德曼(Milton Friedman,1966)认为,新古典经济理论所坚持的收益最大化假设应当被理解为一种生存原则,只有那些力图获取最大化收益的行为主体才能够在市场选择中生存下来。[1]显然,弗里德曼的解释又给出"经济人"新的解释:只要"经济人"的行为符合预测的结果,那么理性"经济人"就可以被认为是真实存在的,而不管这种行为是否真正体现了行为者的价值动机。

赫伯特·西蒙(Herbert Simon,1989)对"经济人"的完全理性提出质疑,他认为在复杂的社会经济形势中,人不是万能的上帝,只有有限的计算和分析能力,无法充分利用所掌握的信息来计算并得到最优选择。经济学的重要任务就是描述人们的行为模式,刻画他们如何形成决策,从而决定自己行动的过程。[12]奥利弗·威廉姆森（Oliver　Williamson，1975）接受了西蒙（Simon，1989）的有限理性学说,他从纯理论和现实契约两个方面对有限理性进行了分析,指出经济协约人在接收、存储、检索、处理信息和语言运用等方面的认知能力不足会影响人的抉择,协约人在签订和执行契约时会产生机会主义。[13]在主流经济学中,有限理性主要包括如下三个含义:① 人们在认知过程中会存在大量的启发式偏差;② 人们的偏好也并不总是稳定一致的;③ 在不确定的情况下,预期理论（prospect theory）①是人们评价效用的重要参考。

要想更好地理解人类理性,应该基于长远利益的实现。事实上,人类的需求和快乐不同于动物,实现了这种需求和快乐的人也就应该被视为具有充分理性的人。为此,在对人类理性行为做判断时,就要避免局限于一次性或短期行为的功利考量,因为这种短视行为往往不利于长期目标的实现。同时,基于长远利益和行为的理性,可以对现实世界中的具体行为提供更好的解释和比较,如许多"捡了芝麻丢了西瓜"的短视行为都不是理性的,或者说是高度有限理性的。事实上,长期利益的实现程度也可以反映不同个体在处理信息的能力,如有的人只能考虑很短的几个环节,而另一些人则可以考虑得更长远,不同个体在面对同一信息时的处理能力不一样,也反映出其理性程度的不一样。

朱富强（2012）指出,基于动态行为的进程或长远利益的实现就可以更好地区别有限理性和完全理性的概念。第一,若只关心单次或少量行为进程的功利量,那么就是有限理性的。第二,人们能够考虑到的行为所带来的效应越短暂,那么其理性的"有限"程度就越高。当然,人类同样也表现出非理性的行为,如人们对毒品、烟酒等的上瘾行为往往是出于贪图即时快乐而不顾长远后果,因而是非理性的;瘾君子上瘾程度越严重,那么他所表现出来的行为就越

---

① 预期理论指出,个人基于参考点的不同,会有不同的风险态度。通过一系列的实验观测,预期理论发现人的决策选择取决于结果与展望（即预期、设想）的差距,而非结果本身。人在决策时会在心里预设一个参考点,然后衡量每个结果是高于还是低于这个参考点。对于高于参考点的收益型结果,人们往往表现出风险厌恶,偏好确定的小收益;对于低于参考点的损失型结果,人们又表现出风险喜好,寄希望于好运气来避免损失。

不理性。[14]

通过对"经济人"假设前提的解释和分析，可以看出，"经济人"的基本内涵经历了一个逐渐演变的过程。早期"经济人"的内涵主要是指特定社会伦理关系的自利人，后来被抽象原子化的"经济人"所取代，接着演变为更中性的"理性人"。理性的内涵也在不断演变，这使得"经济人"的基本内涵得到不断充实并且更加符合现实。因此，主流经济学的基本假设实际上一直处于演变的过程中，一旦在现实中出现了让其无法解释的经济现象或经济问题，这种局限性就促使主流经济学对其不符合现实的基本假设进行修正和完善。因此，主流经济学本身也在不断修正和完善。

### （二）主流经济学理论范式

经济学作为一门社会科学，包罗万象，因时而异。当社会经济发生重要变化，或者重大事件对社会经济造成严重影响时，如战争、大萧条和泡沫等，传统经济学理论就不能再正确指导实践了，新的经济学理论会应运而生，并在此基础上形成各种经济学流派。那么究竟以什么标准来划分各经济学流派呢？科学哲学的代表人物托马斯·库恩（Thomas Kuhn，1980）提出"范式"（Paradigm）标准，他认为任何理论或学说都是以某种"范式"为基础而建立的，因此可根据"范式"的不同来区分不同的理论或学说。库恩（Kuhn，1980）指出，任何理论和学说都是由一整套概念体系和一组前提假设所构成[15]。由于不同历史时代背景下的方法论、认识论和世界观都不尽相同，主流经济学的范式也在不断地发生变化。在经济学的历史流变中，依次出现了重商主义范式、重农主义范式、古典经济学范式、马克思经济学范式、新古典经济学范式、凯恩斯主义经济学范式、新自由主义经济学范式、新凯恩斯主义范式和激进主义经济学范式等。若要对各主流经济学范式进行更为具体的划分，根据科学哲学的另外一位代表人物伊姆雷·拉卡托斯（Imre Lakatos，1978）的"科学研究纲领"，主流经济学理论的"范式"也可分为"硬核"和"保护带"两个部分。所谓"硬核"，指的是不可证伪的公理或理论，较为稳定；而"保护带"则是指一组前提假设或假说，其为保护"硬核"不被推翻而具有可调整的弹性。[16]

### （三）主流经济学理论范式的不断革新

关于主流经济学的发展逻辑和历史流变，陈华、高艳兰（2013）指出，主流经济学起源于以亚当·斯密等为代表的古典经济学，崇尚自由市场。在20世纪30年代"大萧条"①的背景下，古典主义所崇尚的自由市场陷入困境，而主张政府干预市场的凯恩斯主义则受到西方各国政府的肯定与推崇，进而不断发展壮大。以萨缪尔森为代表的经济学家将亚当·斯密和凯恩斯的理论相结合形成新古典综合派。以弗里德曼为代表的货币主义等学派以21世纪50—60年代的高通货膨胀为由向凯恩斯主义提出挑战，再塑"看不见的手"②理论，形成新自由主义学派。[17]在主流经济学发展过程中，兼收并蓄、推陈出新。

马涛（2014）在梳理经济学经典时发现主流经济学发展分为三个阶段：第一阶段，从亚当·斯密的《国富论》到罗宾斯的《经济科学的性质和意义》，其间发生了主流经济学历史上著名的三大"综合"之二，即穆勒1848年的《政治经济学原理》为第一次综合（古典经济学派），以及马歇尔1890年的《经济学原理》为第二次综合（新古典经济学派）。第二阶段，从凯恩斯的《通论》到20世纪80年代的货币学派兴起，其间主流经济学经历了最后一次"综合"，即萨缪尔森1948年所著的《经济学》（新古典综合经济学派）。第三阶段，从20世纪80年代的新古典宏观经济学兴起直到现在。[18]

通过这样的划分，可以了解主流经济学发展的大致脉络。具体到各个经济学流派的"范式"，吴承明（1995）指出，古典和新古典经济学派将资源配置交由市场调节，认为市场这只"看不见的手"能够使得资源达到最优配置。古典经济学派提出了分工对经济的影响，如《国富论》开篇就提道："人类社会的进步归结于分工和专业化带来的劳动生产力的增进，而分工是由交换引起的，故分工受市场范围的限制。"马歇尔通过综合古典经济学与边际分析方法提出新古典经济学，建立了西方微观经济学的完整体系。[19]20世纪30年代发生在美

---

① 1929—1933年的"大萧条"发源于美国，是持续时间最长、影响最广、强度最大的世界性经济衰退。

② "看不见的手"由亚当·斯密（Adam Smith，1776）提出，指出市场中每个参与者在追求私利的过程中，市场体系会给所有参与者带来利益，就像一只看不见的手，在指导着整个经济过程[3]。

国的"大萧条"直接导致"凯恩斯革命"爆发。马涛（2014）认为，"凯恩斯革命"修正了部分与国家干预相冲突的基本前提假设，并未颠覆主流经济学理论的"硬核"，提出了以总需求管理为主的国家干预理论，主张以国家干预来弥补自由市场（"看不见的手"）的缺陷。凯恩斯主义以"有效需求不足"为"硬核"，辅之以"市场不能出清"的前提假设为"保护带"，形成了专属凯恩斯主义的经济学理论范式结构。[18]

第二次世界大战以后，在发展凯恩斯主义的热潮中，以美国萨缪尔森为首的专家学者将新古典学派和凯恩斯主义之间的分歧逐渐调和，形成了新古典综合派。在高鸿业（2000）看来，新古典综合派声称新古典学派和凯恩斯主义之间是相辅相成的，前者是研究微观经济现象，后者则是研究宏观经济现象。[20]然而，20世纪70年代，西方主要资本主义国家的"滞胀"现象使得新古典综合派陷入困境。陈璋、万光彩（2008）指出，弗里德曼等货币主义者以自然失业率和适应性预期为前提假设，推翻了凯恩斯主义理论的总需求—总供给模型，之后卢卡斯又将适应性预期修正为理性预期，从而掀起了席卷整个主流经济学领域的"理性预期革命"浪潮。[21]

通过对主流经济学历史流变的梳理，可以把握主流经济学的大致脉络。同样的，主流经济学理论"范式"也会随着时代的变迁而变化。一般来说，主流经济学理论范式的变化有五种形式：① 对已有范式的继承；② 对已有范式的内容进行调整；③ 兼收并蓄主流经济学各学派理论；④ 不同学派研究范式的交汇；⑤ 与其他学科的交融（马涛，2014）。[18]例如，"理性经济人"作为贯穿整个主流经济学理论范式发展史的"硬核"，其内涵也在不断发生变化，程恩富、胡乐明（2002）指出，主流经济学理论范式对"理性经济人"的"保护带"进行了多次修缮，如将"完全信息"改成"不完全信息"，把"完全理性"减弱为"有限理性"，将"利益最大化原则"调整成"目标函数最大化原则"等。[22]朱富强（2009）也指出，"理性经济人"概念是逐渐演变的，其早期的内涵就是指在特定社会环境下的自利人，后被"经济人"所取代，接着又成为中性的理性人；理性的含义同样也在发生变化，从选择实现特定目标的有效手段，调整为行为的一致性问题。[23]

因此,主流经济学作为一门社会科学,它的研究离不开相应的假设前提,而假设前提的合理与否直接关系着主流经济学的科学性与正确性。高德步(1998)指出,在主流经济学的研究中,假设前提是必不可少的,而假设前提则来源于经验和事实,是从大量客观事实中抽象出来的。[24]另外,张斌(1998)就各经济学派针对假设前提"现实性"的观点做了整理:① 莱昂内尔·罗宾斯(Lionel Robbins,1932)在《论经济科学的性质和意义》一书中提出,假设前提是经济学研究所不可避免的;② 米尔顿·弗里德曼(Milton Friedman,1953)在《实证经济学方法论》一书中提出"假设不相关"观点,认为经济理论的假设前提是否能在实践中应用并不重要,经济理论的价值仅在于能否对尚未出现的经济现象做出准确、合适的预测。[25]

在主流经济学理论的历史流变中,社会经济形势变化以及重大历史事件都会促使主流经济学创新理论和主流经济学理论"范式"调整,主流经济学具有很强的时代感和现实性。本书对在主流经济学历史流变过程中影响较大、地位较高的几个经济学派,如古典经济学派、新古典经济学派、凯恩斯主义、货币主义等展开进一步分析,指出它们各自的理论观点和相互间的分歧所在。

### (四) 主流经济学理论的历史流变

亚当·斯密开创的古典经济学是主流经济学的开端。在之后的几百年里,专家学者在古典经济学研究成果的基础上,结合不同历史背景下的社会经济实践,形成了主流经济学理论,如新古典经济学派、凯恩斯主义和货币主义等。

#### 1. 古典经济学

17 世纪中叶以后,手工业在英国和法国得到充分发展,逐渐成为主要的工业生产方式。在这样的时代背景下,重商主义的相关理论不再能很好地解释当时的经济现象,更不符合资本的利益和诉求。为摆脱生产力发展所面临的制约,进而促进经济增长,古典经济学应运而生。作为古典经济学的开创者,亚当·斯密在前人所做研究的基础上,创立了比较完备的经济学理论体系与分析框架。他于 1776 年所著的《国民财富的性质和原因的研究》被视为影响人类历史进程的划时代著作之一。

在古典经济学的相关理论中,对经济总量的研究始终占据着主要地位。在古典经济学者眼里,资本积累和劳动分工是经济增长的主要原因,而且资本积累和劳动分工会形成彼此相互促进的良性循环(Adam Smith, 1776)[3]。这种理论观点凝结成古典经济学的核心理论,即劳动价值论。在亚当·斯密之后,劳动价值论由大卫·李嘉图继承和发展。大卫·李嘉图(David Ricardo, 1817)首先深入分析价值的概念,区分了使用价值和交换价值,他认为有些商品的交换价值取决于它的稀有性,如古董、钻石等;而另一些商品的交换价值则是取决于人类在该商品上所耗费的劳动量。同时,劳动价值论对决定商品价值的劳动性质也给出了解释,即决定商品价值的劳动是社会必要劳动。另外,劳动价值论还考虑了简单劳动与复杂劳动所创造的不同价值,并且区分了直接劳动和间接劳动,进而阐明了商品的价值包括工人直接劳动创造的新价值和间接劳动所体现的旧价值。[26]古典经济学者认为,商品的价格和生产要素的报酬应由经济规律决定,相信自由市场是最好的资源配置方法,他们反对国家干预经济,支持自由放任的原则,系统地提出了经济自由主义的理论和政策主张。

2. 新古典经济学

第二次工业革命后,尽管社会生产力和生产效率得到了迅速提升,但是财富分配的不公平导致并加剧了社会动荡。古典经济学无法解释和解决当时所面临的问题,于是经济学者开始寻找新的解决方案。新古典经济学的出现是19世纪70年代初经济学界的重要事件,是由经济学"边际革命"①而逐渐形成、具有重要影响的经济学流派。作为新古典经济学的奠基者,阿尔弗雷德·马歇尔(Alfred Marshall, 1890)在继承了古典经济学理论精髓的同时,也吸收了"边际革命"的主要理论观点,建立起了包含供给和需求的综合理论体系。[27]

————————————

① "边际革命":19世纪70年代初期,奥地利的卡尔·门格尔、英国的威廉·斯坦利·杰文斯和法国的莱昂·瓦尔拉斯三位经济学家几乎同时各自独立地提出了一种主观边际效用价值理论和边际分析方法。

　　新古典经济学将数理分析方法引入主流经济学理论体系,并且重视对微观经济主体行为的分析。自此,主流经济学成为一门更加精确的社会科学。新古典经济学者认为,各种生产要素,只有生产出能够满足消费者需求的商品时才具有效用(Carl Menger,1871;Stanley Jarons,1871;Léon Walras,2013)[28][29][30]。边际效用价值论和均衡分析方法是新古典经济学的精华所在。受"边际革命"的影响,"边际"的概念开始在主流经济学理论体系中被广泛使用并占据重要地位。在此基础上,新古典经济学将边际分析方法进一步运用到消费者需求、要素替代和资源配置等各个领域中,形成了较为完整的经济学理论体系(Alfred Marshall,1890)[27]。在新古典经济学者眼中,边际效用递减规律是经济现象中的一个普遍特征,该规律可解释消费者几乎所有的经济行为。

　　3. 凯恩斯主义

　　1929—1933 年发源于美国的"大萧条"是一次影响深远的世界性经济衰退,新古典经济学所崇尚的市场自动调节机制无法带领西方各国走出这次灾难。为寻找摆脱经济衰退的出路,凯恩斯主义诞生了。凯恩斯主义的诞生不仅促使西方国家经济发展从自由主义向国家干预主义的转变,而且也标志着主流经济学史上的第一次裂变,即主流经济学自此分为微观经济学和宏观经济学。

　　凯恩斯主义者注重对经济总量,如消费、收入、投资、产出和就业等宏观经济变量的研究,强调有效需求是影响国民收入、产出和就业总量的关键变量。同时,凯恩斯主义者认为,包括消费和投资等有效需求不足是经济衰退的主要原因。在此基础上,约翰·梅纳德·凯恩斯(John Maynard Keynes,1936)主张政府积极干预经济,尤其强调财政政策在调控宏观经济中所发挥的作用。凯恩斯主张以调节社会总需求(包括消费、投资、出口和政府购买等)来实现经济稳定增长的目标。他提出在经济衰退时期要采取扩张性经济政策,如降低税率、增加政府开支、实行赤字预算、增发公债、增加货币供应量、降低利率等,以刺激投资和消费;在经济高涨时期则要采取紧缩性经济政策,如提高税率、控制政府开支、抑制货币供应量增长、提高利率等,以遏制投资和消费。[31]凯恩斯主义不仅能较好地解释当时所面临的"大萧条",而且也对西方国家摆脱经济衰退发挥了积极作用,进而成为西方国家调控宏观经济的主要理论指导。在以后的很长时期,凯恩斯主义成为风靡西方各国的主流经济学理论,后凯恩斯主义、新古典综合、新凯恩斯主义等都是对凯恩斯主义的继承与补充。

4. 货币主义

基于凯恩斯主义的扩大有效需求政策虽然引导西方国家走出"大萧条"的阴影,但同时引起了西方国家持续的通货膨胀。以米尔顿·弗里德曼(Milton Friedman)为代表的货币主义开始登上历史舞台。货币主义学派高举经济自由主义旗帜,对凯恩斯主义的国家干预政策进行批判,形成了自己的理论体系,并在20世纪80年代得到了英国撒切尔政府和美国里根政府的追捧。

货币主义的基础理论是现代货币数量论,其主要思想是货币数量决定了物价水平和货币价值。货币主义者认为,物价水平与货币数量成正比,而货币的价值与货币数量成反比。货币主义倾向于经济自由主义,反对国家过多干预经济,提倡发挥市场机制的作用,这在一定程度上继承了古典经济学的衣钵。但是货币主义者并非一概反对政府的作用,而是反对政府过度地干预,他们认为调整货币是唯一的有效政策,并主张中央银行实行"单一规则"的货币政策,即由政府向社会公开宣布一个长期固定不变的货币增长率,且这个增长率应该是在保证物价水平稳定不变的条件下,与预计的实际国民收入的长期平均增长率相一致(Milton Friedman,1956)[32]。货币主义的重要理论贡献在于它对货币流通速度的解释,并要求货币流通速度是稳定的,而且是可以预测的。货币主义的理论观点和政策取向对之后的理性预期学派、新古典宏观经济学等新自由主义经济学派的发展起到了开拓性作用。

纵观主流经济学的历史流变,可以发现主流经济学发展的三大特征:① 当占主导地位的主流经济学理论面对社会经济中的新情况和新问题失去解释能力时,主流经济学便会产生理论危机,新的思想就会破茧而出,而失去主导地位的主流经济学理论也会根据客观现实进行自我调整,试图重新"振作"。② 由于认识和实践总是在一定的历史下产生和发展的,主流经济学理论所揭示的所谓规律也都有时代的局限性,所以主流经济学一定会带有明显的历史印记或时代烙印。③ 在不同的历史条件下,尽管主流经济学理论会发生变化,但总是具有相似之处,如总是要解决当时面临的重要经济问题、普遍使用的一般分析方法和共同采取的政策工具等。

**(五) 互联网金融理论研究**

互联网金融依托大数据、云计算、人工智能和区块链等信息技术改变了传统金融的业态,提高了金融体系的效率,而主流经济学理论中的基本假设与主要规律与互联网金融的实践相差甚远。根据科学哲学的观点,互联网金融的出现必然会对主流经济学造成重大影响,它会对占主导地位的主流经济学的基本假设、主要规律和分析方法等形成冲击,进而产生"新范式"。国外学者针对电子金融、网络金融等类似于互联网金融的金融创新早已进行了广泛且深入的研究,对中国的互联网金融发展有一定的借鉴和指导作用。互联网金融在中国起步较晚,目前学术界和实务部门对中国互联网金融进行的研究都是集中在 2013 年余额宝的出现并引发互联网金融创新浪潮之后。

1. 国外的相关研究

国外对互联网金融进行的研究,主要集中在电子支付、电子金融和网络金融等领域。

(1) 网络经济学理论研究

保罗·萨缪尔森(Paul A. Samuelson,1948)指出,互联网等电子信息系统在前期的固定投入成本很大,但边际成本则几乎为 0,可以零成本提供给每个人。[1]尼古拉斯·埃克诺米迪斯(Nicholas Economides,1993)通过对网络经济学理论的深入研究,指出金融行业同交通和电信等行业一样具有明显的网络经济特征,金融机构通过提供金融产品和服务将具有融资需求的借款者和投资需求的贷款者合理匹配和连接,即形成了一种"单向网络"(Oneway Network)。他还认为,在金融交易网络中有着非常显著的网络外部性,分为正网络外部性和负网络外部性。正网络外部性是指金融机构双边用户规模扩大,会大幅提高社会流动性。负网络外部性是指随着双边用户规模的扩大,金融市场的价格发现功能可能会失效。正网络外部性和负网络外部性的并存会导致福利扭曲(Welfare Distortion),金融监管部门因此要对金融机构的网络外部性给予重点关注,并采取针对性的措施予以缓解和纠正。[33]互联网金融的异军突起,不仅降低了交易成本和信息不对称,而且使得金融交易更加方便快捷,提升了金融市场的交易效率。因此,互联网金融必然会比传统金融机构具有更强的正网络外部性和负网络外部性,对互联网金融异军突起背景下网络外部性的正确认识具有重要的理论价值。

麦克奈特和贝利(Mcknight & Bailey,1998)在其著作《互联网经济学》中,以开放和平等的互联网精神为视角,指出互联网经济学是专门对互联网服务市场展开研究的一门学科,具体包括互联网云的经济特征和作用机制,并指出互联网经济学具有边际成本递减的趋势,与传统金融模式存在显著差异。因此,他们得出结论,互联网经济中的边际成本递减规律是互联网技术在传统金融领域的应用,是对传统金融市场理论的重构与优化。[34]

米什金和斯特拉汉(Mishkin & Strahan,1999)从互联网技术进步对传统金融所产生影响的角度出发,指出自 20 世纪 70 年代以来,信息与通信技术的迅速发展大大降低了传统金融市场中的交易成本和缓解了信息不对称问题。他们认为,技术进步对美国金融市场造成的冲击包括三个方面:首先,技术进步将迅速扩大市场规模,大大提高市场流动性;其次,技术进步促使影子银行等衍生金融市场快速发展,提高了金融机构应对市场风险的能力;最后,电子支付系统的广泛普及降低了居民在金融市场中的投资需求,从而进一步推动了金融脱媒。同时,他们还认为,正是由于信息技术的进步使得美国金融行业,尤其是银行部门的市场规模迅速扩张,并且导致了 20 世纪 90 年代的银行部门大范围并购和整合,美国金融监管部门应把维护金融体系稳定作为首要任务。[35]

阿洛伊斯·普林兹(Aloys Prinz,1999)基于货币本质的消费者效用最大化模型,构造了基于电子货币的 Lancaster 需求函数,并指出因为货币的流动性和安全性,消费者对电子货币的需求将与电子货币流通成本呈反向变动关系。[36]

本杰明·弗里德曼(Benjamin Friedman, 1999)指出,电子金融在一定程度上削弱了中央银行的货币发行权,以及货币政策的有效性,其主要原因是在电子金融时代,人们对传统货币需求的降低,非银行借贷的发展和私人银行清算市场的出现。[37]弗里德曼(Friedman, 2000)对自己 1999 年提出的观点进行了修正,他指出即便互联网等技术进步不能撼动中央银行的地位,但会造成货币政策与经济活动相关性减弱,即中央银行不再具有调控宏观经济的职能。与此同时,信息技术的高速发展将会改变货币的需求结构,尤其是电子货币的持续发展,使得人们对基础货币的需求呈现逐步递减趋势。[38]

尼古拉斯·埃克诺米迪斯(Nicholas Economides, 2001)指出,技术在传统金融行业的应用将表现为电子金融的形式,而电子金融的出现不仅会加速金融脱媒,而且会削弱现行金融监管法规和政策的有效性,进而使网络安全、数据竞争、隐私保护与信息过滤成为电子金融时代的新问题。另外,金融市场中的网络外部性受到电子金融的影响将会大大提升,这有利于促进金融市场竞争,增强金融市场的流动性,改变金融行业的市场结构与金融机构的竞争策略。[39]

罗宾和洛林(Bin & Lorin, 2001)实证检验了计算机技术的发展与应用对金融市场中主要参与者之间实施差别定价、金融脱媒化,以及市场信息透明度等方面的影响。结果表明,金融业务电子化带来的差别定价在一定程度上削弱了部分金融机构在借贷交易中所发挥的中介作用,同时也在一定程度上削弱了部分客户对金融机构的依赖程度和忠诚度,从而使金融机构将面临流失部分忠实且颇具盈利价值的高净值客户资源的风险。[40]

艾伦和德扬(Allen & Deyoung, 2001)提出,实现互联网行业的创新就必须具备互联网思维,这一思维并不是多数人所理解的互联网技术运用。因为互联网的诞生改善了金融组织在信息上的不对称问题和逆向选择行为,形成了一个无须中介就可以进行交易的新型市场。因此,企业在新的市场环境中要改变原有的经营观念与竞争理念,采用新的运营方式与竞争思维。[41]

埃里克·班克斯(Erik Banks, 2001)将电子金融定义为通过互联网或其他公共类电子传播媒介为大众提供金融服务的金融创新,主要包括货币服务、银行服务、支付服务、交易场所等,电子金融也可以称作数字金融。在许多发达国家,电子金融的英文表达不尽相同,如 E-Finance、Online Finance、Virtual Finance、Internet Finance 和 Cyber Finance,但其基本内涵是大致相同的。[42]

赫伯斯特·迪特尔(Herbst Dieter,2001)认为,电子金融的影响包括两个方面:一是电子金融通过互联网和客户达成交易,这在一定程度上补充甚至替代了传统金融机构通过面对面、邮寄、电话和传真等方式与客户达成交易的模式;二是电子金融对传统的金融中介、货币政策、财政政策,以及隐私保护政策等形成了巨大冲击。[43]

佐藤和霍金斯(Sato & Hawkins,2001)认为,选择电子金融运营模式的企业将不再受制于银行在用户信息方面的垄断,这类企业能够为客户打造一个完整的服务链条,提供多种金融服务,从而降低企业的成本和提高服务的质量。[44]

富兰克林·艾伦(Allen Franklin,2002)指出,电子金融是传统金融运行方式同互联网精神特质相融合所产生的一个新的金融业态。因此,并不能简单地将电子金融看作互联网技术在金融领域中的运用,电子金融实质上是以技术为主要支撑、体现互联网精神的金融创新。[45]

鲍尔和恩(Bauer & Hein,2006)从消费者效用最大化理论出发,通过规范性实证检验发现,单个消费者是否接受和认可电子金融模式的关键在于其风险承受能力和年龄。另外,商业银行若要对其客户推广电子金融服务模式,那么在初期应从客户习惯的服务模式开始,循序渐进地让客户习惯电子金融服务模式之后再逐步淘汰之前的服务模式。[46]

德扬等(Deyoung et al.,2007)以 20 世纪 90 年代末的社区银行作为研究对象,将社区银行分为采用互联网技术和不采用互联网技术两个样本组进行对比分析,其结果是:一方面,采用互联网技术的社区银行的盈利能力要明显高于未采用互联网技术的社区银行;另一方面,采用互联网技术的社区银行的存款结构发生了较大变化,其中支票账户余额减少,而货币基金存款账户余额增加。[47]

　　沙鲁基(Shahrokhi，2008)指出，电子金融的发展对金融行业有诸多积极作用，能够使金融行业的交易成本大大降低，让客户享受的服务品质得到较大提高，以及金融类服务在可得性方面有了明显提高。他还认为，电子金融很有可能是在传统金融类中介与资本市场出现之后的第三种运营模式。[48]

　　埃尔南德斯-穆里略等(Hernández-Murillo et al.，2010)通过对商业银行的竞争策略进行研究，发现信息网络技术的应用是导致市场竞争加剧的主要原因，且商业银行在推进电子金融服务模式时需要及时把握机遇，率先应用电子金融服务模式的商业银行将在竞争中取得先行优势。[49]

　　阿诺德和尤伊克(Arnold & Ewijk，2011)研究荷兰国际集团在美国等主要发达国家的网络银行业务，他们认为，网络银行的优势在于交易型银行业务，而劣势在于对信息收集、监控和处理要求较高的关系型银行业务。虽然网络银行在初期能够凭借成本优势迅速扩大资产规模并获得规模经济效应，但随着资产规模的不断扩大，其资产业务的市场风险更加凸显和集中。同时，网络银行的客户黏性与忠诚度相对于传统商业银行较低。[50]

　　赛肯和齐伯斯坦(Seuken & Zilberstein，2012)指出，无论是网络金融还是电子金融，在初期应用时，其实质主要是传统金融组织或传统式金融服务逐步向互联网化方向发展，其最大特点就是通过互联网这一交易平台，使金融交易所花费的交易成本大大降低，从而提升金融服务的可得性及普惠性。他们发现，在进入电子金融这一行业的许多企业中，一些企业还取得了不错的成绩，但由于激烈的市场竞争，有不少企业惨遭市场淘汰。那些成功的企业之所以能够成功，原因之一就在于它们顺应金融市场的发展需求，并充分发挥自身在互联网、大数据、云计算和人工智能等方面的技术优势，以此建构了一个高效的运营市场。[51]

　　艾琳·丰泰(Erin Fonté，2013)研究发现，以手机银行为代表的电子金融和以第三方支付为代表的移动支付技术正在挑战和撼动传统商业银行在社会融资中的地位，广大居民的投资行为、融资行为、消费行为和支付行为等都将发生重要的变化。[52]

（2）互联网金融的风险与监管

针对互联网金融风险，安纳特·彭拉图尔（Anait Pemlhatur，2001）提出，若银行要开通在线服务，有可能在操作层面面临风险，另外还有安全、法律和声誉等多个方面的风险。鉴于从传统银行演变为网上银行，实际上已经进入了一种新的运营模式与发展领域，因而风险管控的机制与方法也要进行创新，从而适应相关市场需求及发展趋势。正是由于网上银行这一新事物的出现，之前以自律为主的管理方式将发生改变，将会形成一个内容更细化、操作更具体的监管体系。[53]Jentzsch（2007）从 P2P 网贷风险的角度，分析了网络借贷关系中存在借款人违约的风险以及借贷平台暴露借款人隐私的风险。迈克尔·克拉夫（Michael Klaff，2008）利用 Prosper 平台数据实证分析发现，借款人信用评级是平台评估借款人风险的关键因素，而且借款人的其他信息（如照片、位置等）对借款成功率也有重要影响。[54]辛格莱等（Singly et al.，2008）采用决策树研究方法，对 Prosper.com 平台多项贷款带来的不同收益与风险进行了分析，认为任何信用级别都不能避免在做出积极回报时出现亚群体，并且回报跟风险总体相伴；他们还发现在回报同风险的一致性程度方面，低信用层级的贷款群体要比高信用层级的贷款群体有更高的效率。[55]

针对互联网金融监管，曼和罗纳德（Mann & Ronald，2004）曾研究美国以 Paypal 为首要代表的新式网络支付形式的现行法律系统与政策体制，并针对新式网络支付介质难以维护消费者利益的问题，提出了具有可行性的监管法律完善思路。[56]理查德·沙利文（Richard J. Sullivan，2006）曾对第三方支付在零售支付体系中的机遇和风险进行了分析，并对正在运营的第三方支付供应方的监管系统进行了反思，提出相关监管政策很大程度上是对第三方支付的零售支付体系风险进行控制，以此来缓解信息不对称以及实现外部性的调和。[57]安德鲁·弗斯坦（Andrew Verstein，2011）提出通过技术与金融方面的创新，使 P2P 网络借贷方式成功地将借款方与投资方进行联结。他研究了P2P 网络借贷的监管问题，还建议把 P2P 网络借贷引入消费者金融保护组织的视野。[58]阿金德莫沃·埃尼奥拉（Akindemowo Eniola，2011）曾对联邦存款保险委员会、联邦储备委员会，以及管控网络储值的工具性产品等领域的监管历程进行了研究，指出管理者须先搁置有关储值工具能否成为存款的分歧，而将注意力放在构建一个高效、灵活性强的支付体系中，从而对不同类型的储值产品采用针对性的方式实行监管。[59]娜奥米·克拉克斯顿（Naomi Claxton，2011）曾对美国与欧盟在储值卡方面实施的反洗钱法律进行过对比研究，认为同美国相比，欧盟在电子货币方面的法律更为健全，因而储值卡得到了更为合理、规范的使用，从而使非法洗钱活动与可疑交易行为都得到了更为严格的监管。[60]

### 2. 国内的相关研究

### （1）互联网金融与传统金融

2012 年，谢平提出"互联网金融"这一概念，自此"互联网金融"成为中国经济学界和实务部门最热议的话题之一。然而，由于互联网金融在中国是新生事物，国内专家学者对互联网金融与传统金融之间的关系争论不休，其大致可以分为"创造论"和"改良论"。

"创造论"从根本上否认互联网金融是包含在传统金融中的一种模式。谢平（2014）提出，在传统金融市场中有两种融资模式，一种是通过银行的间接融资模式；另一种是通过资本市场的直接融资模式。他认为，互联网金融是与直接融资模式和间接融资模式并列的第三种融资模式。他还指出，虽然互联网金融在当前的表现形式是传统金融＋互联网和互联网企业＋金融，但互联网金融必然会在未来发展成颠覆传统金融的直接金融。[61]贾甫、冯科（2014）认为，互联网金融是对传统金融机构和融资方式的帕累托改进，同时指出由于互联网金融能够解决金融机构低违约率需求和中小微企业高借款需求并存的难题，因此互联网金融可以被认为是一种新金融模式。[62]龚明华（2014）指出，互联网金融的迅速发展突破了传统商业银行的局限性，不仅能够降低商业银行的业务成本，提高运行效率，而且有利于提高商业银行的风险管理水平。同时，互联网金融的发展加快了金融去中介化进程，对传统商业银行业务产生了巨大冲击。可以看出，互联网金融与传统商业银行既相互促进，又相互竞争。[63]吴晓求(2014)认为,互联网金融能够进一步优化金融资源配置、提升金融支付结算的效率、完善风险配置,以及改善金融提供价格信息。因此,在互联网金融的冲击下,传统金融的运行模式和结构将会发生巨大变革,金融交易效率将得到极大提高。[64]

"改良论"则否认互联网金融是一种新的金融业态。陈志武(2014)认为,互联网金融仍然是一种金融交易,它仅仅是在交易渠道上对传统金融造成了一定的冲击,而它所经营的产品仍然是交易双方跨期的价值交换。因此,互联网金融的本质仍然是金融,并不是一种"新金融"。[65]刘澜飚等(2013)认为,互联网金融与传统金融之间除了存在一定的竞争关系之外,二者还具有很大的融合空间;互联网金融并不能完全替代传统金融,无论是从交易的规模还是种类来看,互联网金融对传统金融中介仍然无法构成较大威胁,但随着大数据、云计算和人工智能等技术的发展,互联网金融的影响将迅速扩大。[66]宫晓林(2013)研究了互联网金融在融资、定价、金融脱媒和发展战略等方面对传统金融机构所造成的影响,他认为在短期内,互联网金融不足以撼动传统金融机构的地位,但从长远来看,传统金融机构必须充分借鉴互联网金融模式,领悟互联网金融的真谛,才能不被时代所淘汰。他还强调互联网金融的健康发展需要加强行业自律和创新,特别是加强系统安全建设。[67]郑联盛(2014)认为,互联网金融对传统金融业、中国金融体系的冲击是有限的。从互联网金融各业务模式对相关领域的影响来看,互联网技术对传统金融业务主要的作用在于支持和升级,而非替代;第三方支付体系并没有脱离传统支付清算体系。因此,它对整个金融体系是补充性的影响;互联网平台会对银行信用业务产生影响,但其影响整体上是有限的;国内对互联网虚拟货币并不认可,因此其对中国金融体系基本没有影响。从互联网金融对整个金融体系的影响来看,其对金融创新、货币政策和金融服务模式等方面都会产生影响,但这些影响是有限的,互联网金融本质上是互联网信息技术推动下的金融创新。[68]

(2)互联网金融的特征与影响

谢平等(2015)指出,互联网金融具有七大核心特征,如低交易成本、缓解信息不对称问题、拓展交易可能性集合、去中介化、支付变革和金融产品货币化、金融模式边界模糊，以及融合金融和非金融因素。[69]霍兵、张延良(2015)认为，互联网金融的优势主要是拓宽信息获取方式和渠道、低廉的交易成本和更高的资金配置效率、操作便捷、无时空约束，以及降低信息不对称程度。[70]李继尊(2015)认为，互联网金融的核心竞争力在于缓解信息不对称的功能强大，由于数据是信息的载体，互联网金融的核心竞争力主要来源于数据的采集、处理和应用。[71]

皮天雷、赵铁(2014)基于金融中介理论和金融功能观的视角指出，互联网金融具有更高效率的信息生产和处理方式，降低了交易成本，大大缓解了信息不对称，优化了社会资源配置。[72]邹积超(2015)和李凌(2015)基于双边市场理论提出，互联网金融具有双边市场①的交叉网络外部性②，容易造成马太效应③，会导致互联网金融市场出现"垄断"现象[73][74]。汪桥红(2015)通过构建互联网金融超网络模型④研究发现，各互联网金融企业为了追求利润最大化，必将呈现集群化发展趋势，即共生发展。[75]王馨(2015)认为，互联网金融具有外部经济、规模经济和范围经济三重效应，能够促使金融资源流向传统金融不涉及或不完全涉及的普惠金融领域，有利于解决小微企业信息不对称、降低小微企业融资成本，以及提高金融机构防范信贷风险的能力。[76]黄建康、赵宗瑜(2016)发现，互联网金融具有边际成本递减规律，这使其有扩大生产规模的动力，而且互联网金融通过应用大数据等信息技术，可以迅速扩大"交易可能性集合"。[77]

(3) 互联网金融与货币政策

互联网金融以低廉的交易成本、便捷的交易程序、多样化的金融产品和服务对传统金融的基本格局造成了猛烈冲击，人们对货币的需求，以及中央银行

---

① 双边市场是指市场中有两种不同类型的用户群体，它们通过一个中介机构或平台来发生作用或进行交易，而且一边用户的决策会依赖或影响另一边用户的决策。

② 交叉网络外部性是指在双边市场中，一边市场消费者的效用会随着另一边市场消费者数量的增长而提高。

③ 马太效应是指强者愈强，弱者愈弱的现象。

④ 超网络是指节点众多，网络中含有网络的系统，互联网就是一种超网络。

的货币供给在此背景下都产生了巨大变化。基于此,传统货币政策对宏观经济的调控作用不断减弱,专家学者们对此进行了深入研究。

在货币需求方面,尹龙(2000)指出,微观主体可以利用电子支付方式,以较低的交易成本经常性地调整其货币持有结构,这会使微观主体对持有活期存款的需求降低。[78]赵家敏(2000)基于鲍莫尔-托宾模型认为,随着信息技术的进步,收益性的资产和广义货币的转换成本降低,减少了对广义货币的需求。[79]谢平、尹龙(2001)认为,网络经济对传统金融理论产生了深刻影响,无论是货币形态还是金融产业组织都发生了革命性的变化,传统的货币理论、货币需求和货币供给都将表现出新特征。[80]张红、陈洁(2003)通过实证检验发现,电子货币对货币需求的影响主要表现在对流通中现金的替代;同时,电子货币加快了货币流通速度,使得货币需求减少;此外,电子货币与商业银行存款一样具有货币创造功能,这导致货币需求处于不稳定状态。[81]周光友(2006)从持币时间和持币结构出发,指出电子货币将改变人们的货币需求,并降低货币流通速度。[82]杨力(2007)提出,随着电子货币的流通,基于交易动机和预防动机的货币需求会降低,且利率的微弱变动也会导致投机性货币需求大幅度变化。[83]贾丽平(2009)将费雪方程式拓展为 $M \times V = BH$,其中 $M$ 为货币存量;$V$ 为货币流通速度;$BH$ 为虚拟货币市场生产总值。她指出,该公式可以反映货币市场和虚拟货币市场的价值转换机制。[84]谢平、刘海二(2013)认为,随着移动终端的普及,移动支付和电子货币的网络规模效应会逐渐凸显,人们将充分享受移动支付所带来的低交易成本的福利,进而减少他们对现金的需求。[85]周光友、施怡波(2015)指出,电子货币的发展会对预防性货币需求产生替代作用,且会让不同层次的货币快速且低成本地转化,这会造成人们出于不同动机的货币需求相互间的界限更加模糊。[86]

在货币供给方面,首先是互联网金融对中央银行货币发行权的冲击。黄诚、李纯安(2000)认为,在电子货币发行和流通过程中,人们将充分享受金融支付和结算的交易费用降低的福利。另外,尽管中央银行仍然拥有电子货币发行资格的认定权,但是由于微观经济主体对电子货币的需求,导致电子货币流通速度将在货币供给中发挥重要作用,因此中央银行对电子货币发行权的垄断地位不再存在。[87]张红、陈洁(2003)提出,网络货币将使得货币实物形态虚拟化,商业银行自身已经实现了部分货币的发行,这实质上削弱了中央银行对货币发行的垄断地位。[81]尹龙(2002)基于成本收益法指出,当市场在达到动态均衡后,将出现一种独立于现行中央银行纸币体系之外的新的货币体系,中央银行不再是基础货币供给的唯一渠道,未来基础货币至少包括两个部分,即中央银行发行的货币和非中央银行发行的货币。[88]李东荣(2004)认为,电子货币的出现将改变人们的货币需求,并造成货币发行的多元化趋势,让非金融机构有可能涉足发行电子货币并向客户提供代表特定发行商信用的电子货币,这可能会影响现行由中央银行、商业银行和公众三者所构成的货币供给体系和货币政策的有效性。[89]

其次是互联网金融对货币乘数的影响。周光友(2007)指出,电子货币不仅放大了货币乘数的效应,还加剧了货币乘数的波动性,进而增加了货币乘数的内生性,使得中央银行控制货币供给的难度加大。[90]贾丽平(2009)将虚拟货币纳入狭义货币供应量范畴,她通过公式推导发现,一旦虚拟货币进入流通以后,对货币乘数有着放大效应。[84]黄诚、李纯安(2000)指出,在电子货币条件下,货币乘数将主要通过在线电子货币信息流的流通速度决定,虽然货币乘数仍然可以通过对网上电子金融信息的分析来加以预测,但其稳定性已经大大降低了。另外,由于电子货币创造的速度极快,从而使货币乘数趋于极大,甚至是无穷大。[87]刘澜飚等(2016)通过对狭义和广义货币乘数的分析发现,由于互联网金融降低了居民现金存款比率和超额准备金率,故互联网金融使得原本相对稳定的狭义货币乘数具有不确定性,加大了狭义货币乘数的波动性,并且互联网金融对广义货币乘数存在扩张效应。[91]杨力(2007)指出,电子货币是否对货币乘数造成影响主要取决于两个方面:一是电子货币对现金和存款等货币的替代程度;二是中央银行对货币供给的定义(是否将电子货币计入各层次的货币供给)。[83]赵家敏(2000)认为,电子货币可以产生货币创造,且由于电子货币将替代部分现金和部分存款,故电子货币将会增大货币乘数。[79]

　　最后是互联网金融对货币政策的影响。谢平、尹龙(2001)认为,网络金融和电子货币增强了市场的效率和竞争水平,提高了价格信号的质量。因此,中央银行对货币政策中介目标的选择将以价格信号类为主。另外,由于网络银行的先进技术手段可以更容易捕捉到信息的变化,因而能大大缩短政策传导过程中的时滞。[92]刘林、朱孟楠(2013)指出,互联网金融的发展将逐渐拓宽货币的流向,这一方面会使得货币供给与物价水平之间的相关性减弱;另一方面也会导致货币政策的制定与实施更加复杂多变。[93]周光友(2010)提出,电子货币大量替代狭义货币 M1 的趋势,不仅将削弱中央银行控制基础货币的能力,且会让以货币供应量作为货币政策中介目标的合理性大大降低。[94]谢平、尹龙(2000)指出,以货币供应量作为货币政策的中介目标在电子货币的影响下,其可测性、可控性和相关性都会受到较大影响。然而,利率作为货币政策的中介目标不会受到很大影响,只是利率的形成机制会更加复杂。[78]刘澜飚等(2016)认为,从价格型货币政策的角度来看,互联网金融的规模替代效应及网络外部性效应增强了银行存款规模及市场利率对同业市场利率的敏感性,增强了利率等价格型货币政策的传导渠道的有效性。从数量型货币政策的角度来看,互联网金融的发展降低了银行超额准备金率,提高了现金存款比率,加大了狭义货币乘数的波动性。互联网金融导致广义货币乘数大幅度提高,进而对广义货币供应量存在增长效应,并对广义货币流通产生了减速效应,降低了广义货币作为交易媒介的流通效率,这在一定程度上降低了数量型货币政策的有效性。[91]赵家敏(2000)认为,互联网金融使得总量性指标作为中介目标的合理性和科学性日益下降,而如利率等价格信号类指标则有取而代之的趋势。[79]

　　通过阐述主流经济学的内涵、特征、基本假设和发展历程,以及互联网金融在国内外的研究现状,可以发现,在互联网金融的冲击下,主流经济学理论中的一些基本假设和主要规律都显现出明显局限性。根据科学哲学的观点,主流经济学理论范式需要根据互联网金融的主要实践和理论要素进行改进和完善,进而形成新的主流经济学理论范式。

### 三、研究思路与研究方法

#### （一）研究思路

互联网金融在中国异军突起引起了理论界和实务部门的广泛关注。在这样的背景下，本书借鉴传统主流经济学的主要理论，如边际理论、双边市场理论、凯恩斯货币需求理论、金融监管理论、金融排斥理论等，并联系中国互联网金融实践，分析主流经济学在互联网金融时代的局限性。在此基础上，本书探讨了互联网金融对主流经济学的冲击与挑战。同时，本书对互联网金融时代的货币需求和货币供给进行深入分析，并为实务部门及中央银行制定货币政策提出针对性的建议。本书还采用博弈论的方法对互联网金融时代金融机构和金融监管机构的最优策略进行分析，并提出相关政策建议。最后，本书以互联网金融为出发点，重新构建了普惠金融的理论发展路径，并从政府、金融供给主体、金融需求主体三个层面提出了政策建议。本书所做研究的技术路线如图1-1所示。

#### （二）研究方法

本书采用的研究方法主要包括文献研究、理论分析、统计描述和实证检验。

##### 1. 文献研究

文献研究法被广泛用于各种学科的研究中，是指通过搜集、梳理和解读大量相关文献，进而全面了解和掌握所要研究的问题，以及对此问题进行研究的先期结果，目的是为开展相关研究提供借鉴与参考。本书搜集、梳理和研究了大量国内外相关文献，力图把握主流经济学"边际革命"、双边市场理论、货币理论和金融监管理论等研究成果和发展脉络，并指出它们在互联网金融时代的局限性和面临的挑战。

##### 2. 理论分析

理论分析法是指在一定理论的指导下，借助归纳与演绎、比较与分类、分析与综合等形式的逻辑方法，运用数学工具、数量模型等工具将离散的经济现象系统化和规范化，对经济现象及其运行中出现的特征和问题进行解释和说明。

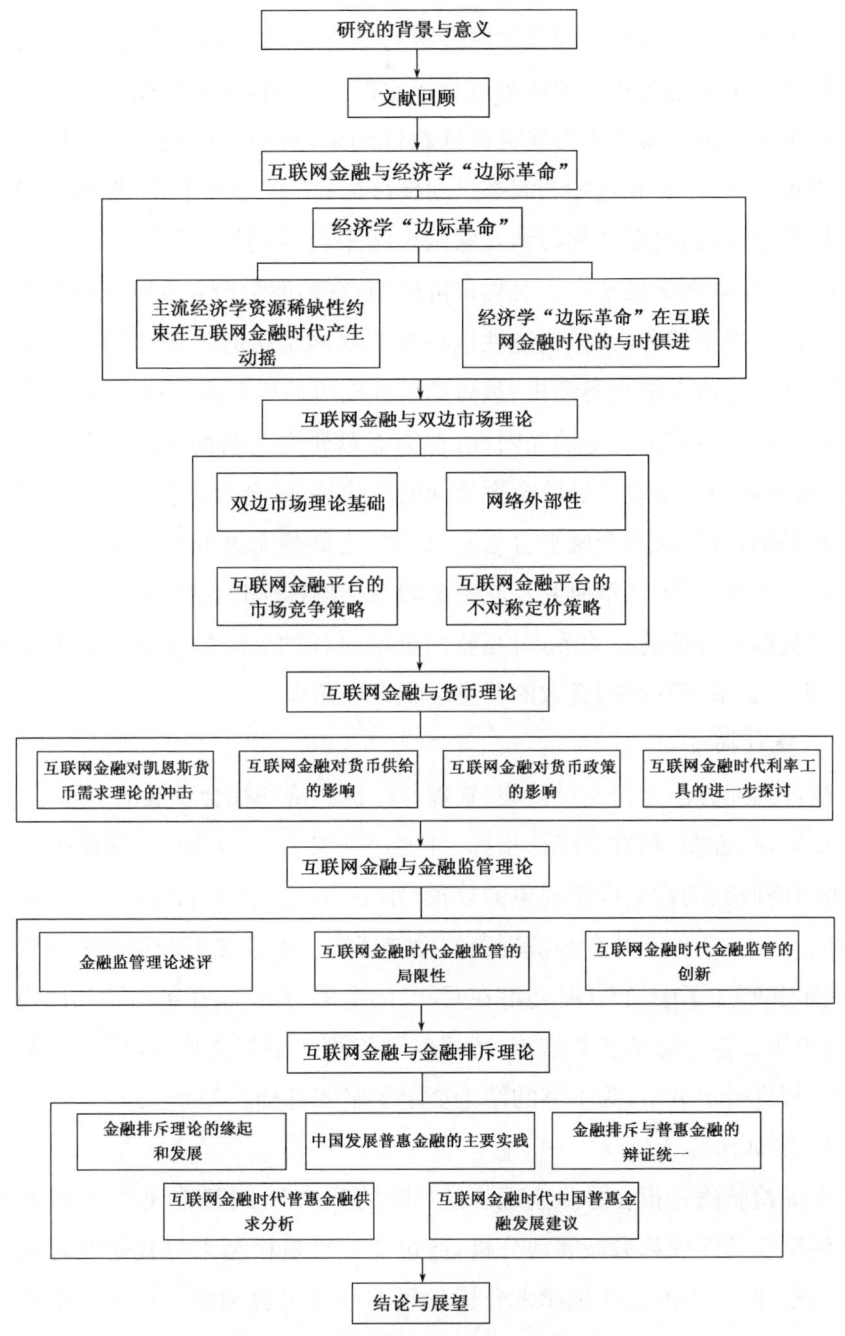

图 1-1 所做研究的技术路线

本书在第二章研究中国互联网金融与经济学"边际革命"时,对互联网金融运作过程中的主要特征和优势进行了总结和归纳,发现数据作为互联网金融时代重要的生产要素不再受资源稀缺性约束,进而互联网金融时代厂商的边际成本、边际产量和边际利润都呈现新特征;在第三章研究互联网金融与双边市场理论时,通过总结和归纳互联网金融平台的网络外部性和市场竞争策略,构建了互联网金融平台不对称定价模型;在第四章研究互联网金融对凯恩斯货币需求理论的冲击时,创造性地将在互联网金融时代快速发展的电子货币因素纳入货币需求交易动机、预防动机和投机动机公式,以此来解释互联网金融时代的货币需求理论的局限性;在第五章研究互联网金融与金融监管理论时,对互联网金融时代经济金融活动的风险特征、金融监管理论与实践做了总结和归纳,对互联网金融平台与监管部门之间静态博弈和动态博弈的均衡状态进行求解;在第六章研究互联网金融与金融排斥理论时,阐述了金融排斥与普惠金融的辩证统一关系,对互联网金融时代的金融排斥供给和需求进行分析,提出了基于互联网金融的普惠金融发展路径。

### 3. 统计描述

统计描述方法是指通过搜集、整理与分析经济和社会发展的实际数据,得到诸如均值、方差、频数等统计指标,并通过交叉表、直方图、柱状图等统计工具,表明所研究的社会经济现象的规模、水平、速度、比例和效益,以反映在一定时间、地点、条件下社会经济现象的发展规律。本书在第四章利用折线图工具,展示和阐述了中国 GDP 与潜在 GDP 的走势与缺口;在第六章利用表格工具,对中国普惠金融的政策措施、间接融资与直接融资占比、涉农与小微企业贷款余额进行了分析,为本书的结论奠定了坚实基础。

### 4. 实证检验

实证检验法是指在排除主观价值判断的基础上,对经济现象、经济行为或经济活动及其发展趋势做客观分析,通过建立计量模型来寻找研究对象相互联系的规律,并根据这些规律来分析和预测经济走势和经济行为。本书在第四章分析互联网金融与货币理论时,针对互联网金融时代的货币政策中介目标选取和利率规则的探讨,选取大量时间序列数据构建了理论模型,并采用最小二乘法和广义矩估计等计量方法进行了实证检验,进而深入分析了中国互联网金融发展带来的货币电子化对中国货币政策的影响。

### 四、本书的结构与主要内容

根据本书的研究思路和技术路线,除导论外,本书共分为六章,其主要内容如下:

第二章,互联网金融与经济学"边际革命"。本章首先总结和归纳了经济学"边际革命"的起源、兴起和深化三个阶段的研究成果和理论发展。在此基础上,提出经济学"边际革命"不是一次单独的事件,而是始终处于发展的过程中,互联网金融的异军突起给经济学"边际革命"的继续发展提供了新的动力。资源稀缺性在互联网金融时代产生动摇,边际成本递增规律、边际产量递减规律和边际利润递减规律受此影响也不再符合互联网金融时代厂商在生产中的特征。

第三章,互联网金融与双边市场理论。本章通过搜集和整理双边市场理论有关文献,对双边市场的定义、特征、类型、结构、市场竞争策略,以及用户行为等概念进行梳理和分析,为互联网金融在中观层面的理论研究打下坚实基础。互联网金融平台作为金融中介机构,具有典型的双边市场特征。本书通过归纳和总结及数学方法对互联网金融平台的网络外部性、产品差异化策略、排他性策略、用户资质认证策略、互联互通策略,以及不对称定价策略等进行具体和详尽的分析,以此来构建互联网金融在中观层面的基础理论,为互联网金融平台在市场竞争中的行为和策略提供指导。

第四章,互联网金融与货币理论。本章从宏观层面搜集时间序列数据,并运用定性和定量相结合的方法,分析中国互联网金融发展对货币需求、货币供给和货币政策的影响。其中,对货币需求的影响,主要是借鉴凯恩斯货币需求理论,从人们对货币需求的交易动机、预防动机和投机动机三个方面来分析;对货币供给的影响,分别从中央银行、公众和商业银行这三个货币供给的主要参与者的角度展开研究；对货币政策的影响，考虑到电子货币是互联网金融时代的基础设施和主要交易手段，重点分析电子货币对与中国货币政策相关的货币层次划分、货币创造、货币政策中介目标和利率规则的影响。

第五章，互联网金融与金融监管理论。本章通过对金融监管理论和实践的阐述与解释，并引入博弈论的方法分别考察了互联网金融时代金融机构与金融监管机构的静态博弈和动态博弈均衡。在完全信息静态博弈中，互联网金融时代金融机构与金融监管机构会根据各自的期望收益来确定彼此的最优策略，且一旦做出选择就不可再改变，故在理性的促使下，二者的最优策略都是在它们的纳什均衡处。而在动态博弈中，本书采用演化博弈论的方法求解互联网金融时代金融机构与金融监管机构之间的演化稳定策略，发现虽然二者之间并不存在演化稳定均衡，但二者之间的博弈是一个不断循环的过程，二者在不断学习的过程中可以对自身的策略进行改进，进而达到更好的结果。本书在此基础上，对互联网金融时代的金融监管理论和实践进行了针对性的修正和完善，提出互联网金融时代金融监管机构须采取监管沙盒、大数据监管和穿透式监管的建议。

第六章，互联网金融与金融排斥理论。本章研究了普惠金融在互联网金融时代的理论发展路径。通过深入分析金融发展理论、金融排斥理论与普惠金融，进一步论证了三者之间的辩证统一关系，得出金融排斥理论是普惠金融的理论渊源，而普惠金融则是金融发展理论的时代前沿之结论。基于此，本章以互联网金融为出发点，重新构建了普惠金融的理论发展路径，发现随着互联网金融发展的不断深化，金融排斥会逐渐削弱直至消除，而普惠金融在此过程中则得以发展为常态。本章还从政府、金融供给主体和金融需求主体的三个层面提出了相关政策建议。

另外，本书在最后总结和归纳了互联网金融与经济学"边际革命"、双边市场理论、货币理论、金融监管理论，以及金融排斥理论的研究结论，并在此基础上提出了前瞻性的展望。

## 五、可能的创新与存在的不足

### (一) 可能的创新

本书可能的创新之处主要是：① 通过对大量经济学理论文献和著作的整理，把握主流经济学历史流变，并以主流经济学历史流变中出现的理论突破与创新为例，指出主流经济学变革的依据和内在逻辑，以此作为本书所研究问题的基础和前提。② 本书在研究互联网金融对边际规律、不对称定价策略，及货币需求、货币供给、货币政策和金融监管的影响时，采用数学方法创造性地将互联网金融要素转化为数字化变量，以此来构建主流经济学理论分析模型。③ 总结和归纳互联网金融时代经济活动和金融活动的特征和优势，从微观、中观、宏观和监管四个层面论述互联网金融时代主流经济学的理论研究价值，指出主流经济学在互联网金融时代的局限性，并通过规范的经济学分析，为互联网金融时代经济金融的持续健康发展、货币政策和金融监管政策的制定提供相应指导。

### (二) 存在的不足

本书在总结和归纳中国互联网金融时代经济活动和金融活动所呈现的特征和优势的基础上，对互联网金融时代的主流经济学进行详尽的理论探索，但仍然存在以下不足之处：① 本书虽然搜集和梳理了主流经济学相关理论，但由于资料来源的限制，仍然会出现一些主流经济学理论未能被搜集和梳理的情况；② 本书在互联网金融时代主流经济学的理论探索过程中有不够深刻和全面的地方，主流经济学相关理论中仍然需要与时俱进；③ 由于缺乏相关数据，对互联网金融时代的理论探索偏向于规范经济学分析，而实证经济学分析则相对较薄弱。

# 第二章　互联网金融与经济学"边际革命"

19世纪70年代初,卡尔·门格尔、威廉·斯坦利·杰文斯和里昂·瓦尔拉斯三位经济学家提出了主观边际效用价值理论和边际分析方法,从而颠覆了古典经济学的价值理论和传统分析方法,引发了影响深远的经济学"边际革命"。随着技术进步与社会变迁,经济学"边际革命"从未停止,专家学者不断地将实践经验上升为理论成果,其中较为重要的是基于资源稀缺性约束假设前提的边际效用递减规律、边际产量递减规律、边际成本递增规律和边际利润递减规律。

进入21世纪后,现代信息技术与经济活动深度融合,特别是互联网金融异军突起,明显地改变了过往社会经济活动的方式与内容,而且也呼唤着理论创新,经济学"边际革命"又悄然前行。本书将采用规范经济学的分析方法来探讨互联网金融与经济学"边际革命"的重要理论成果,如边际效用递减规律、边际产量递减规律、边际成本递增规律和边际利润递减规律的冲击,进而提出互联网金融时代经济学"边际革命"进一步深化与发展的理论见解。

## 第一节　经济学"边际革命"

### 一、经济学"边际革命"的起源

19世纪70年代初的经济学"边际革命"之后,追溯边际分析的起源逐渐成了人们关注的重要问题。实际上,"边际"的研究分析方法早在18世纪40年代左右就已经出现相关的萌芽。

丹尼尔·伯努利(Daniel Bernoulli)早在1738年就已经提出了边际效用

和边际效用递减的思想,他指出物品的价值不是以该物品的价格为基础,而是以其带来的效用为基础,故该物品价值取决于购买该物品的人。在伯努利看来,效用与价格相对立,而与人对该物品的满足程度,或者该物品对人所具有的意义相关。可见效用的概念在这里具有主观的因素,更准确地说,效用被理解为物品与人们需求的关系。另外,他还指出,可通过观察个人财富的连续少量增加来确定效用的变动,而且效用在变动过程中普遍呈现出边际效用递减规律,即随着财富总量的增加,效用总量虽然在增加,但其增加的比率是逐渐减少的。例如,在17世纪的欧洲,一个杜卡特(当时欧洲所使用的金币)对穷人的效用之所以被认为是数个杜卡特对富人的效用,正是由于富人的财富及其增量是穷人的数倍,而效用的增加与财富的增加成反比。尽管伯努利还没有使用"边际"这样明确的概念和术语,但他提出了边际效用和边际效用递减的思想。不过,在伯努利的分析中,边际效用仅是用来说明效用变动趋势的一个工具。[95]

斐迪南多·加利阿尼(Ferdinando Galiani)被视为边际分析的先驱之一。加利阿尼(Galiani,1780)在其著作《货币论》中最早提出了效用和稀缺性共同决定价值的原理。他认为,稀缺性是指某物品的数量和该物品的用途之间的比例,即物品数量相对于消费和占有的比率。他认为,稀缺性原理是对传统效用原理的必要补充,同时也是价值不可缺少的组成要素。在此基础上,加利阿尼认为效用和稀缺性是价值的两个不可或缺的要素。不过,加利阿尼同样没有明确提出边际效用的概念,边际效用和稀缺性在他看来只是构成价值的两个同等重要的要素。他的贡献在于为边际效用概念的提出奠定了基础,提出只有物品是稀缺的,效用才能够呈现出一定的变化规律,从而使边际效用和总效用在概念上区别开来。[96]

英国经济学家詹姆斯·安德森(James Anderson)将边际分析原理应用到资本主义级差地租理论当中。安德森(Anderson,1777)指出,级差地租可以归结为农产品市场价格与肥沃程度不同的土地耕作费用之间的差额,并认为决定土地产品价格的因素是最后的土地耕作费用。可以看出,安德森的地租理论正确把握了边际耕作费用在农产品价格形成中的作用。[97]

英国经济学家爱德华·威斯特（Edward West）同样提出了类似的级差地租理论。威斯特（West，1815）认为，土地报酬递减是一个普遍规律，在这个规律的作用下必然会出现获利最少和成本最高的资本，而这部分资本则是用来决定农产品价格的必要条件。因为这部分资本的收益最少而成本最高，以此为标准所决定的价格必然会使其他成本较低的资本获得超额利润，这部分利润即地租，而作为定价标准的获利最少的资本，其收益仅提供利润，不包含地租。[98]

托马斯·马尔萨斯（Thomas Malthus，1815）和安德森一样，指出农产品价格等于最贫瘠土地的生产成本，且同一种农产品的价格也是相同的。他认为，土地本身能够生产出比需求量更多的生活必需品，而这些生活必需品的性质，以及土地报酬递减规律才是决定地租的必要条件。[99]

大卫·李嘉图（David Ricardo，1817）将劳动价值论引入边际地租理论，以劳动价值理念解释了边际地租原理，进而把边际原理推广到价值论，提出了边际劳动价值论。他提出了最劣等土地的产品和最后使用的资本的产品概念，即以边际产品概念来说明地租形成的原因。李嘉图的边际产品概念是与土地报酬递减规律联系在一起的，他所提出的级差地租理论与前人的理论相比，其特点在于他以劳动价值论说明了边际产品和一般农产品的价值决定，并认为边际农产品和一般农产品的价值取决于农业劳动，即地租的源泉是劳动。他还把级差地租理论推广到所有商品的价值决定上，指出商品价值取决于生产商品所必需的劳动量。[100]

约翰·杜能（Johann Thünen，1826）利用边际分析的方法分析了分配问题，把边际原理扩展到包括地租、利润和工资理论在内的分配理论，提出了较为完整的边际生产力论。他的边际生产力论是以资本和劳动生产力递减为前提的，即当劳动和资本的投入超过一定数量时，它们的生产率会呈现递减的趋势。虽然杜能（Thünen，1826）没有明确提出劳动价值论，但他把商品价格归结为劳动生产力。[101]

S. M. 朗菲尔德(S. M. Longfield, 1834)认为,农产品价值取决于农产品的供给和需求,同时他又指出农产品的价值与农业劳动和土地本身的生产力有关。关于资本,他提出,资本可以使现在和未来的利益实现相等,且资本积累得越快,报酬越低,资本利润取决于资本本身的生产力,并进一步指出每个产业使用资本所获得的利润水平是由效率最低的那部分资本所决定的,即边际原则不仅适用于单个资本,也适用于整个产业。[102]

安托万·库尔诺(Antoine Courno, 2008)用数学的方法研究和表述了不同条件下价格的决定。他认为,没有绝对的价值,只有相对的价值,交换价值是两种物品的比率,并指出商品的价值量变化与供求量变化之间存在着相互影响的函数关系。他分别考察了垄断竞争条件下的价格决定问题,并将供给方面的因素也引入分析当中,因为他认为边际生产费用的高低不仅取决于生产技术条件,还取决于生产数量,而生产数量又取决于需求,因此,在库尔诺的分析中,需求始终处于核心地位。[103]

德国经济学家赫尔曼·戈森(Hermann Gossen)是边际分析理论最主要的先驱者,他不仅明确提出了人类享乐法则,而且在此基础上论述了价值、价格和生产等问题,构建了一个基于主观价值分析的经济学理论体系。戈森(1854)在其著作《人类交换规律与人类行为准则的发展》中指出,人们希望享受生活,而享受生活的必要条件是获取物品和适当消费,经济学应该阐明消费和生产的最合理方法,以最大限度地增加效用量。在此基础上,他提出三大定律:一是"戈森第一定律",即如果人们连续不断地满足于一种享受,那么这种享受的量会不断减少。并且当人们重复以前的享受时,这种享受不仅会减少得很快,而且初始享受量也会减少,"戈森第一定律"与边际效用递减规律非常类似。二是"戈森第二定律",即当人们在多种享受之间进行选择时,为使自己的享受总量最大化,人们必须在此之前先满足各种享受,并要使每一种享受的最后一单位保持完全相等,"戈森第二定律"因此又被称为边际效用相等法则。三是"戈森第三定律",即当人们发现一种新的享受时,会给人们带来在现有情况下扩大享受总量的可能性。戈森所构建的基于主观价值分析的经济学理论体系,不仅是对前人有关边际思想的总结和发展,而且为后来的以边际效用论为研究基础的主观价值经济学的兴起奠定了基础。[104]

## 二、经济学"边际革命"的兴起

1871—1874 年,以威廉·杰文斯(William Jevons,1871)所著的《政治经济学理论》、卡尔·门格尔(Carl Menger,1871)所著的《国民经济学原理》,以及里昂·瓦尔拉斯(Léon Walras,1874)所著的《纯粹政治经济学要义》为起点,经济学理论与方法上的"边际革命"拉开帷幕。他们所提出的主观边际效用价值理论和边际分析方法,颠覆了古典经济学的价值理论和传统分析方法,为新古典经济学和现代经济学分析方法奠定了坚实基础。本节主要介绍"边际革命"的兴起阶段,深入分析这三位经济学家所提出的理论和方法。

在资源稀缺性约束的假设前提下,威廉·杰文斯、卡尔·门格尔和里昂·瓦尔拉斯都认为经济学研究应从人们的消费活动和心理欲望出发,并将经济学研究的重心从供给、生产和分配转移到需求、消费和效用上。在此基础上,他们提出边际效用的概念,即消费者对某种物品的消费每增加一单位所获得的额外满足程度。

杰文斯(Jevons,1871)认为,经济学研究应从消费者理论开始,并在苦乐论的基础上提出了主观效用论,指出效用即物品服务于人的能力,完全取决于人的欲望和对物品的需求之间的关系。他将效用分为总效用和效用程度,其中总效用是指一个人从物品的消费中所获得的总的满足感,而效用程度则是指在某个单位时间内所获得的效用增量。基于此,他提出最后效用程度的概念。在他看来,最后效用程度是经济学理论的基础,而最后效用程度的变化则是经济理论研究的重点问题。根据最后效用程度,他提出消费的一般法则:最后效用程度会随着商品消费量的增加而减少,即边际效用递减规律。例如,一个人在饥饿时获得第一块面包,他获得的满足感是最大的,此时的边际效用最大;当他获得第二块面包时,他获得的边际效用就会递减,因为第一块面包已经减轻了他的饥饿感,吃第二块面包的边际效用会低于吃第一块面包的边际效用。

　　杰文斯在主观效用论的基础上,用精确的数学方法确立了物品交换法则及其适用条件。他认为,物品的价值是指交换比例以及由该比例所表示的最后效用程度,如果交换双方都处于均衡之中,那么该物品给他们所带来的最后效用程度应该是相同的,即最后效用程度相等法则。同时,杰文斯还提出了基于主观效用论的劳动理论,他认为劳动是人们为了获得一定的收益所必须忍受的痛苦,这就与效用为人们带来的满足相对应。那么,人们在提供劳动时显然可以找到一个均衡,使得所承受的痛苦和获得的满足相抵消以获得最大的总效用,这同样是最后效用程度相等法则的运用。[105]

　　杰文斯的理论学说以效用为理论基础,以数学为主要分析工具,将经济学中所有的理论和对象,都归结为苦乐论中的数量概念,以此来解释消费和劳动等经济问题。

　　门格尔(Menger,1871)认为,个人欲望及其满足是经济学研究的出发点,并指出人们的欲望和满足欲望的财货之间存在着一定的因果关系。因此,他首先对财货进行定义,即财货是指具备满足人们欲望能力的物品。在这样的前提下,门格尔根据物品与人们欲望的距离将物品分为不同等级:第一等级物品,如面包、衣服、水等生活必需品,它们离欲望最近,能最直接地满足人们的欲望;第二等级物品,如面粉、烤箱等中间产品和工具;第三等级物品,如小麦、钢铁等原材料……随着等级的提升,物品距离人们的欲望越远,可以认为距离欲望较远的物品需要经过一定的加工和生产过程才能转变为距离人们欲望较近的物品。

　　在确定了财货的定义,以及其与人们欲望之间的关系之后,门格尔又提出了主观价值论。在主观价值论中,他首先分析了欲望最大化原理,即人们欲望满足的目标是追求欲望的最大和全部满足,若有困难,则要尽可能地满足欲望;其次,他分析了欲望递减和欲望相等原理,即当一种物品在满足人们的欲望时,随着该物品的增多,它每一单位满足人们欲望的能力在减弱,根据欲望最大化原理,可以得到一切欲望在最后都必须被满足到相等的程度。在此基础上,他提出了"最小欲望满足"的概念,即人们在消费过程中,抛弃等级较低的欲望来尽可能满足等级较高的欲望,而"最小欲望满足"就是原先最不重要的欲望,这也是衡量物品价值的尺度。[106]

门格尔在研究的过程中主要采用了抽象演绎法,将复杂的经济现象还原为各种简单要素,并通过对这些简单要素进行观察来解释和研究边际效用。但是在他看来,用数学方法去"精确"衡量人们的心理活动是不合适的,抽象演绎法是研究边际效用的正确手段。

里昂·瓦尔拉斯(Léon Walras,1874)比杰文斯更加注重数理分析法,他认为经济学都应该采用数学方法对其理论进行阐述。瓦尔拉斯指出,物品满足人们欲望的强度是物品数量的函数,它随着物品数量的增加而递减,最后一单位物品满足人们欲望的强度就是"稀少性","稀少性"即边际效用。"稀少性"价值论是瓦尔拉斯分析的核心,他将"稀少性"递减规律和"稀少性"最大化原理作为假设条件,阐述和分析了"稀少性"是如何来决定物品价值的。假定市场上有两种商品,如果两种商品的"稀少性"比率和两种商品价格比率相同,那么持有这两种商品的人都能获得最大的满足。因此,他认为交换价值与"稀少性"成正比,且"稀少性"是交换价值的起因。在此基础上,瓦尔拉斯将两种商品的交换关系推广到多种商品的交换关系,提出了一般均衡理论,指出多种商品交换的均衡条件是每种商品的"稀少性"相等,即边际效用相等法则。[107]另外,他还研究了生产理论、货币的数量和价值决定等领域。

可以发现,杰文斯的"最后效用程度"、门格尔的"最小欲望满足"和瓦尔拉斯的"稀少性"原理是一致的,都是边际效用。虽然他们在研究方法上有所不同,但他们所得出的边际效用递减规律和边际效用相等规律都是一致的。在他们研究的基础上,主观价值论和边际分析法成为经济学理论研究的重点,"边际革命"由此开始和兴起。

## 三、经济学"边际革命"的深化

19世纪70年代初,在杰文斯、门格尔和瓦尔拉斯的引领下,经济学"边际革命"拉开帷幕。10 年后,"边际革命"开始进入快速发展阶段,大批经济学者聚集在这三位统军人物的身边,共同推广和完善"边际革命"的理论与学说。下面介绍几位较有代表性的经济学者的研究成果。

弗里德利希·维塞尔(Friedrich Wieser,1914)指出,价值的根源在于人们主观的心理评价,不存在客观的交换价值。因此,他认为消费者从某物品中获得的边际效用等于最后一单位该物品所带来的效用增量,且当需求不变、供给增加时,边际效用递减;而当需求增加、供给不变时,边际效用递增。他不仅系统、深入地阐述和分析了边际效用价值论,还提出了基于交换价值和未来社会价值的自然价值论,并且对生产过程中成本与边际效用的关系进行了研究。[108]

欧根·庞巴维克(Eugen Bohm-Bawerk,1888)对边际效用价值论进行了更加深入的研究和论述,指出人的欲望是一切经济活动的起点,并将欲望的种类分为不同的等级。各等级欲望所对应的强度是不同的,且随着相同的欲望不断被满足,这种欲望被满足的强度会逐渐减弱,即边际效用递减规律。在此基础上,他还提出了独特的时差利息论,用以说明一切非劳动收入,如租金、利息等的合理性。[109]

弗朗西斯·埃奇沃思(Francis Edgeworth,1932)独立地提出了享乐递减规律,即随着享乐手段的不断增加,享乐的增量会不断减小。关于边际效用相等规律,他有自己独特的看法,他认为必须将总效用和边际效用放在一起考虑才能够得到均衡,即物品交换双方的总效用与边际效用之比相等,只有这样,双方才能够达到效用最大化的均衡。在此基础上,他提出使用契约曲线和无差别曲线来描述和解释双方达到均衡的过程。[110]

菲利普·威克斯蒂德(Philip Wicksteed,1932)一直致力于对边际效用理论的宣传,他强调分配规律和价值规律的协调,并在边际效用价值论的基础上推导出边际分配理论。他首先以人们的欲望和欲望的满足程度可以被有效衡量为前提得到边际效用价值论,再从边际效用价值论中引申出分配规律,即物品和服务的交换价值决定于它们的边际效用。[111]

维尔弗雷多·帕累托(Vilfredo Pareto,1896)将经济学分为纯经济学和应用经济学,前者属于理论研究,而后者则是理论的实际应用。在帕累托的研究中,有两个基本假设条件:一是强调经济变量之间相互影响的函数关系;二是排除道德伦理方面的因素,人们仅根据合乎逻辑的价值标准来做出选择。在此基础上,帕累托认为均衡是人的"需求"和满足需求的"障碍"两者相互间作用的结果。与前人所做的研究不同的是,他以序数效用论代替基数效用论,即效用只能用来排序,而不能精确衡量;他提出了更加具有普适性的一般均衡论,并进一步发展了福利经济学和分配理论。[112]

约翰·克拉克(John Clark,1899)在边际效用价值论的基础上创建了边际生产力分配论,从而使得边际主义学说真正在分配理论领域站稳脚跟。他认为,整个社会的经济活动仅包括生产和消费两部分,并指出经济学的三个一般规律,即人们的经济活动就是使用财富等物质媒介为自己服务的过程;效用递减规律和边际效用相等规律是生产和消费中的普遍规律;各生产要素的边际生产力递减也是生产中的普遍规律。可以看出,边际生产力递减规律是克拉克边际生产力分配论的一个重要发现,他指出当资本不变时,不断追加劳动投入,最后必然会导致单位劳动的生产力下降。同样,当劳动不变时,不断追加资本投入,最后必然会导致单位资本生产力下降。在此基础上,克拉克将边际效用价值论和边际生产力分配论联系起来,推导出劳动和资本的边际生产力决定了劳动和资本的产品价值的原理。[113]

克努特·威克赛尔(Knut Wicksell,1901)综合了包括边际效用价值论、边际生产力分配论和资本积累论等边际主义学说,并在边际生产力分配论方面提出自己新的观点。他从亚当·斯密"钻石和水"的例子出发,得到了边际效用决定价值的结论,并论述了包括完全竞争市场和垄断市场等不同市场条件下商品价格的形成及其过程以及决定因素。[114]

通过对经济学"边际革命"的起源、兴起和深化三个不同阶段的阐述,可以了解到经济学"边际革命"不是一个事件,而是一个过程,且始终处于不断运动发展中。同时,经济学"边际革命"基于资源稀缺性约束假设前提的边际效用递减规律奠定了新古典经济学的理论基础,也为以后经济学"边际革命"的深入与发展提供了理论视角和研究方法。但在互联网金融时代,资源稀缺性约束将被动摇,经济学"边际革命"也因此而得以进一步发展。

## 第二节　主流经济学资源稀缺性约束在互联网金融时代产生动摇

### 一、资源稀缺性

#### (一)资源稀缺性的定义

资源稀缺性是指这样一种状态,即相对于人们的需求,物品总是有限的。莱昂纳尔·罗宾斯(Lionel Robbins,1932)在《经济科学的性质和意义》中首次提出资源稀缺性是主流经济学最基本的假设前提。[115]萨缪尔森(Samuelson,1948)也指出,经济学主要是研究一个社会如何利用稀缺的资源生产有价值的产品,并将这些产品在不同的人中间进行分配,以实现资源的最优配置,因此经济学研究的价值就在于使得人类有办法使用资源为自己带来最大的效用和收益。另外,经济学的精髓在于承认稀缺性的现实存在,正是由于资源稀缺性和人类追求效用和收益的最大化,才使得经济学有着重要的研究价值。[1]

假如存在一个没有资源稀缺性的社会,它能无限制地生产出各种物品,或者如若人类的欲望能够得到完全满足会产生怎样的后果呢?首先,人们既然已经拥有了自己想要拥有的一切东西,并得到了完全满足,他们也就不必再去担心预算、消费和工作等问题。其次,企业也不必再关心生产成本和利润等问题。最后,政府也不用再关心税收、支出和环境污染等问题,而且不会有任何人去关心社会的收入分配是否公平等问题。在这个不存在资源稀缺性的社会里,所有价格都变成了"零",市场也因此而变得可有可无,经济学也就不再是一个有价值的学科。

### （二）机会成本（opportunity cost）

生活中充满了选择，由于资源是稀缺的，因此人们必须有选择地决定如何利用有限的时间和收入来为自己达到最大满足。弗里德利希·维塞尔（Friedrich Wieser，1914）提出了机会成本的概念。他将生产成本转变成一种主观心理的成本，即在资源稀缺性约束的假设前提下，任何人或组织在采用一种方法使用某种资源时，就必然放弃了用其他方法使用该资源所能获得的收益，其中失去的最高收益被称为机会成本。当你决定是学经济学还是学心理学，是买汽车还是买房子，或者是上大学还是工作时，你都必须考虑所做出的选择需要放弃多少其他的机会，而那些放弃的选择就被称为该项决策的机会成本。[108]

举个现实世界中的例子。在美国的国立黄石公园附近开采金矿的开采者认为，由于开采金矿完全不会影响黄石公园的门票价格，因此金矿开采的机会成本极低，甚至为 0。然而经济学家却认为，仅仅用黄石公园的门票价格来衡量机会成本存在很大的局限性，金矿开采而来的噪声、水和空气污染、生态环境恶化等问题，将会对黄石公园珍贵而独特的自然风光造成极大的负面影响。虽然开采金矿造成的货币损失（门票价格）可能很小，但是如果考虑到自然风景和生态均衡的价值，开采金矿的机会成本事实上是很大的。

在资源稀缺的世界上，当人们在选择一样东西或是做一件事情的时候，就意味着会放弃另一样东西或放弃另一件事情。机会成本正是当人们在进行选择时，所放弃的物品或劳务的最高价值。由于资源稀缺性是机会成本存在的前提条件，劳动、土地、资本和企业家才能作为主流经济学中的基本生产要素，厂商在利用它们进行生产活动时，为了获得最大利润，必然会使其机会成本最小化。

## 二、数据作为生产要素的合理性

### （一）传统经济学的生产要素

经济学研究的是如何利用稀缺的资源进行有效率的生产活动和资源配

置,生产要素则是生产和配置中所必需的资源。因此,在经济学的理论研究中,对生产要素的界定是首要和根本的问题。当某种新生事物成为经济学理论研究中的生产要素时,经济学的理论分析范式会发生重大变化,相关的假设前提、理论基础和一般规律也会随之改变。因此,生产要素的增补,对经济学分析而言至关重要。

17 世纪的英国经济学家威廉·配第(William Petty,1662)指出,土地是财富之母,劳动是财富之父。[116]他的这种观点符合当时的社会环境,正确地反映了生产实践在农业时代的特征,即对农业生产而言,土地和劳动是最重要的两个要素。然而,随着资本主义经济的不断发展,资本在经济发展中的地位愈加重要,亚当·斯密等古典经济学家开始将资本纳入生产要素中,于是形成了劳动、土地、资本的生产要素三元论。随着第一次工业革命的到来和发展,机器在生产中得到了广泛普及,成为影响生产成本和效率的重要因素,一个工厂是否拥有良好的机器设备,会在根本上影响其生产能力和竞争力,因而在社会上逐渐形成了机器将取代人类劳动的思想潮流。而机器在生产中的投入属于资本的范畴,因此资本是当时的生产活动中非常重要的生产要素。

19 世纪末,阿尔弗雷德·马歇尔(Alfred Marshall,1890)在其著作《经济学原理》一书中,将组织作为第四种生产要素,与劳动、土地、资本等构成生产要素四元论。[27]这个时期已处于第二次工业革命后期,机器的投入使用已经不再是工业生产最显著的特点,而企业规模随着生产要素的投入也越来越大,并成为该时期工业生产的主要特征。在此基础上,随着企业规模的不断扩大,企业的管理能力则成为影响生产成本和利润的主要因素,拥有相同机器设备和劳动力的两个企业,它们最终所获得的产量和利润会因为管理水平的不同而有着很大的差距。

因此,在经济学理论研究中,某种事物是否能成为生产要素,关键取决于这种事物在生产过程中的重要性,也就是要看其在既有生产决策下,是否有利于降低成本、提高收益,是否参与了价值创造。

### （二）数据生产要素

近年来，随着信息技术的迅速发展，数据和信息呈爆炸式增长，对人们的消费、生产造成重大影响，在很大程度上改变了人们的思维方式和生活习惯，数据能够帮助人们更快、更好地做出合理决策。那么数据能否作为新时代经济学中的生产要素呢？根据主流经济学对生产要素的定义，如果数据能够在实际生产过程中为企业降低成本、提高收益，且与其他因素一起创造价值，那么数据就可以称之为一种新的生产要素。

首先，数据分析为企业带来价值。例如，百度公司根据人们的搜索数据提前预测人们的搜索内容，并按照主题相关程度向人们呈现搜索结果的内容，极大地节省了人们的搜索时间，增强了客户黏性，为企业带来价值。又如，淘宝可以根据用户在购物平台的浏览记录、支付手段、评价说明，以及鼠标的停留时间等数据来判断用户的需求偏好，为用户提供更好的服务，大大节省了用户的购物时间，淘宝以此来不断获得更大的用户规模。

其次，基于数据的分析结果也会对企业在生产过程中的成本和收益产生影响。例如，很多公司的业务是定期为客户提供某种服务，这种提供服务的模式有两个不足，一是客户在生活或者生产过程中已经出现了问题，但由于没有到获得服务的时间，所以客户会因无法获得服务而遭受损失；二是客户在生活或者生产过程中并没有出现问题，但是已经到了获得服务的时间，这就会造成很大程度上的资源浪费。如果将数据应用到提供服务的决策中，通过对客户相关数据的分析，挖掘出客户的真正需求，就可以很好地克服这两个问题，从而提升服务质量，为公司降低成本，提高利润。在这种情况下，数据为企业创造了价值，而且这种价值是没有数据分析就不能创造出来的。

因此，数据在互联网金融时代能够为生产活动创造价值，降低成本，提高效率，成为与土地、资本、劳动和企业家才能等一样，甚至更加重要的基本生产要素。

### 三、资源稀缺性在互联网金融时代的局限性

21世纪前的经济学"边际革命"主要是以资源稀缺性约束为假设前提的。

进入 21 世纪后,互联网逐渐成为生产制造、社会交易和日常生活中必不可少的工具,人们在互联网上留下大量数据。数据是指对客观事件进行记录并可以鉴别的符号,是对客观事物的性质、状态以及相互关系等进行记载的物理符号或这些物理符号的组合。它是可识别的、抽象的符号。更为重要的是,数据是信息的表现形式和载体,信息是数据的内涵,信息是加载于数据之上,在对数据进行加工处理之后所得到的信息能够影响决策。因此,数据与土地、资本、劳动和企业家才能一样,都是经济活动,也都是生产函数中的基本要素。另外,根据经济学的基本假定,土地、资本、劳动和企业家才能等基本生产要素是能够被人们充分利用的,因此本书同样假设人们能够对数据进行充分的使用,并发挥出数据的价值。在互联网金融时代,厂商依托互联网、大数据、云计算和人工智能等信息技术对数据进行采集、处理和应用,能够提供大量个性化、低成本、简单便捷的金融产品和服务。在数据的影响下,社会生产活动在一定程度上摆脱了资源稀缺性的约束,主要原因可以归结为以下几点。

### (一) 数据产生的自动化

在互联网金融时代,借助高度发达的移动通信技术、传感器技术和虚拟现实技术(virtual reality)等,几乎所有的经济活动和社会交往都能被转化为数据,并自动留存在互联网上。移动通信设备,如手机等已成为人们日常生活中的必需品,人们可以利用手机进行通话、消费、出行和投资等多种行为。电信运营商通过手机和移动网络可以记录用户的行动轨迹、通话记录、金融活动,以及消费偏好等方方面面的数据,只要用户使用手机,数据就会源源不断地产生。不仅如此,日趋成熟的物联网技术更是让整个人类社会和自然界的运行轨迹都可以被记录。例如,在生产制造领域,以传感器为主要工具,结合电子标签、条码扫描器、生产和监测设备、手持终端、人机交互、智能终端等手段,并通过互联网或现场总线等技术可以实时记录各种多源、异构的数据。又如,在农业领域,物联网技术同样得到了大范围的应用,传感器可以实时记录农作物的温度、湿度和健康情况并转化为数据。此外,在日常生活中随处可见的摄像头,可以实时记录其可视范围内所发生的所有事件,并转化为视频形式的数据。在数据被记录之后,大数据、云计算和人工智能等技术应用又能自动地收集和处理各种数据,并将这些数据重新整合后再自动地产生新的数据。

　　数据产生的自动化使得数据规模呈爆炸式增长[①],并且数据能够为消费和生产提供决策信息,这使得数据成为一种战略资源和生产要素,日益庞大的数据交易市场成为越来越重要的生产要素市场。在数据生产要素产业链中主要有三类大数据公司,分别是大数据提供者、大数据技术提供者和服务提供者。大数据提供者是数据的拥有者,属于数据生产要素产业链的上游;大数据技术提供者本身不具有数据创造能力,通过对各个地方的数据进行采集和整理,提取出有价值的信息进行交易,属于数据生产要素产业链的中游;服务提供者通过挖掘数据中的价值,为客户提供数据咨询服务,属于数据生产要素产业链的下游。

　　2015 年 4 月 15 日,全国乃至全球首家大数据交易所——贵阳大数据交易所(Guiyang Big Data Exchange)正式挂牌运营。国家层面对数据生产要素交易产业非常支持,2017 年,习近平总书记提出,要制定数据资源确权、开放、流通和交易等的相关制度;《大数据产业发展规划(2016—2020 年)》等支持数据交易发展的政策先后出台;中国数据交易领域首批国家标准顺利通过审查,中国首个数据交易合规化研究实验项目在沪签约。随着数据生产要素交易市场的不断发展,数据资产价值深受企业认可,同时数据交易正在规范化的道路上迅速发展。因此,借助数据产生自动化的天然优势,互联网金融时代的数据资源可谓取之不尽、用之不竭,厂商所面临的资源稀缺性约束因此而得到缓解。

**(二) 数据使用的机会成本极低**

　　根据机会成本的定义,人们在使用某种拥有多种用途的资源进行某一活

---

　　① 根据国际数据公司(IDC)的统计,全球的数据储量在 2011 年就已达到 1.8 ZB;2016 年,全球数据储量为 12 ZB;预计到 2025 年,全球的数据储量将达到 175 ZB。其中,1 PB 相当于 5 000 个国家图书馆的信息量总和,而 1 ZB 更是等于 10 242 个 PB(1 PB=10 244 KB,数据量单位换算公式:1 XB=1 024 CB=10 242 DB=10 243 NB=10 244 BB=10 245 YB=10 246 ZB=10 247 EB=10 248 PB=10 249 TB=102 410 GB=102 411 MB=102 412 KB=102 413 B)。

动时,必然会放弃该资源其他用途所带来的收益。然而数据在使用的过程中表现出如下几点新的特征:

首先,数据虽拥有多种用途,但其与土地、资本和劳动等生产要素的用途有所不同。企业能够利用互联网网络爬虫技术以及云计算和人工智能等不同技术,来获取用户的行为数据及第三方数据,通过用户画像技术能够客观、准确地对用户的收入、消费和偏好等基本属性进行描述,从而根据用户的需求偏好设计并制造出个性化和高品质的新产品,企业的市场规模因此而得以不断扩大。用户画像功能可以对用户进行自动分组,将用户按照基本属性分为不同的组并进行针对性分析,再对每一个用户组进行营销策划进而推送个性化的营销。另外,已经投入生产过程中并创造出价值的历史数据不仅同样能够发挥作用,而且通过对历史数据的多维度组合,可以对用户需求变化、产品的市场受欢迎程度有一个更加深刻的理解,以此来设计和制定出最受用户偏好的产品形式和价格等。企业基于数据能够为每个顾客或供应商划定适当的风险区间,如保险公司为了降低索赔成本和避免欺诈,可以利用数据,并通过回归分析、文本分析、情感分析(通过自然语言处理或监视社交媒体)、模式识别,以及社交数据聚合等适当的数据分析技术,构造用户全方位的知识图谱,识别出以适当价位购买适当的、风险最低的产品的用户。

企业利用大数据、互联网、云计算等技术,可以提高对用户的服务质量。例如,特斯拉为汽车消费者提供"远程诊断"技术,通过实时监控汽车的每一个部件,将观测到的数据实时发送给生产企业,并用于对汽车状况的分析。在这样的技术条件下,汽车在使用过程中所发生的噪声、震动和耗油等问题都会被记录和分析,一旦发现不符合汽车正常运行的情况发生,"远程诊断"技术就会向生产企业发出服务支持的警报。当汽车闲置时,该技术甚至可以为车主自动制订维修计划,并根据每辆车的差异将不同的计划发送给汽车维修厂,当工程师前来对汽车进行定期检查和维修时,由于该工程师已经拥有了全部数据所提供的信息,他就会针对汽车所发生的问题进行维修。

另外,企业通过对数据的分析,可以得到更好的战略规划,如物流行业在供应链或运输过程中,可以利用货车上的电子记录仪所记录的行车速度、地理位置等数据,与拖车和配送过程相关的传感器和无线射频识别标签的数据,以及道路、交通和天气方面的数据,与客户的位置数据相结合之后进行分析,以此来提高装货、卸货和运输的效率,节省大量时间和成本。不仅如此,企业还能够利用数据更好地了解竞争对手以及它们之间的相互关系,在市场竞争中取得先行优势。企业对数据进行采集、处理和运用既能够确定竞争对手是否调整了价格,也可以追踪对方的新产品、促销活动和市场反应的变化。数据是企业在生产、经营、战略等几乎所有的活动中不可或缺的要素。

其次,在技术条件允许的情况下,同样的数据可以无成本、无数次地被复制和使用。不同于物质性的东西,数据是以比特流的形式在虚拟空间中产生和流动的,人们只需要拥有足够存储容量和处理能力的电子设备,就可以对数据进行采集、处理和运用。数据的价值不会随着它的使用次数的增加而减少,而是可以在不断被处理的过程中实现保值,甚至是增值。而且数据具有"非竞争性",即个人的使用不会妨碍其他人的使用,而且数据不会像其他物质产品一样随着使用而有所耗损。如在向其用户,不论是生成这些数据的客户或是其他客户做出建议时,都会不断地使用过去的交易数据。

另外,数据的价值并不仅仅限于特定的用途,它可以为了同一目的而被多次使用,也可以用于其他目的。这意味着数据的全部价值远远大于其最初的使用价值,也意味着即使首次或之后的每次使用都只带来了少量的价值,但只要数据被多次使用过,企业仍然可以对数据加以有效利用。可以认为,数据的价值是其所有可能用途的总和,在其首要价值被发掘之后仍能不断产生价值。因此,无论以多少种方式使用数据,互联网金融时代的厂商都能在不损耗数据自身价值的情况下获得数据在不同使用方式中所带来的收益。

最后,数据的采集、处理和应用不受时空限制,只要数据在虚拟空间中产生,并被采集和存储之后,企业可以通过互联网、云计算和人工智能等技术对数据进行实时传输和处理。例如,一家跨国公司在不同的国家和地区有着不同的门店、工厂和消费者,每家分店每天所产生的财务数据、产品研发数据、生产性数据、经营性数据、客户信息数据、物流供应数据及环境数据等都会实时上传给公司总部,通过适当的数据分析方法来提升企业生产效率和改善产品质量,借助互联网、云计算等技术,所有的数据都可以被每家分店所使用,不存在时滞和地域限制。因为互联网金融时代的厂商可以在同一时间和不同空间使用相同的数据以达到不同的目的,所以互联网金融时代厂商使用数据的机会成本几乎为 0。

### (三)数据对其他基本生产要素的替代

在非互联网金融时代,土地、资本、劳动和企业家才能是社会生产经营活动中所需要的基本生产要素。根据经济学的一般定义,劳动是指人类在生产过程中体力和智力的总和。土地是指人类赖以生存的土地资源,以及地上和地下的一切自然资源,如江河、湖泊、森林、海洋和矿藏等。资本可以表示为实物形态和货币形态,实物形态被称为投资品或资本品,如厂房、机器、动力燃料、原材料等;而货币形态则通常被称之为货币资本。企业家才能是指企业家组建和经营管理企业的才能。土地、资本、劳动和企业家才能是非互联网金融时代厂商生产的主要生产要素,对厂商的成本和产量有着重要影响。然而在互联网金融时代,土地、资本、劳动和企业家才能在生产中的作用有很大部分会被数据所替代。

首先,厂商无论是在工厂、办公楼、室外,还是在地下进行生产活动,土地资源都是一项必不可少的生产要素。它具有以下特征:① 给人们进行各种活动的土地面积是有限的,人们对土地的需求往往得不到满足。② 土地拥有多种用途,人们在使用土地进行各种活动时,需要合理安排,以达到土地资源的最优配置,使得土地的机会成本达到最低。③ 土地用途变更的困难性。一般来说,世界上每个国家对土地都有着严格的审核和控制手段,当土地用途需要根据人们生产或生活的需求进行变更时,要向国家土地资源管理部门和城市规划部门申请并取得他们的一致同意才能够完成,这中间要经过非常严格和繁杂的审查程序。④ 在技术不变的条件下对土地的投入超过一定限度,土地的利用效率会降低,这就要求人们在利用土地增加投入时,必须寻找在一定技术、经济条件下投资的适合度,确定适当的投资结构,并不断改进技术,以便提高土地利用的经济效益。⑤ 土地位置的固定性,使得对土地的需求一般为刚性需求,成本较高。然而在非互联网金融时代,厂商由于缺乏恰当的数据和适用的信息技术,导致很大一部分的土地在生产中实际上是低效率,甚至是浪费的。在互联网金融时代,数据在网络空间中产生并投入使用,其对物理空间的需求很小,一台或数台计算设备就可以完成对海量数据的采集、处理和应用,这能够大量节约或替代土地的投入。另外,数据的投入可以帮助厂商进行恰当和正确的决策,大大提升土地的利用效率,并减少土地的浪费。

其次,在经济学中,资本是能够为人类创造物质和精神财富的各种社会经济资源的总称,它是企业经营活动的一项基本要素,是企业创建、生存和发展的一个必要条件。资本可分为有形资本和无形资本,其中有形资本表现为一定的实物形态,如货币、机器、厂房、原料和商品等;而无形资本是不具有实物形态的资本,如技术、品牌、商誉等,但具有远比有形资本强大的价值增值能力。无形资本是从有形资本中分离出来之后,逐渐被人们所重视的,它在使用过程中本身不会发生磨损,并且具有显著的增值功能,如新技术可以数倍地提高劳动生产率,降低生产成本,给企业带来超额利润。品牌、信誉、专利等无形资本能够让企业的产品在市场竞争中取得优势,占有更高的市场份额,进而获得丰厚的利润。无形资本可以被一个主体反复使用和被多个主体同时使用,且能以低成本进行复制,在一定程度上不受资源稀缺性的约束。

可以看出,数据与有形资本和无形资本在本质和作用上都有一定的相似之处。作为一种新的生产要素,数据能够增强企业的创新和竞争能力,可被视为资本投入的重要组成部分。同时通过对产品、市场和消费者等数据的采集、处理和运用,数据的投入可以提高厂商利用资本的效率,让资本流向最具经济效益的生产或投资领域,进而数据可以替代一部分资本的投入。

再次,劳动作为经济学中的生产要素之一,它是劳动者在生产过程中所提供的劳务,包括体力劳动与脑力劳动。厂商进行生产活动是为了获得利润,厂商获得利润的前提是其所产出的产品具有价值。卡尔·马克思(Karl Marx,

1867)把价值定义为凝结在商品中的无差别的人类劳动。[117]在此基础上,威廉·配第(Willam Petty,1662)指出,在商品交换中,交换的实际上是一种劳动(价值),劳动是价值的唯一源泉,同时也是财富的源泉。[116]在厂商的生产过程中,劳动的投入必不可少,例如,汽车制造厂为了制造汽车必须投入劳动,建筑商为了建造楼房必须投入劳动,纺织厂为了制作衣服也必须投入劳动,劳动力的工资是厂商成本的重要组成部分,而产品的价值则是厂商利润的源泉。

在非互联网金融时代,由于技术手段、组织协调能力的不充分,以及生产能力的限制,导致劳动无法在生产中最大限度地发挥作用,厂商为获得更高的利润,只有扩大生产规模增加劳动的投入,这就造成了大量的资源浪费。然而,在互联网金融时代,随着大数据、云计算和人工智能等技术的兴起,数据在生产过程中可以为劳动提供有针对性的配置,大幅度提高劳动生产率。厂商通过对工人的生产、工作和社交等数据进行分析,可以更加准确地把握每个工人所擅长的领域,进而按照每个工人的专业能力进行分配生产。同时,厂商也可以通过数据分析来发现当前生产中所存在的问题,舍弃效率低下或者过量的劳动。另外,厂商通过对消费者偏好数据的分析,可以更加精确地预测消费者的需求,并以此为基础,把劳动放在生产消费者所偏好的商品上。在互联网金融时代,数据的投入使用能够让厂商对劳动进行更优效率的配置,精简劳动投入数量,进而对劳动产生替代。

最后,企业家才能作为基本生产要素,是非互联网金融时代生产的核心。企业家将自己的创新力、洞察力和管理能力等运用到生产过程中,可以及时发现和消除市场的不利影响,创造交易机会和效用,给生产过程指明方向,组织各生产要素进行有效率地生产。可以看出,企业家才能是其他生产要素最大限度地发挥生产作用的决定性因素。具体来说,在非互联网金融时代,厂商将土地、劳动、资本等生产要素投入生产以期获得最大产出和收入,如何将这些要素合理地组织起来,充分发挥其作用非常重要。厂商所投入的企业家才能要素将承担起协调要素组合、技术与制度创新设计、管理等责任,通过创新和试错合理配置其他生产要素,做出利润最大化的生产决策。

在互联网金融时代,企业家才能要素在生产过程中仍具有重要作用,但随着大数据、云计算和人工智能等技术突飞猛进地发展,数据作为新的生产要素在生产过程中的重要性大大提升。数据在生产过程中能够发挥和企业家才能相似的作用,它同样能够协调、管理和优化配置其他生产要素的投入,使得生产达到效率最大化。但同时,相对于企业家才能,数据的使用能够更加精确地配置土地、资本和劳动等生产要素的投入量,减少生产过程中的资源浪费。同时数据更加客观,数据分析所得出的结果是不以人的意志为转移的,减少了人为主观因素的干扰。在数据的种种优势下,企业家才能要素在互联网金融时代的生产过程中将被数据替代,数据将成为生产的核心要素。

在互联网金融时代,数据不仅是重要的基本生产要素,而且能够在很大程度上节约或替代土地、资本、劳动和企业家才能等基本生产要素,再加上数据取之不尽、用之不竭,这就动摇了非互联网金融时代经济学"边际革命"资源稀缺性约束的假设前提。基于这样的判断,本书进一步分析互联网金融对非互联网金融时代经济学"边际革命"重要理论成果所产生的巨大冲击。

## 第三节　经济学"边际革命"在互联网金融时代的与时俱进

在互联网金融时代,数据已经成为日益重要的基本生产要素,并且可以在很大程度上节约或替代土地、资本、劳动和企业家才能等基本生产要素。这必然会冲击建立在资源稀缺性约束假设前提下的经济学"边际革命"的理论成果。边际效用递减规律、边际产量递减规律、边际成本递增规律和边际利润递减规律已呈现出明显的局限性,不再能清晰地解释互联网金融时代的许多社会经济现象。

### 一、边际效用递减规律在互联网金融时代的局限性

#### (一)边际效用递减规律

经济学的理论研究中有一个基本前提假定,即人们会选择那些能为他们

带来最大满足的物品和服务,而对人们最具价值的物品和服务就是能给人们带来最大满足的物品和服务。效用就表示满足程度,也可以将效用认为是人们按照自己的喜恶对所能获得的物品和服务进行的排序。例如,对于某消费者来说,如果物品 A 比物品 B 的效用更高,则该消费者就会将物品 A 排在物品 B 前面,表示该消费者从物品 A 中获得的效用要超过他从物品 B 中所获得的效用。因此,可以看出,效用实际上就是人们对某种物品主观上的感受。但要注意的是,效用并不是一种可以观测和衡量的心理感受,它在经济学理论中被用来解释理性的消费者如何将有限的收入和财富在各种商品的消费中进行分配以获得最大的满足。

　　早期使用效用的概念来描述人们选择问题的是英国哲学家杰里米·边沁(Jeremy Bentham, 1789)。在边沁所构建的法学理论中,所有的立法都应该按照功利主义原则来制定,把以社会上绝大多数人的最大利益为出发点作为根本原则,从而实现资源的最优配置。关于对犯罪者的处罚,杰里米·边沁认为应该通过对犯罪行为设立非常严厉的处罚来最大化犯罪者的痛苦,进而减少社会上的犯罪活动。[118]可以看出,效用的概念被边沁用来作为构建法律条文的基础,这是非常有前瞻性的。

　　在效用理论的发展过程中,威廉姆·杰文斯(William Jevons)等经济学家们继续采用边沁的效用概念,并用效用来解释消费者的行为。杰文斯(1871)认为,经济学理论是通过计算人们的痛苦与快乐来说明人们的选择问题。他指出,理性的人们在进行消费时,应该以每种物品最后一单位的增加量所能给他们带来的快乐(边际效用)作为消费决策的基础。[29]杰文斯等经济学家对边际效用的深入研究,使得边际效用价值论逐渐成为经济学理论研究的重心。根据边际效用价值论,物品的价值是在资源稀缺性假设基础上,人们对该物品的一种主观心理评价,即效用是价值的前提。另外,在人们进行消费的过程中存在一种普遍的规律,即随着人们对物品的欲望不断得到满足,该物品每增加一单位给人们带来的满足感是不断递减的,如果物品数量无限,那么当欲望可以得到完全满足时,欲望强度就会递减到 0。这个规律被称为边际效用递减规律,其产生的原因主要是:① 人们所感受到的满足会受到生理等因素的限制。人们进行消费时,最初欲望最大,因而购买的第一单位商品给他带来的满足感最大。随着人们不断购买该商品,欲望也会随之减少,人们所获得的满足感递减,甚至当欲望消失时,会对该商品有种厌恶的感觉。② 物品用途的多样性。一般来说,物品具有多种用途,且每种用途对于每个人的重要程度都不同,因此每个人都会根据自己的需要将物品用于对自己最重要的用途上面,即效用最大的用途,然后才是其他次要的用途。在这样的安排下,后一单位的物品给人们带来的满足必然要小于前一单位所带来的满足,即边际效用递减。

### (二)互联网金融时代的边际效用递增规律

边际效用递减规律作为非互联网金融时代主流经济学的重要理论成果,在互联网金融时代受到质疑,尤其是在互联网金融的发展过程中已不能完全成立。随着消费者消费次数的增加,消费者在互联网上留下的数据就会自动增加和日趋完备,厂商则通过采集和处理这些数据为消费者带来更符合其偏好的产品和服务。

首先,根据数据的自动产生,以及互联网金融时代的网络特征,消费者可以方便快捷地通过互联网进行注册、登录、浏览、购买和咨询等操作,而这一切在互联网上所进行的操作都可以自动转化为数据并成为互联网金融时代厂商的重要生产要素。在信息技术如大数据、云计算和人工智能等的帮助下,互联网金融时代的厂商可对这些数据进行采集、处理和应用,通过对这些数据的分析来挖掘消费者更深层次的需求,进而向他们提供更多个性化、低成本、高效率的产品和服务。随着消费者不断增加对厂商提供的产品和服务的需求,厂商会根据消费者偏好不断改进所提供的产品和服务,因此,消费者所获得的满足程度是不断提升的,即消费者每增加一单位的消费,其所产生的边际效用不是递减的,而是递增的,甚至会"消费成瘾"。

其次,消费者在互联网上所留下的购买、评价以及咨询等公开数据,同时也能被其自身或其他消费者所采集和处理。通过对自身和其他消费者数据的分析,消费者可以对互联网金融时代厂商的产品和服务做出更好的选择,并以此获得更强的满足感。因此，随着消费者消费次数的增加，他们所获的边际效用会呈现递增趋势。

如图 2-1 所示，在以产品和服务的消费 $D$ 为横轴、边际效用 $MU$ 为纵轴的坐标系内，曲线 $MU$ 为非互联网金融时代消费者的边际效用曲线，曲线 $MU'$ 为互联网金融时代消费者的边际效用曲线。假设消费者最初获取 $D_1$ 单位消费的边际效用为 $MU_1$，那么在非互联网金融时代，受边际效用递减规律的影响，曲线 $MU$ 向右下方延伸，即消费者每增加一单位消费，其所获得的边际效用是递减的。而在互联网金融时代，消费者的边际效用呈递增趋势，曲线 $MU'$ 向右上方延伸，即金融消费者[①]对互联网金融时代厂商的产品和服务每增加一单位消费，其所获得的边际效用是递增的。

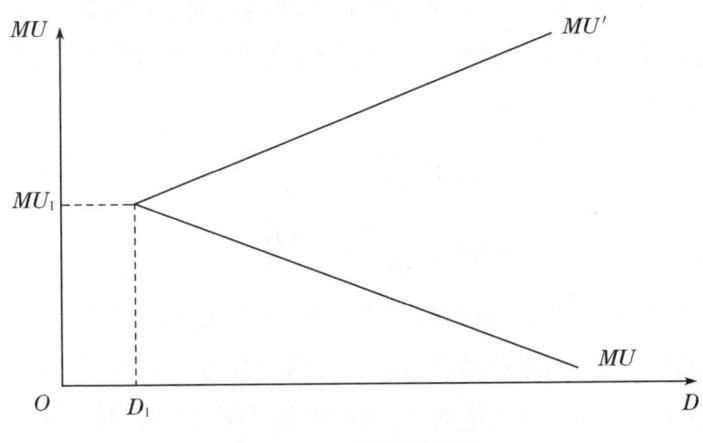

图 2-1 边际效用曲线

## 二、边际产量递减规律在互联网金融时代的局限性

### （一）边际产量递减规律

在经济学中，厂商投入一定数量的生产要素是为了获得相应的产出。其中，总产量是指厂商投入生产要素所能获得的全部产出，一般用 $TP$（Total

---

① 在互联网金融平台上，金融消费者既包括借款人，也包括贷款人。

Product)表示。平均产量是指平均每单位某种可变生产要素所生产出的产量,它等于总产量除以某种可变生产要素的投入量,一般用 $AP$(Average Product)表示。边际产量是指增加一个单位可变生产要素投入量所增加的产量,即产量增量与生产要素增量的比值,一般用 $MP$(Marginal Product)表示。总产量、平均产量和边际产量相互间关系密切,是经济学在生产领域的研究重点。

通过生产函数(Production Function),厂商可以在技术水平不变的情况下得到既定要素投入量下的最大产出,即总产量。假定其他生产要素不变,厂商仅控制可变生产要素劳动($L$)的投入量,总产量为:

$$TP=f(\bar{K},L) \tag{2.1}$$

式(2.1)中,$TP$ 为总产量;$\bar{K}$ 为固定不变的其他生产要素;$L$ 为可变生产要素劳动;$f(\bar{K},L)$ 为生产函数。在确定生产函数之后,可以通过数学计算得到平均产量和边际产量,即:

$$AP=\frac{TP}{L}=\frac{f(\bar{K},L)}{L} \tag{2.2}$$

$$MP=\frac{dTP}{dL}=\frac{df(\bar{K},L)}{dL} \tag{2.3}$$

式(2.2)中,$AP$ 为平均产量,即总产量与劳动投入量的比值。式(2.3)中,$MP$ 为边际产量,即总产量对劳动投入量的导数。可以看出,当边际产量 $MP>0$ 时,总产量 $TP$ 是递增的;当边际产量 $MP<0$ 时,总产量 $TP$ 是递减的;当边际产量 $MP=0$ 时,总产量 $TP$ 达到最大值。

在非互联网金融时代,厂商的生产过程一般分为三个阶段。起初随着可变生产要素的增加,固定生产要素还未得到充分利用,边际产量呈递增趋势,此时总产量以递增的速度增加。随着固定生产要素接近于充分利用,边际产量开始呈递减趋势,但总产量仍在增加,仅增加速度开始下降。最后,当生产要素得到充分利用时,可变生产要素的增加反而会使边际产量小于 0,总产量开始减少。例如,一个工厂有两台设备为固定生产要素,作为可变生产要素的工人从 1 个增加到 2 个时,边际产量和总产量都会增加。如果增加到 3 个工人,其中1个工人打杂,尽管这个工人增加的产量不如第2个工人,此时边际产量减少,但总产量仍会增加。如果增加到4个工人,工厂的工作环境愈发恶劣,工人边际产量更低,甚至为负,总产量反而会减少。厂商生产过程三个阶段中的边际产量表现出先递增后递减的特征,即边际产量递减规律,如图2-2所示(以可变生产要素劳动为例)。

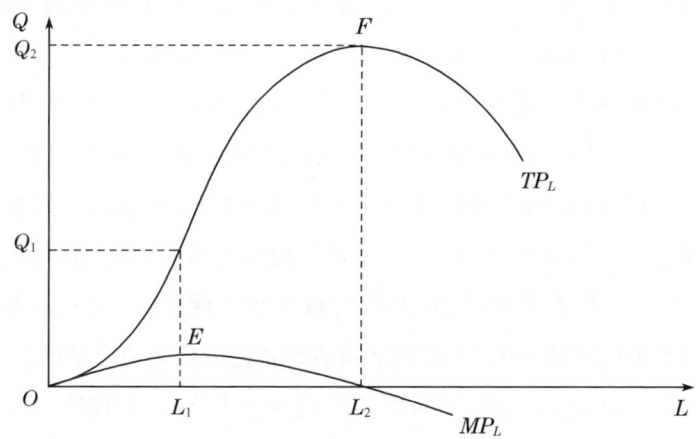

图2-2　边际产量递减规律

由图2-2可知,在以可变生产要素劳动投入量$L$为横轴、产量$Q$为纵轴的坐标系内,假设技术水平和其他所有生产要素投入都不变,曲线$TP_L$为劳动$L$的总产量曲线,曲线$MP_L$为劳动$L$的边际产量曲线。在短期内,随着劳动$L$投入量的增加,边际产量$MP_L$在初始阶段(从$O$到$L_1$)会呈递增趋势,在图2-2中表现为曲线$MP_L$向右上方倾斜并达到最高点$E$,曲线$TP_L$向右上方倾斜且愈来愈陡峭。$L_1$处的边际产量$MP_L$最大的原因在于,此时劳动$L$投入量与其他固定投入量之间的比例达到最佳。若继续增加生产要素$L$投入量,边际产量会开始下降,甚至为负值,在图2-2中表现为曲线$MP_L$在$E$点的右边向右下方倾斜,一直延伸到横轴的下方,曲线$MP_L$与横轴的交点$L_2$意味着此时生产要素$L$的边际产量为0,且曲线$TP_L$达到最高点$F$。边际产量递减规律决定了图2-2中曲线$MP_L$的先递增后递减的倒U型形状,且该规律强调的是边际产量 $MP_L$ 最终必然呈现递减的趋势。

### (二) 互联网金融时代的边际产量递增规律

在互联网金融时代,资源稀缺性约束的假设前提不再完全成立,数据这一可变生产要素的规模与作用越来越大,且占互联网金融时代厂商所投入生产要素中的比例越来越大。在这样的背景下,互联网金融时代厂商在生产过程中呈现出的不再是边际产量先递增后递减,而是边际产量持续递增的趋势。

#### 1. 厂商获取的数据越多越全面,其所带来的价值就越大

互联网金融时代厂商在构建个人信息库时,不仅需要个人的身份信息数据,而且需要个人的网络购物数据和移动通信数据等,数据越多越全面,厂商构建的个人信息库就更有价值。同时,人们在互联网上浏览或搜索厂商所生产的产品和服务的行为会被数字化,并被厂商自动收集,虽然在短时间内这些数据并不一定能为厂商带来收益,但随着数据积少成多,厂商就能够根据大数据分析的结果实现精准营销,这有利于向消费者提供更多更合适的产品和服务。

另外,处于休眠状态的数据的价值只能通过与另一个截然不同的数据集结合才能释放出来,用新的方式混合这些数据有助于改善产品质量和提升生产效率,互联网金融时代厂商将旧数据和新数据组合之后投入运作过程更有助于释放数据的潜在价值。因此,厂商的数据越多越全面,其所带来的价值就越大,这会驱使厂商越来越重视数据的获取及其带来的业务流量。互联网金融时代厂商的数据投入与土地、厂房和机器设备等固定生产要素投入在理论上没有最佳比例,较多的数据投入意味着厂商能够提供更多、更有价值的产品和服务。因此,从理论上推测,互联网金融时代厂商的边际产量能够持续递增。

#### 2. 互联网金融时代厂商的市场份额越大,其所带来的网络价值就越大

互联网金融平台的运作过程符合梅特卡夫法则(Metcalfe's Law)所揭示的发展规律。梅特卡夫法则是一种网络技术发展规律,是指网络的价值等于网络节点数的平方,即网络价值以用户数量平方的速度增长。举例来说,梅特卡夫法则指出,如果有 $N$ 个人在一个网络中,那么网络对于某一个人的价值

与这网络中其他 $N-1$ 个人的数量成正比,这样网络对于所有人的总价值与 $N\times(N-1)=N^2-N$ 成正比。

互联网金融时代厂商面临的消费者增加,厂商提供的产品和服务对于消费者的价值也会增加,消费者就更愿意购买该厂商的产品和服务。随着该厂商的市场份额扩大,也会在互联网上留下更多的数据,而数据的增加又会使厂商的边际产量增加。

由图 2-3 可知,在以可变生产要素 $f$ 为横轴、边际产量 $MP$ 为纵轴的坐标系内,曲线 $MP_f$ 为非互联网金融时代厂商的边际产量曲线。在非互联网金融时代,厂商生产的最初阶段($O$ 到 $f_1$ 阶段)所投入的可变生产要素相对于固定生产要素要少,固定生产要素尚没有得到充分利用。故随着可变生产要素投入的增加,其所带来的边际产量递增,边际产量曲线 $MP_f$ 向右上方倾斜,直至可变生产要素与固定生产要素的投入达到最佳比例,边际产量曲线 $MP_f$ 达到最高点 $F$,此时可变生产要素 $f$ 的投入为 $f_1$,边际产量为 $MP_1$。如果继续增加可变生产要素的投入,可变生产要素与固定生产要素会越来越偏离最佳比例。固定生产要素过度使用所导致的维修、管理和更新等问题也会越来越多,边际产量开始呈递减趋势,即边际产量曲线 $MP_f$ 在到达最高点 $F$ 后开始向右下方倾斜。

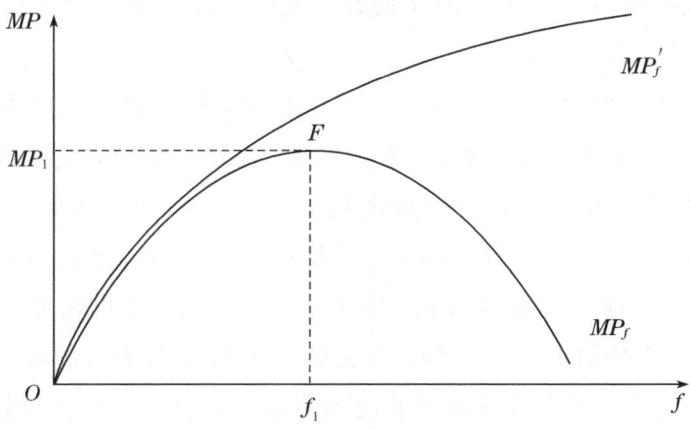

**图 2-3　边际产量曲线**

图 2-3 中的曲线 $MP_f'$ 为互联网金融时代厂商的边际产量曲线,数据作为厂商的重要可变生产要素,它的投入与固定生产要素的投入几乎不存在最佳比例,虽然随着数据投入的增加会受到如电子设备和计算能力等的限制,但数据投入增加所带来的价值会大大超过产量增加所造成的损失。因此,随着数据投入的增加,互联网金融时代厂商的边际产量一直呈现递增趋势,即边际产量曲线 $MP_f'$ 表现为始终向右上方延伸的曲线。

### 三、边际成本递增规律在互联网金融时代的局限性

#### (一) 边际成本递增规律

厂商投入生产要素进行生产活动,在得到一定产出的同时,必然要付出一定的成本。厂商必须为生产中投入的生产要素进行支付,如劳动的工资、福利,地租,房租,以及机器设备的购买或租赁等。厂商为生产所有产品而花费的全部费用为总成本,记作 $TC$(Total Cost),根据成本与产量的关系可将总成本分为固定成本 $FC$(Fixed Cost)和可变成本 $VC$(Variable Cost)。

固定成本是指在总成本中不受产量变化影响而能保持不变的成本。固定成本由许多部分构成,如厂房和办公室的租金、根据合同支付的设备费、债务的利息等。可以看出,即使厂商的产量为 0,其也必须支付固定成本。例如,一个会计师事务所可能拥有 20 年的办公室租约,即使该事务所没有任何收入,它仍然有义务支付租金。

可变成本是随着产量水平的变化而变化的成本,它包括:生产所需要的原料(如生产汽车所需要的钢材等);为生产线配置的工人;进行生产所需要的能源等。例如,在一个工厂中,在流水线上工作的工人是可变成本,因为厂商可以轻易地调整该工人的工作时间和工资来适应生产战略。根据可变成本的定义,当产量为 0 时,可变成本为 0,它是总成本中随着产量的增加而增加的部分。实际上,在任何两种产量之间,总成本的变化量就是可变成本的变化量。

根据总成本、固定成本和可变成本的定义,可以得到它们相互间的关系,即:

$$TC = FC + VC \tag{2.4}$$

在厂商的成本分析中,边际成本 $MC$(Marginal Cost)是一个非常重要的概念,它与总成本的关系类似于总产量与边际产量之间的关系,或总效用与边际效用之间的关系,指的是每一单位新增生产的产品所带来的总成本的增量。例如,厂商生产 100 台电脑的总成本为 200 000 元。如果生产 101 台电脑的总成本为 201 800 元,那么,生产第 101 台电脑的边际成本就为 1 800 元。

非互联网金融时代经济学"边际革命"中的资源稀缺性约束,使得厂商在生产过程中呈现出边际成本递增规律,即当固定成本[①]不变时,生产初期的可变成本占总成本的比例较低,随着产量的增加,会出现边际成本递减趋势;但随着可变成本的不断增加,在达到一定生产规模后,厂商的边际成本就会呈现递增趋势。

根据经济学的一般定义,非互联网金融时代厂商的边际成本可用数学公式表示为:

$$MC = \frac{\mathrm{d}TC}{\mathrm{d}Q} = \frac{\mathrm{d}(FC + VC)}{\mathrm{d}Q} \tag{2.5}$$

式(2.5)中,$MC$ 为非互联网金融时代厂商的边际成本;$TC$ 为总成本,$FC$ 为固定成本,$VC$ 为可变成本,且 $TC = FC + VC$;$Q$ 为产量。因为固定资产的折旧、维修和管理等费用会随着产量的扩大而增加,所以 $\mathrm{d}FC/\mathrm{d}Q = c$,且 $c > 0$。同时,在非互联网金融时代,随着产量的增加,厂商 $c$ 的增加幅度是递增的,即 $\mathrm{d}c/\mathrm{d}Q > 0$。另外,在产量达到一定生产规模之前,厂商持续投入可变生产要素会不断激发固定生产要素的生产能力,由此形成的边际可变成本 $\mathrm{d}VC/\mathrm{d}Q$ 呈递减趋势,且在这一阶段边际可变成本的递减幅度要大于边际固定成本的递增幅度;当产量超过这一生产规模后,固定生产要素开始制约可变生产要素的生产能力,导致可变生产要素的边际产量开始递减,边际可变成本 $\mathrm{d}VC/\mathrm{d}Q$ 受此影响则会呈递增趋势。因此,非互联网金融时代厂商的边际成

---

① 厂商在生产过程中投入固定生产要素所需费用为固定成本,投入可变生产要素所需费用为可变成本。

本 $MC$ 受 $\mathrm{d}FC/\mathrm{d}Q$ 持续递增和 $\mathrm{d}VC/\mathrm{d}Q$ 先递减后递增的影响,会呈现出先递减后递增的趋势。

假设非互联网金融时代厂商的可变生产要素 $f$ 仅包括劳动,其工资为 $w_f$,且 $w_f$ 固定不变,可得可变成本 $VC = w_f \times f$,故式(2.5)可转化为:

$$MC = \frac{\mathrm{d}FC}{\mathrm{d}Q} + \frac{\mathrm{d}w_f \times f}{\mathrm{d}Q} = c + w_f \times \frac{\mathrm{d}f}{\mathrm{d}Q} = c + \frac{w_f}{MP_f} \tag{2.6}$$

式(2.6)中,$MP_f$ 为非互联网金融时代厂商可变生产要素 $f$(劳动)的边际产量,$MP_f = \mathrm{d}Q/\mathrm{d}f$,边际成本 $MC$ 与 $c$ 呈同向变动,而与 $MP_f$ 呈反向变动关系。因此,非互联网金融时代厂商的边际成本 $MC$ 受 $c$ 不断递增以及边际产量 $MP_f$ 先递增后递减的影响,而呈现出先递减后递增的趋势。

### (二)互联网金融时代的边际成本递减规律

在互联网金融时代,厂商的生产过程以数据作为重要的可变生产要素,数据的自动化产生,数据使用的机会成本极低,数据还能节约或替代土地、资本、劳动和企业家才能等基本生产要素,这使得厂商能够明显摆脱资源稀缺性约束。因此,随着数据投入的增加,互联网金融时代厂商提供的产品和服务会越来越多,厂商的边际成本因此而呈现出持续递减趋势。

互联网金融时代厂商的边际成本可用数学公式表示为:

$$MC' = \frac{\mathrm{d}TC'}{\mathrm{d}Q} = \frac{\mathrm{d}(FC' + VC')}{\mathrm{d}Q} \tag{2.7}$$

式(2.7)中,$MC'$ 为互联网金融时代厂商的边际成本;$TC'$ 为总成本,$FC'$ 为固定成本,$VC'$ 为可变成本,且 $TC' = FC' + VC'$;$Q$ 为产量。因为固定资产的折旧、维修和管理等费用会随着产量的扩大而增加,所以 $\mathrm{d}FC'/\mathrm{d}Q = c'$,且 $c' > 0$。然而在互联网金融时代,受摩尔定律[①]的影响,随着产品和服务供给的增加,厂商 $c'$ 的增加幅度是递减的,即 $\mathrm{d}c'/\mathrm{d}Q < 0$。另外,由于数据是其重要的可变生产要素,数据投入的增加能够带来更强的生产能力,与之相伴的边际

---

① 摩尔定律是由英特尔(Intel)创始人之一戈登·摩尔(Gordon Moore)提出的,是指电子通信设备的性能每隔 18 个月提高 1 倍,而价格下降一半,这一定律揭示了信息技术进步的速度。

可变成本会呈现出递减趋势。可以认为,互联网金融时代厂商的边际成本受 $\mathrm{d}FC'/\mathrm{d}Q$ 和 $\mathrm{d}VC'/\mathrm{d}Q$ 持续递减的影响,会呈现出始终递减的趋势。在互联网金融时代,假设厂商的可变生产要素仅包括数据 $f'$,其价格为 $w_f'$(包括数据购买、交换、清洗和建模等价格),且 $w_f'$ 固定不变,可得可变成本 $VC' = w_f' \times f'$,故式(2.7)可转化为:

$$MC' = \frac{\mathrm{d}FC'}{\mathrm{d}Q} + \frac{\mathrm{d}(w_f' \times f')}{\mathrm{d}Q} = c' + w_f' \times \frac{\mathrm{d}f'}{\mathrm{d}Q} = c' + \frac{w_f'}{MP_f'} \tag{2.8}$$

式(2.8)中,$MP_f'$ 为互联网金融时代厂商数据投入 $f'$ 的边际产量,$MP_f' = \mathrm{d}Q/\mathrm{d}f'$。因为 $MC'$ 与 $c'$ 呈同向变动,而与 $MP_f'$ 呈反向变动关系,所以互联网金融时代厂商的边际成本 $MC'$ 受 $c'$ 持续递减和边际产量 $MP_f'$ 持续递增的影响而始终呈现出递减趋势。

根据图 2-4 可知,在以产量 $Q$ 为横轴、成本 $C$ 为纵轴的坐标系内,曲线 $MC$ 为非互联网金融时代厂商的边际成本曲线。在生产初始阶段($O$ 到 $Q_1$ 阶段),由于固定资产折旧、维修和管理等费用的增加幅度要小于边际可变成本的减小幅度,曲线 $MC$ 呈递减趋势。当产量 $Q$ 达到 $Q_1$ 时,曲线 $MC$ 达到最低点 $G$;当产量超过 $Q_1$ 时,由于固定资产折旧、维修和管理等费用的增加幅度会逐步提升,以及边际产量递减使得曲线 $MC$ 呈递增趋势,故曲线 $MC$ 表现出先递减后递增的 U 形特征。

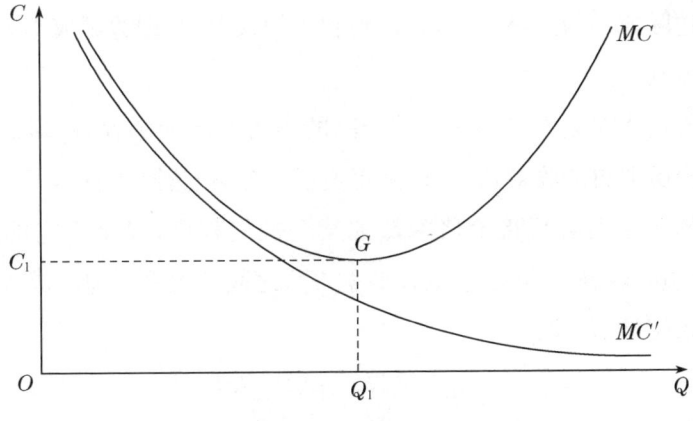

图 2-4　边际成本曲线

图 2-4 中的曲线 $MC'$ 为互联网金融时代厂商的边际成本曲线。由于数据的自动化产生、数据使用的机会成本极低,以及数据能够节约或替代土地、资本、劳动和企业家才能等基本生产要素,并且数据投入的增加还能增加产品和服务的供给,因此互联网金融时代厂商提供的产品和服务越多,与其相伴而生的边际成本越低,曲线 $MC'$ 呈现出持续递减趋势。与此同时,互联网金融时代厂商的固定资产,如电子设备的折旧、维修和管理等费用的增加幅度是不断递减的,即 $c'>0$, $dc'/dQ<0$。这意味着厂商数据的投入越是增加,厂商所提供的产品和服务就越多,其边际成本曲线 $MC'$ 也会呈现出持续递减趋势。

## 四、边际利润递减规律在互联网金融时代的局限性

### (一) 边际利润递减规律

按照经济学常规,厂商的利润为产品价格与产量的乘积减去总成本,即厂商的总收益与总成本之间的差额。厂商进行生产,其目的就是为了追求利润最大化,而为了使其利润最大化,该厂商必须找到总成本和总收益之间最大差额的均衡价格和产量。

自"边际革命"在经济学理论研究中备受关注以来,边际的概念得到广泛的认可和应用,追求利润最大化的厂商在生产经营过程中也自觉或不自觉地遵循边际原则(Marginal Principle)。边际原则是指人们仅通过考虑和计算某一决策的边际成本与边际收益,来达到利润的最大化,即边际成本等于边际收益的边际原则。

边际收益 $MR$ 是指增加一单位产品的销售所增加的收益,即最后一单位产品的售出所取得的收益,它可以是正值或负值(负边际收益是厂商为了售出更多单位的产品而必须将价格降低到某个低的程度,以至于它的总收益下降)。根据边际收益的定义,它与总收益 $TR$ 之间的关系和边际成本与总成本之间的关系相类似,即:

$$MR = \frac{dTR}{dQ} = \frac{d(P \times Q)}{dQ} \tag{2.9}$$

假设价格 $P$ 不变,可以看出,在非互联网金融时代,厂商边际产量的先递增后递减,以及边际成本的先递减后递增,会使得边际利润呈现出先递增后递减的趋势。在互联网金融时代,厂商的边际产量呈现出持续递增的趋势,而边际成本则呈现出持续递减的趋势,故互联网金融时代厂商的边际利润只增不减。

在非互联网金融时代,厂商的边际利润可用数学公式表示为:

$$MPRO = \frac{\mathrm{d}(P \times Q - FC - VC)}{\mathrm{d}Q} = P - \frac{\mathrm{d}FC}{\mathrm{d}Q} - \frac{\mathrm{d}(w_f \times f)}{\mathrm{d}Q}$$

$$= P - c - w_f \times \frac{\mathrm{d}f}{\mathrm{d}Q} = P - c - \frac{w_f}{MP_f} \tag{2.10}$$

式(2.10)中,$MPRO$ 为非互联网金融时代厂商的边际利润;$P$ 为产品价格,假设 $P$ 固定不变;$Q$ 为产量;$FC$ 为固定成本,$\mathrm{d}FC/\mathrm{d}Q = c$;$VC = w_f \times f$ 为可变成本,且 $w_f$ 固定不变。故厂商的总利润为 $P \times Q - FC - w_f \times f$,边际产量 $MP_f = \mathrm{d}Q/\mathrm{d}f$。由式(2.10)可知,$MPRO$ 与 $c$ 成反比,与 $MP_f$ 成正比,故非互联网金融时代厂商的边际利润 $MPRO$ 受 $c$ 持续递增(初始阶段 $c$ 的增加幅度要小于边际产量 $MP_f$ 的递增幅度)和边际产量 $MP_f$ 先递增后递减的影响,会呈现出先递增后递减的趋势。

### (二)互联网金融时代的边际利润递增规律

在互联网金融时代,厂商的边际产量呈现出持续递增的趋势,而边际成本则呈现出持续递减的趋势,故互联网金融时代厂商的边际利润只增不减。互联网金融时代厂商的边际利润可用数学公式表示为:

$$MPRO' = \frac{\mathrm{d}(P' \times Q - FC' - VC')}{\mathrm{d}Q} = P' - \frac{\mathrm{d}FC'}{\mathrm{d}Q} - \frac{\mathrm{d}(w_f' \times f')}{\mathrm{d}Q}$$

$$= P' - c' - w_f' \times \frac{\mathrm{d}f'}{\mathrm{d}Q} = P' - c' - \frac{w_f'}{MP_f'} \tag{2.11}$$

式(2.11)中,$MPRO'$ 为互联网金融时代厂商的边际利润;$P'$ 为产品和服务的价格,假设 $P'$ 固定不变;$Q$ 为产量;$FC'$ 为固定成本,$\mathrm{d}FC'/\mathrm{d}Q = c'$;$VC' = w_f' \times f'$ 为可变成本,且 $w_f'$ 固定不变。故互联网金融时代厂商的总利润为

$P' \times Q - FC' - w'_f \times f'$，边际产量 $MP'_f = dQ/df'$。由式（2.11）可知，$MPRO'$ 与 $c'$ 成反比，与 $MP'_f$ 成正比，故互联网金融时代厂商的边际利润 $MPRO'$ 受 $c'$ 持续递减和边际产量 $MP'_f$ 持续递增的影响，会呈现出始终递增的趋势。

根据图 2-5 可知，在以产量 $Q$ 为横轴、边际利润 $MPRO$ 为纵轴的坐标系内，曲线 $MPRO$ 为非互联网金融时代厂商的边际利润曲线。在生产的初始阶段（$O$ 到 $Q_1$ 阶段），由于 $c$ 递增（初始阶段 $c$ 的增加幅度要小于边际产量 $MP_f$ 的增加幅度）和边际产量 $MP_f$ 递增，曲线 $MPRO$ 呈递增趋势。当产量 $Q$ 达到 $Q_1$ 时，曲线 $MPRO$ 达到最高点 $H$；当产量超过 $Q_1$ 时，曲线 $MPRO$ 呈递减趋势，故曲线 $MPRO$ 表现出先递增后递减的特征。在互联网金融时代，图 2-5 中的 $MPRO'$ 为厂商的边际利润曲线。受摩尔定律的影响，互联网金融时代厂商的固定资产折旧、维修和管理等费用的增加幅度是逐步递减的，即 $c>0$，$dc/dQ<0$。同时，数据成为互联网金融时代厂商生产过程中的重要可变生产要素。随着数据投入的增加，互联网金融时代厂商的边际产量增加得更快，边际产量增加所带来的收益会明显超过边际产量增加所产生的费用。因此，互联网金融时代厂商的生产过程呈现出边际利润递增趋势，曲线 $MPRO'$ 始终为一条向右上方倾斜的曲线。

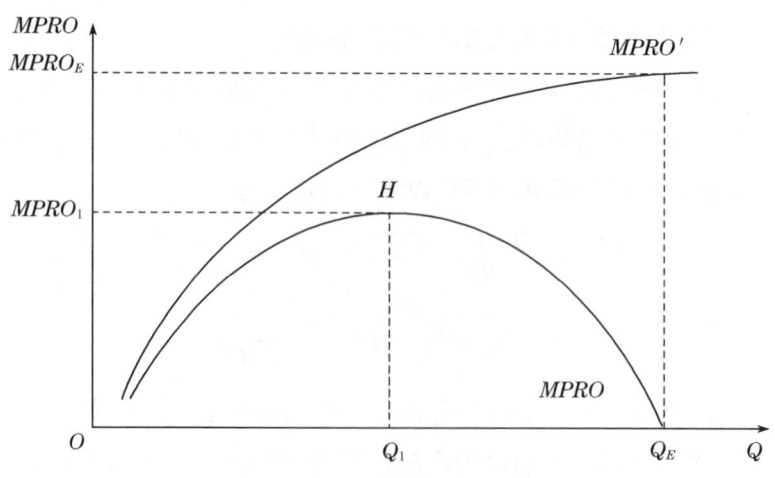

图 2-5　边际利润曲线

图 2-5 还显示出在利润最大化理念的支配下,非互联网金融时代厂商的边际利润曲线 $MPRO$ 必然与横轴相交,此时 $MPRO=0$,由此可得厂商的“最优生产规模”为 $Q_E$。而互联网金融时代厂商的边际利润曲线 $MPRO'$ 一直向右上方延伸,不存在“最优生产规模”,即互联网金融时代厂商的“生产规模”越大,其所获得的利润也就越大。

# 第三章　互联网金融与双边市场理论

双边市场理论建立在网络经济学基础上，是产业组织理论体系中的新方向之一。网络经济又称为知识经济、数字经济或信息经济，是指由于现代信息通信技术，如计算机、互联网、大数据、云计算和人工智能等在经济领域中的普遍应用，使得信息成为经济活动中的重要资源和生产要素，生产信息和使用信息因此也成为重要的社会生产活动。

进入 21 世纪以来，随着互联网、大数据、云计算和人工智能等信息通信技术的迅速发展，互联网金融异军突起。相对于传统金融，互联网金融拥有更加先进与高效的信息生产、分析和处理手段，以及明显的网络经济特征。作为连接借款者和贷款者（或厂商和消费者等）的互联网金融平台是典型的双边市场，传统经济学理论已无法对互联网金融实践做出合理的解释和指导。因此，本章将以双边市场为理论视角，分析互联网金融平台的网络外部性、市场竞争策略和不对称定价策略等方面的特征，进而探索互联网金融双边市场理论。

## 第一节　双边市场理论基础

### 一、双边市场的定义与特征

#### （一）双边市场的定义

罗切特和蒂罗尔（Rochet & Tirole，2004）首先对双边市场做出定义，即存在一个具有中介作用的平台，它能够将市场中的买方和卖方联系在一起。假定该平台向买方（$B$）索取的价格为 $P_B$，向卖方（$S$）索取的价格为 $P_S$，此时平台向买卖双方索取的总价格为 $P=P_B+P_S$。当总价格 $P$ 保持不变时，该平台向买方和卖方收取的价格发生任意变化都会影响该平台的总交易量,即价格结构对平台交易量产生影响。他们指出,科斯定理①对现实经济的假定过于理想化,双边市场的存在正是由于在现实经济中普遍存在信息不对称等"摩擦力"。[119]罗纳德·科斯(Ronald Coase,1960)认为,如果人们在交易过程中不存在价格协商的阻碍,那么只要交易结果是无效率的,人们都会进行协商,从而获得有效率的交易结果。另外,在市场交易中会存在交易费用和信息不对称等阻碍,而平台作为一种中介,可以降低交易费用和缓解信息不对称,它有助于提高市场交易效率。[120]

罗切特和蒂罗尔(Rochet & Tirole,2004)虽然率先对双边市场做出了一个较为规范的定义,指出了双边市场中平台可以通过调整价格结构来影响平台交易量,但他们在研究双边市场理论时只考虑了平台收取交易费用的情况,对于平台收取其他费用,如注册费和两步收费制等情况并没有进行相应的研究,因此他们对双边市场的分析存在一定的局限性。[119]马克·阿姆斯特朗(Armstrong,2006)在罗切特和蒂罗尔(Rochet & Tirole,2004)的基础上进一步将双边市场定义为,交易平台在连接双边用户并为他们提供产品和服务时,会通过一定的价格策略获得双边用户规模,并且一边用户所能获得的效用不仅取决于产品和服务,还取决于另一边用户的数量,这样的市场就被称为双边市场。[121]

### (二)双边市场的主要特征

具有双边市场特征的企业一般会表现出明显的中介作用,在生产过程中会采用不同策略将双边或多边的用户吸引到中介平台上交易,并在这个过程中显露出与传统单边市场不同的特征。根据双边市场的定义,双边市场具有以下几点主要特征。

---

① 科斯定理陈述了如果产权是清晰界定的并且是可交易的,没有交易费用和信息不对称,无论外部性存在与否,双方协调的结果也将是帕累托有效的。

1. 双边（或多边）用户包括卖方和买方

由于交易费用高、匹配时间长且效率低，以及信息不对称等消极因素，卖方和买方直接交易的成本很高。双边市场作为连接卖方和买方的平台，能够极大地降低交易费用、提高匹配效率、缓解信息不对称。例如，银行卡支付平台中的银行和持卡人，互联网金融平台的借款人和贷款人等。

2. 网络外部性

网络外部性的概念最早由卡茨和夏皮罗（Katz & Shapiro，1985）提出，是指产品的价值（或用户效用）随着消费该产品的用户数量的增加而增加。[122] 例如，支付宝的用户越多，单个用户就越能获得更高的效用。一般来说，两个用户群体之间的网络外部性是正的，但也不排除有负网络外部性存在的情况。例如，中央一台等电视频道连接着电视观众和广告商这两个用户群，一般情况下，电视观众会对电视广告商过多的广告植入和广告播放有着厌恶的情绪，因此电视广告对电视观众构成了负外部性。

3. 价格不对称性

在双边市场中，平台向卖方和买方收取的总价格为 $P = P_B + P_S$，这意味着平台需要在卖方和买方之间进行价格"分配"以实现利润最大化，而不再像单边市场那样遵循边际成本定价法则。平台在选择自身利润最大化策略时，其价格结构和盈利模式是有倾斜的，如在一边实行低价、免费，甚至补贴（可以是 0 或者是负数），而在另外一边则收取高价。罗切特和蒂罗尔（2003）将那些对于平台来说具有更高价值的用户称为大买家（Marquee Buyers），大买家的存在使得平台有对买方降价和对卖方提价的倾向。与之相对的是俘虏买家（Captive Buyers），俘虏买家因为长期契约或者沉没成本等原因对平台有着很高的忠诚度，他们对于平台定价策略的影响与大买家恰恰相反。[123]

4. 产品和服务的相互依赖性（Interdependent）和互补性（Complementary）

双边市场同时向两边或多边用户提供的产品和服务具有相互依赖性和互补性。相互依赖性和互补性是指平台的产品和服务在促成卖方和买方达成交易时有着相互依赖和相互补充的作用，也就是只有当卖方和买方对平台提供的产品和服务有着共同需求时,平台所提供的产品和服务才具有真正价值;反之,只要卖方和买方任何一边用户对平台的产品和服务没有需求,那么该平台所提供的所有产品和服务都不会有价值。

### 二、双边市场的类型

在双边市场定义和特征的基础上,大卫·埃文斯(David Evans,2003b)继续对双边市场进行深入研究,他认为双边市场可以分为以下三种类型。

1. 市场创造型(Market-Makers)

市场创造型平台为双边用户提供了一个交易更加方便的场所,该类型的平台不仅能够增加买卖双方匹配的成功率,还能够减少买卖双方搜寻合适交易对象的时间。每一边的用户对平台所提供商品的效用程度随着其他边用户数量的增加而提升。例如,随着购物商场零售商店的增多,该购物商场将对于消费者具有更高的价值;同样如果该购物商场的消费者增多,那么该购物商场对于零售店也将具有更高的价值。同样的例子还有淘宝网、京东网和苏宁易购等,这些都属于市场创造型平台。

2. 受众创造型(Audience-Makers)

受众创造型平台能够使得广告商和消费者进行有效匹配。随着消费者数量的增加,就会有更多的消费者对广告做出积极的反应,那么广告商就能获得更高的收益。同样的,如果该平台能够为消费者提供更多有用的信息,消费者也能获得更高的效用。受众创造型平台主要是媒体行业,比如,电视、报纸、杂志、网站等,该类型的平台会尽可能多地吸引消费者,这样广告商才会愿意到该媒体上做广告。

3. 需求协调型(Demand Coordinators)

需求协调型平台将双边或多边的用户连接起来,且不同边的用户能够产生间接网络外部性。例如,Windows 操作系统能够协调应用开发商和消费者双边用户的间接网络外部性,操作系统中的应用开发得越多,消费者就能够获得更高的效用;使用该操作系统的消费者越多,应用开发商也能获得更高的收益。同样的例子还有银行卡平台和移动数据业务平台等。可以看出,需求协调型平台既不像市场创造型平台那样能够提供交易机会,也不像受众创造型平台那样能够提供信息,它更多的是市场创造型平台和受众创造型平台的一个补充。[124]

当然,除了埃文斯对双边市场的分类,双边市场还存在其他的分类方式。例如,按照平台是否具有交易瓶颈,平台可以分为具有交易瓶颈的平台和不具有交易瓶颈的平台;按照平台是否向两边或者多边用户提供产品,平台可以分为协调服务型平台和经营服务型平台,前者不向双边或多边用户提供产品,而是通过协调双边或多边用户相互间的关系,以提高交易成功率,后者则通过向双边或多边用户提供产品和服务以获取自身的利润最大化(林勇汉,2003)[125];按照平台双边用户的网络外部性的正负,平台可以分为正网络外部性平台和负网络外部性平台;同样根据双边或多边用户彼此之间的交易关系,平台可以分为用户间具有金钱交易关系的平台和用户间不具有金钱交易关系的平台。比如,淘宝、京东等电子商务平台两边的用户在搜索到合适的交易对象后,可以直接进行商品交易,两边之间有金钱交易关系,故电子商务平台属于用户间具有金钱交易关系的平台;Windows操作系统平台的两边用户之间也有金钱交易关系,为微软开发应用软件的企业将应用软件出售给Windows消费者;而在智联招聘等网络招聘平台上,求职者和具有招聘需求的企业之间是一个彼此匹配的过程,他们之间并没有直接的金钱交易关系。

### 三、双边市场的结构

根据双边市场的定义,无论双边市场有多少种分类方式,双边市场一般有以下三种市场结构。

#### (一)基本市场结构

根据罗切特和蒂罗尔(2004)对双边市场的定义,平台对两边的用户可以收取固定的费用,一般称为注册费;也可以收取与交易量有关的费用,一般称为交易费。具有这种市场结构的双边市场有很多,如连接借款者和贷款者的拍拍贷、人人贷等 P2P 网络借贷平台，连接商家和消费者的淘宝、京东等电子商务平台，以及连接招聘企业和求职人员的智联招聘等网络招聘平台等。

### （二）用户多归属结构

在双边市场中，用户希望能够在多个平台上进行交易以接触到更广泛的潜在交易对象，这种单个用户可以在多个平台进行交易的市场结构为用户多归属结构。例如，电子商务平台的买卖双方会在淘宝、苏宁和京东等多个市场中进行交易；房屋的买卖双方会通过多个房地产代理平台进行交易；电子游戏开发商同样希望能够在多个游戏平台将他们的游戏推荐给游戏玩家。假设市场中有两个电子商务平台淘宝和京东，用户 A 将在淘宝和京东二者并存的市场中选择自己的购物平台，如果用户 A 是单归属的，他只在淘宝或者京东进行注册交易，此时用户 A 仅能与淘宝或者京东上的商家进行交易，如果用户 A 在其归属的电子商务平台上找不到合适的商品，其交易可能就失败了（用户 A 归属于淘宝，但他所需的商品在京东上；或者用户 A 归属于京东，但他所需的商品在淘宝上）。但若用户 A 是多归属的，那么在淘宝上没有的商品，用户 A 还可以到京东上进行交易；反之亦然。可以看出，在用户 A 多归属的情况下，该用户可以同时接触到淘宝和京东上的商品信息，这不仅扩大了用户的交易范围，而且提高了交易成功率。

### （三）平台互联互通结构

平台互联互通结构是指平台之间相互合作，共同连接卖方和买方的结构。如中国除了四大国有商业银行之外，还有一些如光大银行、华夏银行、民生银行和招商银行等其他商业银行。中国银联，以及互联网支付等机构作为中枢，可以实现平台的互联互通，将这些银行联结成一个金融网络。

## 四、双边市场的用户行为

通过观察现实可以发现，双边市场中的双边（或多边）用户在平台上具有多种行为，包括注册行为、搜索交易对象、价格商议、信息交流、匹配交易、转换平台、单归属和多归属等。

### 1. 注册行为

注册行为是指用户在平台上进行登记注册以获得该平台交易权的行为。例如,消费者在淘宝上注册以实现购物,同样商家也可以在淘宝上进行注册和资格审核,就可以在淘宝上以网点的形式向消费者出售商品。

### 2. 搜索交易对象行为

搜索交易对象行为是指用户主动在平台上搜寻交易对象的行为。例如,消费者为了购买某一商品,可以在淘宝上搜寻自己所偏好的商品,商家也可以将自己的商品在淘宝上进行展示以找到合适的消费者。又如,融资者到人人贷等 P2P 网络借贷平台上寻求资金,贷款者则到人人贷平台上寻找投资机会。

### 3. 价格商议行为

价格商议行为是指用户与交易对象就产品价格等问题进行协商的行为。通常,中国的线上交易平台的价格商议有拍卖和一口价两种方式。拍卖方式是指卖方在平台上对所要出售的商品设定一个特定的拍卖期限和拍卖最低价,最后在规定的拍卖期限内,将商品卖给出价最高的买家,若最高价低于拍卖最低价则不出售该商品;而一口价则是买方按照卖方所设定的固定价格进行购买,没有商量或讨价还价的余地。

### 4. 信息交流行为

信息交流行为是指平台的双边用户可以将彼此的信息通过平台进行交流的行为。例如,电视、电台、报纸和网站等媒体行业,企业可以通过发布广告将信息与消费者交流,而消费者则可以通过企业留下的联系方式直接与其联系。

### 5. 匹配交易行为

匹配交易行为通常表现为两种方式,一是双边用户直接在平台上交易,绝大部分需求协调型和市场创造型双边市场用户的匹配交易行为以这种方式进行;二是以双边用户通过发送和接收对方用户所发布的信息来进行交易。

### 6. 转换平台行为

转换平台行为是指用户从现有平台转换到新平台的行为。一般来说,用户选择转换平台的原因有：① 用户地理位置改变，如用户一般选择到离家比较近的超市去购物；② 由于用户对原有平台的不满意，或另一家平台的定价、产品和服务质量对用户有更强的吸引力。但转换平台行为存在一个前提条件，即两个平台的产品是相同的，或者说是可兼容的；反之，用户则无法实现转换。

### 7. 单归属和多归属

单归属行为是指用户在同一时间段内只能在唯一的平台上进行注册交易，而不能再去其他平台。多归属行为是指用户可以在同一个时间段内在多个平台上进行注册交易。一般来说，多归属行为对用户来说是有一定优势的，它能够扩大用户和另一边用户交易的范围，提高用户搜索到合适产品和服务的概率。但不可忽视的是，虽然多归属具有很多优点，但用户也要付出更多的时间、精力和成本。

由于双边市场与单边市场所具有的差异性，平台和用户的经济行为不再完全遵循传统的经济学理论。近年来，双边市场理论得到了极大发展，但理论研究需要与时俱进，不断对现实实践进行抽象归纳，互联网金融的异军突起是当前最为显著的社会实践，它表现出明显的双边市场特征，本书基于此进行深入研究。

## 五、平台的市场竞争策略

通过对双边市场的定义、特征和类型的分析，可以发现，尽管双边市场和传统单边市场相比有很大不同，但平台的目标仍然是争夺市场份额、追求平台利润最大化等。因此根据双边市场的特征来研究平台的市场竞争策略有重要理论和实践意义。

### （一）平台的差异化策略

一般来说，平台的一边是产品和服务的提供者，另一边是对这些产品和服务有需求的消费者，平台为双方提供对接渠道。在实际生活中，没有两个完全相同的平台，有的平台为大众消费者提供综合类服务，有的平台为专业消费者提供专业类服务;有的平台主要是为中高端消费者提供优质高价的产品和服务;而有的平台则主要为低端消费者提供价格低但质量一般的产品和服务。例如,中国商业银行等传统金融机构重视资金充足、信誉较高和风险较低的大客户,而互联网金融平台则高度重视被传统金融机构所忽视的长尾用户群体。此外,网络招聘平台也是如此,有前程无忧网、中华英才网等为用户提供大型的综合性服务的网络招聘平台,也有专业的网络招聘平台,致力于为高端求职者或高端职位需求者提供具有针对性、个性化的服务。

平台的差异化策略也体现在平台提供的差异化服务中。例如,链家等大型房屋中介通常会向客户提供包括别墅、高档住宅和一般居民住宅等不同层次的交易中介服务;淘宝和天猫等大型电子商务平台会按照商家的注册资金、商品类型等向用户提供从奢侈品、高档用品、必需品到低端用品在内的各种不同类型的商品;中国商业银行等传统金融机构会向用户提供从金卡、银卡到普通借记卡等银行卡的服务。可以看出,平台的差异化策略可以满足各阶层用户的不同需求,通过提供定价不同的产品和服务来降低平台的运营成本、运营风险,以达到利润最大化。

### (二)平台的排他性策略

当平台拥有较强的市场势力时,就有能力实施排他性策略。具体来说,平台实现排他性策略需要具备以下条件:第一,平台具有足够强的市场势力,可以通过平台扩张市场份额、提升市场地位来获得。第二,平台的市场规模需要能够保证两边用户的收入和效用。第三,用户的多归属行为是可观察的。

在现实中,中国移动的手机用户占全部手机用户的60%以上,因此中国移动拥有足够强的市场势力对平台的另外一边——服务提供商有着很大的话语权。因为对于一般的服务提供商来说,与中国移动合作所获得的收益要远远大于与其他电信运营商合作所能获取的收益,此时中国移动一般会向服务提供商提出排他性要求。鉴于中国移动的强大市场地位,目前中国主要的服务提供商基本都在和中国移动合作,为中国移动消费者提供服务。另外,如果手机用户将号码更换到其他平台,如中国电信、中国联通等,中国移动可以很容易地根据通话费用、使用频率以及是否停机等操作来判断用户的多归属行为。

实际上,排他性策略在双边市场中并不常见,而用户的多归属行为在双边市场中很普遍,这也从另一个方面说明了平台一般不采取排他性策略。

### (三)平台的不对称定价策略

在双边市场中,平台将面对双边(或多边)的用户,如果平台对两边的用户都制定比较高的价格,那么用户作为一个理性的个人,在有更好选择的前提下是不愿意到该平台上进行交易的,平台会因此失去双边的用户。针对这种情况,平台一般会采用不对称定价的方式,如对一边用户收取较低价格来吸引大量用户,并在网络外部性的作用下,另一边的用户规模会随着该边用户规模的扩大而扩大,同时平台会向另一边用户收取高价来补偿平台的运营成本并获得最大利润。

平台向一边用户收取低于边际成本的价格,而向另一边用户收取高价的不对称定价行为在现实生活中非常普遍。例如,人人贷、拍拍贷等 P2P 网络借贷平台通常向贷款人收取低价甚至是免费提供产品和服务,进而不断吸引贷款者在该网络借贷平台上进行交易,而对于借款者,该网络借贷平台通常会进行严格审查,并收取高价来弥补运营成本;智联招聘等网络招聘平台也是通过低价或者免费的优惠来吸引网上求职者,而对在网站上发布招聘广告的企业则收取高价。

从表 3-1 中可以看出,平台对消费者(买方)制定低价,而对企业(卖方)制定高价的现象较为普遍,其收入也主要来自企业一边。当然这也不是绝对的,安德烈·哈格尤(Andrei Hagiu, 2005)从消费者对产品需求的多样性的视角出发,发现若消费者对产品的多样性要求较低,则平台倾向于对消费者制定较高价格;反之,平台倾向于对企业制定高价。例如,由于 Windows 操作系统的消费者对与 Windows 操作系统相兼容的软件多样性要求要低于游戏平台的消费者对游戏产品的多样性要求,因此 Windows 操作系统平台向消费者所收取的价格要高于游戏平台向消费者所收取的价格。[127]

表 3 - 1　平台的不对称定价策略

| 行　业 | 平　台 | 类　型 | 买　方 | 卖　方 | 收费低的边 | 平台利润的主要来源 |
|---|---|---|---|---|---|---|
| 房地产 | 房地产平台 | 市场创造型 | 售房人 | 买房人 | 1 | 销售佣金 |
| 房地产 | 房地产平台 | 市场创造型 | 出租人 | 承租人 | 1 | 佣金 |
| 媒体 | 报纸杂志 | 受众创造型 | 读者 | 广告商 | 1 | 广告费,80％的收入 |
| 媒体 | 电视 | 受众创造型 | 收看者 | 广告商 | 1 | 广告费 |
| 媒体 | 门户网站 | 受众创造型 | 网民 | 广告商 | 1 | 广告费 |
| 软件 | Windows | 需求协调型 | 消费者 | 软件开发商 | 2 | 微软从软件销售中获得约67％的利润 |
| 软件 | 视屏游戏平台 | 需求协调型 | 游戏玩家 | 游戏开发商 | 1 | 微软以低于边际成本125美元的价格出售X-BOX产品 |
| 银行卡 | 信用卡 | 需求协调型 | 持卡人 | 银行 | 1 | 2001年,美国运通公司从商家获得82％的收入 |

资料来源:根据埃文斯和施马伦西(Evans & Schmalensee,2005)的表1(第337页)整理。[126]

# 第二节　网络外部性

网络外部性是指对于某种物品,某个用户从该物品中得到的效用会随着消费该物品的其他用户人数的增加而增加。双边市场理论正是以网络外部性理论为基础,并由此发展起来,成为互联网金融的重要理论支撑。

## 一、网络外部性的定义

网络外部性是双边市场中最为显著的特征。1890 年,阿尔弗雷德·马歇尔(Alfred Marshall)在其著作《经济学原理》中提出了外部经济(External Economy)和内部经济(Internal Economy)这两个概念,讨论了两者在起因和作用上的不同。阿瑟·庇古(Arthur Pigou，1920)在继承了马歇尔的外部经济性概念之后，指出不仅生产过程中存在外部性，而且消费过程中也存在外部性。[128]由于庇古首次对外部性问题做了比较系统的研究，他因此被后来的经济学者们认为是"外部性理论"的创立者，外部性理论研究自此拉开了帷幕。提勃尔·西托夫斯基(Tibor Scitovsky，1954)构建了厂商利润与外部性之间的数学函数关系，并指出厂商在做投资决策时要考虑外部性对利润的影响。[129]

在外部性理论中，研究最为深入的是将外部性理论与网络产业的实践相结合，即网络外部性。帕克和阿尔斯通(Parker & Alstyne，2002)最早提出了双边市场网络外部性的概念，通过对微软产品、Adobe软件等定价策略的研究得到如下结论：① 平台在垄断的情况下同样会合理地对产品销售的某一边用户进行补贴，因为在网络外部性的影响下，补贴所带来的收益会大大超过补贴费用等成本。② 网络外部性的大小决定了平台的定价策略，在网络外部性的影响下，平台对互补品的销售会对网络外部性比较大的一边进行补贴。如果两边用户的网络外部性都比较大，那么平台对两边都会收取比较低的价格。③ 平台进入市场后，在销售初期会采取战略性的产品定价来获取市场份额和市场规模，而不是获取超额利润。④ 在网络外部性的作用下，平台的这种定价行为会增进社会福利。[130]

本赛德和埃尔森(Bensaid & Lsene，1996)以正的网络外部性作为前提条件，构建了一个离散时间模型来研究平台的动态最优定价问题。他们的研究表明，当网络外部性比较大时，正的网络外部性会让平台有事先承诺其自身信誉来获取用户规模的激励，从而在未来可以提高其产品价格以获取超额利润。[131]安布和阿根齐亚诺(Ambus & Argenziano，2003)研究了具有网络外部性和理性消费者市场的定价问题，他们将具有直接网络外部性的市场称为单边市场，而将具有间接网络外部性的市场(软件/硬件范式)称为双边市场。安布和阿根齐亚诺考虑了一个两阶段博弈，第一阶段，企业宣布价格；第二阶段，用户同时决定是否购买该企业产品。若用户对于该产品网络外部性而言各不相同,那么会有定价相同的多个网络出现,平台可能向用户提供相互分离的交易网络来实现价格歧视。具体来说,平台会在其中一个网络中收取高价以提供更加高端和昂贵的产品和服务,而在另一个网络中收取较低价格以迅速获取较大规模的低端用户。[132]

网络外部性同样也可以表现在平台产品的兼容性上。法雷尔和沙龙(Farrell & Saloner,1992)研究了通过一个转换器(Converter)获得平台产品相互兼容的问题;[133]卡茨和夏皮罗(Katz & Shapiro,1992)考虑了厂商提供兼容产品的动机以及产品兼容性对厂商利润的影响;[134]杰伊·崔(Jay Choi,1994,1997)则分别研究了在网络外部性条件下平台的产品逐步地退出市场(Planned Obsolescence)的条件,以及产品向新的不兼容技术转移过程中的双向转换器问题。[135][136]帕尔玛和勒鲁斯(Palma & Leruth,1996)构建了一个双寡头垄断模型,以网络外部性和网络产品的标准化程度作为用户是否购买产品的前提条件,指出如果两个平台具有同样成为市场最大平台的可能性,则这两个平台都偏好产品的兼容。[137]伊科诺米季斯和福莱尔(Economides & Flyer,1997)指出,当一个平台加入同一标准的平台联盟时,不仅在生产的初始阶段就可以获得兼容性,而且如果网络外部性非常弱,那么具有完全兼容的平台联盟就是唯一的市场均衡。[138]巴克和博姆(Baake & Boom,2001)认为,平台的网络外部性可以相互作用于对方的质量,且具有产品兼容性的网络外部性可以通过平台之间的质量差异来缓和价格竞争。而没有产品兼容性的网络外部性加剧了平台之间的价格竞争。可以看出,产品兼容对于两个平台来说都将导致较高的价格,并且会给低质量平台带来更大的利润,同时高质量平台的市场份额在产品非兼容时会更大,从而使得高质量平台的利润比在产品兼容时更高。因此,高质量平台有不与低质量平台进行兼容的内在激励。[139]

网络外部性理论得到了广泛关注,并取得了丰富的研究成果。本书通过对众多专家学者关于网络外部性定义所做的解读,发现得到公认的网络外部性定义有以下两种。

定义一:当某产品对于某用户的效用随着消费相同产品或可兼容产品的

用户数量的增加而增加时,这种经济现象为正的网络外部性。

定义二:如果作为某一网络中的用户对其他用户的价值会因另一用户的加入使网络扩大而受到正面的影响,则存在正的网络外部性。

根据上述定义,本书构建了包含网络外部性的双边市场用户效用函数,假设用户在 $t$ 时刻消费某一产品的数量(即产品的需求量)为 $D(t)$,且 $D(t) \geqslant 1$,则网络外部性函数为 $ne[D(t)]$,且 $ne(0)=0$。因此,用户在使用该产品时,该产品自身及其用户规模所能获得的效用 $U[D(t)]$ 为:

$$U[D(t)] = \alpha + ne[D(t)] \tag{3.1}$$

式(3.1)中,$\alpha$ 为常数,且 $\alpha > 0$,表示与用户规模无关的效用,即当该网络中不存在其他用户时,该用户仍然能从产品的消费中直接获得的效用。假设网络外部性为正,则 $\partial U[D(t)]/\partial D(t) \geqslant 0$。根据式(3.1)可以发现,用户在平台上进行消费所获得的效用包括两个方面。首先,该用户在平台上消费所获得的产品直接给其带来的效用,如手机的功能、外观和安全性能等。其次,其他用户在该平台上的消费量给该用户带来的效用,即正的网络外部性,如该用户在使用手机的通话功能时,其他用户数量越多,他就能用手机与更多的用户通话,此时他获得的效用越高。

## 二、网络外部性的类型

在网络外部性定义的基础上,专家学者们继续对网络外部性理论进行深入研究,并进一步对网络外部性进行了区分。网络外部性可分为直接网络外部性、间接网络外部性和交叉网络外部性。

### (一) 直接网络外部性(Direct Network Externality)

直接网络外部性是指当用户对产品的需求具有相互依赖性时,使用一种产品的用户可以通过使用同种产品的其他用户数量的增加而得到更大的效用。直接网络外部性往往是通过物理网络实现的,最为典型的是通信行业,如有线和无线网络以及互联网等。这些通信网络的共同特点是每个用户都存在和其他用户进行直接通信联系的可能,网络规模或者覆盖区域越大,用户越多,每个用户所能沟通的对象就越多,单个用户从通信联系中所获得的效用也就越大。沙龙和谢泼德(Saloner & Shepard,1991)从实证的角度验证了银行ATM和电子表格软件市场存在直接网络外部性。[140]卡茨和夏皮罗(Katz & Shapiro,1985,1994)指出,直接网络外部性是指使用一种产品的用户的效用可以通过使用同种产品的其他用户数量的增加而增加,其他使用相同产品的用户对该用户从产品使用中获得的效用产生了正外部效应。例如,用户购买电话所获得的效用显然取决于已加入电话网络的其他家庭或企业的数量。[141][142]

### (二) 间接网络外部性(Indirect Network Externality)

卡茨和夏皮罗(Katz & Shapiro,1985,1994)指出,间接网络外部性是指由平台所提供的基础产品与辅助产品之间在技术上具有一定的互补性,并在此基础上形成虚拟网络空间,进而产生网络外部性效应。这种基础产品与辅助产品之间的互补性直接导致了用户在产品需求上的相互依赖性,同时这种需求上的相互依赖性又会导致基础产品与辅助产品缺一不可,任何单独的基础产品或是辅助产品都无法为用户带来效用。例如,计算机的硬件和操作系统、操作系统和应用软件、电视与电视节目,以及银行信用卡网络(卡是硬件,用户是软件)等,这种关系也被称为“硬件/软件范式”(Hardware/Software Paradigm)。例如,购买电脑的用户将关注购买类似硬件的其他用户数量,因为用于给定电脑的软件数量和种类将随着已经售出电脑数量的增加而增加。间接网络外部性同样适用于视频游戏、视频播放器和录像机等。[141][142]

### (三) 交叉网络外部性(Cross-Network Externality)

在双边市场中,用户的网络外部性更多地会表现为一种具有“交叉”性质的网络外部性,即一边用户从产品中所获得的效用取决于平台另一边的用户规模。在交叉网络外部性的作用下,一边用户的数量增加或者质量提高会为另一边用户带来正的效用。虽然双边市场交叉网络外部性不会影响价格总水平,但它会影响平台的价格结构,因此平台两边对双边用户的价格调节可以通过交叉网络外部性进行决策。例如,在第三方支付平台支付宝上,随着消费者规模的不断扩大会吸引商家的加盟,而商家市场利润的增加又会导致消费者规模的增加,二者彼此促进,规模不断扩大。又如,软件开发商对 Windows 操作系统的需求取决于有多少消费者使用该操作系统,而消费者对 Windows 操作系统的需求则取决于能够在该操作系统中运行的软件种类和质量。再如网络招聘平台智联招聘,当在智联招聘上发布招聘企业的职位越多或者职位的层次越高时,上网求职者所获得的效用就越大;反过来,上网求职者的数量越多,或者求职人员素质越高,则招聘企业就越愿意到该招聘平台上发布招聘职位的信息。

通过将网络外部性分为直接网络外部性、间接网络外部性和交叉网络外部性,可以发现,直接网络外部性是同一边用户之间的外部性,间接网络外部性主要考虑具有互补性的产品之间的辅助性关系,而交叉网络外部性则考虑两边用户之间的外部性。三种网络外部性的对比分析如表3－2所示。

表3－2 三种网络外部性的对比分析

| 类　别 | 直接网络外部性 | 间接网络外部性 | 交叉网络外部性 |
| --- | --- | --- | --- |
| 用户 | 一边,只考虑使用同产品的用户群的数量 | 考虑到两边用户,以及基础产品和互补品这两种产品的数量 | 两边,边2用户的数量通常对于边1用户的效用形成正反馈 |
| 中介平台 | 无 | 无 | 有 |
| 定价主体 | 1个,提供产品的企业 | 2个,提供基础产品和互补品的企业 | 1个或者2个 |
| 定价主体收入来源 | 对于企业用户收费 | 对于企业用户收费 | 两个用户群的收入以及平台的收入之和 |
| 用户群之间是否有交易关系 | 无 | 无 | 可以有,也可以没有 |
| 案例 | 电话 | 操作系统与软件 | 房屋中介、超市、信用卡平台等 |

通过分别论述直接网络外部性、间接网络外部性和交叉网络外部性的定义,可以发现交叉网络外部性与间接网络外部性有相似之处,或者说交叉网络

外部性的概念涵盖了间接网络外部性。如前所述,双边市场分为市场创造型、受众创造型以及需求协调型,其中市场创造型双边市场主要是将两边的用户联系在一起,如 P2P 网络借贷平台、电子商务平台和房屋中介平台等,在市场创造型双边市场中,双边用户与平台之间没有基础产品和互补品之间的关系,只能用交叉网络外部性来描述;在受众创造型双边市场中,如媒体、电视和网站等,平台和其中任何一边的用户之间同样也不具备基础产品和互补品之间的关系;但是在需求协调型双边市场中,如软件操作系统、银行卡平台等,平台和其中的一边用户之间具有基础产品和辅助产品之间的互补关系。在需求协调型双边市场中,交叉网络外部性和间接网络外部性非常类似,只是前者注重产品互补关系,而后者注重不同边用户之间的外部性关系。

### 三、互联网金融平台的网络外部性特征

前文通过梳理和归纳网络外部性理论,可以发现网络外部性是双边市场的基本特征。互联网金融作为当前双边市场理论研究的新方向之一,网络外部性同样也是互联网金融平台的重要特征。本节将基于网络外部性的三种类型,即直接网络外部性、间接网络外部性和交叉网络外部性,系统地剖析互联网金融平台的网络外部性特征。

#### (一)互联网金融平台的直接网络外部性

在双边市场的理论研究中,对直接网络外部性的研究最早,也是最基础的。直接网络外部性的存在使得平台用户的满意程度随着所消费产品的用户数量的增加而提升。在连接借款者和贷款者的互联网金融平台上,双边的用户同样存在明显的直接网络外部性。在互联网金融平台上,直接网络外部性来源于用户主动传播、共享产品和服务的信息,以及交流经验等的意愿。一方面,用户可以通过自己的家庭和社交网络进行传播和共享,不管是借款人还是贷款人,都可以在亲戚、同事、同学、朋友或其他社交网络中,通过分享自己的借贷经验,形成一种示范和吸引效应,其他用户会在其影响下加入互联网金融平台。不仅如此,用户之间可以利用网络,通过平台所搭建的虚拟社区和论坛

来交流和共享信息,这同样会对在该虚拟社区和论坛上浏览的新用户形成一定的吸引作用,进而加入互联网金融平台。同时,在该虚拟社区和论坛中,每个用户既是信息的传播者,又是信息的接收者。

直接网络外部性的正负取决于同一边用户集聚和示范效应与竞争效应的比较,如果前者的作用大于后者,那么直接网络外部性就是正的。例如,P2P网络借贷平台目前还处于发展阶段,由于不规范操作等原因P2P网络借贷平台出现了很多问题,导致人们对其抱有偏见,相对于传统业务,其用户数量较少,活跃程度不够,竞争效应也不明显。但随着P2P网络借贷平台进一步发展,制度建设日渐完善,它会越来越多地受到人们的关注和肯定,其交易量逐年上升,此时该平台用户直接网络外部性为正。但是如果出现借款人逾期还款或者坏账的情况,借款人越多,贷款人受到的利益损失就越大,这种作用会通过直接网络外部性,使得越来越多的贷款人离开平台。所以在平台的运行模式中,一般都包含担保或者风险准备金的保障措施,在出现问题时能够及时缓解外部性的负面作用。

**(二) 互联网金融平台的间接网络外部性**

在平台的经营过程中,间接网络外部性的存在使得基础产品的销量增加,其互补品的种类增多、价格降低。互联网金融的异军突起为借款者和贷款者提供了高效的匹配渠道,它借助大数据、云计算和人工智能等技术为双边用户提供更加符合其需求偏好的金融产品和服务。双边用户在互联网金融平台上消费的金融产品和服务越多,互联网金融平台所累积的用户数据也就越来越完备。通过自身或者其他大数据公司的数据分析,互联网金融平台能够不断挖掘双边用户更深层次的需求,进而扩大市场规模,提升金融产品和服务的价值。因此,随着互联网金融平台所提供的金融产品和服务的增加,在间接网络外部性的作用下,数据分析的手段和方法会更加全面,产品和服务价格也会降低。

另外,互联网金融平台主要是基于线上的运营模式,借款者和贷款者等双边用户需要通过互联网和电子设备登录互联网金融平台的网站来查看该平台所提供的金融产品和服务等信息。因此,互联网金融平台网站的流畅性、简洁性和美观性等因素都会影响双边用户的消费体验。若双边用户在互联网金融平台网站上进行消费时,卡顿现象严重,网页设计观感很差,那么这些用户对该互联网金融平台的评价自然会降低,不会在该平台上进行消费。相反,若互联网金融平台对网站的设计非常人性化,让双边用户在浏览该网站时感到舒适、简洁和易于操作,那么双边用户必然会高度评价该互联网金融平台,可能就会更多地在该平台上消费。因此,此时的间接网络外部性表现为,随着双边用户在互联网金融平台上消费数量的不断增加,网站设计方案随之优化,价格也同时下降。

### (三) 互联网金融平台的交叉网络外部性

交叉网络外部性在平台的运营中涉及双边的用户,在交叉网络外部性的作用下,一边用户的效用会随着另一边用户数量的增加而提升。在互联网金融平台上,双边用户即贷款人和借款人(或卖方和买方)的需求互补,贷款人有出借资金获得利息收入和投资理财的需求。借款人借入资金,用于扩大生产、资金周转等方面,在一段时间后,返还借款并向贷款人支付利息。

因为需求相互依赖,双边市场用户具有较强的交叉网络外部性,贷款人提供的资金越多,期限越宽松,借款人就越倾向于在该平台上借款;相应地,借款人一方的借款利息越高,还款风险越低,则会有更多的贷款人到该互联网金融平台上投资,贷款人的积极性也越高。贷款人和借款人的效用在交叉网络外部性的作用下随着对方市场用户数量的增加而提升。如第三方支付平台支付宝,它连接着卖方(商家)和买方(消费者),越多的买方就会吸引越多的卖方,因为这意味着买方有巨大的消费市场和消费潜力;同样,越多的卖方也会吸引越多的买方,因为这意味着买方有广阔的挑选余地,这就是卖方和买方之间的交叉网络外部性。

互联网金融平台作为双边市场的一个新兴研究领域,它的网络外部性特征非常明显。根据上述分析,互联网金融平台具有直接网络外部性、间接网络外部性和交叉网络外部性。在互联网金融平台的理论和实践研究中,这三种网络外部性是研究的重点和核心,无论是互联网金融平台的市场竞争策略,还是互联网金融平台的定价策略都是基于这三种网络外部性。

# 第三节　互联网金融平台的市场竞争策略

平台的经济行为是双边市场理论研究的重点内容,平台的市场竞争策略对于平台的市场规模、市场势力、利润、用户效用水平,以及社会福利等都有着重要的影响。平台的根本目的如单边市场中的企业一样,同样是为了争夺市场份额、抑制竞争对手发展和获得最大的利润等,但是双边市场的网络外部性特征使得平台若在一边不能吸引用户,即使对另外一边用户免费或者补贴,也无法吸引另一边用户到平台上注册交易。因此,平台的市场竞争策略与传统单边市场中的企业相比,需要同时考虑到两个边的用户需求,由此会产生不同于单边市场中的市场竞争策略。

近年来,互联网金融异军突起对整个金融体系和社会经济造成了巨大影响,它具有明显的双边市场特征,是典型的平台经济。如P2P网络借贷平台,该平台一边是寻求融资机会的借款者,另一边是寻求投资机会的贷款者。借款者将自身的融资需求等相关信息通过互联网金融平台提供给贷款者,贷款者根据这些信息来选择合适的金融产品和服务。若互联网金融平台不能吸引借款者,那么即使该平台对贷款者提供低价甚至补贴等优惠,贷款者也不会到该平台上注册交易,因为贷款者的投资需求在该平台上无法得到满足;反之亦然。

## 一、互联网金融平台的差异化策略

差异化策略是指企业在市场竞争过程中通过提供差异化的产品或服务以满足拥有不同偏好的用户,进而获取竞争优势。一般来讲,差异化策略有横向和纵向之分。横向差异化侧重于强调在产品价格相同的条件下满足用户的多样化偏好,纵向差异化则侧重于强调在用户对产品质量拥有一致性偏好的条件下,企业提供的差异化产品或服务呈现出优质高价、劣质低价的特征。

根据迈克尔·波特(Michael Porter, 1980)的五力模型,企业的竞争优势来源于五大因素,分别为买方的议价能力、供应商的议价能力、替代品威胁、现有竞争者的威胁和潜在竞争者的威胁。[143]企业为了获取最大的竞争优势,从这五个因素出发,可以相应地采取总成本领先策略、差异化策略和集中策略。通过差异化,企业可以降低买方的需求价格弹性进而削弱其议价能力;企业能够削弱替代品造成的威胁和现有竞争者的威胁;企业能够形成一定的进入壁垒,进而降低潜在竞争者的威胁。因此,差异化策略是互联网金融平台在市场竞争中所必需的生存法则。

### (一)互联网金融平台的差异化动因分析

互联网金融平台主要通过差异化吸引某一边用户,待突破临界容量之后,进而发挥交叉网络外部性吸引另一边用户以扩大平台交易量。因此,互联网金融平台的差异化动因更多地要考虑网络产品的特性和双边市场的相关属性。下面主要从"互联网+"、网络外部性和用户多归属三个层面来剖析互联网金融平台的差异化动因。

1. "互联网+"

"互联网+"和传统经济部门相结合催生出更强大的经济活力与更高的效率,与传统经济相比,"互联网+"具有明显的新特征。首先,"互联网+"注重用户消费体验。"互联网+"企业通过实施产品和服务差异化策略,可以挖掘出用户的个性化需求,进而在激烈的竞争中占据有利地位。其次,"互联网+"企业在市场开拓初期更注重市场规模的扩张,通常会采用免费甚至是补贴策略来扩张用户规模。

"互联网+"和互联网金融是相辅相成、互相促进的。满足用户的个性化金融需求是互联网金融平台竞争的重点,优质的平台体验会吸引越来越多的用户。随着信息技术的不断发展,互联网金融平台的建立成本是相对较低的,在互联网金融市场中会不断地有平台加入和退出。如果互联网金融平台想要在竞争中取得胜利,那么该平台需要密切关注其他竞争者所实施的差异化策略,以此来丰富自身的差异化策略,增强创新意识,进而维持或进一步扩张已获得的市场份额和市场地位。

### 2. 网络外部性

网络外部性是双边市场的基本属性,会增加互联网金融平台实施差异化竞争策略所获得的收益。由于互联网金融平台为借款者和贷款者提供了对接渠道,通过差异化策略所吸引的一边用户会通过网络外部性吸引另一边用户,而网络外部性又会进一步强化互联网金融平台的差异化策略效果。因此,网络外部性的存在是互联网金融平台成功实施差异化策略的重要原因之一。

### 3. 用户多归属

用户可以同时在多个互联网金融平台上进行注册交易,而用户选择平台的标准主要是基于互联网金融平台产品和服务的差异化策略。当用户在某互联网金融平台上进行消费和交易时,如果该用户是多归属的,那么一旦出现能够提供更好产品和服务的其他互联网金融平台,在转换成本不高的情况下,该用户必然会选择放弃原有互联网金融平台,而转入能够给其带来更好产品和服务的互联网金融平台。如前所述,多归属是双边市场用户行为的普遍现象,因此互联网金融平台有必要制定出合适的差异化策略,以便为用户提供更好的产品和服务。也只有这样,用户才会选择在该互联网金融平台上进行消费和交易。

### (二)互联网金融平台的横向差异化策略和纵向差异化策略

#### 1. 互联网金融平台的横向差异化策略

横向差异化策略是指在价格不变的前提下,平台会根据消费者的偏好来对同一类型的产品和服务的范围进行拓展。若互联网金融平台忽视了横向差异化策略,则必然会失去某一边的用户,在交叉网络外部性的影响下,又会使得另一边用户受到负面影响,因此横向差异化不足的互联网金融平台会被市场所淘汰。

#### (1)用户群体的差异化

用户群体的差异化是指针对不同的用户群体提供差异化的产品和服务。

如第三方支付平台支付宝始于为淘宝网提供支付业务，随后陆陆续续拓展了移动支付、公共事业缴费、信用卡快捷支付、互联网理财（余额宝）、互联网消费金融（蚂蚁花呗）、网络贷款（蚂蚁借呗）等领域。开鑫贷平台则根据用户对金融产品的不同偏好类型，为用户提供苏鑫贷、开鑫保、保鑫汇、鑫普汇和鑫财富等投资产品。拍拍贷平台在为用户提供信用等级、风险评级、魔镜等级等信息的同时，推出散标、债权转让、懒人投资和彩虹转让等投资计划，以满足用户投资的个性化偏好。

（2）运营模式差异化

互联网金融平台的运营模式差异化是差异化策略的重要手段之一，有助于互联网金融平台在激烈的市场竞争中胜出。P2P 网络借贷平台的经营模式主要有以下几种：一是以拍拍贷为代表的传统 P2P 模式，这一模式有利于数据的积累，且使得借贷双方无时空限制；二是以担保公司对投资本金进行担保的模式，该模式追求保障资金安全，符合中国用户的投资理念；三是以债权的转让为基础的债券转让模式；四是以小贷公司融资为底层的模式。

（3）服务差异化

服务差异化主要体现为互联网金融平台为双边用户所提供的技术服务、产品信息以及投资模式的差异化。支付宝自 2016 年 10 月 12 日起正式对实名个人用户（同一身份信息视为同一用户）超出免费额度（2 万元）的"转账到银行卡"和"账户余额提现"两个业务收取 0.1％的服务费。拍拍贷则通过对借款期限的划分来实现服务的差异化，如借款期限在 6 个月以下的，收取成交金额 2％的服务费；6 个月以上的收取成交金额 4％的服务费。

互联网金融平台通过横向差异化策略提供了差异化的平台体验，吸引了不同偏好的用户，通过网络外部性不断积累平台客户基础，有效应对了其他竞争平台的市场竞争策略。产品差异化策略是互联网金融平台在激烈竞争中生存的重要手段，如果不实施差异化策略，互联网金融平台很有可能在市场动态竞争过程中遭到淘汰。

### 2. 互联网金融平台的纵向差异化策略

平台的纵向差异化策略主要体现为不同质量的同一产品或服务在定价上的不同,呈现出优质高价、劣质低价的特征。互联网金融平台在发展成熟期突破临界容量的限制之后,往往会采取纵向差异化策略。

支付宝在市场开拓期采取的是向双边用户免费的定价策略,在平台网络效应逐渐增强之际,支付宝通过提供不同级别的诚信通会员服务进行纵向差异化定价,如普及版诚信通会员的收费标准为 1 688 元/年,标准版诚信通会员的收费标准为 3 688 元/年。商户申请加入诚信通会员,能够比普通商户享受到更多的网络贸易特权。人人贷平台根据借款人的资信状况将其分为七个等级,分别为 AA、A、B、C、D、E、HR,初期服务费相应地划分为七个层次,分别为 0%、1%、1.5%、2%、2.5%、3%、5%。拍拍贷平台将用户分为普通会员和 VIP 会员,成为 VIP 会员可以享受一系列特有的优质服务,如查看借款人特殊借款详情、发放投资优惠券礼包等,且 VIP 也进一步划分为 1、2、3、4 四个等级,等级越高服务质量越好,同时价格也更高。由此可以看出,互联网金融平台根据差别等级提供某项服务,在采取纵向差异化策略时,还取得了横向差异化策略的效果,因为平台客户能够根据自身的具体情况选择最优的平台进行交易。

互联网金融平台采取差异化竞争策略的动因与传统单边市场中企业相一致,即获得相对更强的垄断势力和相对更为有利的竞争优势。传统单边市场中的企业通过差异化策略削弱买方的需求价格弹性,降低现有替代品竞争者和潜在竞争者的威胁,制定高价以攫取利润。而双边市场中的平台通过差异化策略吸引某一边用户到平台上注册交易,并通过交叉网络外部性吸引另一边用户参与到平台上来扩大平台交易量。因此,差异化策略和交叉网络外部性所带动的用户规模扩大将增强平台的竞争优势。互联网金融平台采取不同程度的横向差异化策略、纵向差异化策略能够吸引不同偏好的用户,有助于平台获取有利的市场竞争地位。

### 二、互联网金融平台的排他性策略

平台在具有一定的市场势力后，就能够采取排他性策略将其他竞争对手挤出市场。平台一边或两边的用户规模优势是平台实施排他性策略的重要前提，互联网金融平台同样如此。在平台建立初期，互联网金融平台为吸引用户会率先占有市场，也会对用户实施免费甚至是补贴的手段，当互联网金融平台的一边用户规模足够大，在交叉网络外部性的作用下，另一边的用户规模也会随之扩大，这就给互联网金融平台提供了排他的可能性。比如，中国第三方支付平台的代表，如支付宝、京东支付和易付宝等，各自占有显著的市场规模，这是它们采取排他性策略的基础。为了不让用户使用其他第三方支付平台进行交易，这三个平台通过电子商务平台使用了排他性策略，当用户在淘宝上购物时，只能使用支付宝进行在线支付，而不能使用京东支付和易付宝；同理，当用户在京东购物时，只能使用京东支付；而当用户在苏宁购物时，只能使用易付宝。

由于用户使用电子支付系统时需要付出一定的学习成本、时间成本，以及泄露一定的隐私信息，更重要的是每个电子支付系统都会根据用户在该支付系统中的支付和消费记录等信息来为用户评定等级，从而提供差异化的服务，即用户使用一个电子支付系统的次数越多，系统给用户评定的会员等级越高，并能为高等级用户提供更精致、更人性化的服务。因此，用户同时使用多个电子支付系统时的机会成本极高，而使用一个电子支付系统则更容易获得高等级评定，以最低的成本获取最好的服务。这就是第三方支付平台为了增强用户黏性而采取的排他性策略。

虽然排他性交易能够限制竞争对手的发展，让平台迅速扩大市场规模，但互联网金融平台的排他行为并不是普遍的现象。在用户多归属的前提下，互联网金融平台一般不会限定用户不能在别的互联网金融平台进行注册交易。实际上，互联网平台的用户一般都会有多归属的现象，因为多归属能给用户带来更高的匹配成功率和更多的融资投资机会。因此排他性策略并不是互联网金融平台的主流策略。

### 三、互联网金融平台的用户资质认证策略

将两边用户吸引到平台上之后，平台还需要对两边用户的身份、收入和风险偏好等资质进行收集和认证。尤其是在一些主要业务是线上交易的平台上，鉴于互联网的虚拟特性，用户可以通过互联网直接在平台上进行注册交易而不需要去指定场所进行面对面的实名认证，这就导致该平台很难判断用户信息的真伪，因此这就要求平台必须具有用户资质认证的能力。平台需要对双边用户，特别是提供产品和服务的一边用户进行规范的资质认证，以保障用户的合法权益，维护平台的品牌形象，使得用户可以放心地到平台上交易。

互联网金融平台的用户资质认证策略对于风险控制、提升交易效率等具有积极作用。对于贷款人来说，资质认证策略可以保证贷款人在平台上的资金和投资信息的安全性。对于借款人而言，资质认证策略是一种诚信的体现。互联网金融平台对于贷款人与借款人来说，充当了信息中介的作用，虽然不能给贷款人任何资金和风险承诺，但是互联网金融平台在筛选借款人时，需要实行严格的实名注册制度，以对其贷前贷后进行必要的考察。

网络借贷平台作为以线上交易为主的互联网金融平台，对用户的资质认证更加严格。用户在注册时须输入姓名和身份证号码，平台根据其所填内容接入公安部门的接口做出实名认证，若所填内容与公安部门数据核对有误则无法注册成功。用户在互联网金融平台上进行交易时需要绑定银行卡，而在用户在绑定银行卡时，互联网金融平台会向银行卡在银行预留的手机号码发送动态验证码做验证，利用持卡人在开户时必须做实名制验证，来确保用户在该互联网金融平台上填写的姓名、身份证号码、银行卡卡号、预留银行手机号码四项内容与当时在银行开户时留下的信息完全一致。在用户进行充值与提现等操作时，用户的资金安全需要应与用户账户实名认证信息相一致，如果出现不一致，网络借贷平台会主动联系用户加以确认，如果不是本人所为或者本人所愿，则无法充值提现。用户在互联网金融平台上进行实名认证之后，也可以获得更多、更好的平台服务以及更全面的信息，例如，平台开展活动时可以以短信或者邮件的形式提醒用户，让用户获得第一手信息。

### 四、互联网金融平台的互联互通策略

本书认为互联网金融平台的互联互通可分为以下两个层次。

第一个层次是交易数据库的共享,用户的交易记录、信用水平、需求偏好等信息都可以共享,此时用户在每个平台交易的效用是一致的。处于建立初期的互联网金融平台更倾向于第一个层次的兼容,通过和其他互联网金融平台或者传统金融机构等平台对接可以共享在位平台的高级用户。但是,在第一个层次上,用户没有共享所有网络资源的途径,即对于任何互联网金融平台的用户来说,不能实现跨平台交易。

例如,第三方支付平台支付宝以淘宝、天猫等电商平台积累的数据作为支撑,能够对用户消费记录、浏览记录以及评价记录等数据进行抓取和分析。不仅如此,支付宝为了进一步补足数据,还和中国商业银行等传统金融机构实现了数据互联,不仅将自身的数据向传统金融机构开放,而且可以通过传统金融机构获取数据。目前,支付宝的数据包括在线购物、生活缴费、社交关系、理财还款、家庭情况、收入情况、行为偏好、还款能力、还款意愿、身份信息和人际关系等数据,数据的互联互通进一步提高了支付宝的风险控制能力和产品销售能力。

第二个层次的互联互通是在第一个层次交易数据库共享的基础上实现平台互联。在第二个层次的兼容水平上,互联网金融平台的双边用户可以获得另一个平台上的用户所带来的效用。此时,用户实现了跨平台交易,会更加关注产品差异性,不存在多平台交易行为,且不同互联网金融平台所提供的网络外部性是相等的。例如,京东金融与北京银行所进行的互联互通,它们不仅能够进行数据方面的互联互通,通过对接二者的数据接口,还能够实现优势互补和用户群体的互联互通。

## 第四节　互联网金融平台的不对称定价策略

### 一、双边市场定价策略理论研究

在任何经济学理论的研究中,定价策略都是必须研究的重要问题之一,双

边市场理论同样如此。罗切特和蒂罗尔(Rochet & Tirole,2003)通过研究市场创造型双边市场中平台向用户仅收取交易费的情况,发现需求价格弹性会对平台的定价产生重要影响。他们首先针对垄断平台的定价策略进行研究,指出平台向两边用户所收取的价格会随着两边用户的需求价格弹性的加大而提高。他们又针对竞争平台的定价策略进行研究,指出多归属的用户会比较在不同平台上交易给其带来的收益的大小,进而选择在收益较高的平台交易。他们研究的最后结论是,平台定价策略的目的是为了吸引双边的用户到平台上来交易,而且一边用户多归属行为的增多及忠诚度的提高会使得价格结构有利于另一边用户。[123]

马克·阿姆斯特朗(Mark Armstrong,2006)在研究平台竞争的定价策略时引入了 Hotelling 分析框架,研究了平台向用户仅收取注册费的情况。他解释了现实中平台向一边用户免费或者补贴的情况,并指出平台在单归属的一边往往由于竞争激烈而制定低价,而在多归属一边则收取比较高的价格。[121]罗切特和蒂罗尔(Rochet & Tirole,2003)、阿姆斯特朗(Armstrong,2006)都是以平台的网络外部性为基础对平台的定价策略展开研究。在当前,大多数文献都是在这两篇文献的基础上进行下一步研究的。

朱利安·赖特(Julian Wright,2002a)以移动通信运营商之间所进行的平台竞争作为研究对象,来研究移动通信运营商平台的定价策略。首先,他假设手机用户是单归属的,而固定电话用户为多归属的,且手机用户和固定电话用户都会选择给其带来最大收益的移动通信运营商。在他看来,移动通信运营商对用户的收费包括两部分,一是网络注册费以及呼出收费;二是呼入收费。其中呼入费与移动网络的呼叫次数成反比,如果手机和固定电话用户都能够从呼入中获得收益,那么呼入费过高会损害他们的福利。在此基础上,他求解得到在市场达到均衡时,移动通信运营商平台会降低网络注册费和呼出费,而提高呼入费,同时平台把从呼入费中获得的超额利润补贴给手机用户。单归属一边用户的利益得到保护而多归属一边用户的利益则不在考虑范围之内。[144]这一结论与阿姆斯特朗(Armstrong,2006)所得到的结论是一致的。

加布泽维奇和沃西(Gabszewicz & Wauthy,2004)假设在双边市场中仅存在两个平台,它们之间的竞争形成了寡头市场。在此基础上,他们构建了双寡头垄断模型。他们指出,如果平台两边的成员是单归属的,那么这两个平台在均衡时会出现规模不对称,且都能获得正的利润。最后他们得出结论,即双寡头垄断模型在均衡状态下通常会出现竞争瓶颈。[145]

凯劳德和朱利安(Caillaud & Jullien,2002)考虑了只有两个互联网信息中介平台的双边市场,但它们之间存在一个主导平台。他们的研究结果表明,理性的平台不会采取排他性策略,反而会鼓励用户的多归属行为。这与前文所说的具有排他能力的平台往往不选择排他,而允许用户多归属是一致的。[146]

大卫·埃文斯(David Evans,2003a)从实证角度研究了双边市场的商业模式,并结合实际案例指出,双边市场的商业模式有三个特征。首先,获取双边用户。若平台的一边用户缺乏有效需求,那么其他边用户的有效需求受此影响都不会存在。当平台处于发展的初始阶段时,该平台必须采取一定的策略获取双边的用户,如平台对一边用户采取补贴策略,或对另一边用户进行投资,降低该边用户参与交易的成本,如微软公司等。并且,平台通过投资一边用户还能够削弱市场中其他平台的竞争力。其次,不对称定价策略。假如一边用户比另一边用户更具有价值,那么平台就会对该边用户降价,而对另一边用户提高价格。与之相对的是对于平台忠诚度很高的用户,平台对这些用户的定价则相对较高。最后,谨慎投资。成功的双边市场平台,如微软、雅虎和Ebay等,在做投资决策前通常会事先建立一个小规模的平台进行实验,在基本确认该平台的运作能够获得超额利润时,才会扩大对该平台的投资。[147]

马克·雷斯曼(Marc Rysman,2002)指出,广告商和消费者彼此很看重对方的数量,并且二者之间的网络外部性会对黄页公司的定价策略产生重要影响。具体来说,黄页公司会通过对消费者实施免费的定价策略,而对广告商实施高价格策略以获得利润。[148]

赖特和凯撒(Wright & Kaiser,2004)对德国杂志的定价策略展开了研究,并在此基础上估计了杂志平台双边用户的网络效应。研究表明,杂志平台对读者的收费要低于边际成本,为了弥补成本和获得利润而对广告商收取高价;同时广告商一边的网络外部性要远远小于杂志读者一边的网络外部性,因此读者对于广告商的价值要比广告商对于读者的价值高很多。[149]

安德烈·哈格尤(Andrei Hagiu,2005)研究了平台对双边用户的定价结构问题。他指出产品提供者一边的市场规模、消费者对产品多样性的要求等都会对平台的定价结构造成影响。具体来说,当产品提供者拥有较大的市场规模时,平台就会对该边用户收取高价。[127]

多加诺格鲁和赖特(Doganoglu & Wright,2006)研究了用户单归属和多归属与平台是否互联互通之间的关系,发现当用户单归属时,平台具有选择互联互通的过度激励。在用户多归属时,平台的定价和利润会比用户单归属的情况要高,同时用户多归属时的平台进行互联互通的激励要弱于平台单归属时的情况。[150]

经过十几年的研究,双边市场定价策略在国外已经比较成熟。在此基础上,中国的专家学者结合中国双边市场实践,也对双边市场定价策略进行了研究。

胥莉(2005)研究发现,银行卡平台的兼容性和互联互通是影响平台的定价、利润和社会福利的主要因素。如果把银行卡持卡人的转换成本考虑在内,她认为当持卡转换成本较高且持卡人对互联互通敏感时,将激励收单市场规模较小的银行与收单市场规模较大的银行形成互联互通;相反,收单市场规模较大的银行排斥同收单市场规模较小的银行进行互联互通,最终妨碍市场竞争。当平台之间没有实现互联互通时,发卡市场的定价会随着收单市场规模的扩大而增加。当平台之间没有实现互联互通,但部分用户具有多归属行为时,银行卡收单市场的规模对发卡市场的需求影响很弱,但对发卡市场的定价影响依然不变,而且银行卡的市场均衡价格会随着多归属用户占总用户比例的提高而提升。虽然单归属的用户所产生的网络外部性会抑制均衡价格上升,但银行卡的市场均衡利润依然会受多归属用户比例增加的影响而提升。

胥莉还发现用户多归属行为会对发卡行互联互通策略产生消极影响。[151]

王起静(2007)在构建展览品的垄断和竞争定价模型时指出:① 要获得利润最大化,展览定价需要从参展商和观众两边支付的价格总水平、参展商与观众之间的价格结构等方面入手;② 展览对双边用户的收费,既要考虑向该边用户提供产品或服务的成本以及用户的需求,也要考虑网络外部性所产生的影响;③ 影响展览定价的因素包括双边用户网络外部性、需求价格弹性以及展览市场和产品的差异化程度等;④ 参展商和观众定价之间存在不对称定价现象,一般会向观众收取低价甚至是给予补贴,而向参展商收取高价。[152]

陈赤平、李艳(2008)以 CA① 产业为例,分别研究了垄断 CA 平台和寡头 CA 平台的定价策略。研究表明,不管是垄断的 CA 平台还是寡头 CA 平台,消费者不仅对 CA 平台的质量有较高要求,平台另一边使用相同认证商家的数量也会对消费者产生影响。同时,商家在选择 CA 平台时也会将平台另外一边的消费者数量纳入考虑范围。在垄断情况下,CA 平台在发展的初期会对消费者采取补贴甚至是免费的策略来吸引该边用户,但随着平台两边用户数量规模的扩大,这种定价策略将会发生改变。在寡头竞争情况下,消费者在不同 CA 平台之间的转换成本会提升在位 CA 平台的市场势力;平台两边用户的交叉网络外部性会对两个 CA 平台的竞争程度造成影响。[153]

吕魁(2009)研究了在竞争的市场中,有线电视的网络运营商平台对频道商和观众的定价策略。他的研究指出,影响有线电视定价的主要因素有:① 成本。成本是指网络运营商为提供接入服务而在双边参与者之间产生的成本,并且产生的成本越高,则对频道商这边的定价就越高。② 需求弹性。一边参与者对平台提供的产品或服务的需求弹性越小,则价格分摊就越高。③ 产品差异化程度。一边参与者对产品或服务的差异化程度要求越高,则平台对其收取的接入费用就越高。④ 观众的单归属属性使得平台在观众一侧的竞争

---

① CA(Certigicate Authority)即证书授权机构,是电子商务交易中具有权威性和公正性的第三方,专门负责产生、分配并管理所有参与网上交易的个体所需的数字证书。从 CA 产业形成的机理来看,用户和商家对 CA 平台的接入存在一个先后顺序,因此本书将其归入市场制造者平台一类。

更加激烈。⑤ 频道商的多归属属性使得平台对其收取较高的费用。⑥ 一方用户加入网络的规模越大，则平台对另一方用户收取的费用就越低。[154]

程贵孙、李银秀(2009)在观众单归属的前提下，研究了广告商在单平台接入和多平台接入会对电视媒体平台的双边用户定价策略产生的影响。他们指出，无论广告商是单平台接入还是多平台接入，电视媒体平台的均衡价格结构是，对广告商收取高额的广告费，而对观众收取较低的收视费，具体表现为广告商对消费者的价格补贴。然而在广告商多平台接入的情况下，随着平台所接入的广告商数量的增加，电视媒体平台对广告商收取的广告费越高，则对观众收取的收视费将变低。[155]

龚亮(2008)针对完全垄断情况下的 B2B 电子商务平台的定价策略进行了研究，发现当电子商务平台的目标是获得利润最大化时，该平台定价策略的影响因素包括网络外部性、转换成本和数据价值。[156]曹俊浩等(2008)同样研究了一个垄断电子商务平台的定价策略，他们通过构建一个纵向差异的数学模型对该平台的最优定价策略进行分析，发现垄断电子商务平台的利润最大化主要受网络外部性的强度和平台所提供产品和服务的性价比影响。[157]

胥莉、陈宏民(2006)对中国银行卡 POS 的交易价格形成机制展开了研究，通过对国外 POS 交易价格形成机制的梳理，并结合中国银行卡产业发展的实际情况指出，中国银行卡 POS 交易的价格形成机制主要取决于平台运营成本、竞争状况和双边用户的需求情况。[158]

胥莉等(2009)研究了银行卡平台的定价策略，通过构建两阶段模型对银行卡平台的间接定价策略进行分析。结果表明，若银行卡平台同时具有初始规模优势和较高的品牌价值评价，那么该平台的价格结构会更加倾斜，并且通过价格结构的倾斜获取双边用户，进而削弱竞争对手。[159]

以上文献从各个视角对双边市场中平台的定价策略进行了研究。在此基础上，本书认为双边市场定价策略的主要影响因素有以下几种：① 两边用户的需求价格弹性。双边市场定价对需求弹性成反比。② 收回运营成本。平台前期投入的固定成本一般会很高，收回成本并实现盈利是平台的根本目标。

③ 网络外部性。双边用户的网络外部性差异越大,平台就越倾向于制定不对称的定价结构。④ 两边用户收费的难易程度。平台一般对收费较容易的一边用户收取较高费用,而对收费较难的一边用户收取较低费用。⑤ 平台观察用户参与程度和交易量的难易程度。如果用户的参与程度和交易量很难被观察到,那么该平台就会收取注册费,而不是按交易量来收费。⑥ 用户的单归属和多归属。平台对单归属用户收取低价,而对多归属用户收取高价。⑦ 平台排他行为。排他行为将促使平台收取更低的价格以吸引用户。⑧ 平台的差异化策略。差异化策略会对用户的数量产生一定影响,进而对价格产生影响。

## 二、互联网金融平台的不对称定价策略模型

根据前文所述,当数据成为生产要素时,互联网金融平台在运作过程中呈现出边际产量递增、边际成本递减和边际利润递增的规律,即随着数据投入增加,互联网金融平台的成本会降低,能够获得更大的利润。因此,互联网金融平台的最优策略是不断增加数据的投入以扩大生产规模。但是只有在互联网金融平台的产品能够被市场所接受的前提条件下,才能够扩大生产规模。因此,互联网金融平台不仅要注重产品和服务,同样也要制定合适的定价策略,进而实现利润最大化。

定价问题一直以来都是所有经济学理论关注的重点问题。同时,解决平台的定价问题也是双边市场理论和实证研究的首要问题。互联网金融平台的主要收入来源于向平台上的用户有偿提供各种不同的服务。互联网金融平台模式的多样性使得平台的定价方法不尽相同,但可以将互联网金融平台的收费方式归纳为以下两种,即固定费用(Fixed Fees)和交易费(Per-Transaction Charges)。

罗切特和蒂罗尔(Rochet & Tirole,2003)假设平台上双边用户的收益具有异质性,且平台只收取交易费。[123]阿姆斯特朗(Armstrong,2006)假设平台上的双边用户在成员收益上是异质的,在模型设定上平台只收取注册费。[121]

罗切特和蒂罗尔（Rochet & Tirole，2006）指出，平台具有直接网络外部性（Membership Externality）和交叉网络外部性（Usage Externality），因而平台既可以收取固定费用，又可以收取交易费，即两部收费。[160] 在互联网金融平台上，如 P2P 网络借贷平台往往是两部收费，固定费用和交易费都是影响平台用户规模与交易量的主要因素。而平台正是通过固定费用和交易费影响平台用户规模与交易量的。

**（一）模型假设**

① 互联网金融平台拥有双边用户，一边为借款人（$B$），另一边为贷款人（$L$），且平台追求利润最大化。另外，每增加一个借款人，平台增加的成本为 $C_B$；每增加一个贷款人，平台增加的成本为 $C_L$。

② 互联网金融平台向两边用户收取的费用包括两部分，一是固定费用，即注册费，大小与交易次数无关，借款人和贷款人的注册费分别为 $F_B$ 和 $F_L$；另一部分是交易费，平台按每一次的交易金额比例收费，假设借款人的交易金额在 $[0,t_B]$ 上服从均匀分布，且 $t_B>0$，该平台按 $P_B$ 的比例向借款人收费，那么可以得到该平台向借款人收取的期望费用为 $P_B(t_B/2)$。另外，互联网金融平台每成功匹配借款人一笔交易都会有一定的成本，假设该平台的单位交易额成本为 $c_B$，且 $P_B>c_B$。同样假设贷款人的交易金额在 $[0,t_L]$ 上服从均匀分布，且 $t_L>0$，该平台按 $P_L$ 的比例向贷款人收费，那么可以得到该平台向贷款人收取的期望费用为 $P_L(t_L/2)$。同时假设该平台对贷款人的单位交易额成本为 $c_L$，且 $P_L>c_L$。且令借款人和贷款人的匹配成功率为 $\lambda$（$0<\lambda<1$），匹配不成功则不收费。

③ 借款人和贷款人在互联网金融平台上消费所获得的效用受网络外部性的影响。其中借款人一边的直接网络外部性为 $\alpha_B$，贷款人一边的直接网络外部性为 $\alpha_L$；借款人对贷款人的交叉网络外部性为 $\beta_L$，贷款人对借款人的交叉网络外部性为 $\beta_B$；借款人的间接网络外部性为 $\gamma_B$，贷款人的间接网络外部性为 $\gamma_L$。

④ 用户是单归属的。当市场上存在多个互联网金融平台时，用户在同一

时间只能在一个互联网金融平台上进行注册和交易。

**(二) 模型构建**

一般而言,对平台定价模型研究的基础是围绕垄断平台和竞争平台开展的。本书以此为基础,分别对垄断和竞争条件下 P2P 借贷平台的定价策略进行研究。

1. 互联网金融平台垄断定价模型

本书对互联网金融平台的垄断定价研究借鉴了阿姆斯特朗(2006)的平台垄断定价模型,但不同于阿姆斯特朗只考虑交叉网络外部性,本书在此基础上引入了直接网络外部性和间接网络外部性的概念。首先,借款人和贷款人在该平台上交易所获得效用为:

$$\mu_B = \alpha_B n_B + \beta_B n_L + \gamma_B(n_B + n_L) - F_B - P_B(t_B/2) \tag{3.2}$$

$$\mu_L = \alpha_L n_L + \beta_L n_B + \gamma_L(n_B + n_L) - F_L - P_L(t_L/2) \tag{3.3}$$

式(3.2)中,$\mu_B$ 为借款人的效用;$n_B$ 为借款人的数量;$n_L$ 为贷款人的数量;$t_B$ 为借款人的交易金额。式(3.3)中,$\mu_L$ 为贷款人的效用;$t_L$ 为贷款人的交易金额。假设该平台借款人和贷款人的数量是各边用户效用的函数,即:

$$n_B = \varphi_B(\mu_B) \tag{3.4}$$

$$n_L = \varphi_L(\mu_L) \tag{3.5}$$

由于直接网络外部性和交叉网络外部性的存在,$\varphi_B(\mu_B)$ 和 $\varphi_L(\mu_L)$ 分别是 $\mu_B$、$\mu_L$ 的增函数,即 $\partial\varphi_B(\mu_B)/\partial\mu_B > 0$,$\partial\varphi_L(\mu_L)/\partial\mu_L > 0$。从而该平台的利润可以表示为:

$$\pi(\mu_B, \mu_L) = n_B(F_B - C_B) + \lambda n_B[P_B(t_B/2) - c_B(t_B/2)] +$$
$$n_L(F_L - C_L) + \lambda n_L[P_L(t_L/2) - c_L(t_L/2)] \tag{3.6}$$

式(3.6)中,$\pi(\mu_B, \mu_L)$ 为该平台的利润函数,将式(3.4)、式(3.5)代入式(3.6)可得:

$$\pi(\mu_B, \mu_L) = \varphi_B(\mu_B)(F_B - C_B) + \lambda\varphi_B(\mu_B)[P_B(t_B/2) - c_B(t_B/2)] +$$
$$\varphi_L(\mu_L)(F_L - C_L) + \lambda\varphi_L(\mu_L)[P_L(t_L/2) - c_L(t_L/2)] \tag{3.7}$$

根据利润最大化的一阶条件,$\partial\pi(\mu_B, \mu_L)/\partial\mu_B = 0$ 和 $\partial\pi(\mu_B, \mu_L)/\partial\mu_L = 0$,

可得：

$$\partial\pi(\mu_B,\mu_L)/\partial\mu_B = \varphi'_B(F_B-C_B)+\varphi_B(\alpha_B\varphi'_B+\gamma_B\varphi'_B-1)+$$
$$\varphi_L(\beta_L\varphi'_B+\gamma_L\varphi'_B)+\lambda\varphi'_B(t_B/2)[P_B-c_B] \quad (3.8)$$

$$\partial\pi(\mu_B,\mu_L)/\partial\mu_L = \varphi'_L(F_L-C_L)+\varphi_L(\alpha_L\varphi'_L+\gamma_L\varphi'_L-1)+$$
$$\varphi_B(\beta_B\varphi'_L+\gamma_B\varphi'_L)+\lambda\varphi'_L(t_L/2)[P_L-c_L] \quad (3.9)$$

从式(3.8)和式(3.9)中可得出该平台利润最大化时的价格结构为：

$$F_B=C_B-(\alpha_Bn_B+\gamma_Bn_B+\beta_Ln_L+\gamma_Ln_L)+\frac{\varphi_B}{\varphi'_B}-\lambda(t_B/2)(P_B-c_B) \quad (3.10)$$

$$F_L=C_L-(\alpha_Ln_L+\gamma_Ln_L+\beta_Bn_B+\gamma_Bn_B)+\frac{\varphi_L}{\varphi'_L}-\lambda(t_L/2)(P_L-c_L) \quad (3.11)$$

从式(3.10)和式(3.11)中可以看出，首先，平台对一边用户的定价与直接网络外部性成负相关，即 $F_B$ 与 $\alpha_B$ 以及 $F_L$ 与 $\alpha_L$ 都呈反方向变动。随着一边用户的直接网络外部性越强，该边用户规模的增长速度就越快，平台对该边用户收取的费用也就越低，而这对互联网金融平台的发展具有很大的积极作用。

其次，平台对一边用户的定价与双边用户的间接网络外部性成负相关，即 $F_B$ 与 $\gamma_B$、$\gamma_L$ 以及 $F_L$ 与 $\gamma_B$、$\gamma_L$ 都呈反方向变动。随着双边用户在该平台上进行消费，间接网络外部性的强弱决定了该平台花费在互补品，如数据分析技术、网站设计等方面的成本。间接网络外部性越强，互补品品种越多，价格越低，该平台的成本就越低；反之亦然。因此，平台会以降价的方式来增强双边用户的间接网络外部性，进而不断降低价格。

最后，平台对一边用户的定价与该边用户对于另一边用户的交叉网络外部性成负相关，即 $F_B$ 与 $\beta_L$ 以及 $F_L$ 与 $\beta_B$ 都呈反方向变动。随着一边用户的对于另一边用户的交叉网络外部性越强，平台对该边用户收取的费用就越低，即该边用户每增加一个，另一边用户的数量增加得越多。

在式(3.10)和式(3.11)中，平台对双边用户的定价还与平台匹配成功率成负相关，即 $F_B$ 和 $F_L$ 与 $\lambda$ 呈反方向变动。平台的匹配成功率越高，该平台对双边用户所收取的价格就越低。平台匹配技术越高，意味着双边用户搜索成功的概率和交易的可能性都会越高。

在式(3.10)和式(3.11)中,平台对双边用户的定价还与双边用户的交易金额成负相关,即 $F_B$ 与 $t_B$ 以及 $F_L$ 与 $t_L$ 都呈反方向变动。随着双边用户的交易金额越大,平台所能收取的交易费等费用就越高,利润随之增加。该平台在这种情况下,会对高交易额的双边用户收取较低费用,对低交易额的双边用户收取较高费用。

在式(3.10)和式(3.11)中,平台对双边用户的定价与双边用户的需求价格弹性成负相关,即 $F_B$ 与 $\varphi_B/\varphi'_B$ 以及 $F_L$ 与 $\varphi_L/\varphi'_L$ 都呈反方向变动。这种价格与需求弹性成负相关的特点,实际上与传统单边市场是一致的。

本节分析了互联网金融平台的垄断定价策略。当仅存在一家垄断的互联网金融平台时,该平台对双边用户的定价取决于网络外部性、双边匹配技术、交易金额以及需求价格弹性等因素。具体来说,互联网金融平台对双边用户的定价与直接网络外部性、间接网络外部性、交叉网络外部性、匹配成功率、交易金额和需求价格弹性都是成反比的。当然,互联网金融平台的垄断一般都会在该平台发展的后期,在其获取了大量的市场份额之后出现,在互联网金融平台发展的前中期,会存在不同程度的竞争强度。下面本书将继续研究互联网金融平台的竞争定价策略。

2. 互联网金融平台竞争定价模型

在对互联网金融平台竞争定价模型的研究中,本书借鉴了 Hotelling 竞争模型。

(1) Hotelling 模型

在经济学理论发展进程中,厂商之间的竞争一直是经济学研究的重点。哈罗德·霍特林(Harold Hotelling, 1929)所提出的 Hotelling 模型最早研究了厂商的空间竞争问题,主要用于解释两个厂商在竞争中的选址、定价等问题。霍特林(1929)以一张图形向人们展示了两个厂商的选址对于用户的重要性。[161]

霍特林(1929)在图 3-1 的基础上提出五个假设条件。

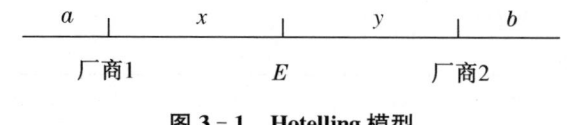

**图 3-1　Hotelling 模型**

① 假设用户聚集在一块区域,这块区域如图 3-1 所示是线性的,且长度为 1。用户均匀分布在这[0,1]的区间里,且分布密度为 1。

② 假设厂商 1 离左边端点的距离为 $a$,厂商 2 离右边端点的距离为 $b$,其中 $a \geq 0, b \geq 0$,且 $a + (1-b) \leq 0$。

③ 两个厂商所提供的产品是同质的,价格为 $p$,且用户仅从厂商所处位置和运输成本两个方面来考虑选择哪家厂商的产品。

④ 单位运输成本为 $t$,是外生的变量。

⑤ 两个厂商进行选址和价格决策是同时进行的,不存在先行或后发优势。

如图 3-1 所示,由于两个厂商所提供的产品是同质的,所以每个理性的用户都会去离自己更近的厂商那里购买,在厂商 1 左边的用户肯定会去厂商 1 处购买,在厂商 2 右边的用户肯定会去厂商 2 处购买。关于在 $a$ 和 $b$ 之间的这段,距厂商 1 处近的去厂商 1 处购买,距厂商 2 近的去厂商 2 处购买,随着从城市两边向中间逼近,最后总有一位用户去厂商 1 处购买和去厂商 2 处购买是无差异的,假设此用户位于 $E$ 点。于是厂商 1 为了获得更大的市场份额会不断地增大 $a$ 的值,即不停地向右移动。同理,厂商 2 为了获得更大的市场份额会不断地增大 $b$ 的值,即向左移动,最后在 $a=b=1/2$ 处达到均衡,且是唯一的均衡,也就是说,两家厂商平分了整个市场,且都把位置定在线性城市的中心位置。

（2）基于 Hotelling 模型的互联网金融平台竞争定价模型

假设市场上存在两个竞争的互联网金融平台,借鉴 Hotelling 模型,如图 3-2 所示。

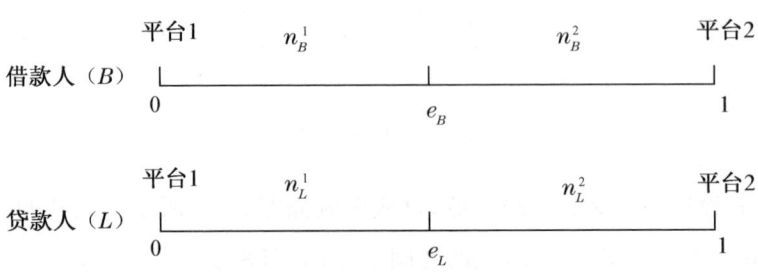

**图 3-2　竞争的互联网金融平台**

图 3-2 中,平台 1 位于线段[0,1]的左端,平台 2 位于线段[0,1]的右端,每个用户在线段上都是均匀分布的。由于用户是单归属的,双边用户同一时间内只能在一个互联网金融平台上进行注册和交易,$n_B^1$ 为借款人在平台 1 上的数量,$n_B^2$ 为借款人在平台 2 上的数量,二者的和为借款人的总数。假设 $n_B^1 + n_B^2 = 1$。$n_L^1$ 为贷款人在平台 1 上的数量,$n_L^2$ 为贷款人在平台 2 上的数量,二者的和为贷款人的总数,假设 $n_L^1 + n_L^2 = 1$。$e_B$ 表示借款人对加入平台 1 和平台 2 是无差异的点,$e_L$ 表示贷款人对加入平台 1 和平台 2 是无差异的点。考虑到用户的直接网络外部性、间接网络外部性和交叉网络外部性,双边用户的效用函数为:

$$\mu_B^i = \alpha_B n_B^i + \beta_B n_L^i + \gamma_B(n_B^i + n_L^i) - F_B^i - P_B^i(t_B/2) \quad [I=1,2] \quad (3.12)$$

$$\mu_L^i = \alpha_L n_L^i + \beta_L n_B^i + \gamma_L(n_B^i + n_L^i) - F_L^i - P_L^i(t_L/2) \quad [I=1,2] \quad (3.13)$$

式(3.12)中,$\mu_B^i$ 为借款人在平台 $i$ 上注册交易所获得的效用;$n_B^i$ 为借款人在平台 $i$ 上的人数;$n_L^i$ 为贷款人在平台 $i$ 上的人数;$t_B^i$ 为借款人在平台 $i$ 上的交易金额。式(3.13)中,$\mu_L^i$ 为贷款人在平台 $i$ 上注册交易所获得的效用;$t_L^i$ 为贷款人在平台 $i$ 上的交易金额。

假设 $d_B$ 为两个平台向借款人所提供金融产品和服务的差异性程度系数,$d_L$ 为两个平台向贷款人所提供金融产品和服务的差异性程度系数,且 $d_B > 0, d_L > 0$。根据 Hotelling 模型,由于借款人在 $e_B$ 处对加入平台 1 和平台 2 是无差异的,贷款人在 $e_L$ 处对加入平台 1 和平台 2 是无差异的,此时市场处

于均衡状态,均衡条件为:

$$\mu_B^1 - d_B e_B = \mu_B^2 - d_B(1 - e_B) \tag{3.14}$$

$$\mu_L^1 - d_L e_L = \mu_L^2 - d_L(1 - e_L) \tag{3.15}$$

式(3.13)和式(3.14)中,由于 $e_B = n_B^1, e_L = n_L^1$,可以得出双边用户的均衡结果为:

$$n_B^1 = \frac{1}{2} + \frac{\mu_B^1 - \mu_B^2}{2d_B} \tag{3.16}$$

$$n_L^1 = \frac{1}{2} + \frac{\mu_L^1 - \mu_L^2}{2d_L} \tag{3.17}$$

$$n_B^2 = \frac{1}{2} + \frac{\mu_B^2 - \mu_B^1}{2d_B} \tag{3.18}$$

$$n_L^2 = \frac{1}{2} + \frac{\mu_L^2 - \mu_L^1}{2d_L} \tag{3.19}$$

两个互联网金融平台的利润函数分别为:

$$\pi_1 = n_B^1(F_B^1 - C_B) + \lambda n_B^1[P_B^1(t_B/2) - c_B(t_B/2)] +$$
$$n_L^1(F_L^1 - C_L) + \lambda n_L^1[P_L^1(t_L/2) - c_L(t_L/2)] \tag{3.20}$$

$$\pi_2 = n_B^2(F_B^2 - C_B) + \lambda n_B^2[P_B^2(t_B/2) - c_B(t_B/2)] +$$
$$n_L^2(F_L^2 - C_L) + \lambda n_L^2[P_L^2(t_L/2) - c_L(t_L/2)] \tag{3.21}$$

将双边用户的均衡结果式(3.16)~(3.19)代入式(3.20)和式(3.21),并根据利润最大化一阶条件,$\partial \pi_i / \partial \mu_B^i = 0, \partial \pi_i / \partial \mu_L^i = 0$,可以得到互联网金融平台在竞争条件下的定价结构,假设 $P_B^1 = P_B^2 = P_B, P_L^1 = P_L^2 = P_L$,则:

$$F_B^1 = F_B^2 = C_B - e_B(\alpha_B + \gamma_B - 2d_B) - e_L(\beta_L + \gamma_L) - \lambda[P_B(t_B/2) - c_B(t_B/2)] \tag{3.22}$$

$$F_L^1 = F_L^2 = C_L - e_L(\alpha_L + \gamma_L - 2d_L) - e_B(\beta_B + \gamma_B) - \lambda[P_L(t_L/2) - c_L(t_L/2)] \tag{3.23}$$

从式(3.22)和式(3.23)中可以看出,互联网金融平台在竞争条件下,二者的定价策略和价格结构在均衡时是一致的。具体来说,竞争的互联网金融平台对双边用户的定价取决于网络外部性的强弱。首先,两个平台对一边用户的定价与直接网络外部性成负相关,即 $F_B^1$ 和 $F_B^2$ 与 $\alpha_B$ 都呈反方向变动,$F_L^1$ 和 $F_L^2$ 与 $\alpha_L$ 都呈反方向变动。其次,两个平台对一边用户的定价与该边用户的间接网络外部性成负相关,即 $F_B^1$ 和 $F_B^2$ 与 $\gamma_B$ 都呈反方向变动,$F_L^1$ 和 $F_L^2$ 与 $\gamma_L$ 都呈反方向变动。最后,两个平台对一边用户的定价与该边用户对于另一边用户的交叉网络外部性成负相关,即 $F_B$ 与 $\beta_L$ 呈反方向变动,$F_L$ 与 $\beta_B$ 呈反方向变动。

在式(3.22)和式(3.23)中,两个平台对双边用户的定价还与平台匹配成功率成负相关,即 $F_B^1$ 和 $F_L^1$、$F_B^2$ 和 $F_L^2$ 与 $\lambda$ 都呈反方向变动。而且两个平台对双边用户的定价还与双边用户的交易金额成负相关,即 $F_B^1$ 和 $F_B^2$ 与 $t_B$ 都呈反方向变动,$F_L^1$ 和 $F_L^2$ 与 $t_L$ 都呈反方向变动。

在式(3.22)和式(3.23)中,$d_B$ 和 $d_L$ 分别代表了两个平台对借款人和贷款人的差异化程度,即 $F_B^1$ 和 $F_B^2$ 与 $d_B$ 都呈正方向变动,$F_L^1$ 和 $F_L^2$ 与 $d_L$ 都呈正方向变动。随着两个互联网金融平台所提供的金融产品和服务对双边用户差异化程度的提高,平台所获得的用户规模会扩大,利润就会提高,因此平台倾向于对双边用户提高价格。互联网金融平台在竞争中实施差异化战略是平台继续生存下去的关键,各个互联网金融平台为了吸引贷款人与借款人在各自的平台上进行交易而开发了多种产品和服务。产品越丰富,服务质量越高,就越能满足贷款人和借款人的个性化需求,也就越能吸引用户。

# 第四章　互联网金融与货币理论

## 第一节　互联网金融对凯恩斯货币需求理论的冲击

长期以来,对货币需求的研究始终在主流经济学界占据着重要一席。从卡尔·海因里希·马克思到约翰·梅纳德·凯恩斯,以及后来的米尔顿·弗里德曼等经济学家都对货币需求理论的形成与发展做出了积极贡献,特别是凯恩斯货币需求理论对 20 世纪 40 年代后许多国家货币政策的制定与实施发挥了重要的指导作用。然而,互联网金融的异军突起,使得凯恩斯货币需求理论的局限性日益凸显,其对现实社会中货币需求的解释力不断下降。

互联网金融以更低的交易成本、更便捷的交易程序、更多样化的金融产品和服务,以及更快的普及速度猛烈冲击了传统金融的基本格局,也对长期在货币政策领域占重要地位的凯恩斯货币需求理论提出了挑战。本章以微观经济主体的持币动机为切入点,主要从电子货币①和电子支付层面,分析凯恩斯货币需求理论的局限性,目的是为了探索具有互联网金融时代特征的货币需求理论,并为中央银行货币政策的实施发挥一定指导作用。

---

① 巴塞尔委员会(BIS)于 1998 年对电子货币做出解释:"电子货币是指在零售支付机制中,通过销售终端、不同的电子设备之间以及在公开网络(如 Internet)上执行支付的储值和预付支付机制。[162]"根据电子货币的载体和支付特征,电子货币可分为借记卡型电子货币、贷记卡型电子货币、预付卡型电子货币、类预付卡型电子货币和虚拟货币(印文、裴平,2016)。[163]

### 一、凯恩斯货币需求理论

货币伴随着人类交易方式的进步而出现,是在交易与支付,以及债务偿还中被普遍接受的特殊商品。货币需求是指人们对货币的需要,针对货币需求的理论研究在凯恩斯之前就已经得到一定的发展,如马克思货币需求公式、费雪方程式以及剑桥方程式等。1936 年,在借鉴已有货币需求理论的基础上,凯恩斯将人们对货币需求的动机划分为交易动机、预防动机和投机动机,进而提出基于持币动机的货币需求理论。随后,一些专家学者又对该理论进行了修正和拓展,逐渐形成了影响深远的凯恩斯货币需求理论学派。

卡尔·马克思(Karl Marx,1867)在《资本论》中提出了基于劳动价值论的货币需求理论。他认为,货币需求产生于商品流通领域,由在一定时空范围内的商品流通中人们对货币的需求所决定,并且建立了货币总需求公式 $M^d = PT/V$,其中,$M^d$ 为货币总需求;$P$ 为一般价格水平;$T$ 为商品总量;$V$ 为货币流通速度。在马克思看来,货币总需求 $M^d$ 主要取决于价格水平、流通中的商品数量以及货币流通速度。[117]

菲利普·费雪(Philip Fisher,1911)在《货币购买力》中提出费雪方程式 $MV = PT$ 或 $M = PT/V$,其中,$M$ 为货币总量;$P$ 为一般价格水平;$T$ 为商品交易总量;$V$ 为货币流通速度。从形式上来看,费雪方程式与马克思货币总需求公式基本一致,但费雪认为货币仅用作交易媒介。另外,在费雪看来,货币流通速度是由影响人们交易方式的制度所决定,而制度在短期内是稳定的,故货币流通速度可视为一个常量。[164]

阿瑟·庇古(Arthur Pigou,1917)提出了剑桥方程式,他认为货币除了具有交易媒介职能外,也具有财富贮藏职能。人们持有货币的动机可分为交易动机和财富贮藏动机,并由此得到货币总需求公式 $M^d = k_1 PY + k_2 PY$,其中,$P$ 为一般价格水平;$Y$ 为实际产出;$PY$ 为经济体的名义总收入;$k_1$ 为当名义总收入为 $PY$ 时,人们为进行交易而愿意持有的货币与名义总收入 $PY$ 之比;$k_2$ 为当名义总收入为 $PY$ 时,人们为贮藏财富而愿意持有的货币与名义总收入 $PY$ 之比。通过合并货币总需求公式中的同类项可得 $M^d = k_1 PY + k_2 PY =$

$(k_1+k_2)PY=kPY$,其中 $k=(k_1+k_2)$,即 $M^d=kPY$。可以认为,$k$ 实际上就是费雪方程式中货币流通速度 $V$ 的倒数,而且 $k$ 在短期内也是稳定的。[165]

费雪方程式和剑桥方程式无论在形式上还是在结论上都有一些共同点,学界通常将它们统称为古典货币数量论。约翰·凯恩斯(John Keynes,1936)在古典货币数量论的基础上对人们的货币需求进行深入研究,并在《就业、利息与货币通论》中提出,人们之所以持有货币,主要是出于交易动机、预防动机和投机动机。交易动机是指为完成日常交易而持有货币,预防动机是指为预防意外支出而持有货币,二者都只与国民收入 $y^s$ 有关,且与 $y^s$ 呈同方向变动,可表示为 $L_1(y^s)$。将投机动机引入货币需求理论分析框架是凯恩斯对货币理论发展的最大贡献。投机动机是指人们相信自己对未来行情的了解比其他人更精确,并企图从中牟利而持有货币。基于投机动机的货币需求与短期债券市场利率 $r$ 成反向变动关系,可表示为 $L_2(r)$。因此,凯恩斯提出的货币总需求公式为 $M^d=L_1(y^s)+L_2(r)$,其中货币总需求 $M^d$ 与国民收入 $y^s$ 呈同方向变动,与短期债券市场利率 $r$ 呈反方向变动。根据货币流通速度计算公式 $V=Py^s/M^d$,其中 $M^d=L_1(y^s)+L(r)$,$P$ 为一般价格水平,故货币流通速度 $V$ 在短期内不再是一个常量,而是随着短期债券市场利率 $r$ 的波动而变化。[166]

在货币需求的交易动机方面,威廉·鲍莫尔(William Baumol,1952)和詹姆斯·托宾(James Tobin,1956)深化了凯恩斯货币需求理论,提出鲍莫尔—托宾模型。他们用"最优存货控制理论"将短期债券市场利率 $r$ 引入微观经济主体的交易性货币需求中,并得到了著名的"平方根定律",即 $m_1=\sqrt{yB/2r}$,其中,$m_1$ 为交易性货币需求;$y$ 为给定时间内的个人收入;$B$ 为短期债券变现时所必须支付的手续费;$r$ 为短期债券市场利率。从"平方根定律"可以发现,交易性货币需求 $m_1$ 对个人收入 $y$ 的弹性为 $1/2$,对短期债券市场利率 $r$ 的弹性为 $-1/2$。[167][168] 大卫·罗默(David Romer,1986)认为,将短期债券兑换为货币所需时间的内生性会对鲍莫尔—托宾模型的结论造成很大影响,只要通货膨胀率相对低且人们经常去银行,通货膨胀对交易性货币需求的长期影响是轻微的。[169]罗伯特·克劳尔(Robert Clower，1967)指出，除了预期的收入外，微观经济主体在交易时还应受到近期持有货币数量的约束，即"克洛尔约束"(Clower Constraint)。[170]罗伯特·卢卡斯(Robert Lucas，1980)在综合考察鲍莫尔—托宾模型和"克洛尔约束"后，认为交易性货币需求 $m_1$ 只取决于个人收入 $y$，而与短期债券市场利率 $r$ 无关。[171]

在货币需求的预防动机方面，爱德华·惠伦(Edward Whalen，1966)继凯恩斯之后，较早建立了预防性货币需求模型，即惠伦模型。他认为，预防性货币需求主要产生于人们对未来收入和支出的不确定性，其影响因素包括非流动性成本、持有现金余额的机会成本以及支出和收入平均值及其变化。惠伦建立的预防性货币需求模型为 $m_2 = \sqrt[3]{2S\sigma^2/r}$，即"立方根定律"，其中，$m_2$ 为预防性货币需求；$S$ 为每次因现金不足而产生的损失；$\sigma$ 为个人净支出①分布的标准差；$r$ 为短期债券市场利率。根据"立方根定律"，预防性货币需求 $m_2$ 与每次因现金不足而产生的损失 $S$ 成正比，也与支出和收入的平均值成正比②，而与短期债券市场利率 $r$ 成反比，且弹性为 $-1/3$。[172]斯普伦克尔和米勒(Sprenkle & Miller，1980)分无限额透支、限额透支与无透支三种情况，对惠伦模型做了改进。他们认为，企业、家庭的未来支出和收入存在不确定性，为应对意外支出，无限额透支更适用于企业，而无透支则更适用于家庭。[173]古德哈特等人(Goodhart et al.，1987)提出了跨时调整成本函数，认为预防性货币需求 $m_2$ 取决于个人收入 $y$ 和短期债券市场利率 $r$ 的当期值、未来值，以及货币余额的滞后值。[174]

在货币需求的投机动机方面，詹姆斯·托宾(James Tobin，1958)支持财富仅由货币和短期债券构成的假设，并且提出了货币需求的资产组合理论。他认为，货币是无风险的"安全资产"，微观经济主体持有货币和短期债券的最

---

① 个人净支出是指个人在给定时间内，每一次支出和收入的差额。

② 根据"立方根定律"，当净支出服从正态分布时，预防性货币需求 $m_2'$ 与支出和收入的平均值成同方向变化。

优比例不仅由短期债券市场利率 $r$ 决定,而且取决于微观经济主体对风险与收益的效用评价,即通过效用最大化得到持有货币和短期债券的最优组合,进而决定投机性货币需求。[175]安多等(Ando et al.,1975)拓展了货币需求的资产组合理论,他们引入定期存款,构建了一个由货币、短期债券和定期存款组成的理论分析框架。[176]斯坦利·费舍尔(Stanley Fischer,1981)则将通货膨胀因素引入货币需求的资产组合理论,此时货币不再是无风险的"安全资产"。[177]

由以上文献所支撑的凯恩斯货币需求理论体系有三大特征:① 货币的不同职能是人们产生货币需求不同动机的前提,基于不同动机对货币需求的研究铺就了凯恩斯货币需求理论的基石。② 收入和短期债券市场利率在凯恩斯货币需求理论的历史演进中始终是最重要的两个变量,且货币总需求与国民收入呈同方向变动,与短期债券市场利率呈反方向变动。③ 人们交易方式的制度安排、短期债券市场利率以及收入水平变化会改变货币流通速度,而且货币流通速度的稳定性会对微观经济主体的货币需求产生重要影响。时过境迁,形成于非互联网金融时代的凯恩斯货币需求理论受到来自理论与实践两方面的挑战。本书认为,在互联网金融时代,凯恩斯货币需求理论已不能清晰地解释现实社会中的货币需求现象,中央银行也不能不加修正地用凯恩斯货币需求理论指导货币政策的制定与实施。基于这样的认识,本书采用规范经济学的分析方法,结合互联网金融时代电子支付和电子货币的重要特征,重新审视凯恩斯货币需求理论。

### 二、互联网金融对货币需求交易动机的影响

交易性货币需求是古典货币数量论中的重要内容。1936 年,凯恩斯拓展和深化了对交易性货币需求的研究,后来的鲍莫尔、托宾等人又对凯恩斯的研究做了进一步完善。为排除旁枝末节,深入分析互联网金融时代的交易性货币需求,本书结合鲍莫尔—托宾模型与互联网金融时代的经济和金融实践,提出以下四个假设前提:

① 个人收入表现为两种形式,一是货币,分为现金和电子货币,对现金不支付利息,对电子货币至少支付活期存款利息①,收益率为 $r_1$;二是短期金融产品(如短期债券等),其市场利率为 $r$,且 $r > r_1$。

② 在给定时间 $t$ 内,$t \in [0,1]$,$t = 0$ 时个人收入为 $y$,可以在货币与短期金融产品之间进行自由分配,其中货币可以直接用于支出,而短期金融产品则须在兑换为货币后才能进行支出,且个人支出和收入的时间安排或数量是确定的。

③ 在给定时间 $t$ 内,个人会均匀地将其收入以货币形式用于支出,并持有这一支出所需的货币(包括现金和电子货币)。

④ 在给定时间 $t$ 内,个人会均匀地将其拥有的短期金融产品兑换为 $w$ 元的货币,其中现金占比为 $\alpha$,电子货币占比为 $1 - \alpha$。每次兑换都有一定的兑换成本,包括兑换为现金的固定成本 $B$ 和兑换为每一元现金的可变成本 $B_1$,以及兑换为电子货币的固定成本 $B^e$ 和兑换为每一元电子货币的可变成本 $B_1^e$,且 $B > B^e$,$B_1 > B_1^e$。因此,将短期金融产品兑换为 $w$ 元货币的总成本为 $(B + \alpha w B_1) + [B^e + (1-\alpha)w B_1^e]$。

在 $t = 0$ 时,理性的个人为获得最大收益会将收入 $y$ 全部以短期金融产品的形式持有,并在给定时间 $t$ 内均匀地将其兑换为货币以满足支出的需要。因此,在给定时间 $t$ 内,个人的平均收入为 $\int_0^1 y(1-t)\mathrm{d}t = y/2$。由于个人分批将部分短期金融产品兑换为 $w$ 元的货币,并均匀地用于支出,那么个人在给定时间 $t$ 内的平均支出额为 $q = w/2$,且兑换次数为 $n = y/w = y/2q$。在将短期金融产品兑换为货币并用于支出的过程中会产生两种成本,一是将短期金融产品兑换为货币时的兑换成本 $c_1$,可用公式表示为 $c_1 = n\{(B + \alpha w B_1) + [B^e + (1-\alpha)w B_1^e]\}$;二是持有货币的机会成本 $c_2$,可用公式表示为 $c_2 = \alpha r q +$

① 在互联网金融时代,以余额宝为代表的电子货币,与天弘基金对接,不仅能直接用于交易,且能够获得高于活期存款的收益。

$(1-\alpha)(r-r_1)q=[\alpha r+(1-\alpha)(r-r_1)]q$。将 $w=2q$ 代入 $c_1$ 和 $c_2$ 式，可得个人持有交易性货币的总成本 $C$ 为：

$$C=c_1+c_2=n\{(B+\alpha 2qB_1)+[B^e+(1-\alpha)2qB_1^e]\}+q[\alpha r+(1-\alpha)(r-r_1)]$$

$$(4.1)$$

出于经济人理性，个人会追求持有交易性货币的总成本 $C$ 最小化，故将 $n=y/w=y/2q$ 代入式（4.1）后，求 $C$ 对 $q$ 的偏导数，并令其等于0，可得：

$$\frac{\partial C}{\partial q}=[\alpha r+(1-\alpha)(r-r_1)]-\frac{y}{2q^2}(B+B^e)=0 \qquad (4.2)$$

通过数学推导可得：

$$q^*=\sqrt{\frac{y(B+B^e)}{2[r-(1-\alpha)r_1]}} \qquad (4.3)$$

式（4.3）中，$q^*$ 是使个人在给定时间 $t$ 内成本最小的平均支出额。由于最优的个人交易性货币需求是在个人持有交易性货币的总成本 $C$ 最小化的前提下，为满足个人支出所需要持有的货币，故式（4.3）中的 $q^*$ 就等于互联网金融时代的交易性货币需求 $m_1'$，即：

$$m_1'=q^*=\sqrt{\frac{y(B+B^e)}{2[r-(1-\alpha)r_1]}} \qquad (4.4)$$

式（4.4）是互联网金融时代的"新平方根公式"，表明互联网金融时代的交易性货币需求 $m_1'$ 与在给定时间 $t$ 内的个人收入 $y$ 成正比，弹性 $E_{m_1'y}=1/2$；与将短期金融产品兑换为货币过程中的固定成本 $(B+B^e)$ 成正比，弹性 $E_{m_1'(B+B^e)}=1/2$；与短期金融产品市场利率 $r$ 成反比，弹性 $E_{m_1'r}=-r/2[r-(1-\alpha)r_1]$；与电子货币收益率 $r_1$ 成正比，弹性 $E_{m_1'r_1}=(1-\alpha)r_1/2[r-(1-\alpha)r_1]$。

与非互联网金融时代的交易性货币需求 $m_1=\sqrt{yB/2r}$（鲍莫尔—托宾模型）相比，互联网金融时代的"新平方根公式" $m_1'=\sqrt{y(B+B^e)/2[r-(1-\alpha)r_1]}$ 并没有改变鲍莫尔—托宾模型的基本结论，即交易性货币需求 $m_1'$ 仍然与给定时间 $t$ 内的个人收入 $y$ 成正比，且弹性为 1/2。但是，由于电子货币较高的收益率及其对现金的迅速替代，现金、活期存款和短期金融产品相互间的界限越发模糊,这使得互联网金融时代的交易性货币需求 $m'_1$ 对短期金融产品市场利率 $r$ 的变动更加敏感,即弹性更大。另外,将电子货币变量引入"新平方根公式",这也是鲍莫尔—托宾模型所不可能做到的。需要特别指出的是,互联网金融时代的交易性货币需求 $m'_1$ 与电子货币收益率 $r_1$ 成正比,即随着电子货币收益率 $r_1$ 的提高,人们会有更强烈的交易性货币需求。

### 三、互联网金融对货币需求预防动机的影响

在凯恩斯所做研究的基础上,较有代表性的预防性货币需求模型由惠伦(1966)所建立,即惠伦模型。为排除旁枝末节,深入分析互联网金融时代的预防性货币需求,本部分结合惠伦模型与互联网金融时代的经济和金融实践,提出以下五个假设前提:

① 个人收入表现为两种形式,一是货币,包括现金和电子货币,对现金不支付利息,对电子货币至少支付活期存款利息,收益率为 $r_1$;二是短期金融产品(如短期债券等),其市场利率为 $r$,且 $r>r_1$。

② 在给定时间 $t$ 内,$t\in[0,1]$,$t=0$ 时个人收入为 $y$,可以在货币与短期金融产品之间进行自由分配,其中货币可以直接用于支出,而短期金融产品则须在兑换为货币后才能进行支出,且个人支出和收入的时间安排或数量是不确定的。

③ 个人在给定时间 $t$ 内,每一次支出与收入的差额,即个人净支出 $N$ 服从正态分布,$N\sim N(0,\sigma^2)$,即 $N$ 的均值为 0,标准差为 $\sigma$。

④ 个人是风险厌恶型取向。

⑤ 在给定时间 $t$ 内,个人会均匀地将其拥有的短期金融产品兑换为 $w$ 元的货币,其中现金占比 $\alpha$,电子货币占比 $1-\alpha$;每次兑换都有一定的成本,包括兑换为现金的固定成本 $B$ 和兑换为每一元现金的可变成本 $B_1$,以及兑换为电子货币的固定成本 $B^e$ 和兑换为每一元电子货币的可变成本 $B_1^e$,且 $B>B^e$,$B_1>B_1^e$。因此,将短期金融产品兑换为 $w$ 元货币的总成本为 $(B+\alpha wB_1)+[B^e+(1-\alpha)wB_1^e]$。

　　为使收益最大化,在 $t=0$ 时,理性的个人会将收入 $y$ 全部以短期金融产品的形式持有,并在给定时间 $t$ 内均匀地将其兑换为货币以满足支出的需要。因此,在给定时间 $t$ 内,个人的平均收入为 $\int_0^1 y(1-t)\mathrm{d}t = y/2$。由于个人分批将部分短期金融产品兑换为 $w$ 元的货币,并均匀地用于支出,那么个人在给定时间 $t$ 内的平均支出额为 $q=w/2$,且兑换次数为 $n=y/w=y/2q$。在将短期金融产品兑换为货币并用于支出的过程中会产生三种成本,即兑换成本、机会成本(持有货币而放弃的利息收入)和惩罚成本,其中前两种成本与交易性货币需求的成本类似,兑换成本 $c_1=n\{(B+\alpha wB_1)+[B^e+(1-\alpha)wB_1^e]\}$,机会成本 $c_2=[\alpha r+(1-\alpha)(r-r_1)]q$。而惩罚成本 $c_3$ 则是由于个人的支出和收入存在不确定性,为应对出乎意料的支出,个人将尚未到期的短期金融产品提前兑换为货币,由此造成的损失可用公式表示为 $c_3=Sp(N>q)$。在给定时间 $t$ 内,个人将短期金融产品兑换为货币并用于支出的总成本 $C$ 为:

$$C=c_1+c_2+c_3=n\{(B+\alpha wB_1)+[B^e+(1-\alpha)wB_1^e]\}+$$
$$[\alpha r+(1-\alpha)(r-r_1)]q+Sp(N>q) \qquad (4.5)$$

　　式(4.5)中,平均支出额 $q$ 包括交易性和预防性货币支出额;$N$ 为个人净支出;$p(N>q)$ 为个人净支出 $N$ 大于平均支出额 $q$ 的概率;$S$ 为平均支出额 $q$ 小于个人净支出 $N$ 时的损失。为计算惩罚成本,可根据切比雪夫不等式[①],构建出将 $p(N>q)$ 与 $q$ 相关联的函数。按照切比雪夫不等式的原理,个人净支出 $N$ 偏离其均值的幅度超过其标准差 $\sigma$ 的 $k$ 倍之概率为 $p(|N|>k\sigma)\leqslant 1/k^2$,即有 $p(N>k\sigma)\leqslant 1/k^2$(为保证 $p\leqslant 1$,假设 $k\geqslant 1$),由此可假定平均支出额 $q$ 为:

$$q=k\sigma \qquad (4.6)$$

　　式(4.6)中,$k$ 表示平均支出额 $q$ 对标准差 $\sigma$ 的倍数,即个人净支出 $N$ 偏离均值的程度。根据式(4.6),可得 $p(N>k\sigma)=p(N>q)\leqslant 1/k^2$。根据个人

---

　　① 切比雪夫不等式是19世纪俄国数学家切比雪夫在研究统计规律中发现的,任意一个数据集中,位于其平均数 $k$ 个标准差范围内的比例(或部分)总是至少为 $1-1/k^2$,即 $p(\mu-k\sigma)<X<(\mu+k\sigma)\geqslant 1-1/k^2$,其中,$\mu$ 为 $X$ 的均值;$\sigma$ 为 $X$ 的标准差。

是风险厌恶型取向的假设前提,个人净支出 $N$ 大于平均支出额 $q$ 的概率是 $p(N>q)$ 的最大值,即 $p(N>q)=1/k^2$。再根据式(4.6)得到的 $k=q/\sigma$,在给定时间 $t$ 内,可使个人将短期金融产品兑换为货币并用于支出的总成本 $C$ 转化为:

$$C=n\{(B+\alpha wB_1)+[B^e+(1-\alpha)wB_1^e]\}+[\alpha r+(1-\alpha)(r-r_1)]q+S\frac{\sigma^2}{q^2}$$

$$(4.7)$$

为使式(4.7)中的总成本 $C$ 最小化,在将 $n=y/2q$,$w=2q$ 代入式(4.7)后,求 $C$ 对 $q$ 的偏导数,且令其等于 $0$,可得:

$$\frac{\partial C}{\partial q}=[\alpha r+(1-\alpha)(r-r_1)]-\frac{y}{2q^2}(B+B^e)-\frac{2S\sigma^2}{q^3}=0 \qquad (4.8)$$

由于式(4.8)是一个关于 $q$ 的三次函数,为便于求解,假设个人将短期金融产品兑换为货币的手续费 $(B+B^e)=0$[①],式(4.8)因此可转化为:

$$\frac{\partial C}{\partial q}=\alpha r+(1-\alpha)(r-r_1)-\frac{2S\sigma^2}{q^3}=0 \qquad (4.9)$$

通过数学推导可得:

$$q^*=\sqrt[3]{\frac{2S\sigma^2}{r-(1-\alpha)r_1}} \qquad (4.10)$$

由于假设 $(B+B^e)=0$,所以就排除了交易性货币需求因素。因此,在式(4.10)中,在给定时间 $t$ 内,以货币形式用于支出的总成本 $C$ 最小化的平均支出额 $q^*$ 仅取决于预防性货币需求因素,即:

$$m_2'=q^*=\sqrt[3]{\frac{2S\sigma^2}{r-(1-\alpha)r_1}} \qquad (4.11)$$

式(4.11)是互联网金融时代的"新立方根公式",表明预防性货币需求 $m_2'$ 与损失 $S$ 成正比,弹性 $E_{m_2'S}=1/3$;与支出和收入的平均值成正比;与短期金融产品市场利率 $r$ 成反比,弹性 $E_{m_2'r}=-r/3[r-(1-\alpha)r_1]$;与电子货币收益率 $r_1$ 成正比,弹性 $E_{m_2'r_1}=(1-\alpha)r_1/3[r-(1-\alpha)r_1]$。

---

① 这里借鉴惠伦模型中所采取的方法。

对比互联网金融时代的预防性货币需求 $m_2' = \sqrt[3]{2S\sigma^2/[r-(1-\alpha)r_1]}$ 和非互联网金融时代的预防性货币需求 $m_2 = \sqrt[3]{2S\sigma^2/r}$（惠伦模型），可以发现，在引入电子货币变量后，预防性货币需求 $m_2'$ 对短期金融产品市场利率 $r$ 的弹性增加了，表示预防性货币需求 $m_2'$ 对短期金融产品市场利率 $r$ 的变动更加敏感。另外，"新立方根公式"与惠伦模型的最大不同在于，电子货币已成为预防性货币需求中不可缺少的一部分，此时预防性货币需求 $m_2'$ 与电子货币收益率 $r_1$ 成正比，即随着电子货币收益率 $r_1$ 的提高，基于预防动机，人们也会持有更多的货币。

### 四、互联网金融对货币需求投机动机的影响

凯恩斯对货币需求理论最大的贡献在于对投机性货币需求所做的研究。凯恩斯假定人们持有货币和短期债券两种资产，并基于自身对短期债券市场的利率和价格变化之预期来决定对短期债券的买卖。例如，若当前短期债券市场利率很低，那么人们会预期短期债券市场利率在未来可能提高，因此短期债券价格在未来将会下跌，人们就会倾向于更多地持有货币；若当前短期债券市场利率很高，那么人们会预期短期债券市场利率在未来可能降低，短期债券价格因此在未来将会上升，人们就倾向于将所持有的货币兑换为短期债券，以在未来获取更大收益[①]。投机性货币需求与短期债券市场利率成反比，可表示为：

$$m_3 = f(r) \qquad\qquad (4.12)$$

式(4.12)中，$m_3$ 为非互联网金融时代的投机性货币需求；$r$ 为短期债券

---

① 假设息票债券每年分次支付利息 $C$，到期再偿还债券本金，则债券的价格 $P = \sum_{t=1}^{T}\left[\dfrac{C}{(1+R)^t} + \dfrac{F}{(1+R)^T}\right]$，其中，$R$ 为到期收益率；$T$ 为待偿期；$F$ 为债券面值。根据上述计算公式，债券价格 $P$ 和到期收益率 $R$ 成反比，而人们在购买债券时必然会追求和当前市场利率 $r$ 相等甚至更高的到期收益利率 $R$。故市场利率 $r$ 越高，到期收益率 $R$ 就越高，而债券价格 $P$ 会越低；市场利率 $r$ 越低，到期收益率 $R$ 就越低，而债券价格 $P$ 会越高，即市场利率 $r$ 与债券价格 $P$ 成反比。

市场利率；$f$ 是一个减函数，即短期债券市场利率 $r$ 越高，投机性货币需求越低，人们会倾向于将持有的货币兑换为短期债券。

如前所述，电子货币、电子支付以及短期金融产品市场利率都会影响人们的投机性货币需求，由此可得：

$$m_3' = f'(r, r_1) \tag{4.13}$$

式(4.13)中，$m_3'$ 为互联网金融时代的投机性货币需求；$r$ 为短期金融产品（如短期债券等）市场利率；$r_1$ 为电子货币收益率；$f'(r, r_1)$ 为互联网金融时代的投机性货币需求函数。可以认为，互联网金融时代的投机性货币需求 $m_3'$ 是短期金融产品市场利率 $r$ 的减函数，是电子货币收益率 $r_1$ 的增函数。

在互联网金融时代，互联网、大数据和云计算等技术的进步与应用，能够开发出更多符合人们不同风险偏好的短期金融产品，增加人们的投资机会；能够拓展人们获取信息的渠道，减少由信息不对称造成的逆向选择和道德风险；能够降低资金供需双方的搜寻成本和交易成本，增加交易机会；能够在很大程度上克服时空限制，便于在任何时间、任何地点进行金融活动；能够缩小不同短期金融产品之间的流动性差异，加快短期金融产品的同质化。因此在式(4.13)中，投机性货币需求 $m_3'$ 不仅对短期金融产品市场利率 $r$ 具有更大的弹性，而且在短期金融产品市场利率相同的条件下，身处互联网金融时代的个人会更多地持有投机性货币，如图 4-1 所示。

图 4-1 中，在以货币量 $L$ 为横轴和短期金融产品市场利率 $r$ 为纵轴的坐标系内，曲线 $m_3$ 为非互联网金融时代的投机性货币需求曲线，是一条向右下方倾斜的曲线。当短期金融产品市场利率 $r$ 降低到 $r'$ 时，该曲线成为水平线，此时人们手中无论持有多少货币都宁愿将其储存起来，也不愿意持有短期债券，即出现所谓的"流动性陷阱"，表示宽松的货币政策不再有效。

图 4-1 中，曲线 $m_3'(r_1)$ 为互联网金融时代的投机性货币需求曲线，也是一条向右下方倾斜的曲线，但与曲线 $m_3$ 相比，有三点不同，一是曲线 $m_3'(r_1)$ 更加平坦，因为互联网金融时代的投机性货币需求对于短期金融产品市场利率 $r$ 更加敏感，弹性更大。二是在短期金融产品市场利率 $r$ 相同的条件下，曲

线 $m_3'(r_1)$ 对应的横坐标值更大（$b>a$），因为互联网金融时代人们的投资机会和渠道变得更多，人们倾向于持有较多的货币进行投机活动。三是曲线 $m_3'(r_1)$ 与电子货币收益率 $r_1$ 呈同方向变动，当电子货币收益率 $r_1$ 提高到 $r_1''$ 时，曲线 $m_3'(r_1)$ 向右平移至曲线 $m_3'(r_1'')$ 处，投机性货币需求 $m_3'$ 增加；当电子货币收益率 $r_1$ 降低到 $r_1'$ 时，曲线 $m_3'(r_1)$ 向左平移至曲线 $m_3'(r_1')$ 处，投机性货币需求 $m_3'$ 减少。

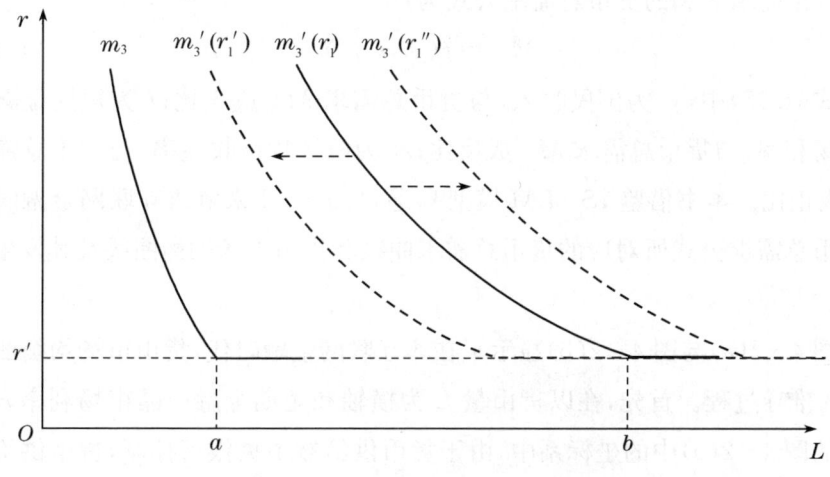

**图 4-1　不同时代的投机性货币需求**

### 五、互联网金融对货币总需求曲线和 *LM* 曲线的影响

综合人们持有货币的交易动机、预防动机和投机动机，凯恩斯认为，交易动机与预防动机使货币总需求 $M^d$ 正向取决于国民收入 $y^s$；而投机动机则使货币总需求 $M^d$ 反向取决于短期债券市场利率 $r$。因此，货币总需求公式为：

$$M^d = L_1(y^s) + L_2(r) \qquad (4.14)$$

式（4.14）中，$L_1(y^s)$ 为基于交易动机和预防动机的货币需求，与国民收入 $y^s$ 成正比；$L_2(r)$ 为基于投机动机的货币需求，与短期债券市场利率 $r$ 成反比。

互联网金融时代的货币需求的交易动机、预防动机和投机动机相互间的区分或界限十分模糊,如存放在余额宝内的货币既具有交易功能和预防功能,又具有投机功能;由于电子货币对现金的替代及其导致的短期金融产品(如短期债券等)同质化程度增加,基于交易动机、预防动机和投机动机的货币需求对短期金融产品市场利率 $r$ 的弹性会更大;相对于其他因素,电子货币收益率 $r_1$ 对货币需求的影响也在不断增强。因此,本书引入电子货币变量对式(4.14)进行拓展,提出互联网金融时代的货币总需求,即交易性、预防性和投机性货币需求之和的货币总需求公式为:

$$M^{d'} = f(y^s, r, r_1) \tag{4.15}$$

式(4.15)中,$y^s$ 为国民收入,与货币总需求 $M^{d'}$ 成正比;$r$ 为短期金融产品市场利率,与货币总需求 $M^{d'}$ 成反比;$r_1$ 为电子货币收益率,与货币总需求 $M^{d'}$ 成正比。本书借鉴 $IS\text{-}LM$ 模型[①],通过图4-2来解析互联网金融时代的货币总需求公式所对应的货币总需求曲线和货币市场均衡曲线及其发生的变化。

图4-2(a)与图4-2(b)显示了在非互联网金融时代,货币市场均衡曲线 $LM$ 的推导过程。首先,在以货币量 $L$ 为横轴和短期金融产品市场利率 $r$ 为纵轴的图4-2(a)中的坐标系中,由于货币供给被中央银行控制,货币供给量为外生变量,故货币供给曲线表现为垂直线 $M^s$。根据式(4.14),因为货币总需求 $M^d$ 与短期金融产品(如短期债券等)市场利率 $r$ 成反比,所以图4-2(a)中的货币总需求曲线 $M^d$ 向右下方倾斜。其次,在以国民收入 $y^s$ 为横轴和短期金融产品市场利率 $r$ 为纵轴的图4-2(b)中的坐标系中,由于货币总需求 $M^d$ 与国民收入 $y^s$ 成正比,当国民收入从 $y_1^s$ 增加到 $y_2^s$ 时,货币总需求曲线 $M^d$ 向右平移至曲线 $M_1^d$ 处,此时货币市场均衡所对应的短期金融产品市场利率将从图4-2(a)中的 $r'$ 提高到 $r''$,连接不同国民收入水平所对应的货币市场均衡利率,可得图4-2(b)中向右上方倾斜的是货币市场均衡曲线 $LM$,曲线

---

① $IS\text{-}LM$ 模型是约翰·希克斯(John Hicks, 1937)建立的,用来解释在物价水平给定前提下短期金融产品市场利率和总产出是如何决定的,其中 $LM$ 曲线解释的是货币市场均衡,$IS$ 曲线解释的是产品市场均衡。[178]

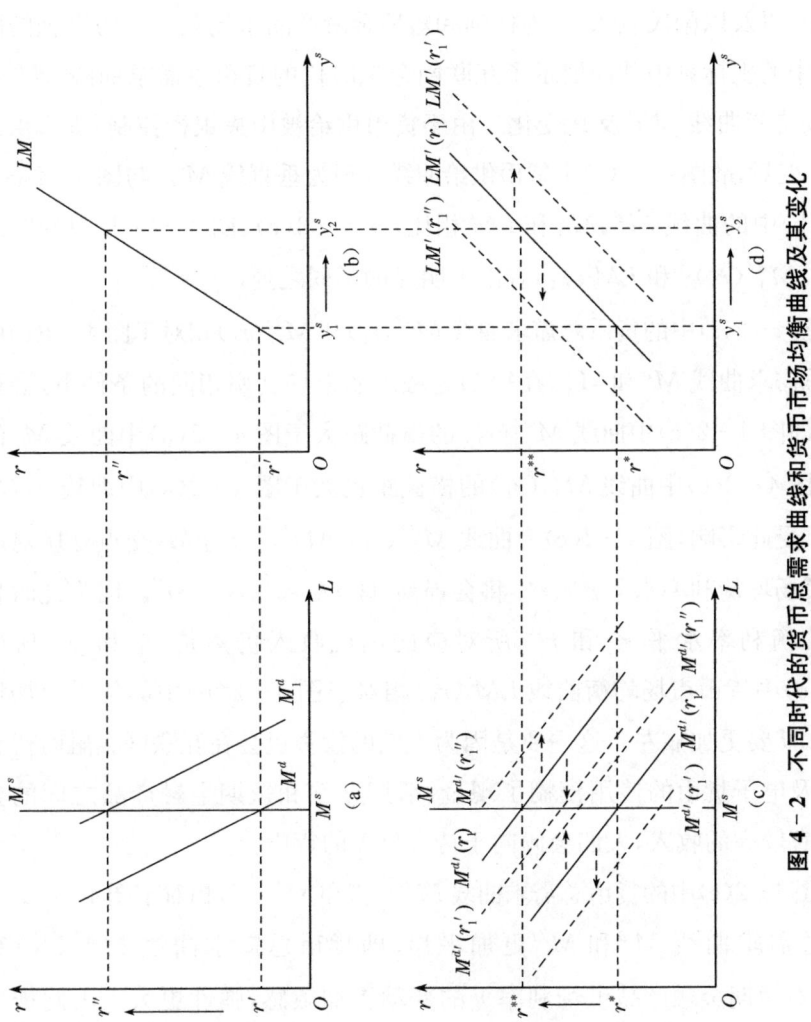

**图 4 - 2　不同时代的货币总需求曲线和货币市场均衡曲线及其变化**

$LM$ 上每一点都表示货币市场处于均衡状态的国民收入 $y^s$ 和短期金融产品市场利率 $r$ 之组合。

以货币量 $L$ 为横轴和短期金融产品市场利率 $r$ 为纵轴的图4－2(c)中的坐标系中，以及以国民收入 $y^s$ 为横轴和短期金融产品市场利率 $r$ 为纵轴的图4－2(d)中的坐标系中共同展示了互联网金融时代的货币总需求曲线 $M^{d'}$ 和货币市场均衡曲线 $LM'$ 及其变化。由于货币供给被中央银行控制，货币供给量为外生变量，故图4－2(c)中货币供给曲线表现为垂直线 $M^s$。与图4－2(a)、图4－2(b)中的曲线 $M^d$、$M^d_1$ 和 $LM$ 相比，图4－2(c)、图4－2(d)中的曲线 $M^{d'}(r_1)$、$M^{d'}_1(r_1)$[①]和 $LM'(r_1)$ 有以下明显的不同之处：

① 图4－2(c)中的货币总需求曲线 $M^{d'}(r_1)$ 和 $M^{d'}_1(r_1)$ 相对于图4－2(a)中的货币总需求曲线 $M^d$ 和 $M^d_1$，在短期金融产品市场利率相同的条件下，会更加靠右，即图4－2(c)中曲线 $M^{d'}(r_1)$ 的横截距大于图4－2(a)中曲线 $M^d$ 的横截距，图4－2(c)中曲线 $M^{d'}_1(r_1)$ 的横截距也大于图4－2(a)中曲线 $M^d_1$ 的横截距。受此影响，图4－2(c)中曲线 $M^{d'}_1(r_1)$、$M^{d'}(r_1)$ 与 $M^s$ 交点处所对应的货币市场均衡利率水平 $r^*$、$r^{**}$ 将会提高，即 $r^*>r'$，$r^{**}>r''$。因为此时货币市场均衡利率水平 $r^*$ 和 $r^{**}$ 所对应的国民收入仍然是 $y^s_1$ 和 $y^s_2$，所以图4－2(d)中货币市场均衡曲线 $LM'(r_1)$ 相对于图4－2(b)中的货币市场均衡曲线 $LM$ 要更加靠左。这主要是因为人们的投资机会在互联网金融时代会更多，以及电子货币的使用模糊了现金、活期存款和短期金融产品之间的界限，为了有较高的收入，人们会倾向于持有更多的货币。

② 图4－2(c)中的货币总需求曲线 $M^{d'}(r_1)$ 和 $M^{d'}_1(r_1)$ 相对于图4－2(a)中的货币总需求曲线 $M^d$ 和 $M^d_1$ 更加平坦，即货币总需求曲线 $M^{d'}(r_1)$ 和 $M^{d'}_1(r_1)$ 对短期金融产品市场利率 $r$ 的变动更加敏感，弹性更大。由此推导出的货币市场均衡曲线 $LM'(r_1)$ 也比图4－2(b)中的货币市场均衡曲线 $LM$

---

① 与图4－2(a)中的货币总需求曲线 $M^d$ 和曲线 $M^d_1$ 类似，图4－2(c)中的货币总需求曲线 $M^{d'}(r_1)$ 和曲线 $M^{d'}_1(r_1)$ 分别代表了在国民收入 $y^s_1$ 与 $y^s_2$ 时的货币总需求曲线。

更加平坦。货币市场均衡曲线 $LM'(r_1)$ 更加平坦具有重要的含义,即中央银行调整货币供给的宏观经济调控效果在互联网金融时代会被削弱[①]。

③ 图 4-2(c)中的货币总需求曲线 $M^{d'}(r_1)$ 和 $M_1^{d'}(r_1)$ 相对于图 4-2(a)中的货币总需求曲线 $M^d$ 和 $M_1^d$,存在明显的不确定性。根据式(4.15),货币总需求 $M^{d'}$ 与电子货币收益率 $r_1$ 成正比,图 4-2(c)中,当电子货币收益率从 $r_1$ 提高到 $r_1''$ 时,货币总需求曲线 $M^{d'}(r_1)$ 向右平移至曲线 $M^{d'}(r_1'')$ 处,曲线 $M_1^{d'}(r_1)$ 向右平移至曲线 $M_1^{d'}(r_1'')$ 处;当电子货币收益率从 $r_1$ 降低到 $r_1'$ 时,货币总需求曲线 $M^{d'}(r_1)$ 向左平移至曲线 $M^{d'}(r_1')$ 处,曲线 $M_1^{d'}(r_1)$ 向左平移至曲线 $M_1^{d'}(r_1')$ 处。此时,图 4-2(d)中货币市场均衡曲线 $LM'(r_1)$ 也发生变化,当电子货币收益率从 $r_1$ 提高到 $r_1''$ 时,货币市场均衡曲线 $LM'(r_1)$ 向左平移至曲线 $LM'(r_1'')$ 处;当电子货币收益率从 $r_1$ 降低到 $r_1'$ 时,货币市场均衡曲线 $LM'(r_1)$ 向右平移至曲线 $LM'(r_1')$ 处。电子货币的随取随用、低手续费等特点使得电子货币收益率 $r_1$ 具有不确定性,因此会造成货币总需求曲线以及货币市场均衡曲线的波动性更强,这是产生于非互联网金融时代的凯恩斯货币需求理论所没有,也不能解释的。

## 第二节　互联网金融对货币供给的影响

货币供给是指一国或地区的银行系统向经济体中投入、创造、扩张(或收缩)货币的过程,它是该国或地区的所有家庭和厂商持有的政府和银行系统以外的货币总和。中央银行通过调整货币供给和利率等货币政策对宏观经济进行调控以达到政策目标,货币政策发挥其作用主要依赖于将货币与实际经济变量联系起来的金融市场。互联网金融迅速发展,不仅满足了金融电子化发

---

① 根据 $IS-LM$ 模型,当 $LM$ 曲线更加平坦时,通过直接调整货币供给(如再贴现、存款准备金以及公开市场业务等)所造成的短期金融产品市场利率 $r$ 的变化幅度将会变小,在其他情况既定的条件下,中央银行调整货币供给对宏观经济调控的效果将会被削弱。

展的需要,拓宽了投融资渠道,使得社会上无法满足的融资需求和闲置资金得到有效匹配,解决了居民的投资难和中小企业的融资难等问题,而且还使得中国利率市场化进程得到加速推进,金融市场得到进一步规范和完善。在此基础上,互联网金融不仅对中国居民的货币需求产生巨大影响,同时也会对中国人民银行的货币供给和货币政策产生较大冲击,比如,货币发行、货币乘数、货币流通速度以及货币政策中介目标等重要政策变量。

　　货币供给作为中央银行调控宏观经济的重要手段,一直受到经济学者们的关注。劳伦斯·哈里斯(Lawrence Harris, 1981)指出,货币供给的变动可能是由外生因素所决定的,例如,金本位制下新金矿的发现,或者政府为战争提供资金而进行的借款。但同时货币供给的变动也可能由货币需求所决定,以至于货币需求的增加引起了银行部门增加其计划货币供给。此外,货币的需求和供给都受到某些同样因素的影响。例如,名义收入的增加会引起货币需求与银行体系计划供给的货币同时增加。因此,哈里斯认为决定货币供给的因素有两个,一个来自经济体系之外,是外生变量,包括新金矿的发现和政府为战争筹款而进行的借款;另一个因素来自经济体系内部的货币需求。[179]

　　由于不同国家的币材、经济体制、货币流通结构和货币供给机制等千差万别,因此各个国家对货币供给都有着不同的定义和测度方法。但在货币供给产生的过程中有一个共同点,即中央银行、公众和商业银行之间存在着非常显著的相互作用机制。

## 一、货币供给的参与者

### (一) 中央银行

　　中央银行是国家货币金融管理的权威机构,在各国金融体系中居于主导地位,拥有制定和实施货币政策以及对金融市场进行监管的权利。不仅如此,中央银行还具有以下三方面的职能。

　　1. 发行的银行

　　中央银行是发行的银行,是指中央银行拥有垄断发行货币的权利。货币的统一发行保证了一国或地区货币的有序流通,在实行金本位制的条件下,货币的发行权主要是指中央银行发行可以随时兑换为金币的银行券。在信用货币流通的当前,货币的发行权主要以国家的信用为基础。同时,货币发行权的行使会影响基础货币供给,进而影响宏观经济运行。因此,中央银行应按照经济发展的客观需要和货币流通及其管理的要求调节货币供应量以保持币值稳定,为国民经济稳定发展创造良好的金融环境,使得社会经济健康运行。

2. 银行的银行

中央银行是银行的银行,是指中央银行充当商业银行和其他金融机构的最后贷款人,该职能体现了中央银行作为金融体系核心的地位。中央银行会对商业银行和其他存款机构制定法定存款准备金率,以此来保障存款人的资金安全。不仅如此,法定存款准备金制度让中央银行能够控制商业银行及其他存款机构的信用创造能力,扩大和收缩货币供给,进而对宏观经济进行调控。另外,当商业银行及其他存款机构遭遇金融危机,或是受其他系统性风险的影响而濒临破产时,中央银行同样也有义务给予一定的帮助和支持。

3. 政府的银行

中央银行是政府的银行,是指中央银行为政府提供服务。具体来说,中央银行代理国库,国家财政收支交由中央银行代为管理;中央银行代理发行政府债券,办理债券到期还本付息。中央银行为政府融通资金,在政府财政收支出现收不抵支时,中央银行可通过直接向政府提供贷款以及在一级市场上购买政府债券等手段为政府融资,以解决政府对资金的临时需求。中央银行为国家持有和经营管理国际储备。中央银行通过调节储备资金总量,使得国内货币发行与国际贸易所需的支付相适应。同时,中央银行为政府提供经济金融情报和决策建议,向社会公众发布经济金融信息。

(二) 公众

公众的现金需求波动是货币供给波动的一个重要来源,而公众对现金持有量 $C$ 的主要替代物是存款持有量 $D$,因此二者比率 $C/D$ 的大小是中央银行调整货币供给的决定因素之一。一般来说,理想的 $C/D$ 比率既取决于个人对货币的需求偏好,而其偏好又取决于持有现金或活期存款的成本和收益,还要考虑硬币和纸币用于支付时与其他支付手段相比的一般可接受性。在金融欠发达的国家中,乡村地区几乎没有银行机构的分支,银行也不向低收入群体开放(或经济达不到开放的条件),甚至在城镇地区,现金也比支票有着更明显的优势。即使在金融发达的国家,几乎所有小额支付都可使用现金,而支票的使用却受限于某些支付,并且在用于小额支付时,使用现金比开支票方便。随着时间的推移,由于银行系统的扩张、银行业务流程的现代化、银行业务办理中广泛使用机器,以及贷记卡和借记卡被大众普遍接受,相对于持有现金,持有银行存款更被大众所偏好。

在交易中,现金使用的便捷性是人们选择持有现金的主要原因。然而,在使用大额现金的过程中却有着遭受盗窃或抢劫的风险,除了会造成货币损失之外,还会给货币携带者带来人身伤害。人们对人身伤害的恐惧往往会使他们放弃携带大量现金。因此,中央银行只有准确把握对公众现金持有量和存款持有量的比率 $C/D$ 的影响因素,才能够充分发挥货币供给对宏观经济的调控作用。

### (三)商业银行

商业银行是通过存款、贷款、汇兑和储蓄等业务,承担信用中介的金融机构,它以存款的形式将社会闲置资金集中管理,再以贷款的形式将存款重新投入货币流通中,不仅加快了企业和个人的货币流通,为社会提供流动性,还能够有效防止通货膨胀和通货紧缩的发生。因此,在货币供给过程中,商业银行是货币流通的枢纽和中心,对中央银行实施货币政策调控宏观经济有着重要影响。

具体来说,商业银行主要是通过存款的货币创造机制来影响货币供给的。例如,当公众向 A 商业银行增加 100 元的存款时,假定法定准备金率[①]为 15%,那么 A 商业银行可以将这 100 元的 85%,即将 85 元以贷款的形式重新

---

[①]　中央银行通常要求商业银行满足最低的法定存款准备金率——法定存款准备金占存款总量的比率。

投入货币流通中。同时,本书假定公众不愿意持有过多的现金,且没有其他的投资机会,那么这85元将会以存款的形式存入B商业银行,此时商业银行体系中的存款就增加了85元。以此类推,B商业银行又会将85元的85%重新投入货币流通中,即72.25元存入C商业银行,此时商业银行体系存款又增加了72.25元。在这样的路径下,商业银行体系中的存款会不断扩大,直至存款总量扩大为667元(=100÷15%),而这恰好是法定存款准备金率15%的倒数。本书仅考虑法定存款准备金率对商业银行货币创造机制的影响,商业银行一般还持有法定存款准备金之外的超额存款准备金,而超额存款准备金的增加也会减少商业银行体系最终所创造的存款总量。因此,中央银行除了能够通过调节法定存款准备金率来影响商业银行的货币创造机制,进而影响货币供给外,商业银行也能通过对超额存款准备金的调整来影响货币供给。

## 二、互联网金融对中央银行的影响

随着互联网金融的异军突起,电子货币逐渐成为人们手中持有的重要货币。电子货币的出现对原中央银行货币体系造成冲击,并且会对中央银行的货币政策以及金融监管产生直接或间接的影响。

巴塞尔委员会认为,电子货币是指在零售支付机制中,通过销售终端、不同的电子设备之间以及在公开网络(如 Internet)上执行支付的"储值"和"预付支付机制"(BIS,1998)。[162]"储值"是指保存在物理介质(硬件或卡)中可用来支付的价值,如会员卡和信用卡等。该物理介质类似于普通钱包,当其储存的价值被使用后,可以通过特定设备向其追加储存价值,因此它又被称为"电子钱包"。而"预付支付机制"是指存在于特定软件或网络中的一组可以传输并可用于支付的电子数据,通常被称为"数字现金"。电子货币作为一种货币,在使用范围上,它与通货基本一样,主要用于小额的交易。在商品交易支付中,它也一样具有交易行为的自主性、交易条件的一致性、交易方式的独立性和交易过程的可持续性等通货应具有的特性。同样,电子货币也可被分割且更易于携带。电子货币不同于传统货币的发行机制,打破了货币供给由中央银行垄断发行的格局。

## (一) 电子货币具有自我创造功能

传统的货币由中央银行发行,并经过商业银行体系的创造和放大,对经济运行有着很强的支持作用。电子货币同样能够通过商业银行体系的货币创造机制进行放大,尤其是借助信息技术和电子设备,电子货币的发行与流通可完全在虚拟空间中进行,这给了电子货币在其他金融机构或非金融机构中进行自我创造的条件。如支付宝的"花呗"产品,"花呗"会根据每个消费者的信用评级来计算信用额度,当消费者使用"花呗"进行付款时,"花呗"会在信用额度内进行预付款,消费者可以选择在下个月进行还款,或者分期还款,故"花呗"产品相当于为消费者下发了一笔消费贷款,而这就形成了电子货币新的创造机制。

## (二) 电子货币的风险较大

传统通货是以中央银行和国家信誉为担保的法币,由各国货币当局设计、管理和更换,并被强制接受和广泛使用。而电子货币是竞争性发行,会导致大量金融和非金融机构争相设计并发行具有个性特征的电子货币。由于各金融和非金融机构的资产、信誉、知名度,乃至流动性都有所差异,因此电子货币的风险也不尽相同。除了由中央银行所发行的电子货币仍然是以中央银行和国家信誉所担保,其他电子货币并没有如此强有力的担保机构,因而风险会有所提升,如预付卡型电子货币,即消费者将自己的存款支付给预付卡公司以获得等额或者超额的电子货币,当消费者在某商店充值预付型储值卡,那么该会员卡的风险由商店和消费者承担,一旦该商店由于某种原因而倒闭或跑路,那么随之消费者会损失存在会员卡中的电子货币。

## (三) 电子货币打破境域限制

由于电子货币的虚拟性,使得电子货币可以网络发行并在全球范围内流通,于是世界上那些拥有先进技术和大量资本的机构和个人(如软件公司、电信业者、中介业者等)都可以经营电子货币。如果电子货币经营机构被允许并开通国际业务,人们只要拥有顺畅的网络,就可以随时随地利用电子货币进行跨国交易。

### 三、互联网金融对公众的影响

互联网金融对公众的影响，主要表现在电子货币对公众货币需求的影响。这在前文已经有过深入的分析，此处仅做简单解释。

首先，在互联网金融时代，基于交易动机、预防动机和投机动机的货币总需求对短期金融产品市场利率更加敏感，即货币总需求对短期金融产品市场利率的弹性更大，导致中央银行调整货币供给对宏观经济调控的有效性会被削弱。其次，电子货币收益率的提高（降低），将促使交易性货币需求、预防性货币需求和投机性货币需求同时增加（减少），并且电子货币收益率的不确定性还会造成公众货币需求的不稳定。最后，在互联网金融时代，公众货币需求在交易动机、预防动机和投机动机之间的界限已变得模糊不清。

在互联网金融时代，人们手中持有的货币将大幅减少，而电子货币的数量则会相应增加，进而导致公众货币持有量与存款持有量的比率下降，这就要求中央银行按照互联网金融，特别是电子货币的特性，创造性地重构互联网金融时代的货币政策体系。

### 四、互联网金融对商业银行的影响

商业银行作为传统的金融机构，通过吸收存款和投放贷款在市场经济中发挥着重要的杠杆作用，是金融市场的中坚力量，对控制市场经济发展、汇率、资金流通、货币政策等至关重要。互联网金融的异军突起，尤其是其借助大数据、云计算和人工智能等信息技术大大推动了中国金融效率的提升、金融架构的升级，以及交易方式的改变，并且对商业银行带来较大冲击。

#### （一）商业银行的存款和贷款规模在互联网金融时代将下降

由于受到成本、技术和管理理念的限制，商业银行在经营中遵循"二八定律"，即80％的银行利润来自20％的重要客户，其余20％的利润则来自80％的普通客户。因此，各商业银行在竞争中会更多地关注那20％的重要客户，而对80％的普通客户有所忽视。然而在互联网金融时代，借助大数据、云计算和人工智能等现代信息技术，互联网金融平台以商业银行80％的普通客户为目标,低成本、高效率地为他们提供金融产品和服务,"二八定律"受到巨大冲击。根据长尾理论,在长尾市场,即80%的普通用户中存在大量个性化的潜在需求,而这些潜在需求汇聚在一起,则可形成与主流市场的市场需求相匹敌的规模。例如,2013年成立的天弘基金"余额宝",在不到一年的时间内规模迅速突破5 000亿元,这引起了金融业的关注和震撼。因此,在互联网金融时代,原本在商业银行得不到重视的"长尾用户"将大量转移到互联网金融平台上来,商业银行客户流失严重,其存贷款规模也会随之下降。

**(二)商业银行的流动性在互联网金融时代得到提高**

互联网金融的迅速发展使得电子货币被人们广泛认可和接受,而商业银行也具有发行电子货币的优势。基于商业银行的网络银行不断出现,这进一步增强了商业银行为社会提供流动性的能力。基于商业银行的网络银行是指商业银行运用互联网技术,把网上银行业务作为银行零售业务柜台的延伸,达到24小时不间断服务的目的,并节省银行经营成本的商业模式。商业银行传统的经营模式是分行及其广泛分布的营业网点,获取规模经济的途径是不断追加投资和广设网点,盈利和发展的基础是资金利差。基于商业银行的网络银行使得便利的计算机服务网络逐步取代广泛分布的营业网点,成为商业银行不断发展的必要条件。

根据美国Boozallen & Hamilton公司1996年4月公布的调查报告,网络银行经营成本仅相当于经营收入的15%～20%,而传统商业银行的经营成本占到了收入的60%;开办一个网络银行所需的成本只有100万美元,还可用电子邮件等技术提供一种全新的真正的双向交流方式,而开办一个传统银行分支机构需要150万～200万美元,外加每年的附加经营费用35万～50万美元。从这些数据不难看出,网络银行业务成本优势显著,商业银行传统的经营方式受到极大冲击,网络银行将成为商业银行未来发展的趋势。随着网络银行的不断发展壮大,商业银行为社会提供流动性的能力也会越来越强。

**(三)商业银行的存款准备金在互联网金融时代将减少**

由于电子货币的便捷性和竞争性发行的特征,很多金融机构和非金融机构开始拥有自身个性化的电子货币,而中国并没有法律规定对电子货币征收法定存款准备金或类似的准备金,法定存款准备金因此将会逐步减少。此外,商业银行在中央银行存储的法定准备金和超额准备金是无息的,具有一定的机会成本(商业银行持有准备金而牺牲的贷款利息收入与准备金存款利息收入的差额)。然而在互联网金融时代,社会融资渠道不断增加,这使得商业银行在吸收存款时面临更大的压力,存款利率和银行间同业拆借利率随之上升,利率的上升又会进一步增加商业银行持有准备金的机会成本,进而使它们减少超额准备金的数量。但在互联网金融时代,整个金融体系的融资速度和融资需求也会明显提升,商业银行为应付大规模结算支付,其所持有的准备金也会增加;并且法定存款准备金和超额存款准备金的变化会直接对商业银行的货币创造机制造成冲击,进而会作用于货币供给过程。

## 第三节　互联网金融对货币政策的影响

货币政策是指中央银行为实现其特定的经济目标而采用的各种控制和调节货币供应和信用量的方针、政策和措施的总称,包括信贷政策、利率政策和外汇政策等。一般来说,完整的货币政策体系包括货币政策最终目标、货币政策中介目标、货币政策操作目标,以及货币政策工具[①]。其中货币政策最终目标是指中央银行实施货币政策所期望得到的结果,包括充分就业、经济增长、价格稳定和国际收支平衡。货币政策中介目标和操作目标是介于货币政策最

---

① 货币政策工具指中央银行为实现最终目标而采取的措施,按照货币政策工具的调节职能和效果可分为两大类:① 一般性货币政策工具,可从总体上对货币供给量和信贷规模进行调控,包括法定存款准备金率、再贴现率和公开市场业务;② 选择性货币政策工具,是一般性货币政策工具的补充,主要针对银行业务活动等方面的调节,通过影响利率水平和资金运用方向对信贷规模进行控制,包括不动产信用控制、消费者信用控制以及证券交易信用控制。另外,按照调控对象的不同,它又可以分为:① 数量型货币政策工具,直接对宏观经济变量产生影响,包括法定存款准备金率、再贴现率、公开市场操作以及信贷政策;② 价格型货币政策工具,侧重于影响微观主体的预期,进而间接地影响宏观经济变量,包括利率、汇率等的调整。

终目标和货币政策工具之间的中间变量。货币政策中介目标是指相对于货币政策最终目标更便于调控，且能够及时反映货币政策工具调控效果的金融变量。货币政策操作目标是指当中央银行货币政策工具不能对货币政策中介目标产生明显影响时，可根据货币政策操作目标来判断货币政策工具是否准确。

如前所述，互联网金融的异军突起，降低了交易成本，提升了金融市场效率，拓宽了社会融资渠道，对金融市场的完善和发展有着重要促进作用。互联网金融不仅对人们的日常交易方式产生了巨大影响，而且在宏观层面上也冲击了国家原有的金融政策和规则。中央银行在实施货币政策调控宏观经济时，必须与时俱进，将互联网金融因素纳入货币政策制定框架。

## 一、互联网金融与货币创造

### （一）基础货币

基础货币也称货币基数（Monetary Base），是金融机构、非金融机构和公众所持有的中央银行的净货币负债。据此，可以得到基础货币的三个主要特征：① 基础货币是商业银行等金融机构的负债产生的基础和货币供给的制约力量；② 中央银行可以通过调节基础货币来创造出多倍的存款货币；③ 中央银行能够直接控制基础货币。基础货币作为中央银行的债务凭证，表现为公众持有的通货、商业银行及其他金融机构的存款准备金，后者又包括法定存款准备金和超额存款准备金，即基础货币＝通货＋法定准备金＋超额准备金。

在现代经济体系中，中央银行主要通过调节基础货币的数量来扩张或收缩货币供应量，进而实现对宏观经济的调控。其具体操作过程为当中央银行提高或降低法定存款准备金率时，各商业银行就要调整资产负债表，相应增加或减少其在中央银行的法定准备金，通过乘数效应，可对货币供应量产生紧缩或扩张的作用。社会公众持有现金的变动也会引起派生存款的变化，从而导致货币供应量的扩大或缩小，即当公众将现金存入银行时，银行就可以按一定比例（即扣除应缴准备金后）进行放贷，从而在银行体系内引起一系列的存款扩张过程；当公众从银行提取现金时，又会在银行体系内引起一系列的存款收缩过程。

### （二）货币乘数

中央银行在调整基础货币数量改变货币供给时,主要通过乘数效应来完成货币供给量的扩张和收缩。货币创造公式如下:

$$M = m \times B \qquad (4.16)$$

式(4.16)中,$M$ 为货币供应量;$m$ 为货币乘数;$B$ 为基础货币。又因为狭义货币供应量 $M1$ 为现金和存款之和,即有 $M = C + D$,基础货币为现金与准备金(法定存款准备金和超额存款准备金)之和,即有 $B = C + RR + ER$,因此式(4.16)可转化为:

$$C + D = m \times (C + RR + ER) \qquad (4.17)$$

式(4.17)中,$RR$ 为法定存款准备金;$ER$ 为超额存款准备金。由式(4.17)可以得出货币乘数公式,即:

$$m = \frac{C+D}{C+RR+ER} = \frac{C/D+1}{C/D+RR/D+ER/D} \qquad (4.18)$$

由式(4.18)可以看出,货币乘数 $m$ 取决于现金比率 $C/D$、法定存款准备金率 $RR/D$ 以及超额存款准备金率 $ER/D$。令 $c = C/D$,$r = RR/D$,$e = ER/D$,故式(4.18)可转化为:

$$m = \frac{c+1}{c+r+e} \qquad (4.19)$$

由式(4.19)可以推导出,货币乘数 $m$ 与现金比率 $c$、法定存款准备金率 $r$ 和超额准备金率 $e$ 成反比,即当 $c$、$r$ 和 $e$ 增加(减少)时,货币乘数 $m$ 减少(增加)。

### （三）货币乘数在互联网金融时代会增大

1. 流通中的现金在互联网金融时代会减少

在互联网金融时代,基于电子支付系统的电子货币逐渐被大众所接受和使用。电子货币作为电子支付的载体,降低了社会结算支付的交易成本,削弱了现金作为交易媒介和避险功能的作用。再者,电子货币拥有不低于活期存款的收益率,种种原因导致大量流通中的现金和存款被电子货币所替代。不仅如此,电子货币的使用没有时间和空间的限制,只要网络和电子设备通畅,人们可以使用电子货币在任何地方、任何时间进行交易。在电子货币的种种优势下,人们传统的交易和投资习惯,如携带现金交易、去线下网点理财、转账和投资等逐渐被改变,在电脑和移动设备上使用电子货币一键交易、转账、理财和投资正成为人们新的交易和投资习惯。因此,人们对现金的需求将被电子货币所取代,而且由于电子货币是一种高流动性货币,电子货币对传统货币的替代会改变已有存款的结构,因此现金大幅减少使得现金比率 $c$ 将会减少,货币乘数进而增加。

2. 法定存款准备金在互联网金融时代会减少

在互联网金融时代,电子货币的使用不断增加,流通范围逐渐扩大,电子货币逐渐成为人们日常交易中的常用货币。各国对于金融机构和非金融机构的存款准备金都有具体的法律规定,但大多数国家对电子货币无准备金要求,仅有一些国家,如日本要求发行者缴纳相当于其发行电子货币余额50％的法定存款准备金。但总体来看,电子货币有减少法定存款准备金的趋势。因此,如果对电子货币没有准备金要求,必然会减少法定存款准备金的数量,进而使得货币乘数增加。

3. 超额存款准备金在互联网金融时代会减少

金融机构持有超额存款准备金的多少取决于该金融机构持有超额存款准备金的机会成本、存款人的流动性偏好以及经营策略。在互联网金融时代,交易成本大大降低,金融交易效率得到提升,让社会上闲置的资金和得不到满足的融资需求被很好地匹配,同时互联网金融时代的交易主要是基于互联网的虚拟交易,这就使得各种金融资产的流动性大大增强,并且它们之间的转换成本也会大幅下降。在互联网金融时代,金融机构拥有更多的资金来源,其调度资金头寸的能力得到提升,因此金融机构对超额存款准备金的持有量会下降。另外,由于各种金融资产之间的相互转化变得更加容易,存款人不论持有何种金融资产,其流动性损失的可能性都明显降低。因此,存款人对高流动性金融资产的偏好下降,商业银行也就没有必要储备更多的超额准备金来满足存款人的流动性需求。

在互联网金融时代,无论是流通中的现金、法定存款准备金,还是超额存款准备金都会减少。这不仅导致基础货币总量减少,还使得货币乘数上升,如图 4-3 所示。

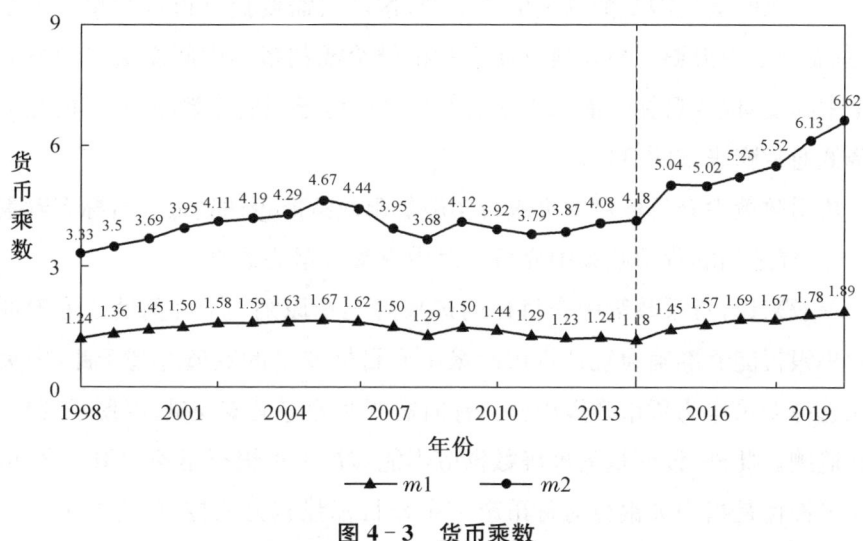

**图 4-3　货币乘数**

数据来源:根据《货币政策执行报告》以及中国人民银行网站整理而得。其中 $m1=M1/($基础货币$)$,$m2=M2/($基础货币$)$。

图 4-3 中,$m1$ 为狭义货币乘数,$m2$ 为广义货币乘数,自互联网金融迅速发展以来(2013 年之后),广义货币供应量 M2 的货币乘数 $m2$ 一直呈递增趋势。以图 4-3 中的虚线为分界线,$m2$ 在 2014 年到 2015 年间突然从 4.18 猛增到 5.04,这种大幅度的变化是前所未有的;狭义货币乘数 $m1$ 也自 2014 年后一直呈递增趋势。

## 二、互联网金融对货币政策中介目标的影响

### (一) 货币政策中介目标理论述评

中央银行运用的货币政策工具并不能直接作用于实际经济,如就业和收入等,中央银行只能通过观测和控制它所能控制的一些具体指标来影响实际经济,从而间接实现最终目标。介于最终目标和货币政策工具之间的是中间

变量,可以是中介目标或操作目标,它们是能为中央银行所直接控制和观测的指标。例如,假定中央银行想要降低通货膨胀率,则需要减少经济体中的总需求。总需求的减少需要抑制投资或消费,这就又需要提升市场利率。可以发现,总需求是中央银行想要通过使用货币供给或利率等中间变量来调整的另一个中间变量(或目标),而总需求的改变又会传导至通货膨胀率,进而最终实现降低通货膨胀率的目标。

货币政策中介目标对中央银行实施货币政策能否达到最终目标有着重要意义,选择适当的货币政策中介目标对中央银行至关重要。

一般来说,货币政策中介目标的选择有三个原则:① 可测性。可测性是指中央银行能够准确地统计货币政策中介目标变量的数值。基于此,中央银行在选择变量作为货币政策中介目标时需要明确定义该变量,以便于观察、分析和监测。此外,该变量的准确数据应当能够被中央银行迅速获取。② 可控性。可控性是指中央银行对货币政策中介目标强有力的控制,有能力将其控制在所指定的范围内。③ 相关性。相关性是指货币政策中介目标与货币政策最终目标之间显著的关联性。货币政策中介目标的变动必然会对最终目标产生可预测的影响。

在这三大原则的基础上,中央银行在运用货币政策工具时,仅需将货币政策中介目标控制在所指定的范围内,即可基本达到预先设定好的货币政策最终目标。

1. 货币供给作为货币政策中介目标

20 世纪 70 年代的货币主义者(圣路易斯学派)指出,由于在货币供给与总支出之间存在着直接或间接的传导机制,因此相对于利率来说,使用货币供给对经济的控制力更强。根据他们的研究与建议,在 20 世纪 70 年代中期之后,包括美国、英国、加拿大在内的大多数国家将货币政策中介目标设置为货币供给。

将货币供给作为货币政策中介目标的理论依据是,货币供给和总需求之间具有稳定的关系,且仅有一个短期的、可预料的时滞。然而,随着金融创新的发展和支付技术的变化,货币供给和总支出、总需求以及通货膨胀率间的函数关系被证明是不稳定的。这直接导致了上述各国在 20 世纪 90 年代初期之后都放弃了将货币供给作为货币政策中介目标。在 20 世纪 70—80 年代的经济实践中,以货币供给作为货币政策中介目标的做法推高了利率,加剧了价格的波动,是造成经济不稳定的主要因素。虽然货币供给不再是各国货币政策中介目标的首选,这并不意味着货币供给不再被重视,只是货币供给不再是主要的中介目标了。

2. 利率作为货币政策中介目标

货币政策通过作用于利率进而作用于支出,因而相对于其他变量,利率对支出的影响更加直接。相较于货币供给、基础货币这些多变的指标而言,利率是一个更可靠、更准确的行动指示器。根据凯恩斯流动性偏好理论,货币供给量增加会降低利率以刺激投资,并通过乘数作用增加就业和收入,因此货币政策必须通过利率来传导。在美国、加拿大、英国等金融发达国家,其中央银行都认为利率是经济状况的指示器,且倾向于将它作为货币政策的准则、操作目标和中介目标。

可考虑的利率有很多,如债券利率、同业拆借利率等,中央银行一般选择短期名义利率,而不是长期的或实际利率作为货币政策工具。一些拥有发达金融市场的国家,如美国、加拿大和英国等,采用隔夜拆借市场的利率(银行超额存款准备金交易的市场),该利率反映了金融机构存款准备金的供需状况。另外,基础货币的变动会立即影响存款准备金的供给与需求,进而改变隔夜拆借利率,并且引发其他利率的连锁反应,进而影响借贷、投资和消费等行为。较高的利率意味着银行已经无法增加贷款,而较低的利率表明银行有相对较多的存款准备金,可根据自己的意愿增加贷款。但利率作为货币政策中介目标也有一些缺陷,经研究表明,中央银行对利率的操作,通常会比实际所需的晚一些、小一些。因此,利率在第一次变动后,往往在后面连续几个季度中,会多次朝同一方向变动。

3. 基础货币作为货币政策中介目标

根据货币创造公式,货币供应等于基础货币与货币乘数之积。在此基础上，安德森和乔丹（Anderson ＆ Jordan，1968）认为，如果货币乘数是相对稳定的，则相对于货币供给，基础货币更适合作为中央银行货币政策中介目标。这主要是因为基础货币不仅更容易被中央银行所控制，而且基础货币的增减能更加清晰地反映货币政策的意向。瑞士银行在 1973 年率先将基础货币作为货币政策中介目标，以此来控制货币供给，维持物价水平稳定。[180]

但基础货币作为货币政策中介目标的一个缺陷在于，经研究表明货币乘数并不是稳定的。中央银行很难准确地预测货币乘数，基础货币作为货币政策中介目标的理论基础和实践基础都很薄弱。

4. 自由准备金作为货币政策中介目标

自由准备金是指银行体系所持有的准备金总额扣除法定存款准备金和借入准备金后所剩余的那部分准备金，它可由各银行自由支配。詹姆斯·梅格斯（James Meigs，1962）认为，自由准备金是货币政策影响货币供应的重要变量，它能够很好地将货币政策和实际经济相连接，既可以反映出中央银行实施货币政策的意向，又可以促进实际经济的扩张或收缩。另外，自由准备金可以被中央银行很方便地控制，因此自由准备金可发挥货币政策中介目标职能。[181]

但同时，商业银行对自由准备金的需求是由利率和贴现率所决定的，与其将自由准备金作为货币政策中介目标，还不如将利率作为货币政策中介目标。并且，自由准备金的数量变化对货币政策方向的指示作用相对较弱，因此自由准备金作为货币政策中介目标颇受争议。

### （二）中国货币政策中介目标的选择

中国人民银行自 1984 年成立以来，改变了集中统一的计划管理体制，开始通过制定货币政策来对宏观经济进行调控，并于 1995 年将法定的货币政策最终目标描述为"保持货币币值的稳定，并以此促进经济增长"，其中"保持币值稳定，对内是保持物价稳定，对外是保持人民币汇率稳定"①。在 1998 年以

---

① 《中华人民共和国中国人民银行法》，1995 年。

前,中国人民银行是以信贷规模的计划管理作为主要手段来调整社会总需求的。随着中国经济形势的改变以及金融市场的不断发展,中国人民银行作为中央银行的独立性,以及货币政策的重要性逐渐被政府和居民认识到。在新的历史条件下,中国人民银行必须去寻找合适的调控手段。1998 年,中国人民银行放弃对信贷规模的管控,这标志着以货币供应量(狭义货币供应量和广义货币供应量)作为货币政策中介目标的制度正式形成,从此货币供应量成为经济和货币政策的指示器。

事实上,在中国货币政策中介目标的理论研究中,货币供应量有很大的争议性,支持将货币供应量作为货币政策中介目标的学者,如范从来(2004)认为,虽然中国现阶段以货币供应量作为货币政策中介目标存在一定局限性,但不能简单地放弃货币供应量,而应根据中国经济市场化和货币化的程度对货币供应量的统计内涵进行适当调整。[182]刘明志(2006)指出,中央银行执行货币政策隐含的理论前提是,中央银行能够有效调控对宏观经济有重要影响的金融因素,如货币供应和利率等。由于货币供应量增长率的变化能够对通货膨胀产生较大影响,故货币供应量作为货币政策中介目标仍具有合理性。针对货币流通速度不稳定的问题,他提出可将货币供应量以动态化的方式进行监控和调整。另外,中央银行若使用银行间同业拆借利率作为中介目标或操作目标,那么就必须加快利率市场化进程。[183]何问陶和刘朝阳(2007)通过对1998—2005 年 GDP 与货币供应量的季度数据的实证检验,认为中国人民银行仍应将货币供应量作为货币政策中介目标。[184]

不支持将货币供应量作为中国货币政策中介目标的学者,如夏斌和廖强(2001)认为:① 基础货币难以控制;② 货币乘数难以捉摸;③ 货币流通速度持续下降,并在此基础上建议放弃采用任何中介目标,而直接"盯住"通货膨胀率。[185]庞贞燕和王桓(2009)指出,支付体系对货币层次结构非常重要,支付体系的变革可能会改变货币流通速度以及与之相关的货币需求。另外,支付体系在支付工具的创新和对货币供求关系的影响上将降低货币供应量作为货币政策中介目标的有效性。[186]郭红兵和陈平(2012)基于一个广义前瞻性反应函数发现,市场利率规则表现最好,表明中国人民银行更重视物价稳定,但该市场利率对通货膨胀的反应是"适应性"的,具有不稳定性。[187]

通过梳理货币政策中介目标在国内外的历史演进过程,可以发现:① 货币政策中介目标是中央银行实施货币政策调控宏观经济的重要手段,一般包括货币供应量和利率;② 货币政策中介目标能够先于货币政策最终目标对货币政策工具做出反应,可在短时间内为中央银行反馈货币政策效果的信息;③ 货币政策中介目标并不是一成不变的,在不同的历史时期,可根据当时能最大程度地反映国民经济运行和社会发展情况的指标来选择不同货币政策中介目标。互联网金融异军突起,其不同于传统金融的独特特征和优势必然会对货币政策中介目标的选择产生冲击。

### (三)互联网金融时代的货币政策中介目标选择

一直以来,货币供应量作为中国货币政策中介目标一直很好地发挥着经济风向标的作用,中国人民银行通过实施货币政策工具影响基础货币对货币供应量做出调整,进而对宏观经济进行调控以实现货币政策最终目标。然而,随着信息技术的快速进步以及金融市场的不断完善,互联网金融得到了迅速发展,并受到了广泛的社会关注。中央银行在互联网金融时代制定货币政策中介目标需与时俱进。谢平和尹龙(2001)认为,由于互联网金融增强了市场效率和竞争水平,提高了价格信号的质量,故价格信号类中介目标,如利率将会成为未来货币政策中介目标的主流选择。[80]周光友(2010)提出,电子货币对狭义货币供应量 M1 的大量替代,不仅会削弱中央银行控制基础货币的能力,而且会让以货币供应量作为货币政策中介目标的合理性大大降低。在互联网金融的影响下,当前社会经济、金融环境以及产业结构发生了巨大变化,中央银行需因势利导,选择合适的货币政策中介目标。[94]下面将从可测性、可控性和相关性三个层面来分析货币供应量和利率作为货币政策中介目标的合理性。

1. 货币政策中介目标的可测性分析

(1)货币供应量

货币层次的划分始于 20 世纪 60 年代前后的部分发达国家,是指中央银行以流动性的大小，即货币作为流通手段和支付手段的方便程度作为标准，并根据自身货币政策目标的特点和需求来确定货币供给的统计口径（黄达，2012）。[188] 1994 年 10 月，中国人民银行根据流动性的差异，首次公布了四个层次的货币供应指标①，当前中国货币层次划分为：

M0＝流通中现金（货币供应量统计的机构范围之外的现金发行）；

M1＝M0＋企业存款（企业存款扣除单位定期存款和自筹基建存款）＋机关团体部队存款＋农村存款＋信用卡类存款（个人持有）；

M2＝M1＋城乡居民储蓄存款＋企业存款中具有定期性质的存款（单位定期存款和自筹基建存款）＋外币存款＋信托类存款；

M3＝M2＋金融债券＋商业票据＋大额可转让定期存单等。

其中 M1 为狭义货币供应量，M2 为广义货币供应量，M0、M1、M2 以及 M3 相互间有着很明确的流动性分界线，且从 M0 到 M3，货币流动性依次减小。但在互联网金融时代，现有的支付体系、货币形态和金融市场发生了深刻变化，货币供应量的可测性受到巨大冲击：① 以电子支付为基础所构建的现代支付体系，极大地丰富了人们手中持有货币的形式，其中又以电子货币为主。电子货币的本质依然是信用货币，不仅交易方便快捷，而且其具有一定的收益率，更容易被人们所接受。电子货币引起 M0、M1、M2 以及 M3 相互间的转化速度加快，转化成本降低，最终将促使传统货币层次相互间流动性的趋同。② 在互联网金融时代，交易在网络中以数据流的方式进行，突破了时间和空间的限制，降低了交易成本，加快了不同货币层次相互间的转化速度，这就使得中央银行在测算货币总量时困难重重。以支付宝和余额宝为例，假设用户使用余额宝进行交易，那么该用户首先利用余额宝账户向商家的支付宝

---

① 中国人民银行于 1994 年 10 月 28 日颁布了《中国人民银行货币供应量统计和公布暂行办法》，2001 年 6 月，中国人民银行第一次修订货币供应量，将证券公司客户保证金计入 M2；2002 年年初，中国人民银行第二次修订货币供应量，将中国的外资、合资金融机构的人民币存款业务，分别计入不同层次的货币供应量；自 2011 年 10 月起，中央人民银行将非存款类金融机构在存款类金融机构的存款和住房公积金存款纳入广义货币供应量 M2。

账户进行转账付款,紧接着追求利润最大化的商家又会将其支付宝账户收到的款项转入其余额宝账户,整个过程在几秒钟之内就可以完成。这一笔钱在这几秒钟就完成了从货币基金→现金→货币基金的转换,虽然提升了交易的效率,但也让中央银行无法对这笔钱进行有效的统计,故货币供应量的可测性在互联网金融时代将明显下降。

(2) 利率

约翰·凯恩斯(John Keynes,1937)认为,利率是中央银行通过货币政策调控宏观经济的主要中介目标。利率作为货币资产的价格,可通过改变资本的成本调整投资与社会总需求,最终影响货币政策最终目标。在经济的影响链条中,利率相对于货币供应量来说是更直接的一环,更加可靠、更加准确,与最终目标之间的相关性更大。[166]然而利率作为货币政策中介目标存在一个问题,即利率变动对社会总需求影响的时滞问题。在理论上,造成这种时滞问题的主要原因包括资本存量和计划消费支出等经济变量的调整成本,以及利率变动的间接收入效应①。

由于利率结构的复杂性、易变性以及调整的时滞性,利率在理论和实践中的可测性较差,不宜作为货币政策中介目标。但在互联网金融的冲击下,利率的可测性得到了改善:① 在互联网金融时代,发达的信息通信技术提高了整个金融体系的电子化水平,中央银行可以比以往更方便快捷、更准确地观察到利率的变化,利率的时滞问题得到缓解;② 各类经济主体得益于互联网金融的发展,有了更多的渠道去获得有关于利率的信息,减少了由于信息不对称和信息不完全所造成的市场失灵现象;③ 互联网金融不仅使得货币层次之间的界限变得模糊,也造成了各类金融产品的同质化趋势,利率结构将在互联网金融的影响下化繁为简。

在互联网金融时代,货币供应量已无法被中央银行准确地统计,而利率则可以通过先进的信息通信技术进行实时和精确的测量。故在货币政策中介目

---

① 间接收入效应指的是利率变动通过改变人们手中持有资产的净值对实际收入所产生的影响。

标的可测性方面,利率在互联网金融时代要优于货币供应量。

2. 货币政策中介目标的可控性分析

(1) 货币供应量

在传统货币理论中,中央银行作为发行的银行,垄断了货币的供给,在货币供给上拥有绝对的自主性。但互联网金融的出现加深了货币供给的内生性,即由于经济活动的需要从商业银行体系内自动创造出货币供应量,中央银行无法完全自主地控制货币供应量。根据货币创造公式 $M=m\times B$,其中,$M$ 为货币供应量;$m$ 为货币乘数;$B$ 为基础货币,故货币供给的内生性可从货币乘数和基础货币两个方面来考虑。

首先,稳定的货币乘数是货币供应量作为货币政策中介目标的理论前提,而互联网金融却使得中国并不是很稳定的货币乘数波动性更强。如前所述,货币乘数在互联网金融时代有着不断增加的趋势,且货币乘数的增加幅度很不稳定,时高时低。

其次,中央银行通过对基础货币的直接调控,进而对货币供应量产生间接影响。基础货币主要包括流通中的现金、法定存款准备金以及超额存款准备金。在互联网金融时代,流通中的现金、法定存款准备金和超额存款准备金会逐步减少,这将导致基础货币的调控效果无法得到可靠保证,中央银行对货币供应量的控制力显著下降。

(2) 利率

在传统货币理论中,利率作为货币政策中介目标存在两个问题:一是中央银行可以决定利率的一般水平,如存贷款利率等,但不能决定利率差,如金融机构的存贷差等,而经济中的金融调节作用更倾向于调节这种利率差,而非利率水平。二是利率变动对经济中总需求影响的时滞问题,包括资本存量和计划消费支出等经济变量的调整成本和利率变动的间接收入效应。利率调整的时滞包括两个方面,即长度和变化。如在美国、英国和加拿大,时滞的长度为六个季度到两年。在时滞中,利率变动对实际总需求的冲击效应被低估,但长期效应则被认为十分显著。互联网金融的不断发展会使得这两个问题得到缓解,第一,在互联网金融时代,利率市场化进程得到进一步推进,使得中国金融市场更加完善,金融活动效率得到极大提升。基于此,中央银行所设置的存贷款利率在金融市场上具有普遍参照作用,利率差在愈发完善的金融市场影响下会逐渐减少,也更加容易预测。第二,互联网金融提升了整个金融市场的流动性和效率,减小了利率变动所产生的调整成本、缩短了中央银行货币政策传导的时滞,增强了利率的可控性。

在互联网金融时代,货币供应量的可控性显著下降,利率的可控性得到较大提高,但由于中国金融市场仍处于发展阶段,利率的调控作用无法得到充分发挥,故本书认为当前货币供应量的可控性仍要强于利率的可控性。

3. 货币政策中介目标的相关性分析

(1) 货币供应量

货币流通速度的稳定是货币供应量作为货币政策中介目标的前提之一,然而在互联网金融时代,货币流通速度呈现出递减趋势,如图 4-4 所示。

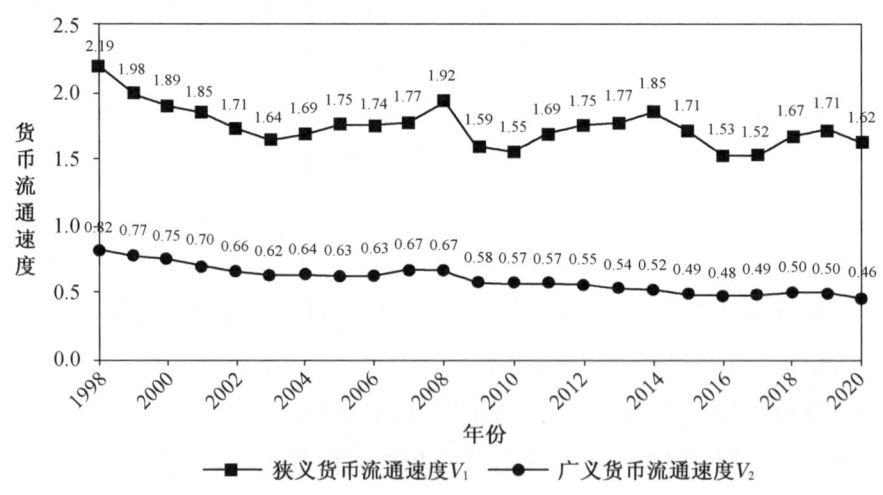

图 4-4　货币流通速度

数据来源:根据国家统计局以及中国人民银行网站整理而得。其中,狭义货币流通速度 $V1 = M1/GDP$;广义货币流通速度 $V2 = M2/GDP$。

在图 4-4 中,首先,从整体上看,狭义货币流通速度 V1 一直处于不稳定状态,广义货币流通速度 V2 虽然波动幅度要弱于 V1,但依然呈现出递增递减交替趋势。其次,在 2008 年之后,广义货币流通速度 V2 进入稳步下降通道,这与中国人民银行为应对 2008 年下半年的金融危机,配合国务院的"4 万亿元计划"刺激经济政策大规模投放货币有很大关系。最后,在进入互联网金融时代以来,广义货币流通速度依次为 0.54、0.52、0.49、0.48、0.49,可以发现广义货币流通速度有着持续下降的趋势,仅在 2017 年略微回升。因此,货币供应量与宏观经济调控的相关性在互联网金融时代被明显降低。

(2)利率

利率作为资产的价格由市场的力量所决定,代表了金融体系中资金供求的关系,在互联网金融时代,利率与货币政策最终目标的相关性表现在:① 互联网金融使得金融产品之间的转化成本下降,转化速度加快,使得利率结构简单化,降低了社会融资成本,提升了资源配置的效率,在一定程度上增强了经济发展与利率的相关性。② 利率变动所产生的间接收入效应会改变人们手中财富的净值。在互联网金融时代,人们不仅能够方便快捷地获得利率变动的消息,且电子货币的高流动性可使人们迅速且低成本地调整自身的资产组合和消费计划,使得利率与国民收入水平的联系更加紧密。在互联网金融时代,利率市场化进程加快,利率与经济增长和市场竞争程度的相关性会越来越高。

实际上,货币供应量作为货币政策中介目标的相关性一直在降低,互联网金融对货币供应量相关性的削弱幅度并不是很大。利率与货币政策最终目标的相关性在互联网金融的影响下大大提升,而且利率作为货币政策中介目标的相关性仍有上升的空间。

可以发现,货币供应量在互联网金融时代的可测性、可控性和相关性显著下降。而互联网金融作为新一轮的金融创新,不仅促进了社会经济的发展,优化了资源配置,更完善了传统金融市场,使得利率作为货币政策中介目标的可测性、可控性和相关性都有所提升。因此,在互联网金融时代,中央银行可更多地考虑将利率作为货币政策中介目标。

### (四) 货币政策中介目标在互联网金融时代的实证检验

根据互联网金融时代的货币政策中介目标的可测性、可控性和相关性的理论分析,可以得到利率相对于货币供给更适合作为货币政策中介目标的初步结论。同时威廉·普尔(William Poole,1970)认为,货币政策中介目标选择的标准也取决于经济冲击的性质。在此基础上,普尔构建了一个简单 $IS$-$LM$ 模型来考察货币供应量和利率孰优孰劣[189]:

$$Y = a_0 + a_1 r + \mu, a_1 < 0 \tag{4.20}$$

$$M = b_0 + b_1 Y + b_2 r + \nu, b_1 > 0, b_2 > 0 \tag{4.21}$$

式(4.20)和式(4.21)中,$Y$ 为实际总产出;$r$ 为利率;$M$ 为货币供应量;$\mu$ 为来自商品市场的随机经济冲击;$\nu$ 为来自货币市场的随机经济冲击。其中 $\mu$ 和 $\nu$ 是彼此不相关的连续过程,且 $E(\mu) = E(\nu) = 0$, $E(\mu^2) = \sigma_\mu^2$, $E(\nu^2) = \sigma_\nu^2$, $E(\mu\nu) = \sigma_\mu \times \sigma_\nu$。另外,当实际总产出为目标值 $Y^*$ 时,利率 $r$ 和货币供应量 $M$ 也必须为目标值,即 $r = r^*$, $M = M^*$,此时:

$$r^* = a_1^{-1} (Y^* - a_0) \tag{4.22}$$

$$M^* = a_1^{-1} [Y^* (a_1 b_1 + b_2) - a_0 b_2 + a_1 b_0] \tag{4.23}$$

假设中央银行的损失函数 $L$ 为:

$$L = E[(Y - Y^*)^2] \tag{4.24}$$

式(4.24)中,若利率为货币政策中介目标,则当 $r = r^*$ 时,损失函数值最小;同样的,若货币供应量为货币政策中介目标,则当 $M = M^*$ 时,损失函数值最小,故结合式(4.20)~(4.23)可得:

$$Y = a_0 + a_1 r + \mu = Y^* + \mu, r = r^* \tag{4.25}$$

$$Y = \frac{a_0 b_2 + b_2 \mu - a_1 \nu + a_1 (M - b_0)}{a_1 b_1 + b_2} = Y^* + \frac{b_2 \mu - a_1 \nu}{a_1 b_1 + b_2}, M = M^* \tag{4.26}$$

此时,将式(4.25)代入中央银行损失函数式(4.24)中,可得以利率作为货币政策中介目标时的损失值 $L_r$,将式(4.26)带入式(4.24)中,可得以货币供应量作为货币政策中介目标时的损失值 $L_M$,即:

$$L_r = \sigma_\mu^2 \tag{4.27}$$

$$L_M = \frac{a_1^2 \sigma_\nu^2 + b_2^2 \sigma_\mu^2 - 2a_1 b_2 \sigma_{\mu\nu}}{(a_1 b_1 + b_2)^2} \tag{4.28}$$

根据式(4.27)和式(4.28)可计算出 $L_r$ 和 $L_M$ 的具体数值,当 $L_r > L_M$ 时,说明以利率作为货币政策中介目标时的损失要大于以货币供应量作为货币政策中介目标时的损失,此时应选择货币供应量作为货币政策中介目标;当 $L_r < L_M$ 时,说明以利率作为货币政策中介目标时的损失要小于以货币供应量作为货币政策中介目标时的损失,此时应选择利率作为货币政策中介目标。

基于普尔(1970)的方法,本书将以中国 1998—2017 年近 20 年的时间序列数据作为总样本区间进行实证检验。首先,由于中国 GDP 仅有季度数据,将采用 Eviews 软件中 Quadratic-Match Sum 的方法将其转换成月度 GDP 数据,并以 1998 年为基期的居民消费价格指数(CPI)作为一般价格水平得到实际 GDP,然后使用 X-12 季节调整法消除季节趋势。其次,货币供应量数据采用广义货币供应量 $M2$,同样通过 X-12 季节调整法消除季节趋势。最后,本书将选取对来自金融市场和货币市场的经济冲击反应较强的银行间同业拆借利率作为利率数据,由于利率结构的复杂性,故本书将同时以银行间同业拆借利率的隔夜 $r(O/N)$、7 天期 $r(7D)$、1 个月期 $r(1M)$ 和 3 月期 $r(3M)$ 作为目标利率分别建模进行实证检验。另外,为了解决在回归过程中的异方差、数量级相差较大等问题,本书对所有数据均采取对数变换处理。在此基础上,本书将对联立方程组中的式(4.20)和式(4.21)采用普通最小二乘法进行参数估计,并通过对互联网金融时代前后的 $L_r/L_M$ 进行比较来分析货币政策中介目标的取舍。如表 4-1 所示。

表 4-1 中,联立方程组各项系数的 $T$ 检验值均较为显著,且 $\sigma_{\mu\nu}$ 的值也基本为 0,符合模型中 $\mu$ 和 $\nu$ 彼此不相关的假设。结果显示,四个联立方程组模型中的 $L_r/L_M$ 值非常大,意味着货币供应量相对于利率更适合作为货币政策中介目标。但不可忽视的是,$L_r/L_M$ 值在 2013 年前后发生了较大转变,在四

表 4-1　货币政策中介目标在互联网金融时代的实证分析

| | r(O/N) | | r(7D) | | r(1M) | | r(3M) | |
|---|---|---|---|---|---|---|---|---|
| | 1998—2012年 | 2013—2017年 | 1998—2012年 | 2013—2017年 | 1998—2012年 | 2013—2017年 | 1998—2012年 | 2013—2017年 |
| $a_0$ | 8.09 (24.17) | 10.23 (75.35) | 8.87 (25.87) | 9.97 (78.32) | 9.12 (28.22) | 10.18 (76.82) | 8.46 (28.95) | 10.10 (69.61) |
| $a_1$ | −0.41 (−4.7) | −0.10 (−2.81) | −0.21 (−2.24) | −0.19 (−5.05) | −0.14 (−1.57) | −0.13 (−3.27) | −0.35 (−4.03) | −0.16 (−3.48) |
| $b_0$ | −0.70 (−10.28) | −4.39 (−9.06) | −0.77 (−11.66) | −3.65 (−7.26) | −0.76 (−11.41) | −4.04 (−9.58) | −0.73 (−11.42) | −4.01 (−9.37) |
| $b_1$ | 1.37 (186.45) | 1.72 (36.53) | 1.37 (208.98) | 1.64 (32.75) | 1.38 (209.06) | 1.68 (40.72) | 1.37 (200.82) | 1.67 (39.8) |
| $b_2$ | −0.01 (−1.14) | −0.05 (−4.1) | −0.02 (−2.89) | −0.08 (−5.14) | −0.02 (−2.37) | −0.09 (−6.44) | −0.02 (−2.25) | −0.10 (−6.32) |
| $\sigma_\mu^2$ | 0.22 | 0.01 | 0.26 | 0.00 | 0.26 | 0.01 | 0.24 | 0.01 |
| $\sigma_\nu^2$ | 0.002 06 | 0.000 63 | 0.001 96 | 0.000 55 | 0.001 99 | 0.000 46 | 0.002 00 | 0.000 47 |
| $\sigma_{\mu\nu}$ | 4.0045E−15 | 1.61387E−15 | 3.82534E−15 | 4.62535E−15 | 3.26128E−17 | 1.52907E−14 | 4.3486E−15 | 6.44418E−16 |
| $L_M$ | 0.001 12 | 0.000 44 | 0.002 41 | 0.000 33 | 0.002 90 | 0.000 50 | 0.001 32 | 0.000 46 |
| $L_r$ | 0.223 41 | 0.005 59 | 0.256 11 | 0.004 32 | 0.259 70 | 0.005 34 | 0.241 27 | 0.005 22 |
| $L_r/L_M$ | 198.662 7 | 12.789 5 | 106.133 1 | 13.253 0 | 89.682 0 | 10.777 9 | 183.123 8 | 11.247 6 |

注：数据来自国家统计局、中国人民银行和中经网统计数据库。表格中括号里的是联立方程组各项系数的 $t$ 值。

个模型中,通过计算可以得到,以 $r(O/N)$ 作为目标利率在互联网金融时代的 $L_r/L_M$ 值下降了 93.6%,以 $r(7D)$ 作为目标利率在互联网金融时代的 $L_r/L_M$ 值下降了 87.5%,以 $r(1M)$ 作为目标利率在互联网金融时代的 $L_r/L_M$ 值下降了 88%,以 $r(3M)$ 作为目标利率在互联网金融时代的 $L_r/L_M$ 值下降了 93.9%。可以看出,虽然中央银行以货币供应量作为货币政策中介目标所承受的损失值 $L_M$ 要小于以利率作为货币政策中介目标所承受的损失值 $L_r$,但更值得注意的是,互联网金融时代与非互联网金融时代相比,$L_r/L_M$ 值的下降幅度巨大,全部在 87% 以上,其中以 $r(3M)$ 作为目标利率的 $L_r/L_M$ 值更是下降了 93.9%。因此,在互联网金融时代,中央银行在选择货币政策中介目标时需重点考察利率所发挥的作用与优势。

## 第四节　对互联网金融时代利率工具的探讨

### 一、简单泰勒规则

约翰·布莱恩·泰勒(John Brian Taylor, 1993)通过实证检验发现,中央银行利用利率规则[1]来实现物价稳定目标和产出稳定目标是最优的抉择。在此基础上,泰勒认为运用利率规则制定和实施货币政策,对物价水平以及产出水平有一个正向的调节作用,因此他构建了一个利率与产出和通货膨胀相关联的简单货币政策规则,即简单泰勒规则[190][191]:

$$r = p + 0.5y + 0.5(p - p^*) + p^* \tag{4.29}$$

式(4.29)中,$r$ 为联邦基金利率;$p$ 为前四季度的通货膨胀率均值;$y$ 为产出缺口,即实际 GDP 与潜在 GDP[2]的偏离,$y = 100(Y - Y^*)/Y^*$,其中 $Y$ 为实际 GDP,$Y^*$ 为潜在 GDP;$p^*$ 为目标通货膨胀率。另外,泰勒假定目标通货膨胀率与长期均衡利率 $r^*$ 相等,即 $p^* = r^* = 2\%$。泰勒利用式(4.29)来检验美国 1987—1992 年利率与产出和通货膨胀之间的相关关系,发现除了美联储

---

① 利率规则是指根据产出和物价水平与设定目标值之间的差额来调节利率的货币政策规则。

② 潜在 GDP 是指在经济体系中的生产性资源得到充分利用时所能获得的最大产出。

在 1987 年为应对股灾所造成的联邦基金利率真实值与规则值大幅偏离外,真实联邦基金利率与由式(4.29)计算出的联邦基金利率规则值极为吻合。在此基础上,泰勒规则意味着,真实联邦基金利率水平取决于产出水平和通货膨胀水平,当存在产出缺口和通胀缺口时,即实际产出与潜在产出、实际通货膨胀率与目标通货膨胀率不等时,真实联邦基金利率将会偏离长期均衡利率。此时,中央银行可以及时调整真实联邦基金利率水平至长期均衡利率水平上,以维持经济稳定且持续增长的理想状态。

### 二、前瞻性泰勒规则

在简单泰勒规则的假定中,市场是无摩擦的,货币政策的传导过程不存在时滞①。然而在现实社会中,工资和价格的调整具有刚性特征②,中央银行制定和实施货币政策,直到货币政策充分发挥效果之间会存在较长的时间间隔,并且市场中普遍存在信息不对称问题,故中央银行若直接将简单泰勒规则应用到现实中会存在严重局限性。基于此,经济学者们发现,在泰勒规则中加入预期因素,重新构建一个前瞻性泰勒规则政策反应函数不仅更加贴近现实,也增强了中央银行制定和实施货币政策的权威性。

克拉里达等(Clarida et al.,1998)将前瞻性因素纳入中央银行货币政策框架并进行实证检验,发现前瞻性的货币政策在德国、美国和日本都有着非常好的效果。[192]蒂尼和霍尔丹(Batini & Haldane,1999)以英格兰银行的预测模型为基础指出,前瞻性的货币政策规则有益于英格兰经济的稳定持续发展。[193]朱德和鲁德布施(Judd & Rudebusch,1998)将理性预期因素加入泰勒规则,研究得出,美联储在不同时期的货币政策反应函数与当时政府对通货膨胀的控制力度有很大相关性。[194]克拉里达等(Clarida et al.,2000)在泰勒(Taylor,1993)和克拉里达等(Clarida et al.,1998)的基础上构造了一个简单

---

① 货币政策传导的时滞是指中央银行从采取政策措施到有关变量受影响而发生变动之间需要一定的时间间隔。

② 工资和价格刚性是指工资和价格在短期内一经确定就不会轻易发生改变。

的前瞻性泰勒规则政策反应函数$^{[195]}$，即：

$$i_t^* = i^* + \beta(E[\pi_{t,k} | \Omega_t] - \pi^*) + \delta E[y_{t,q} | \Omega_t] \qquad (4.30)$$

式（4.30）中，$i_t^*$ 为 $t$ 时期的目标名义利率；$i^*$ 为名义期望利率；$\pi_{t,k}$ 为从 $t$ 期到 $t+k$ 期的价格变化，即 $t+k$ 期对 $t$ 期的通货膨胀率；$\pi^*$ 为目标通货膨胀率；$y_{t,q}$ 为从 $t$ 期到 $t+q$ 期的平均 GDP 缺口；$E$ 为期望算子；$\Omega_t$ 为中央银行在 $t$ 时期确定利率时所掌握的信息集。从式（4.30）可以看出，当通货膨胀率缺口与 GDP 缺口都为 0 时，目标名义联邦利率与名义期望利率相等，即 $i_t^* = i^*$。

将式（4.30）中的名义利率换算成实际利率之后，可得：

$$r_t^* = r^* + (\beta - 1)(E[\pi_{t,k} | \Omega_t] - \pi^*) + \delta E[y_{t,q} | \Omega_t] \qquad (4.31)$$

式（4.31）中，实际利率 $r_t^* = i_t^* - E[\pi_{t,k} | \Omega_t]$，由于 $E[\pi_{t,k} | \Omega_t]$ 是预期通货膨胀水平，故 $r_t^*$ 为近似的实际利率；$r^* = i^* - \pi^*$，为长期均衡实际利率[①]。

约翰·威廉姆斯（John Williams，1999）指出，中央银行对利率的调整若出现频繁变动，则会被公众理解为货币政策在实施的过程中出现了错误，这会降低中央银行的权威性。因此，中央银行在调整利率时会沿着一条稳定的路径逐步调整，即利率调整存在明显的平滑特征，这不仅能够避免对资本市场的过度扰动，而且能够增强民众对中央银行的信心。$^{[196]}$ 然而，式（4.30）中仅体现出名义利率与产出和通货膨胀之间的关系，利率平滑调整的特征没有被考虑。克拉里达等（2000）认为，式（4.30）有三个假设条件过于严苛，第一，中央银行可以迅速将名义利率调整到目标水平，不存在利率平滑调整特征；第二，货币政策的制定和实施过程中不存在任何随机行为；第三，中央银行对利率有完全的控制力，有能力让利率始终保持在目标水平。为了让式（4.30）更加完善，克拉里达等（2000）给出了利率平滑调整的公式$^{[195]}$，即：

$$i_t = \rho i_{t-1} + (1-\rho)i_t^* + v_t \qquad (4.32)$$

式（4.32）中，$\rho$ 为利率平滑调整系数，$\rho \in [0,1]$，且 $\rho$ 越接近于 1，则中央银行的利率平滑调整特征越明显；$v_t$ 为一个零均值的外生利率冲击，是一个

---

① 与主流经济学理论相同，此处的实际均衡利率在长期是稳定的且不受货币因素影响。

随机变量;$i_t^*$ 为 $t$ 时期的目标名义利率。故将简单的前瞻性货币政策反应函数式(4.30)带入利率平滑调整方程式(4.32),可以得到具有利率平滑调整特征的前瞻性泰勒规则政策反应函数,即:

$$i_t = (1-\rho)[r^* - (\beta-1)\pi^* + \beta\pi_{t,k} + \delta y_{t,q}] + \rho(L)i_{t-1} + \varepsilon_t \qquad (4.33)$$

式(4.33)中,$\varepsilon_t = -(1-\rho)\{\beta(\pi_{t,k} - E[\pi_{t,k}|\Omega_t]) + \delta(y_{t,q} - E[y_{t,q}|\Omega_t])\} + v_t$,可以看出,$\varepsilon_t$ 是无偏预测误差的线性组合,故 $\varepsilon_t$ 与 $t$ 时期中央银行确定名义利率时所掌握的信息集 $\Omega_t$ 是正交的,即 $E[\varepsilon_t\Omega_t]=0$。

克拉里达等(2000)为了检验美联储在 1979 年前后名义利率与产出和通货膨胀之间的相关关系,利用式(4.33)进行实证检验,发现美国名义利率与通货膨胀率、GDP 缺口之间存在着一定的相关关系,且美联储的利率调整在 1979 年之后对于预期通货膨胀率的变化更加敏感。[195]

### 三、泰勒规则在中国的应用研究

一直以来,货币供应量作为中国人民银行调控宏观经济的主要货币政策工具发挥着比较好的作用,然而随着中国利率市场化进程不断推进,金融市场越来越完善,中国的专家学者对泰勒规则给予了越来越多的关注。基于中国利率、通货膨胀率以及 GDP 数据来检验泰勒规则在中国适用性的研究也越来越多,他们对泰勒规则在中国的应用效果持不同意见。

一部分专家学者认为泰勒规则并不适合应用到中国。谢平和罗雄(2002)首次以中国作为研究对象,采用历史分析法和政策反应函数法来检验泰勒规则在中国的适用性。谢平采用泰勒在 1993 年提出的简单泰勒规则政策反应函数求出中国的利率规则值,并将其与中国利率实际值相比较,发现泰勒规则可为中国的货币政策提供一个良好的参照标准,并且能提升中国货币政策的透明度,但泰勒规则并不适合在中国运用,利率对通货膨胀的调整仅仅是适应性的。[197]卞志村(2006)采取广义矩估计与协整检验两种方法对泰勒规则进行了实证检验,发现利率对通胀缺口的反应系数在 0.4～0.5 之间,对产出缺口的反应系数为 0.495 8 和 0.201 4,说明泰勒规则虽然有能力描述中国同业拆借利率的走势,但存在不稳定性①。[198]张屹山和张代强(2007)从市场利率、管制利率以及两者利差这三个方面出发,构造了三个前瞻性泰勒规则模型进行实证检验,发现前瞻性泰勒规则虽然能很好地说明市场利率、管制利率和两者利差的具体走势,但由于利率对预期通货膨胀率和预期产出的系数都小于1,说明运用利率进行宏观经济调节的货币政策具有内在不稳定性。[199]陈创练等(2016)通过构建时变参数结构向量自回归(TVP-SVAR)模型,并利用马尔科夫链蒙特卡洛(MCMC)方法对时变泰勒规则进行了实证检验,结果表明中国货币政策并无明显的利率规则特征,更多的是采取"盯住"产出缺口和通货膨胀目标的方式。[200]

另一部分专家学者则支持泰勒规则应用于中国。陆军和钟丹(2003)在谢平和罗雄(2002)的基础上,引入预期通货膨胀率构建前瞻性泰勒规则并进行了实证检验,研究结果表明,前瞻性泰勒规则政策反应函数更加符合中国人民银行的实际做法,中国银行间同业拆借利率同经济增长与通货膨胀率之间存在长期稳定的关系。[201]中国人民银行营业管理部课题组(2009)将 $M1$、$M2$ 季度增长率加入泰勒规则中进行实证检验,发现前瞻性泰勒规则更契合中国实际的货币政策操作。[202]郑挺国和刘金全(2010)将泰勒规则拓展为一种具有时变通货膨胀目标的区制转移模型,并采用中国 1992—2009 年的数据进行了实证检验,发现中国货币政策具有区制转移特征。[203]刁节文和章虎(2012)指出,前瞻性泰勒规则更适合中国的实际利率调整行为,且当通货膨胀达到一定水平时,利率和 FCI 指数才具有稳定的关系。[204]

通过梳理有关泰勒规则的文献可以发现,泰勒规则自提出伊始就受到了理论界和中央银行的高度重视,并随着研究的深入而不断完善。在不同的历史阶段,由于现实经济情况与国家政策目标的差异,货币政策规则也会相应发生变化。互联网金融自 2012 年以来在中国异军突起,成为影响中国经济发展

---

① 根据泰勒原理,只有当泰勒规则政策反应函数中的通胀缺口系数大于1,泰勒规则才是一个稳定而有效的规则。

与货币政策的重要因素。在这样的时代背景下,本书将对前瞻性泰勒规则在互联网金融时代对中国货币政策的影响进行实证研究,并在此基础上对中国货币政策的制定提出建议。

### 四、前瞻性泰勒规则在中国的实证检验

#### (一) 模型构建

为了检验前瞻性泰勒规则是否适用于中国货币政策操作,本书将以前瞻性泰勒规则政策反应函数作为基础模型,并采用广义矩估计(GMM)方法进行实证检验。另外,考虑到中国人民银行一直以来都采用货币供应量作为主要货币政策工具,本书在前瞻性泰勒规则的政策反应函数中加入了中国广义货币供给量 $M2$,以更加符合中国货币政策操作的实际情况。

$$i_t = (1-\rho)[r^* - (\beta-1)\pi^* + \beta\pi_{t,k} + \delta y_{t,q} + \gamma m_t] + \rho(L)i_{t-1} + \varepsilon_t \quad (4.34)$$

式(4.34)中, $\varepsilon_t = -(1-\rho)\{\beta(\pi_{t,k} - E[\pi_{t,k}|\Omega_t]) + \delta(y_{t,q} - E[y_{t,q}|\Omega_t])\} + v_t$,故 $\varepsilon_t$ 是无偏预测误差的线性组合,且 $\varepsilon_t$ 与 $t$ 时期确定利率时所掌握的信息集 $\Omega_t$ 是正交的。从 $\Omega_t$ 中取一组工具变量 $z_t$, $z_t \in \Omega_t$,可以得到 $E[z_t\varepsilon_t] = 0$,这就是式(4.34)在广义矩估计(GMM)中所需要满足的矩条件,本书选取通货膨胀率、产出缺口、利率,以及 $M2$ 季度增长率的滞后值作为工具变量。

#### (二) 数据的选取与处理

本书将选取季度数据进行广义矩估计(GMM)。样本区间为 1992 年第一季度到 2017 年第三季度,共 103 个样本点。

1. 利率

利率是资金的价格,即金融市场中货币成本的衡量指标,包括银行借贷款利率、债券回购利率以及银行间同业拆借利率等。由于银行间同业拆借利率能够快速、精准地反映金融市场中短期资金的供需关系。因此,在实证分析中,本书考虑到数据的连续性、可得性以及有效性,将选择 7 天银行间同业拆借利率作为被解释变量。由于数据来源的限制,1992—1995 年采用上海融资

中心同业拆借利率[①],1996—2017 年采用全国 7 天同业拆借利率[②]。

2. 通货膨胀率

通货膨胀率衡量了一个国家或地区在一段时间内价格水平的变化幅度,通常可用 GDP 平减指数、生产者价格指数(PPI)和消费者价格指数(CPI)对其进行描述。本书选择消费者价格指数(CPI)[③]来表示通货膨胀率,主要原因是,第一,CPI 相较于 GDP 平减指数时效性更强,计算简单,容易获得;第二,与 PPI 相比,CPI 对价格水平变动的反映更加全面。由于中国公布的是 CPI 的月度数据,故本书将首先采取移动平均法求得季度 CPI 数据,再计算通货膨胀率 $\pi_t$＝季度 $CPI_t - 100\%$。

3. 国内生产总值 GDP

国内生产总值 GDP 是衡量一个国家或地区总体经济状况的重要指标。由于中国公布的季度 GDP 数据是累计的名义 GDP 数据,本书通过适当的数学方法进行处理可得到当季 GDP。实际 GDP 则可通过当季名义 GDP 除以 $(1+\pi_t)$ 得到。另外,由于 GDP 会受到不同季节的影响,故本书将采用 X‐12 季节调整方法来消除实际 GDP 的季节趋势。

潜在 GDP 是指在经济体系的生产性资源得到充分利用时所能获得的最大产出。一般来说,潜在 GDP 的估算方法有三类,一是生产函数法,即采用充分就业水平下的资本存量和劳动力来估计潜在产出;二是线性趋势法,即将实际产出对时间变量做回归,提取实际产出的时间趋势成分作为潜在产出;三是对实际产出的时间序列进行分解的方法,即将实际产出分成潜在产出和围绕潜在产出波动的产出缺口两部分,如 Hodrick-Prescott 滤波方法(H-P 滤波)。由于在实际操作中 H-P 滤波法所得到的潜在 GDP 更加平滑,这一方法在理

①　数据来源于谢平(2002)。

②　本书的 7 天同业拆借利率为加权平均利率(其中当月银行间同业拆借量 $q$ 作为权数,计算公式如下:$i = i_t \dfrac{q_1}{\sum q} + i_2 \dfrac{q_2}{\sum q} + \cdots + i_n \dfrac{q_n}{\sum q} = \sum_i \dfrac{q_i}{\sum q}$)。

③　本书 CPI 是以 1992 年为基期的实际 CPI。

论研究中被广泛采用,故本书将先采取 H-P 滤波法计算潜在 GDP,再将实际GDP 减去潜在 GDP,即可得到 GDP 缺口,如图 4-5 所示。

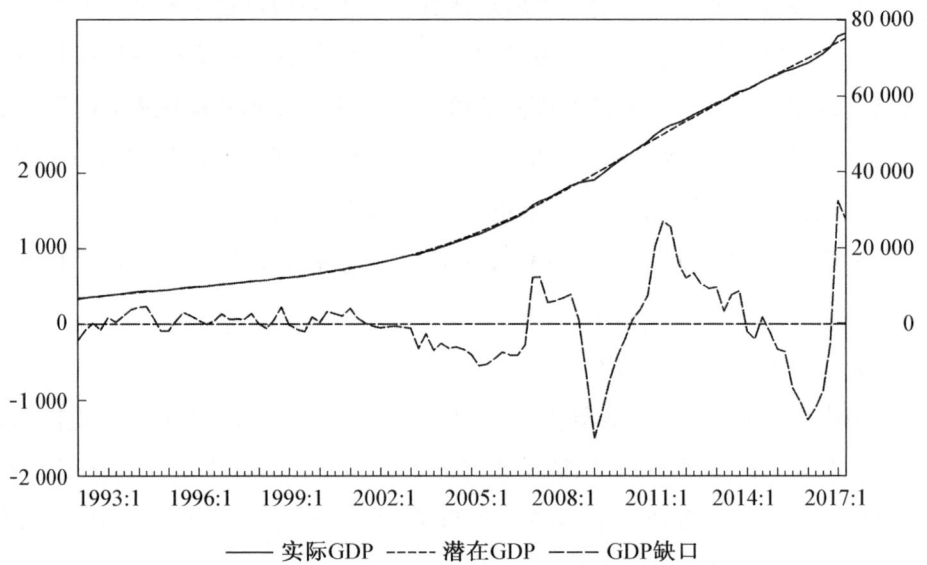

图 4-5　1992—2017 年实际 GDP、潜在 GDP 与 GDP 的缺口

从图 4-5 中可以看出,实际 GDP 与潜在 GDP 在不同阶段表现出不同的差异。1992 年到 2004 年,GDP 缺口很小,该阶段的实际 GDP 和潜在 GDP 基本吻合;自 2004 年以后,GDP 缺口逐渐增大,并在 2017 年第一季度达到峰值。GDP 缺口的扩大初步说明中国货币政策效果在 2004 年以后并不理想,探索新的货币政策势在必行。

4. M2 的增长率

M2 长期以来作为中国主要的货币政策中介目标和政策工具,具有良好的可获得性。本书首先对 M2 供给量进行 X-12 季节调整法消除季节趋势,再计算出 M2 供给量的季度同比增长率。

(三) 单位根检验

由于本书所采用的数据是时间序列数据,故在进行模型估计之前应首先对各变量时间序列的平稳性进行检验以避免伪回归问题。本书将采用 ADF 检验法来对各变量的时间序列进行单位根检验以确保数据的平稳性,检验结果如表 4-2 所示。

表 4-2　单位根检验

| 检验 变量 | ADF 检验值 | 1% | 5% | 10% |
|---|---|---|---|---|
| $i_t$ | −2.16** | −2.59 | −1.94 | −1.61 |
| $y_{t,q}$ | −4.16*** | −3.50 | −2.89 | −2.58 |
| $\pi_{t,k}$ | −5.35*** | −3.50 | −2.89 | −2.58 |
| $m_t$ | −3.86*** | −3.50 | −2.89 | −2.58 |

注:*、**、*** 分别表示所对应变量的时间序列在 10%、5%、1%的显著水平下是平稳的。

表 4-2 中,7 天同业拆借利率 $i_t$ 的 ADF 检验值均小于 5%的临界值;GDP 缺口 $y_{t,q}$、通货膨胀率 $\pi_{t,k}$、广义货币供应量 M2 季度增长率 $m_t$ 的 ADF 检验值均小于 1%的临界值,即 $i_t$ 在 5%显著性水平上拒绝"存在单位根"的原假设,$y_{t,q}$、$\pi_{t,k}$、$m_t$ 则在 1%显著性水平上拒绝"存在单位根"的原假设。故本书所用变量都是平稳的时间序列,可以进行下一步实证检验。

**(四) 广义矩估计(GMM)**

广义矩估计(GMM)可以有效防止在模型估计过程中出现内生性问题,它不要求扰动项拥有准确的分布信息,且允许误差项存在异方差和序列相关。相对于其他估计方法而言,运用广义矩估计(GMM)所得到的系数估计量更合乎实际(见表 4-3)。为研究前瞻性泰勒规则是否适合互联网金融时代的中国货币政策操作,本书在实证检验中将整个样本区间分为 1992—2011 年和 2012—2017 年两个阶段[①],并进行比较分析。

---

① 由于数据来源的限制,利率数据以 1992 年为起点。根据中国互联网金融的发展阶段,自 2012 年后,互联网金融在中国异军突起,P2P、众筹融资平台等互联网金融新业态迅猛发展。因此,本书将样本区间划分为 1992—2011 年和 2012 年以后两个阶段。

表 4 - 3　GMM 估计结果

| 年份区间<br>变量系数 | 2012—2017 | 1992—2011 | 1992—2017 |
|---|---|---|---|
| $\rho$ | 0.657**<br>(2.99) | 0.921***<br>(65.36) | 0.915***<br>(61.20) |
| $\delta$ | 1.15*<br>(2.99) | 1.53***<br>(65.36) | 1.52***<br>(61.20) |
| $\beta$ | 1.65*<br>(−1.78) | 0.41**<br>(2.57) | 0.43**<br>(2.07) |
| $\gamma$ | −0.38<br>(2.05) | 0.24*<br>(3.48) | 0.19*<br>(3.50) |
| $r^*-(\beta-1)\pi^*$ | 4.83<br>(1.09) | −2.28<br>(−1.65) | −1.01<br>(−0.72) |
| $R^2$ | 0.534 | 0.991 | 0.986 |
| $DW$ | 2.35 | 1.53 | 1.99 |

注：括号里的是 $t$ 值；*、**、*** 分别代表 $P$ 值的大小，$P<0.05$、$P<0.01$、$P<0.001$。

表 4 - 3 中，通过观察每个时间段估计结果的 $R^2$ 和 $DW$ 值可以发现，各时间段模型的拟合度都比较好。虽然 2012—2017 年的 $R^2$ 较小，但可能的原因是由于互联网金融在中国发展的时间较短，样本数量较少所导致。因此，总体而言，式(4.34)所构建的模型是合理的。下面分析每个系数值的含义。

1. 平滑系数 $\rho$

表 4 - 3 中，总样本区间以及各时间段的利率调整平滑系数 $\rho$ 都显著且系数值较大，在 0.6 以上，表明中国人民银行在利率调整的过程中具有明显的平滑性。实际上，中国人民银行会根据当期通货膨胀率确定商业银行存贷款利率，以 1 年期存贷款利率的调整行为为例，如表 4 - 4 所示。

表 4‑4　1992—2017 年 1 年期存贷款利率调整表

| 时　间 | 1 年期存款利率 | | 1 年期贷款利率 | |
|---|---|---|---|---|
| | 利率值 | 调整幅度（％） | 利率值 | 调整幅度（％） |
| 1990.04.15 | 10.08 | — | 11.34 | — |
| 1990.08.21 | 8.64 | −1.44 | 9.36 | −1.98 |
| 1991.04.21 | 7.56 | −1.08 | 8.64 | −0.72 |
| 1993.05.15 | 9.18 | 1.62 | 9.36 | 0.72 |
| 1993.07.11 | 10.98 | 1.80 | 10.98 | 1.62 |
| 1995.07.01 | 10.98 | 0.00 | 12.06 | 1.08 |
| 1996.05.01 | 9.18 | −1.80 | 10.98 | −1.08 |
| 1996.08.23 | 7.47 | −1.71 | 10.08 | −0.90 |
| 1997.10.23 | 5.67 | −1.80 | 8.64 | −1.44 |
| 1998.03.25 | 5.22 | −0.45 | 7.92 | −0.72 |
| 1998.07.01 | 4.77 | −0.45 | 6.93 | −0.99 |
| 1998.12.07 | 3.78 | −0.99 | 6.39 | −0.54 |
| 1999.06.10 | 2.25 | −1.53 | 5.85 | −0.54 |
| 2002.02.21 | 1.98 | −0.27 | 5.31 | −0.54 |
| 2004.10.29 | 2.25 | 0.27 | 5.58 | 0.27 |
| 2006.04.28 | 2.25 | 0.00 | 5.85 | 0.27 |
| 2006.08.19 | 2.52 | 0.27 | 6.12 | 0.27 |
| 2007.03.18 | 2.79 | 0.27 | 6.39 | 0.27 |
| 2007.05.19 | 3.06 | 0.27 | 6.57 | 0.18 |
| 2007.07.21 | 3.33 | 0.27 | 6.84 | 0.27 |
| 2007.08.22 | 3.60 | 0.27 | 7.02 | 0.18 |
| 2007.09.15 | 3.87 | 0.27 | 7.29 | 0.27 |
| 2007.12.21 | 4.14 | 0.27 | 7.47 | 0.18 |
| 2008.09.16 | 4.14 | 0.00 | 7.20 | −0.27 |
| 2008.10.09 | 3.87 | −0.27 | 6.93 | −0.27 |

| 时　间 | 1 年期存款利率 | | 1 年期贷款利率 | |
|---|---|---|---|---|
| | 利率值 | 调整幅度（%） | 利率值 | 调整幅度（%） |
| 2008.10.30 | 3.60 | −0.27 | 6.66 | −0.27 |
| 2008.11.27 | 2.52 | −1.08 | 5.58 | −1.08 |
| 2008.12.23 | 2.25 | −0.27 | 5.31 | −0.27 |
| 2010.10.20 | 2.50 | 0.25 | 5.56 | 0.25 |
| 2010.12.26 | 2.75 | 0.25 | 5.81 | 0.25 |
| 2011.02.09 | 3.00 | 0.25 | 6.06 | 0.25 |
| 2011.04.06 | 3.25 | 0.25 | 6.31 | 0.25 |
| 2011.07.07 | 3.50 | 0.25 | 6.56 | 0.25 |
| 2012.06.08 | 3.25 | −0.25 | 6.31 | −0.25 |
| 2012.07.06 | 3.00 | −0.25 | 6.00 | −0.31 |
| 2014.11.22 | 2.75 | −0.25 | 5.60 | −0.40 |
| 2015.03.01 | 2.50 | −0.25 | 5.35 | −0.25 |
| 2015.05.11 | 2.25 | −0.25 | 5.10 | −0.25 |
| 2015.06.28 | 2.00 | −0.25 | 4.85 | −0.25 |
| 2015.08.26 | 1.75 | −0.25 | 4.60 | −0.25 |
| 2015.10.24 | 1.50 | −0.25 | 4.35 | −0.25 |

注：数据由中国人民银行网站整理计算而得（http://www.pbc.gov.cn/）。

表 4-4 中，在 1993 年 5 月和 7 月，中国人民银行为防止恶性通货膨胀分别两次上调存款利率和贷款利率，总上调幅度分别为 3.42% 和 2.34%。随后，面对经济下行的压力，中国人民银行为防止通货紧缩，在 1996—2002 年连续 8 次下调存贷款基准利率，存款总下调幅度为 9%、贷款总下调幅度为 6.75%。2004—2015 年下半年，存款利率共经历了 25 次调整，其中上调 13 次、下调 12 次；贷款利率共经历了 27 次调整，其中上调 14 次、下调 13 次。可以看出，中国人民银行对存贷款利率的调整频率逐步增大，调整幅度逐渐减小并趋于稳定，具有明显的平滑性特征。银行间同业拆借利率一般会紧跟在存

贷款利率调整之后进行调整,故存贷款利率调整的平滑性特征也会传导至银行间同业拆借利率的调整上,使得后者也表现出显著的平滑调整特征,而这也正符合表 4-3 中平滑系数 $\rho$ 值的意义。

2. 产出缺口系数 $\delta$

根据简单的泰勒规则公式,产出缺口系数为正,意味着当实际产出低于潜在产出时,利率减小会对经济产生稳定作用。如表 4-3 所示,在总体样本区间和各时间段内,产出缺口系数 $\delta$ 值都大于 1(至少为 1.15),意味着银行间同业拆借利率对产出缺口的变动非常敏感,说明中国人民银行一直以来对经济的增长和稳定都给予了高度重视。实际上,从中国的货币政策最终目标"保持货币币值的稳定,并以此促进经济增长"[①]中,就可以看出经济的稳定和增长在中国货币政策制定和实施过程中始终具有重要地位。

3. 通胀缺口系数 $\beta$

在泰勒规则的相关研究中,通胀缺口系数 $\beta$ 的大小决定了泰勒规则货币政策反应函数的稳定性。若通胀缺口系数 $\beta \geqslant 1$,则说明中央银行在应对高通货膨胀时会提高实际利率,将通货膨胀保持在合理区间;相反,如果通胀缺口系数 $\beta < 1$,则会导致当通货膨胀率提升时,利率的调整幅度永远赶不上通货膨胀率的提升幅度,实际利率会不断下降,此时的货币政策将会非常不稳定。表 4-3 中,通胀缺口系数 $\beta$ 在总体样本区间和 1992—2011 年的值分别为 0.43 和 0.41,表明泰勒规则在 2012 年以前是一种不稳定的货币政策,并不适合作为中国的货币政策规则。然而,通胀缺口系数 $\beta$ 在 2012—2017 年的值为 1.65,表明预期通货膨胀率上升 1%,中央银行会将名义利率提高 1.65%,即实际利率将提高 0.65%,对总需求会产生抑制作用,进而使得通货膨胀率下降,故前瞻性泰勒规则货币政策在互联网金融时代是有效的。

4. M2 增长率系数 $\gamma$

广义货币供给量 M2 自 1998 年被中国人民银行作为主要货币政策中介

①　《中华人民共和国中国人民银行法》,于 2003 年颁布。

目标和操作工具以来,对货币政策的制定和实施以及经济的稳定和增长有着至关重要的作用。故本书将 $M2$ 增长率作为货币供应量变量加入前瞻性泰勒规则政策反应函数中。从 $M2$ 增长率系数 $\gamma$ 值可以发现,在 1992—2011 年以及整体样本区间内的 $\gamma$ 值是显著的,而且与 7 天银行间同业拆借利率呈同方向变动,分别为 0.24 和 0.19;但在 2012—2017 年的 $\gamma$ 值并不显著,且符号也发生了变化,为 $-0.38$。这表明货币供应量在 2012 年以前确实发挥着稳定而有效的作用,但自 2012 年以来,货币供应量对经济的调控作用显著下降,可能的原因是互联网金融时代的传统货币层次划分的方法和依据受到冲击,大幅度削弱了货币供给量的可测性、相关性与可控性,不再适合作为中国人民银行货币政策主要的中介目标和操作工具。

综上所述,前瞻性泰勒规则政策反应函数在 2012 年以前对通胀缺口反应不足,运用前瞻性泰勒规则调控宏观经济的货币政策具有内在不稳定性。然而,自互联网金融时代以来,前瞻性泰勒规则政策反应函数对通胀缺口与产出缺口的反应都非常显著,此时的前瞻性泰勒规则货币政策反应函数式(4.34)能够为中国货币政策的制定与实施提供参考依据和理论指导,并对中国经济的稳定与增长产生积极作用。

## 五、中央银行在互联网金融时代采用利率规则的政策建议

在互联网金融时代,货币供应量作为中国传统的货币政策工具,对宏观经济的调控作用明显减弱。为探索和完善中国当前和未来的货币政策,本书采取广义矩估计(GMM)方法对前瞻性泰勒规则在中国互联网金融时代的适用性问题进行实证检验,结果如下:

① 在 2012 年以前,7 天银行间同业拆借利率对产出缺口反应充分,产出缺口系数 $\delta$ 为 1.53,而对通胀缺口的反应程度不足,通胀缺口系数 $\beta$ 为 0.41,该结果与卞志村(2006)所得结论高度一致,说明此时前瞻性泰勒规则在中国是一种具有内在不稳定性的规则,并不适合被中国人民银行采纳运用。

② 在互联网金融时代,7 天银行间同业拆借利率对产出缺口反应充分,

产出缺口系数 $\delta$ 为 1.15，而且对通胀缺口的反应程度也符合泰勒原理，通胀缺口系数 $\beta$ 为 1.65。说明前瞻性泰勒规则是一个稳定而有效的规则，能够成为当前和下一阶段中国货币政策的重要参考依据。主要的原因是在互联网金融时代，利率市场化进程得以加速，货币市场对利率的敏感性得到增强，为前瞻性泰勒规则在中国的运用提供了良好的环境。

为进一步完善中国人民银行货币政策，加强对利率工具的运用能力，本书根据实证检验所得结论，提出以下几点建议：第一，为了更好地将前瞻性泰勒规则运用到中国货币政策的制定与实施过程中，中国人民银行应将利率作为中国主要的货币政策中介目标和政策工具。第二，深化利率体制改革。正如2003 年 10 月 22 日中国人民银行研究局局长谢平在社科学院金融研究所举办的讲座上所说，只有在利率完全市场化的国家才有条件采用泰勒规则。互联网金融在中国迅速崛起之后，虽然中国在推进利率市场化进程方面下了很大功夫[1]，但若要以前瞻性泰勒规则作为中国的主要货币政策规则，充分体现其在经济稳定与增长中的作用，必须继续推进利率市场化进程，加快完成利率市场化建设。第三，在鼓励金融创新的同时，要适当给予监管。互联网金融虽然在中国得到了快速发展，但同时也带了很多问题，为保证前瞻性泰勒规则在中国能够充分发挥其指导作用，需健全和完善互联网金融时代的金融监管政策与体系。

---

① 2013 年 7 月 20 日，中国人民银行决定全面放开金融机构贷款利率管制；2015 年 5 月 11 日，中国人民银行决定金融机构存款利率浮动区间的上限由存款基准利率的 1.3 倍调整为 1.5 倍；2015 年 8 月 26 日，中国人民银行决定放开 1 年期以上（不含 1 年期）定期存款的利率浮动上限；2015 年 10 月 24 日，中国人民银行决定对商业银行和农村合作金融机构等不再设置存款利率浮动上限。

# 第五章　互联网金融与金融监管理论

## 第一节　金融监管理论述评

### 一、金融监管的内涵与必要性

#### （一）金融监管的内涵

1. 金融监管与金融管制

在进行互联网金融监管理论探索之前，需对金融监管的相关概念进行厘定，这不仅是学术上的规范，更是做出严谨和更有价值研究的必要条件。

在金融监管概念的辨析中，为了明确定义金融监管，首先需要对与其意思相近的概念——金融管制进行区分。金融管制更加强调监管部门对金融机构直接的管理和制约，比金融监管具有更强的干预性，而金融监管则更加倾向于在金融体系外部根据规则对其进行监督和管理。周子衡（2005）对金融监管与金融管制做出概念区分，指出金融监管与金融管制二者联系紧密，广义的金融管制实际上已经包含了金融监管，金融监管是金融管制的具体实现路径和效力评估，更是推动金融管制体系改革的强大动能。同时，金融监管在技术手段、职能和部门等方面又具有较强的独立性。因此，可以认为，金融监管是在遵守规则的前提下对金融机构的监督和检查。[205]

周道许（2000）则认为，金融监管与金融管制之间存在很大的差异。金融监管是指在国家法律法规的授权下，一国或地区中央银行或金融监管当局对金融市场的金融监督和金融管理。具体而言，金融监管又有广义和狭义之分，其中广义的金融监管是指包括中央银行、监管机构、同业互律性组织，以及金融机构自身在内的金融监管体系，共同对金融体系进行监督和管理。而狭义的金融监管仅包括中央银行和金融监管部门的金融监管体系。金融管制则是指国家对金融体系中重要的金融业务、金融活动等所实行的强制性控制手段，实行严格的"一刀切"策略，主要包括汇率管制、利率管制、贷款规模控制和外汇管制。一般来说，在非市场经济或市场经济不完善的国家，金融管制是非常普遍的，而金融监管则更多地被市场化的经济金融环境所接受。因此，国家可以根据不同经济发展阶段来选择金融管制或者金融监管。[206]

一般而言，金融管制相对于金融监管具有更大的强制性。金融管制是由国家法律法规对金融体系做出的直接强制规定，以防控系统性金融风险。而金融监管则更多地表现为一种市场化的行为，由金融监管当局和金融机构一道，共同构建防范金融风险的"防火墙"，以保护金融消费者权益和实现金融市场的持续健康发展。

### 2. 金融监管概念研究

在金融理论研究和实践探索中，针对金融监管所做的研究一直备受关注，专家学者对金融监管概念也提出了不同见解。

王广谦（1999）从狭义和广义两个方面解释和论述了金融监管的内涵。在狭义层面上，金融监管是中央银行或其他金融监管部门依据法律法规对金融行业所实施的监督管理。在广义层面上，金融监管还包括对金融机构的内部控制和其他中介机构或组织的监督管理，以及金融同业机构之间金融活动的监督管理等。[207]白钦先和张荔（2003）认为，金融风险的客观存在是金融监管存在的必要条件，并指出金融监管就是一国政府或其他代理机构对金融机构的监督和管理，包括市场准入、市场退出和业务范围等方面的具体规定，以及风险管控、内部结构、组织绩效等方面的合规性要求。[208]孔祥毅（2002）指出，金融监管是指政府或金融监管部门通过制定相关政策、惯例、规则和组织安排对金融主体在金融交易过程中的约束和激励，并降低由金融交易费用和竞争中的不确定性所引致的金融风险，进而提高金融市场中的资源配置效率。[209]

通过梳理金融监管的相关文献，可以发现，由于社会、经济和制度等方面的差异,金融监管涉及的内容十分庞杂。本书认为,金融监管是指一国或地区的金融监管部门,如中央银行、银保监会和证监会等对金融机构所做的各种规定和监督,包括对金融机构的市场准入、业务范围、市场退出、内部控制、组织结构和风险管理等方面的规定和监督。

### (二) 金融监管必要性研究

金融是跨时间、跨空间的价值交换,能够将不同个体或组织的财富和收入在不同时间、不同空间进行有效配置,进而为经济发展提供强大动能。具体来说,首先,在市场经济中,货币信用或金融功能非常强大,金融使得财富和资源的匹配、资金的融通和使用更加充分和合理。其次,金融是市场经济中宏观经济调控的重要杠杆。通过观察金融体系的运行,可以比较全面和深入地认识社会经济活动的运行状况,尤其是利率、汇率、信贷等重要金融指标对微观经济主体的投资、消费等行为有着直接影响。并且中央银行也可以通过制定和实施金融调控的政策措施,影响货币供给和利率,从而引导宏观经济健康发展。最后,在市场经济中,货币资金作为重要的经济资源和财富,是整个社会经济生活的命脉和媒介。可以发现,金融对经济发展和稳定具有重要作用,一旦发生金融风险和金融危机,将会对国家和人民造成巨大的经济损失,甚至会引起社会动荡,因此金融监管作为金融风险和金融危机的防火墙,对其进行针对性的研究是非常必要的。

值得注意的是,金融监管并不是一成不变的,而是随着经济形势的变化和金融结构的变迁而动态调整的。在金融创新和金融深化的刺激下,金融交易环境和制度不断变化,金融风险也更加复杂多变,传统金融监管的局限性也就越来越大。因此,合理的金融监管体系需要不断适应新形势的变化,每一阶段的金融监管体系都要符合金融发展水平和金融风险控制要求,只有这样才能实现最优的金融监管效率。魏攸智(1994)较早地认识到金融监管的必要性,认为建立以中央银行为主的金融监管体系,是实现经济发展和稳定运行的必要条件。[210]本书通过梳理文献,发现以下四点原因能够充分体现金融监管的必要性。

### 1. 信息不对称和不完全

金融机构对市场经济的发展具有重要作用,它能够为市场中的资金供需提供中介平台,包括信用中介和支付中介。金融机构的基本功能在于它能同时沟通两类个人或机构对资金和财富的需求,一类为借款人,他们对资金有着强烈的需求,希望能够通过金融机构进行融资,以用于扩大生产规模等;另一类为贷款人,他们手中持有闲置的资金,希望能够通过金融机构将闲置资金投资于违约风险小、收益高的金融产品上。因此,金融机构的资产大部分体现为借款人的负债,而金融机构的负债则体现为借款人的资产。

金融机构得以作为借款人和贷款人中介的原因在于:① 资金管理上的优势,以及在与对方谈判、评估、收款和记账方面的专业性;② 金融机构能够通过专业的操作将风险降到最低;③ 政府管制能保证这些机构具有充足的流动性,如银行检查、投资管制、存款保险、最后贷款人等规定。如果此市场中的信息完整,则资金盈余者可以判断潜在借款人是否值得信赖,他们在投入资金后能否产生预期的收益,以及是否能够保证到期时收回本金和利息。但现实中的金融市场运行则表现为信息不对称、不完全,由此产生了"逆向选择"和"道德风险"①,为了解决这一问题,只能由政府提供金融监管来保证金融市场的健康和安全(骆玉鼎,2000)。[211]

### 2. 自然垄断和不完全竞争的金融市场

金融机构进入金融市场的门槛很高,金融机构在初期不仅要投入巨额的注册资本,还要花费巨额资金在广告宣传费上以吸引用户。金融机构一旦投入运营,将不可避免地继续增加其营业网点来扩大其业务范围。网点数量不仅是实力的象征,而且是吸引用户的最佳方式之一,进而带来规模经济,形成自然垄断;同时,如果某一家金融机构率先获得相当大的市场份额,就会进一步增强其他类似金融机构的进入壁垒,使得该金融机构的竞争对手越来越少,

---

① 逆向选择是指由于交易双方信息不对称和市场价格下降产生的劣质品驱逐优质品,进而出现市场交易产品平均质量下降的现象。道德风险是指在信息不对称的情形下,市场交易一方参与人不能观察另一方的行动或当观察(监督)成本太高时,一方行为的变化导致另一方的利益受到损害。

最终就有可能导致自然垄断的形成。在这种情况下，为了避免由于自然垄断而导致的金融寡头出现，提升金融体系的效率，有必要对这些金融机构进行监管。

### 3. 金融风险的传染性

与其他行业相比，金融行业具有其特殊性，因为金融机构的风险和危机将会引起社会恐慌。金融机构与其他公司的一个重要区别是，其资产主要是非流动性的，而其负债则主要是高度流动的。一旦金融风险或危机触发了公众挤兑，就很容易出现"技术性破产"。戴蒙德和迪布维格（Diamond & Dybvig，1983）所构建的银行挤兑模型对此现象做了很好的解释。[212]

在银行挤兑模型中，考虑的是一个三期模型，假设第一阶段有两种类型的投资项目，第一类在第二期的收益为 $1+r$，第二类在第三期的收益为 $(1+h)^2$，其中 $r<h$，这表明期限与投资收益成正比。但是，第二类投资不具有流动性，如果在第二阶段被迫实现，那只能得到价格 $v<1+r$。还有两种类型的投资者，他们在第一阶段都有一个单位的资源，但是第一类型的投资者在第二阶段消费，第二类型的投资者在第三阶段消费。假设投资者在第一阶段不知道其类型，而在第二阶段之后才知道，这时他就面临着一种不确定性：如果他选择第一类投资，他会发现在第三期消费，会损失 $(1+h)^2-(1+r)^2$；如果选择第二类投资，并且发现自己想在第二期消费，则损失 $(1+r)-v$。如果有一家银行，尽管它不知道每个投资者的类型，但它知道两种类型的投资者的总体比例：第一类投资者的比例为 $p$，第二类为 $1-p$，那么这种损失就可以避免。它只需要结合所有投资者的资源，按 $p$ 和 $1-p$ 的比例投资于第一类和第二类项目，就可以保证所有第一类投资者得到 $1+r$ 回报，第二类投资者得到 $(1+h)^2$ 的回报。

因此，金融中介机构可以改善社会福利。尽管银行消除了投资者的流动性风险，但是自身有可能受到挤兑的风险。假设在第二阶段，所有第二类投资者都要求提款，银行就会破产，因为该银行从第一类项目获得的收益加上第二类项目的变现价值小于它的总负债，即 $p(1+r)+(1-p)v<1+r$，而所有第

二类投资者都会意识到这一点。因此，当他预期其他第二类型的投资者撤资时，他的最佳选择是尽可能快地撤资，这样就存在两个纳什均衡：第一类型的投资者总是在第二期撤资，第二期投资者退出的比例取决于他对其他第二类投资者行为的预期。当他预期他们都将在第三阶段撤出时，他将选择在第三阶段撤出。当他预期他们都在第二期撤出时，他也选择在第二期撤出。后者的平衡是银行挤兑。这种技术性危机就需要金融监管来避免和防范。

### 4. 金融监管是金融结构自然演进的必然结果

古德哈特等（Goodhart et. al., 1997）认为，在纯市场力量的作用下，金融监督也会发生，而政府并不是金融监督存在的必要条件。[213] 由各金融机构之间资产规模的差异而形成的等级机制是金融机构最重要的特征之一。在金融市场发展过程中，较小规模的金融机构自然会依赖较大的金融机构。例如，小型银行通常会在大型银行开设一个存款账户，然后将存款准备金存入该账户，大型银行则代表他们处理转账和付款服务；较小规模的金融机构的负债与较大规模的金融机构的负债有很强的相关性，二者可以相互转换。在这种机制下，一些大型金融机构及其发行的负债就成为金融体系中"金字塔"结构的顶端。其他规模较小的金融机构及发行的负债以规模从大到小依次往下排序。金融机构的等级结构使得规模较大的金融机构会对依附于它的金融机构进行监管，例如，规模较大的金融机构会对规模较小的金融机构所存放的准备金是否充足进行考核，只有在规模较小的金融机构的运行稳健之后才会愿意与其建立依附关系。在当代金融体系中，中央银行的信用等级在各个国家基本都是最高的，因此必然成为金融等级"金字塔"结构中的最高等级，由中央银行负责牵头来监管其他金融机构是合理和必然的。

金融是经济发展的强大推动力，但是金融风险的存在同样会让经济受到巨大损失，因此金融监管是为经济发展保驾护航的必要措施。本书首先对金融监管的概念和内涵进行辨析，并在此基础上，阐述了金融监管存在的必要性。根据马克思主义基本原理，实践是理论的基础，理论对实践具有反作用，即合理的理论会引导实践往更好的方向发展，而错误的理论会减缓实践发展速度,甚至会对实践造成毁灭性打击。因此,为了更好地防范金融风险,维护经济持续稳定发展,需进一步对金融监管理论进行深入研究。

## 二、强调稳定的金融监管理论

1933 年,美国《Grass-Steagall 法案》的出台,以及联邦存款保险制度的实施,标志着现代金融监管体系的建立。随着金融监管实践的持续演变,针对金融监管理论的研究也在不断发展进化。从本质上说,金融监管理论实际上是在一定历史条件下对金融监管主体和客体之间关系的思考,也是对金融监管法律制度、组织制度以及市场操作制度等的学术主张。在金融监管理论发展进程中,专家学者从不同角度对金融监管理论做出深入研究,因此,金融监管理论体系得以不断丰富和完善。

强调稳定的金融监管理论的主要目标是维护金融体系的安全,并重视政府直接监管的作用。20 世纪 30 年代的"大萧条"充分暴露了金融市场的脆弱性,各国开始实施旨在稳定金融市场的金融监管策略。基于稳定的金融监管理论在这一时期得到了充分的发展。该理论基于金融市场失灵,指出政府的直接干预和监管对金融稳定有很大影响,金融监管可以弥补金融市场的不完全性,提高金融资源配置效率。

### (一) 公共利益理论

公共利益理论以政府拥有充分信息和完全信用,以及其目的是为社会整体的福利而服务为假设前提,认为由于市场失灵(如外部效应、交易成本、自然垄断、不完全竞争、信息不对称和搭便车行为等)的存在,金融资源配置无法达到"帕累托最优"。而大型金融机构则不会接受私人或某个机构的监管,为了克服市场失灵对金融资源配置的不利影响,改善金融机构治理水平,只能由政府开展对金融机构的监管,从而提高金融运作的效率,维护金融体系的稳定性。金融监管公共利益理论的基本思想在于两点,一是积极鼓励政府参与金融机构的经营管理,实现对金融机构业务的直接控制。二是强化政府部门对金融机构监管的权限,充分发挥政府在金融监管中的作用,进而消除市场失灵的负面影响。根据公共利益理论,金融监管主要是对市场过程中市场失灵现象的不适应或低效率的一种应对措施。金融监管作为一种公共产品,正是由国家出面对市场失灵和低效率采取的处理手段。但是,金融监管同样也会引起市场的扭曲,使得理性金融监管所需要的信息是无效的,从而使得金融体系的系统风险反而增加了。

理查德·波斯纳(Richard Posner,1974)指出,金融监管的目的是服务于社会公众利益,监管者作为法律法规和政府权威的代理人,都是仁慈的,且具有足够的知识和理性。他们的目标是通过防止因市场失灵(如外部性、公共物品、自然垄断和信息不完全等)而导致的价格、产出和分配的扭曲,从而保护消费者的合法权益和实现社会福利的最大化。[214] 勒内·斯皮尔林斯(Renée Spierings,1990)认为,金融监管的主要目的是维护金融体系的安全性和稳定性,以及提高整个经济的资源配置效率。根据公共利益理论,政府设计的金融监管机制是最优的,必然能够提升整体社会福利水平,并且实现资源配置的"帕累托最优"。[215]

尽管金融监管是服务于社会公众利益的,且能够实现资源最优配置,但在现实中,金融监管往往并不总能有效地为公共利益和消费者权益提供很好的保护,尤其是在实施金融监管的过程中还会有较高的监管成本和经济损失。很多国家的金融监管实践也表明,用金融监管替代市场机制是低效率的。乔治·斯蒂格勒(George Stigler,1971)认为,金融监管不仅会经常扰乱金融机构的效率函数,而且会与监管的其他目标发生冲突。例如,金融监管机构通过降低利率水平来减少借贷成本,缓解银行同业间的过度竞争,不仅能够刺激消费,还能够提升资本配置的效率。但这种人为降低利率的做法由于不是市场化的行为,又会导致真实资产和金融资产的错误配置,产生资本与劳动比率的扭曲,使得原本不能生存的投资项目和金融活动得以生存和发展。不仅如此,金融监管很有可能会引起金融市场信号的扭曲,这无疑又会增加金融体系的系统性风险。因而基于公共利益理论的金融监管理论存在着较大局限性。[216]

### （二）金融脆弱理论

金融系统性风险是金融监管理论研究的主要对象之一,金融脆弱理论则是对金融系统性风险所做研究的重要理论结晶。海曼·明斯基（Hyman Minsky，1982）首次提出"金融不稳定假说",并对金融内在的脆弱性问题做了充分论述,由此形成了"金融脆弱性理论",自此金融脆弱性问题引起了学界、业界和政界的广泛关注和争论。明斯基指出,银行的目标是利润最大化,而这个目标将促使它不断增加高收益的风险性业务和活动,这将大大提升整个金融体系的风险和不稳定性,因此有必要对银行的经营行为和业务活动进行金融监管。不仅如此,银行业和其他相关贷款人的特性使得它们不得不经历周期性危机和破产浪潮,而银行业的风险和危机又会迅速传导到经济中的其他组成部分,促使经济危机的产生。明斯基的研究是以资本主义经济繁荣与衰退的交替为背景的,他指出金融危机的种子在经济繁荣时期就已经出现端倪。50 年的经济周期以 20 或 30 年的相对繁荣开始,在经济上升时期,银行的贷款条件越来越宽松,而借款人则会利用宽松有利的信贷环境进行积极的融资,这就会使得金融风险出现的概率大大提升,金融危机将在经济衰退时充分暴露。[217]戴蒙德和迪布维格（1983）则认为,任何引起存款者预期挤兑将要发生的事情都会导致银行挤兑现象的发生,而与银行本身的健全与否无关。因此银行的均衡是脆弱的,银行体系有着内在的不稳定性,存款挤兑现象会迅速传染开来,最终引发金融危机。因此有必要对银行进行有效监管以减少其内在不稳定性,防止金融风险的扩散。[212]弗里德曼和施瓦茨（Friedman & Schwartz，1986）针对银行及其他金融机构的流动性进行了深入研究,他们认为,造成银行及其他金融机构脆弱性的主要原因是：① 部分存款准备金制度使得银行及其他金融机构的资产和负债不平衡,这会引发银行及其他金融机构的流动性风险；② 在资产负债表中,资产主要是金融资产而不是实物资产,负债主要是金融负债而不是资产净值；③ 存款合同的等值和流动性形成了在萧条时期提取存款的激励。[218]乔治·考夫曼（George Kaufmann，1996）从银行体系的传染性和系统性风险的角度指出,银行业相对于其他产业更加脆弱、更容易被风险传染,其主要原因是,首先,资本与资产的比例较低,无法为金融风险所造成的损失进行充分补偿;其次,现金与资产的比率较低,这就使得金融机构需要出售仍具收益性的资产来弥补债务;最后,债务需求较高或者短期债务比率较高也会导致金融风险。另外,银行间同业拆借及支付体系使得多家银行的流动性和财务紧密相连,在这种情况下,一家银行的支付困难必然会导致连锁反应,即一家银行的违约会直接影响该银行所承担的对其他银行的责任,从而使一家银行的困难甚至破产迅速传染到整个金融体系。[219]

国内专家学者也对金融脆弱理论进行了研究。黄金老(2001)阐述了金融自由化与金融脆弱理论在中国金融市场发展过程中的运用。他认为中国实行金融自由化的收益大于成本,应当积极支持金融自由化,以实现金融体系的不断发展和完善。由于全球化进程持续推进,中国金融自由化是必然的过程,根据金融脆弱理论,金融自由化政策应当降低金融机构的脆弱性,而增加其收益性,故中国需要高度重视金融自由化的方式与路径。[220]江其务(2002)则将金融监管作为应对金融脆弱性、降低金融交易信息不对称、保护金融交易双方权益,以及维护金融安全稳定的一种制度安排,其内容涵盖宏观和微观两个层面金融交易活动的行为规范。[221]

以上研究无疑加深了人们对金融监管的认识和理解,对中国金融监管的改革与创新也具有重要的指导意义。

### 三、强调效率的金融监管理论

20世纪70年代,随着新古典宏观经济学与以货币主义为代表的自由主义学派占据主流经济学地位,金融自由化在学界、业界和政界的影响力逐渐扩大,注重效率的金融监管理论开始得到发展。这一时期强调效率的金融监管理论对公共利益理论和金融脆弱理论提出批评和质疑,并产生了金融监管经济理论、金融监管俘虏理论、社会选择理论和金融监管寻租理论等多种理论。

### (一)金融监管经济理论

金融监管经济理论认为,公共利益的概念是不清晰的,金融监管可以被认为是借助政府的权威性来向特定的个人或集团提供利益的一种产品,故金融监管受到供求规律的影响,现行的金融监管机制和策略正是各种利益集团对该产品的供求两种力量相互作用的结果。

乔治·斯蒂格勒(George Stigler,1971)率先探讨了金融监管经济理论,他从供给和需求两个方面研究了金融监管的相关内容。在需求方面,金融监管可以提供多种产品,包括实行固定价格、控制新竞争进入、直接的货币补贴、市场准入的监管、对业务活动的限制,以及干预替代品和互补品的生产等。在供给方面,斯蒂格勒认为政府部门提供监管存在着较高的成本,如在民主政治决策中,一个政党在决定是否支持某项监管行动时要考虑该决策是否有利于该政党的当选和再当选。因此,需求监管的产业必须向该政党付出一定的成本,包括选票和资源。因此,政府采取某种监管政策,以及具体的监管范围和程度,都取决于该监管政策需求与供给的相互作用。最后,他指出监管可能是一个产业所积极需求的,它的设计和实施主要是为受监管产业利益而服务,对该产业的监管只不过是将财富在不同利益集团之间进行转移。但是监管也可能是政府强加于一个产业的,并且会给受监管的产业带来很多限制和规定。[216]

理查德·波斯纳(Richard Posner,1974)同样从三个方面对公共利益理论提出了批评:第一,公共利益的概念是模糊的,该理论忽略了监管政策在实施中所存在的不同利益集团,即忽略了某一政策的实施可能对一个集团不利而对其他集团有利的现象;第二,几乎无法找到支持公共利益的实际证据;第三,监管者也会追求自己的最大效用,而这很可能与监管目标背道而驰。[214]

## (二) 金融监管俘虏理论

金融监管俘虏理论同样由斯蒂格勒(Seigler,1971)提出,该理论认为,金融监管与公共利益无关,金融监管部门不过是被金融机构俘虏的"猎物"或"俘虏",并指出虽然监管措施在实施伊始可能是有效的,但随着时间的推移,当金融机构逐渐开始熟悉监管立法和行政的程序时,金融监管部门会逐渐被金融机构所迷惑和主导,甚至被后者利用来给自身带来更高的收入。因此,金融监管俘虏理论得出三个推理：① 资本由大企业或资本家所控制；② 监管是资本主义制度的一部分；③ 大企业或资本家控制着监管。[216]

但波斯纳（Posner，1974）认为，金融监管俘虏理论缺少理论基础，并提出四点质疑：① 金融监管俘虏理论所描述的监管过程更像是被监管者与监管机构之间的谈判或讨价还价，而不是谁俘虏谁。② 被监管者并不是唯一可以影响监管机构的利益集团。如金融机构的消费者的利益同样也会受到金融监管的影响，故消费者群体同样具有俘虏金融监管部门的动机。③ 金融机构不仅能俘虏现有的监管机构，而且可以为实现自身的利益而创造一家监管机构来俘虏原有的监管机构。④ 金融监管俘虏理论无法解释现实中的许多现象，比如，金融监管部门在现实中并不是全部都被金融机构所俘虏，而且同一家金融监管部门可以对利益相互冲突的金融机构进行同时监管，另外，由金融监管部门所带来的利益很可能是消费者群体的，而不是金融监管部门本身的，这些现象都无法被金融监管俘虏理论所解释。[214]

### （三）社会选择理论

在金融监管俘虏理论的基础上，里德等（Reid et. al.，1981）提出了社会选择理论。该理论从动态发展的角度研究了金融监管的效用，指出金融监管的发展历程是，首先为社会公众利益建立金融监管部门，然后金融监管部门被动地反映被监管集团的利益，最后金融监管部门取得自我控制和独立性。以社会选择理论为视角，可以看出，金融监管具有较强的自我进化和完善的特征，这种特征只有在金融监管发展到相当高的程度后才会出现，即金融监管只有在获得自我控制能力和较强独立性之后才能够真正地发挥作用。金融监管部门期望能够保持独立性，拥有相机决策的权力，以实现自己的监管目标。金融监管部门想要实现的目标很广泛，包括集团利益和社会公众利益的选择与最大化。但金融监管部门更关注自身的存在和发展。因此，社会选择理论也认为，金融监管的结果很可能是导致集团利益或社会公众利益受到损失。[222]

### （四）金融监管寻租理论

金融监管寻租理论最早由戈登·塔洛克（Gordon Tullock）和安妮·克鲁

格(Anne O. Krueger)提出。戈登·塔洛克(Gordon Tullock,1967)将经济学的研究领域从资源在生产过程中的配置拓展到了非生产过程中的配置。[223]随后安妮·克鲁格(Anne Krueger,1974)将寻租行为定义为通过政治手段获得特许权使自己获得的收益大于租金收益,而使他人利益受到损失,并在此基础上形成了寻租理论。[224]寻租理论对政府监管和市场参与者维护自身经济利益的行为展开了深入研究,并做出了较好的解释。寻租理论的核心在于对利益集团寻租行为、寻租成本及其对社会福利的影响进行了解释,并且以政治竞争租金为切入点,通过分析政治经济中的利益集团、监管者、立法机关、选民和其他相关主体对政府进行操纵来改变政治制度和政策,进而创造租金的机制和过程(Robert Tollison,1991)。[225]寻租活动对经济增长造成了一定的负面影响,扭曲了资源配置,消耗了社会财富,进而导致社会福利的损失。除此之外,寻租活动本身还可能导致其他层面的寻租活动或避租活动等非市场化行为。由于金融监管是政府监管的有机组成部分,因此寻租行为同样也存在于金融监管中,这不仅会影响金融监管的公平,也会影响金融体系的稳定运行。

在金融监管寻租理论中,金融监管的存在是寻租行为的源头。该理论认为,金融监管增加了市场中的寻租机会,为政府及其代理人创造了寻租机会,不仅扭曲了金融资源的配置,而且使得金融市场竞争更加不公平。因此,政府通过金融监管来合理配置金融资源以纠正市场失灵的做法是不现实的,实际上越是注重金融监管的国家,该国家的金融监管寻租行为就越严重。金融监管寻租理论还认为,提高金融效率最有效的途径是放松金融监管,因为这可以减少金融监管的寻租机会(陆磊,2000)。[226]

强调效率的金融监管理论,分析了政府监管对金融体系效率的影响。该理论认为政府主导的金融监管更加注重对自身利益最大化的追求,而并没有将对公众利益的维护放在第一位。因此,金融监管并不能有效解决金融市场失灵问题,并且,金融监管与市场调节一样都存在失灵特性。

### 四、稳定和效率并重的金融监管理论

随着科技的进步和金融创新的不断发展，金融业也焕发出更大的活力，对经济发展的支持作用愈发重要。尤其是 20 世纪 80 年代后，世界各国纷纷放松了金融管制，金融自由化进程不断推进，初步形成了一个开放式和全球化的金融市场。随后，一系列地区性的金融危机在 20 世纪 90 年代接连爆发，使得世界各国开始重新考虑金融体系的稳定性和系统性风险防范的问题。专家学者们根据 20 世纪 80 年代以来金融业的发展状况，对金融监管理论进行了深入的研究。在此阶段，各国在兼顾效率的同时也比较重视金融监管的稳定，相关金融监管理论开始转向稳定与效率并重。

#### （一）金融监管辩证论

强调稳定或强调效率的金融监管理论都是从静态角度观察和解释金融监管问题的，没有充分考虑金融监管部门与金融机构之间动态变化的关系。20 世纪 80 年代以后，金融市场在整个世界范围内迅速发展，信息网络技术得到广泛运用、金融创新速度越来越快、金融产品和服务层出不穷，金融领域开始在整个世界范围内掀起一场持续至今的革命。

在此背景下，爱德华·凯恩（Edward Kane，1981，1983）采用黑格尔的辩证法和动态博弈模型，在金融监管经济理论的基础上构建起金融监管辩证论。金融监管辩证论从动态的角度阐述和解释了在金融监管过程中政治力量与经济力量互相影响的机制，指出金融监管是金融体系内的某些利益集团所需要的，正是这些需求的力量使得政府有动力为金融体系提供监管。虽然是金融体系中的某些利益集团对金融监管的需求在先，但在金融监管实施的过程中，金融环境的变化、监管目标的冲突、金融机构行为的不可控性等会使金融监管的有效性难以得到保证。从金融机构的角度来看，由于监管、市场和技术等因素发生任何变化都会对金融机构的最优化过程造成一定影响，因此金融监管部门需要根据金融机构的动态变化而不断改良策略，这就形成了监管—逃避和创新—放松监管或再监管—再创新循环的动态博弈过程。在这个循环的动态博弈过程中，由于金融监管改进的速度总是要滞后于逃避和创新监管行为，

因此金融监管的供给总是不足的。[227][228]为了解决这方面的不足,凯恩(1990)提出了监管者竞争理论,即通过金融监管部门之间的竞争来消除金融监管供给不足的问题。[229]

金融监管辩证论虽然从动态的角度阐明了金融监管部门与金融机构之间的辩证关系,也对金融创新与金融监管之间的动态变化过程做了比较好的解释。但其不足之处在于,没有对金融监管的效应做出必要的预测,而且由金融机构提出监管需求,再由监管部门创造监管供给的假设前提也存在争议。

### (二)信息经济学框架下的金融监管理论

20世纪90年代以来,世界各国频繁爆发金融危机,特别是1997年在新兴市场经济国家所发生的亚洲金融危机,使得基于信息经济学的金融监管理论受到关注并取得较大进展。信息经济学框架下的金融监管理论是在信息不对称的假设前提下提出的,商业银行等金融机构有效解决了金融交易过程中的信息不对称问题。若金融市场中所有参与人的信息对称,则贷款人就必然会清楚借款人的信用,以及资金在投资以后能否获得预期的收益等。但现实中金融市场的参与人,无论是借款人还是贷款人,他们之间的信息都是不对称的,由此就会出现金融市场中的道德风险和逆向选择等市场失灵的现象。而且信息不对称程度越高,金融市场中的道德风险和逆向选择问题就越严重。一般来说,由于采集和分析信息的成本较高,金融机构往往无法承担,因此只能由政府出面在金融市场中建立金融监管部门以解决由信息不对称所造成的道德风险和逆向选择等市场失灵问题。

### (三)注重资本监管的金融监管

资本监管是指金融监管部门对金融机构资产业务的限制和最低资本充足率的要求。其中,对资产业务的限制由美国1933年所发布的《Q条例》率先执行,它的直接目的是避免不同金融机构之间的业务交叉和过度竞争。尽管金融监管部门付出了高额的成本,但对资产业务的限制不仅没能实现金融监管的初衷,而且增加了金融机构的运作风险和金融市场中的系统性风险。另外,金融机构也能够通过各种金融创新来绕过金融监管部门对资产的限制,使得相关的监管无效。

金融监管部门对最低资本充足率的要求,首先由美国在 20 世纪 70 年代所开创的 CAMEL 风险管理体系提出,再由《巴塞尔协议》于 1988 年正式推出,最低资本充足率从此成为世界各国金融监管的主要工具,同时也引发了学界的理论研究热潮。迈克尔·基利(Michael Keeley,1990)的实证研究发现,银行业的特许权价值对银行的谨慎性监管有显著影响,特许权价值降低将增加银行投机的激励,从而导致资产配置风险的增加;反之,将降低投机的可能性,减少资产的配置风险。并且,竞争的加剧将导致特许权价值的降低。[230]基于此,赫尔曼等(Hellmann et al.,2000)在分析资本要求与投机激励关系的基础上,建立了资本监管的静态博弈模型,指出高资本要求将降低银行的特许权价值,进而会减少银行投资低风险资产的回报。因此,银行在高资本要求的条件下所形成的有效投资均衡并不是"帕累托最优"的,因为银行仍然有着较强的投资动机。[231]

### (四) 宏观审慎监管

宏观审慎与金融监管的发展历史紧密关联,在 1979 年 6 月库克委员会(Cooke Committee)的一次会议中,宏观审慎首次在世界范围内被提出。欧洲货币常设委员会(ECSC)在 1986 年发布的报告中对"宏观审慎政策"的概念进行了阐述,指出宏观审慎监管的目的在于提升广义金融体系和支付机制的安全稳健性。1992 年,欧洲货币常设委员会将"宏观审慎监管"定义为提升整个金融体系稳定性的政策,焦点在于金融市场与金融机构之间的关系。

1997 年的亚洲金融危机爆发后,宏观审慎开始引起金融监管部门广泛的重视,国际金融权威部门在 1999 年后对宏观审慎评估指标展开了研究,并迅速取得了成功,宏观审慎评估指标自此成为评价国家金融体系是否强健的重要指标。安德鲁·克罗克特(Andrew Crockett,2000)在国际银行监管会议上对比分析了微观审慎监管和宏观审慎监管,并对宏观审慎监管的概念做出了系统性的解释和阐述。他认为要实现整个金融体系的稳定就必须加强宏观审慎监管,并指出了宏观审慎监管的两个显著特征,一是宏观审慎监管是针对整个宏观金融体系的风险,目的还是降低金融市场风险给实体经济带来的损失;二是宏观审慎监管更加注重金融机构的集体行为所带来的金融风险。而微观审慎监管则更关注微观个体金融机构的风险,目的是保护金融消费者的合法权益。[232]克罗克特(Crockett,2000)从两个维度对宏观审慎监管进行了解释,一是截面维度,金融机构之间会存在类似的风险和风险关联,而且风险传染性很强,通过宏观审慎监管可以有效防止单个金融机构的金融风险引发系统性金融风险;二是时间维度,随着金融周期的推移,金融风险也会呈现出不同的特征,宏观审慎监管能够根据经济周期的特征削弱金融风险与实体经济的正反馈机制,进而缓解金融风险的"顺周期性"。[233]

自2008年爆发由次贷危机引发的国际金融危机后,宏观审慎监管得到国际上空前的重视,尤其是银行资本对金融体系顺周期性的影响、系统性金融风险的防范,以及对与宏观经济相关联的金融脆弱性的监管更是受到格外关注,宏观审慎监管的内涵也得到了进一步拓展。2009年,国际清算银行(BIS)正式提出使用宏观审慎的概念来描述导致危机的"大而不倒"、顺周期性、监管不足等问题。2011年,20国集团(G20)明确表示,宏观审慎监管是指金融监管部门运用宏观审慎工具来控制系统性风险,以降低金融风险和危机对实体经济造成的伤害。

## 第二节　传统金融监管在互联网金融时代的局限性

国内外的实践表明,金融监管体制和模式的选择与各个国家的金融市场发展程度、政府对金融的态度、金融监管部门的权威性、政治体制、历史传统、法律约束,以及经济体制等因素密切相关。因此,中国的金融监管体制和模式不能照搬国外经验,而应根据中国实际国情并以西方的金融理论与相关实践作为参照来研究适合中国的金融监管体制和模式。罗纳德·麦金农(Ronald Mckinnon,1988,1993)最早对中国金融监管问题给予关注,他详细阐述和解释了1978—1992年间中国经济增长和金融改革进程。[234][235]海曼·明斯基

(Hyman Minsky,1982)指出,中国等发展中国家不健全的法律环境已经对总体经济发展和金融发展水平造成了严重的消极影响和不良后果。[236]麦克斯韦(2002)提出,放松利率管制不仅能够使得中央银行更好地控制货币供给,还会促进较高的储蓄率和投资水平,进而提高资源配置效率,因此放松利率管制会促进中国经济和金融的快速发展。[237]钱颖一和青木昌彦(1994)指出,中国的金融监管存在两大缺陷,一是监管不足;二是监管不当。他们建议要在完善法制的基础上,通过约束政府行为达到资源的最优配置,并主张建立全新的中央银行和金融监管框架。[238]

## 一、中国金融监管实践发展的历程

中国金融监管体制作为行政管理体制的重要组成部分,是随着行政体制改革和金融市场的发展而逐步建立起来的。自 20 世纪 80 年代至今,中国的金融监管模式大致经历了以下四个阶段:1979 年前计划经济时代金融强制管理阶段、1979—1992 年央行统一集中监管阶段、1992—2003 年分业监管体系形成阶段,以及 2003 年至今监管体系不断调整发展阶段。

### (一) 1979 年前计划经济金融强制管理阶段

1948 年 12 月,中国人民银行成立。根据 1950 年《中国人民银行试行条例》规定,在中国人民银行总行设立检查处,负责对金融机构的监管。1953 年以后,中国逐步形成了高度集中和垄断的金融体系,此后一直延续到 1979 年。在此阶段,中国整个社会的经济运行都是通过行政命令和国家计划实行的,计划经济体制下的经济结构单一,金融机构简单,只有少数国有银行,银行之间缺乏竞争,少数金融机构只是严格执行上级命令,金融监管也主要是上级行对下级行发布行政命令,金融状态压抑,金融监管空白。可以说,中国在该阶段还没有建立真正的金融监管体系。

### (二) 1979—1992 年中国人民银行统一监管阶段

1979 年后,中国开始实施改革开放基本国策,金融监管制度得到逐步改进与完善。在之后的 10 多年,中国工商银行、中国农业银行、中国银行和中国建设银行四大国有商业银行先后成立，全国性股份制银行的成立逐渐打破国有专业银行对金融市场的垄断，中国金融体系逐步由计划转向市场化。1986年，交通银行重新组建，揭开中国股份制银行金融试点改革的序幕。随后，中信、招商、兴业、光大、华夏、恒丰、深发展和上海浦发等股份制银行相继成立，同时，非银行金融机构也开始萌芽。

此阶段的金融体制主要以国家的计划经济为主导，由中国人民银行统一实施金融监管。虽然在工、农、中、建四大国有银行的基础上开始发展股份制银行，但中国的金融市场仍然由四大国有银行所垄断。信托、保险、债券和股票等金融业务虽已起步，但总体上还在尝试和探索。此阶段的中国人民银行相比于之前有三点变化，一是更加凸显金融监管职能；二是金融监管的目标更加注重维护整个金融体系的安全稳定和金融机构的稳健运行；三是金融监管的内容主要围绕金融市场的准入和准出机制的设定。

### （三）1992—2003 年金融分业监管体系形成阶段

1992 年，中国证券监督管理委员会正式成立，开始由其对全国证券市场进行统一监管，自此中国的金融分业监管体系开始逐步形成。受 1997 年亚洲金融危机的影响，中国金融监管部门加大了对金融市场的监管力度，中国的金融监管体系得以进一步强化。1993 年，中国发布《中共中央关于建立社会主义市场经济体制若干问题的决定》，该决定中明确了中国市场经济的改革目标，并在同年发布《关于金融体制改革的决定》，确定了中国金融体制的改革目标。1994 年是中国金融体制改革的关键之年，中国分别对外贸、分税、银行和外汇等制度，以及现代企业制度进行了重要改革。1995 年，中国人民银行在中国的中央银行地位随着《中华人民共和国中国人民银行法》的颁布而正式确定，随后《中华人民共和国商业银行法》《中华人民共和国保险法》也接连颁布。1998 年，国务院证券委与证监会合并，基本形成了全国证券集中统一的监管体制。同年，中国保险监督管理委员会成立，开始对中国保险市场进行统一的监督和管理。中国人民银行在该阶段陆续设立了九个能够跨行政区域对金融体系进行监管的分行，对信用资金的计划控制转变为间接调控。1998 年，《中华人民共和国证券法》开始实施,此后期货、信托等的法律法规也相继出台,中国金融监管法规初步形成。2003 年,中国银行业监督管理委员会成立,中国的"一行三会"金融分业经营的监管格局初步形成。

此阶段的中国金融体系从高度垄断逐步转变为市场化,四家国有银行对金融市场的垄断局面被打破,银行、保险、证券、信托等股份制金融机构得到迅速发展。自此,金融市场分业经营体系初步形成,金融监管的法规体系初步建立,金融市场开放程度提升,金融体系逐步向市场化方向演进。

**(四) 2003 年至今监管体系不断调整发展阶段**

虽然中国"一行三会"的分业监管对金融机构的分业经营起到了很好的监管效果,但随着混业经营的迅速发展,分业监管的局限性愈发凸显。在此阶段,中国的金融体系呈现出多元化和交叉融合的特征,影子银行、互联网金融等新型金融模式迅速发展,金融创新环境良好,金融开放程度加深。另外,中国金融监管部门在金融市场国际化的大趋势下主动求变和适应,并加强彼此之间的合作,积极面对千变万化的金融市场。2003 年,中国人民银行分离对信托投资公司、商业银行、金融资产管理公司,以及其他存款类金融机构的监管职能,并通过与中央金融工委相关职能的整合,成立中国银行保险监督管理委员会,标志着中国金融分业监管体系正式形成。此阶段中国致力于金融市场化改革,鼓励金融创新,向着金融强国的方向不断迈进。

随着金融体制改革的深入,中国金融监管的目标逐渐转变为安全和效率并重,在强调合规监管的基础上,注重风险性监管。关于如何改善中国金融监管方式,高峰(2001)提出,中国金融监管部门应在鼓励金融创新的前提下,逐步放松对金融机构业务范围的限制,并采取合规性和风险性并重的统一金融监管体制,加强与国际金融监管部门的合作。[239]陈建华(2001)在中国金融监管的历史进程和中国人民银行机构与职能沿革的基础上,对比分析了综合监管和分业监管的优劣,并在此基础上提出中国金融监管体制中所存在的问题,结合当时金融市场和金融监管热点问题,给出了中国人民银行在金融监管中的具体职能。[240]关于信用评级制度,刘崇明(2002)认为,信用评级制度既有利于金融机构提高资产负债表透明度和自我约束能力,又有利于强化金融机构对金融风险的识别和预防。当前非金融机构的信用评级制度已在中国初步形成,但金融机构的评级制度未能跟上脚步。在这样的背景下,他提出中国可借鉴西方经验,并结合中国国情制定金融机构的信用评级制度。[241]关于信息披露制度,巴塞尔《新资本协议》对资本充足率制定了详细的信息披露规则,目的是为资本监管提供真实的信息支持。针对金融市场中存在的信息不透明可能导致金融风险的问题,王鹤立(2008)指出,金融机构内部信息不透明会造成投资人和客户的经济损失,而金融机构外部信息不透明则会因金融市场中的逆向选择而增加系统性金融风险;对于金融监管部门而言,若信息不透明,就会影响金融监管部门对金融风险的识别和判断,进而降低监管效率。[242]

随着金融创新的不断发展,混业经营已成为中国乃至世界金融的发展趋势。曾康霖和虞群娥(2003)提出,中国金融监管部门在考虑是实施分业监管还是混业监管时,需对金融机构的利益机制、产权结构、负债情况和自律能力等因素进行详尽的分析,否则无论是分业监管还是混业监管都无法起到应有的效果。[243]谢平和蔡浩仪(2003)深入研究了金融混业经营及其监管问题,并对分业经营、混业经营以及其他的金融监管体制进行了对比分析,以此为基础提出了中国由分业经营过渡到混业经营的运作模式和监管体制。[244]钱小安(2002)认为,中国应该建立集中统一的金融监管体制,并提出两种方案,一是建立中央金融监管委员会,负责制定金融监管的有关政策;二是建立中国金融监管委员会,负责对金融市场的审慎监管。[245]肖春海(2003)针对金融机构混业经营的经营结构、组织形式和微观基础做出了详尽的理论分析,并结合中国当时的金融体系发展状况,提出了中国金融机构混业经营的阶段性发展建议。[246]廖凡(2008)认为,在中国金融创新不断发展和金融机构混业经营的背景下,需要加强金融监管的有效性和协调性,提出中国金融监管仍要坚持分业监管,并尽快建立以中国人民银行为核心的金融监管架构。[247]李成等(2009)通过引入演化博弈论方法对中国金融监管体制进行了研究,提出要建立金融监管信息共享机制、强化金融监管法律约束,以及建立金融监管协调机制,以此来为中国金融监管博弈的各参与方提供良好的监管环境。[248]韩源（2000）认为，金融功能性分业经营在中国当前的特定条件下是合适的，但是面临国际上的压力和金融混业经营的趋势，中国有必要重视金融混业经营，并对金融混业经营的问题提出了相关建议。[249]梁红光（2001）指出，中国的金融混业经营的时机还未成熟，可考虑组建金融控股公司。[250]可以看出，关于中国在金融创新不断发展和混业经营日益壮大的形势下金融监管模式的选择，专家学者们大多较为审慎地结合中国国情来提供相关建议。

进入互联网金融时代，由于传统的金融监管部门对金融机构互联网化，特别是互联网金融的特征和风险认识不足，金融监管的积极作用因此而未能得到充分发挥，甚至因监管失效而导致经济损失和社会不稳定。在这样的背景下，专家学者们开始重视互联网金融时代的金融监管问题。

## 二、互联网金融时代的金融监管研究

互联网金融依托互联网、大数据、云计算和人工智能等技术异军突起，但其本质还是金融，它的支付、结算和资金融通等基本功能始终未变。因此，互联网金融的风险既包括一般性金融风险，也存在特殊的风险。只有准确识别互联网金融风险的内涵、表现形式和形成原因，金融监管部门才能够合理制定和实施监管政策，有效防范互联网金融风险。

### （一）互联网金融时代的金融风险

传统意义上的金融风险，其要点在于金融主体行为的不确定性。王曼怡、薛路遥（2015）指出，由于不确定性的存在，事前无法预测金融交易主体的行为，这就使得各交易主体的实际收益将偏离预期收益。[251]克罗克特（1996）认为，金融资产价格的波动性、金融机构的高负债率，以及资产负债结构的不合理，是产生金融风险的主要原因。在金融风险的冲击下，金融机构将非常脆弱，并且对宏观经济造成负面影响。[252]互联网金融的本质仍是金融，因此其不仅具有一般性的金融风险，而且具有因互联网技术性特征而产生的特殊风险。吴晓求（2015）指出，尽管互联网金融具有虚拟特性，但本质仍属于金融。[253]周娟(2015)认为,随着互联网金融的迅速发展,其业务所产生的不可控性和不确定性等因素使得互联网金融呈现较大的风险。[254]许雯(2015)提出,由于互联网金融是借助互联网而迅速发展起来的,故互联网金融具有传播速度快和覆盖面广等特征,相比于传统金融,互联网金融的风险具有更强的复杂性、多变性和多样性。[255]

互联网金融时代的金融风险伴随着互联网金融发展而不断呈现出来。为预防互联网金融时代金融风险事件的发生,专家学者对互联网金融时代金融风险的形成原因进行了深入研究。中国人民银行济南分行课题组(2014)认为,由于在传统的金融监管体制下,没有针对互联网金融的监管法规,因此互联网金融风险事件不断发生,对经济增长和社会和谐造成严重负面影响。[256]李娜(2014)认为,导致互联网金融风险的原因主要有以下两个方面,一是互联网金融平台为了追求高利润,在宣传金融产品时,只介绍高收益而忽略高风险;二是由于中国的利率市场化进程还未完成,人们对金融风险的认识不足,这就使得违规经营的互联网金融平台有了可乘之机,利用公众对金融风险的不敏感来谋取高收益。[257]郝文正(2014)通过阐述 P2P 网络借贷的洗钱风险、个人信息泄露风险、平台破产风险和庞氏骗局风险指出,互联网金融风险产生的原因主要有两个,一是互联网金融缺乏监管主体、网络借贷的准入门槛低以及行业标准不明确;二是中国目前所制定的金融监管法规,如证券法、银行法和保险法等都是针对传统金融行业的,而 P2P 等互联网金融的监管要求却一直处于空白,这种滞后性导致互联网金融风险无法得到有效控制。[258]姚国章和赵刚(2015)从信息技术的角度分析了互联网金融的风险,指出产生互联网金融风险的原因主要是:① 现有的金融监管体系无法适应中国金融业务发展的需要,导致监管滞后;② 互联网金融缺少相关规范标准;③ 如互联网、大数据、云计算和人工智能等信息技术的复杂性,使得互联网金融很容易受到黑客和病毒的威胁,导致互联网金融风险不断出现。[259]牛丰和杨立(2016)在信息经济学的基础上,采用博弈论方法研究了 P2P 网络借贷平台信用风险形成的原因,包括信用体系未完善导致事前的逆向选择,监督机制缺乏导致事中的道德风险,约束机制软化导致事后的道德风险。[260]

由于缺乏对互联网金融时代金融风险的全面认识,金融监管部门无法对互联网金融时代的金融风险进行有效监管和预防,因此在实践中出现了诸多问题,如网络借贷平台跑路、用户数据泄露和用户提现困难等。一般来说,互联网金融时代的金融风险具有以下几个表现形式。

### 1. 信用风险

信用风险是指交易双方不能或不愿意全部履行合同义务,或信用等级下降,给投资人造成损失的不确定性。王汉君(2013)指出,信用是互联网金融的核心问题,信用风险的表现形式有以下几种:① 信用信息滥用风险,即互联网金融平台不重视保护用户的隐私,对用户的信用信息随意使用,这将导致 P2P 网络借贷平台无法对用户做出客观合理的评估;② 违约风险,即 P2P 网络借贷平台中的违约风险最为严重,如提款困难,平台跑路等;③ 欺诈风险,其包含两层含义,首先,由于内部管理问题,工作人员出于私人利益而做出的欺诈行为,其次,由于外部人员通过技术等手段盗取或骗取用户资金的欺诈行为。[261]

### 2. 市场风险

根据巴塞尔协议《市场风险监管措施》的相关规定,市场风险是指由于市场价格波动使得银行资产负债表内和表外头寸出现亏损的风险。刘志洋和汤珂(2014)认为,互联网金融面临由市场波动引起的商品风险、利率风险、股票价格波动风险和汇率风险,但是由于互联网金融交易成本低,当出现较大的市场波动时,用户可以快捷和低成本地调整金融资产配置。[262]

### 3. 流动性风险

根据 2009 年中国银监会印发的《商业银行流动性风险管理指引》的相关规定,流动性风险是指商业银行虽然有清偿能力,但无法及时获得充足资金或无法以合理成本及时获得充足资金以应对资产增长或支付到期债务的风险。互联网金融也存在流动性风险。徐争荣等(2016)指出,互联网金融流动性风险主要是在经济形势不乐观的条件下,一旦发生流动性资金不足,将会导致互联网金融平台的清算倒闭,并以余额宝为例对互联网金融产品的流动性风险进行了详尽分析。[263]

### 4. 道德风险

道德风险是指在信息不对称的情形下,市场交易一方参与人不能观察另一方的行动或当观察(监督)成本太高时,一方行为的变化导致另一方的利益受到损害。由于互联网金融无法完全消除信息不对称,因此互联网金融具有道德风险。许荣等(2014)提出,由于互联网金融是全民共享的"普惠金融",受商业银行排斥在外的普通用户都被互联网金融作为主要业务对象,在信息不对称的条件下,逆向选择和道德风险就成为制约互联网金融发展的核心因素。[264]刘峰(2015)认为,由于金融交易双方对彼此的身份信息、信用评价和其他相关信息的了解程度不同,进而形成信息不对称风险,表现形式为网络借贷决策风险和资金流向的信息掌控风险等。[265]

### 5. 操作风险

根据巴塞尔银行监管委员会的定义,操作风险是指由于内部程序、人员和系统的不完备或失效,或由于外部事件造成损失的风险。互联网金融时代的重要特征是在开放的网络环境中运作,尽管这种开放的环境对经济金融的发展起到了巨大作用,但同时也藏匿着各种不确定性。杨群华(2013)认为,依托信息技术进步而迅速发展的互联网金融同样会由于技术和其他问题而导致互联网金融出现信息安全风险、技术选择风险和技术支持风险。[266]魏鹏(2014)指出,互联网金融的运行高度依赖电子支付平台,一旦遇到黑客攻击、病毒入侵、工作人员操作不当等问题,随时可能会出现系统瘫痪、交易异常、客户资料外泄、资金被盗用等重大风险事故。[267]李真(2014)指出,互联网金融的内生性风险主要包括虚拟投资账户的资金池风险、第三方支付平台的经营风险以及各种 P2P 网络借贷平台"跑路"等风险。[268]俞林等(2015)以 P2P 网贷为例指出,由于 P2P 网贷属于新兴产业,从业人员缺乏专业的培训和实践锻炼,且 P2P 缺乏明确有效的法律支撑,会导致无法对借款人进行有效信用审核的操作风险。[269]

### (二) 互联网金融时代的金融监管对策、原则和目标研究

中国互联网金融发展迅速,金融监管部门目前正在积极调研互联网金融

的发展情况。在互联网金融时代,金融监管需要与时俱进,专家学者们就这一问题进行了深入研究。

1. 互联网金融时代的金融监管原则

屈援和李安(2014)认为,互联网金融监管要创新理念,坚持防范风险和鼓励创新相结合、加强信息披露和扩大信息监测相结合、司法监督和行政监管相结合、消费者保护和消费者教育相结合、监管针对性和一致性相结合的监管原则。[276]张晓朴(2014)通过深入解析互联网金融的本质属性,并在借鉴国际金融监管经验的基础上提出了针对互联网金融监管的新原则,包括原则性监管与规则性监管相结合、防范系统性风险、适当的风险容忍度、打击金融违法犯罪行为、实行动态监管、全国范围的数据监测与分析、加强信息披露、注重监管的一致性、加强消费者教育和保护、强化互联网金融企业与金融监管部门之间的沟通、加强监管协调、强化行业自律等基本原则。[277]苗永旺(2015)指出,对互联网金融的监管需要采取政府监管与自律监管、宏观与微观审慎监管、机构监管与功能监管、规则监管与原则监管相结合的原则,促进互联网金融健康发展。[278]

2. 互联网金融时代的金融监管目标

2015 年,中国人民银行等十部委为明确监管责任,联合印发了《关于促进互联网金融健康发展的指导意见》,该指导意见成为互联网金融持续健康发展的导向。朱绩新(2010)通过阐述欧洲、美国和亚洲等地区的第三方支付的发展经验,建议中国在对第三方支付进行监管时,必须厘清银行与第三方支付企业的关系,加强结算支付体系建设,同时要通过立法来控制风险事件的发生。[279]翟伟丽(2014)认为,大数据的发展极大地提升了社会生产力水平,传统金融业将不可避免地呈现出大数据趋势,尤其是互联网金融的发展将会对传统金融体系的变革产生巨大推动作用。[280]陈秀梅(2014)在国际金融管理经验的基础上,针对互联网金融的创新性、风险的复杂性以及交易的便捷性,并结合互联网金融的发展和监管现状,指出针对互联网金融的监管需要完善监管制度,丰富风险控制手段,并且建立互联网金融安全标准,只有这样才能够保障互联网金融的长期可持续发展。[281]郑重(2015)指出,互联网金融的准入机制逐渐从开始的宽松向政府批准转换,并且行业协会将在互联网金融的合规经营中发挥巨大的作用,因此只有促进行业自律,建立互联网金融自我约束机制,加强投资者的风险教育,才能够不断促进互联网金融的健康发展。[282]王国刚(2015)基于中国的新常态研究了当前的金融风险防范机制,指出中国金融体系在运行过程中呈现出很多问题,尤其是互联网金融的迅速发展给金融监管带来了极大挑战,未来应持续推进金融体系改革,以功能结构监管为主导方向,重视防范和化解系统性风险和区域性风险。[283]

3. 互联网金融时代的金融监管对策

杨彪和李冀申(2012)通过借鉴欧美等国家在第三方支付方面的监管经验,总结归纳了第三方支付的运行机制和风险形成机理,提出中国应将第三方支付纳入全国支付清算系统中,以加强对第三方支付的准入监管和动态监管。[270]陈兆航(2013)认为,P2P网络借贷中存在法律风险的主要原因在于全国征信体制不完善、金融监管制度不健全以及市场准入和准出标准的不规范,中国金融监管部门应当在互联网金融时代建立起多层次的资本市场监管体制以明确互联网金融的准入和准出标准,减少金融市场系统性风险的发生。[271]沈晓晖等(2014)提出,由于互联网金融的异军突起,金融监管部门需要以保护金融消费者权益和防范系统性金融风险为核心,合理地设计监管思路和制定监管措施。[272]袁新峰(2014)认为,互联网金融的基础是信用,互联网金融征信的内涵仍然在《征信业管理条例》规范的范畴之内,针对互联网金融的监管需要加快全国范围内的征信制度建设,不断推进人民银行征信系统的信息共享机制,并注重互联网金融客户的隐私保护。[273]俞林等(2015)以P2P网络借贷平台为例,建立了包括贷款方、借款方、企业和金融监管方在内的博弈模型,并结合实际案例给出了针对P2P网络借贷平台的监管措施,如引入保险制度、提倡理性投资、市场准入和准出机制、建立统一信用评级系统、建立适宜的利率定价机制和鼓励监管创新等。[269]赵春兰(2015)认为,由于当前中国互联网金融监管落后于互联网金融实践的发展,导致了各种互联网金融风险事件的发生，为了互联网金融的持续健康发展，金融监管部门应该尽快建立互联网金融风险防范法律机制，强化相关配套法规，整合和提高金融相关法律的层级以及提高立法的前瞻性。[274]王锦虹（2015）通过分析和解释 P2P 网络借贷模式中投资人放弃高质量和低风险的项目，反而接受低质量和高风险的逆向行为的形成原因和机理，提出为了防止由于信息不对称和风险识别障碍等问题而造成的逆向选择等市场失灵现象，金融监管部门应当尽快确定合理的贷款利息，建立信用共享机制，并处理好贷款人和借款人之间的预期收益、信贷配给和还款意愿等的关系。[275]

通过梳理和阐述互联网金融监管方面的文献，可以发现，由于互联网金融的金融本质以及虚拟性、技术性等特征，使得其不仅具有传统金融的信用风险、市场风险、流动性风险和道德风险等，还具有网络安全漏洞、技术错误，以及交易平台的不稳定性而导致的信息不对称风险、战略风险、技术和操作风险等。因此，金融监管部门只有准确把握互联网金融时代的金融风险特征，才能够制定出有效的金融监管政策和措施，进而防止金融领域中恶性事件的发生。

### 三、互联网金融时代的金融监管博弈研究

#### （一）博弈论理论基础

一般来说，根据博弈双方所进行的先后顺序，博弈分为静态博弈和动态博弈。静态博弈是指博弈双方同时进行博弈或者可以看作同时选择策略的博弈。动态博弈则是指各博弈方的选择和行动不仅有先后顺序，而且后选择后行动的博弈方在自己选择行动之前，可以看到其他博弈方的行动选择，甚至还包括自己的行动选择，在动态博弈情况下，博弈双方都无法同时决策。

随着博弈理论的发展，针对不依靠理性假设前提的动植物群体进化博弈引起了经济学家们的关注和研究，演化博弈论就此产生。演化博弈理论是生物学与博弈论的结合，特点是不再以完全理性作为参与人的基本假设前提，而是根据物种进化特征通过不断的试错来逐渐达到均衡。史密斯和普莱斯（Smith & Price，1973）首次提出演化稳定策略（Evolutionary Stable Strategy，

ESS)的概念以后,演化博弈论才真正成为系统性的博弈理论。演化稳定策略强调策略的稳定性,即在多策略可选背景下,其他策略的结果不能使得个体得到帕累托改进,此时的群体策略即演化稳定策略。[284]本书将用演化博弈论的方法研究互联网金融平台与金融监管部门之间的动态博弈过程,并采用复制动态方程求解互联网金融平台与金融监管部门之间博弈的演化稳定策略。

### (二) 互联网金融平台与金融监管部门的静态博弈分析

完全信息静态博弈是博弈论中最为常见和简单的标准分析工具,只针对两个完全理性个体之间的单期博弈,且双方都了解彼此的全部信息,在同时做出决策之后便不可再更改。本书首先以完全信息静态博弈分析为基础,来研究互联网金融平台和金融监管部门的最优策略。

在互联网金融迅速发展的同时,金融监管部门会针对互联网金融时代的金融风险和缺陷制定出相应的金融监管策略以防止系统性金融风险的发生。而金融监管部门对互联网金融平台加强监管必然会对互联网金融的发展造成一定的影响,因此互联网金融平台同样会根据自身的优势和监管的成本等信息来选择最佳发展策略。因此,为了构建互联网金融平台与金融监管部门之间的静态博弈模型,本书设定以下前提假设:

① 市场中只有一家互联网金融平台和一家金融监管部门,它们之间的博弈只有一期,一旦做出选择就不可更改决定。且它们都是完全理性的,会根据各自期望收益大小来选择最优策略。

② 金融监管部门为防范互联网金融时代的金融风险,选择对互联网金融平台加强监管力度的概率为 $p$,而对互联网金融平台发展持鼓励态度,放松监管力度的概率为 $1-p$。互联网金融平台选择合规经营的概率为 $q$,而选择违规经营的概率为 $1-q$。

③ 金融监管部门加强监管的成本为 $C_s^1$,放松监管的成本为 $C_w^1$,且 $C_s^1 > C_w^1$。

④ 互联网金融平台合规经营的成本为 $C_c^2$,违规经营的成本为 $C_v^2$,且 $C_c^2 > C_v^2$。

⑤ 当互联网金融平台合规经营时,互联网金融平台得到的正常收益为 $R$,其对社会产生的积极影响,即社会效益为 $W$。

⑥ 当互联网金融平台违规经营时,互联网金融平台得到的超额收益为 $E$,且 $E>R$,同时会对社会产生负面影响,且负面影响所造成的社会效益损失等同于互联网金融平台的超额收益 $E$。但如果金融监管部门加强监管,那么此时互联网金融平台违规经营会受到惩罚 $P$,且此时互联网金融平台违规经营对社会的负面影响会被金融监管部门加强监管所抵消,故不会对社会效益造成损失。

由以上前提假设可以得到互联网金融平台与金融监管部门的静态博弈策略组合矩阵,如表 5-1 所示。

表 5-1 互联网金融平台与金融监管部门的静态博弈策略组合矩阵

| 互联网金融平台 金融监管部门 | 合规经营($q$) | 违规经营($1-q$) |
|---|---|---|
| 加强监管($p$) | $W-C_s^1 , R-C_c^2$ | $P-C_s^1 , E-P-C_v^2$ |
| 放松监管($1-p$) | $W-C_w^1 , R-C_c^2$ | $-E-C_w^1 , E-C_v^2$ |

从表 5-1 中可以发现,当金融监管部门选择加强监管,且互联网金融平台选择合规经营时,金融监管部门获得的收益为 $W-C_s^1$,互联网金融平台获得的收益为 $R-C_c^2$。当金融监管部门选择加强监管,而互联网金融平台选择违规经营时,金融监管部门获得的收益为 $P-C_s^1$,互联网金融平台获得的收益为 $E-P-C_v^2$。当金融监管部门选择放松监管,且互联网金融平台选择合规经营时,金融监管部门获得的收益为 $W-C_w^1$,互联网金融平台获得的收益为 $R-C_c^2$。当金融监管部门选择放松监管,而互联网金融平台选择违规经营时,金融监管部门获得的收益为 $-E-C_w^1$,互联网金融平台获得的收益为 $E-C_v^2$。

因此,可以得到当金融监管部门选择加强监管时,金融监管部门所能获得的期望收益为:

$$E_s^1 = q(W-C_s^1)+(1-q)(P-C_s^1) = qW+(1-q)P-C_s^1 \qquad (5.1)$$

同样的,当金融监管部门选择放松监管时,金融监管部门所能获得的期望收益为:

$$E_w^1 = q(W - C_w^1) + (1-q)(-E - C_w^1) = qW - (1-q)E - C_w^1 \qquad (5.2)$$

比较式(5.1)和式(5.2),当 $E_s^1 = E_w^1$ 时,金融监管部门选择加强监管和放松监管能获得相同的期望收益。在此基础上可得到满足该均衡条件的互联网金融平台选择合规经营的概率 $q$ 值,即:

$$q = 1 - \frac{C_s^1 - C_w^1}{P + E} \qquad (5.3)$$

因此,当互联网金融平台选择合规经营的概率 $q = 1 - (C_s^1 - C_w^1)/(P + E)$ 时,金融监管部门在加强监管和放松监管之间具有相同偏好,此时金融监管部门的选择策略达到纳什均衡。当 $q < 1 - (C_s^1 - C_w^1)/(P + E)$ 时,金融监管部门对互联网金融平台加强监管所能获得的期望收益要大于放松监管所能获得的期望收益,即 $E_s^1 > E_w^1$,此时金融监管部门会选择对互联网金融平台加强监管。当 $q > 1 - (C_s^1 - C_w^1)/(P + E)$ 时,金融监管部门对互联网金融平台加强监管所能获得的期望收益要小于放松监管所能获得的期望收益,即 $E_s^1 < E_w^1$,此时金融监管部门会选择对互联网金融平台放松监管。

从式(5.3)中还可以看出,互联网金融平台选择合规经营的概率 $q$ 与金融监管部门加强监管时的成本 $C_s^1$ 成反比,即当金融监管部门加强监管的成本越高,互联网金融平台合规经营的概率就越低。互联网金融平台选择合规经营的概率 $q$ 与金融监管部门选择放松监管时的成本 $C_w^1$ 成正比,即当金融监管部门放松监管时的成本越高,互联网金融平台选择合规经营的概率也越高。同时,由于 $C_s^1 > C_w^1$,故互联网金融平台选择合规经营的概率 $q$ 与互联网金融平台违规经营时所受到的惩罚 $P$ 成正比,即当互联网金融平台违规经营时受到的惩罚越大,互联网金融平台选择合规经营的概率就越高。互联网金融平台选择合规经营的概率 $q$ 与互联网金融平台违规经营时对社会效益所造成的损失 $E$ 成正比,即当互联网金融平台违规经营对社会效益造成的损失越大,互联网金融平台选择合规经营的概率就越高。

同理,可以得到当互联网金融平台选择合规经营时,互联网金融平台所能获得的期望收益为:

$$E_c^2 = p(R-C_c^2) + (1-p)(R-C_c^2) = R-C_c^2 \tag{5.4}$$

当互联网金融平台选择违规经营时,互联网金融平台所能获得的期望收益为:

$$E_v^2 = p(E-P-C_v^2) + (1-p)(E-C_v^2) = E-C_v^2 - pP \tag{5.5}$$

比较式(5.4)和式(5.5),当 $E_c^2 = E_v^2$ 时,互联网金融平台选择合规经营和违规经营所能获得的期望收益相同。在此基础上可得到满足该均衡条件的金融监管部门选择加强监管的概率 $p$ 值,即:

$$p = \frac{E-R+C_c^2-C_v^2}{P} \tag{5.6}$$

因此,当金融监管部门选择加强监管的概率 $p=(E-R+C_c^2-C_v^2)/P$ 时,互联网金融平台在选择合规经营和违规经营之间具有相同的偏好,此时互联网金融平台的选择策略达到纳什均衡。当 $p<(E-R+C_c^2-C_v^2)/P$ 时,互联网金融平台合规经营所能获得的期望收益要小于违规经营所能获得的期望收益,即 $E_c^2 < E_v^2$,此时互联网金融平台会选择违规经营。当 $p>(E-R+C_c^2-C_v^2)/P$ 时,互联网金融平台合规经营所能获得的期望收益要大于违规经营所能获得的期望收益,即 $E_c^2 > E_v^2$,此时互联网金融平台会选择合规经营。从式(5.6)中还可以看出,金融监管部门选择加强监管的概率 $p$ 与互联网金融平台合规经营时的成本 $C_c^2$ 成正比,即当互联网金融平台合规经营时的成本越高,金融监管部门加强监管的概率也越高。而金融监管部门选择加强监管的概率 $p$ 与互联网金融平台违规经营时的成本 $C_v^2$ 成反比,即当互联网金融平台违规经营时的成本越高,金融监管部门加强监管的概率就越低。同时,金融监管部门选择加强监管的概率 $p$ 还与互联网金融平台违规经营所能获得的超额收益 $E$ 成正比,即当互联网金融平台违规经营时所能获得的超额收益越高,金融监管部门加强监管的概率也越高。金融监管部门选择加强监管的概率 $p$ 与互联网金融平台合规经营时所能获得的正常收益 $R$ 成反比,即当互网金融平台合规经营时所能获得的正常收益越高,金融监管部门加强监管的概率就越低。

因此,当互联网金融平台与金融监管部门进行静态博弈时,二者的最优策略都在它们的纳什均衡处,即金融监管部门选择加强监管的概率 $p=(E-R+C_c^2-C_v^2)/P$,互联网金融平台选择合规经营的概率 $q=1-(C_s^1-C_w^1)/(P+E)$。

### (三) 互联网金融平台与金融监管部门的动态博弈分析

在现实中,互联网金融平台与金融监管部门之间的博弈是不断重复进行的。尤其是在互联网金融时代,数据产生、流动的速度不断加快,无论是互联网金融平台的经营决策,还是金融监管部门的监督管理,都会产生大量数据,而在大数据、云计算、人工智能等信息技术的支持下,金融监管部门会根据互联网金融平台所呈现出的特征和风险不断完善所制定的监管政策,而互联网金融平台也会针对当前金融监管政策中的漏洞或缺失不断研发新的金融产品和服务。因此,互联网金融平台与金融监管部门之间的博弈过程也呈现出动态加速态势,具有更加复杂的内涵和规律。

为了贴合现实情况,本书基于演化博弈理论构建了互联网金融平台与金融监管部门之间的博弈模型,得到互联网金融平台与金融监管部门之间博弈的均衡策略,即二者的演化稳定策略。首先,本书设定以下前提假设:

① 在互联网金融时代,市场中有两个群体,分别是互联网金融平台和金融监管部门,它们之间的博弈是可重复的演化博弈,且下一期的策略会受到上一期策略的影响。

② 互联网金融平台和金融监管部门是有限理性的。尽管信息技术能够在很大程度上降低信息不对称和未来的不确定性,但这种不确定性是无法完全消除的,而且由于人类的生理和心理等方面的限制,完全理性的选择在现实中几乎是不存在的。

③ 金融监管部门为防范金融风险,选择对互联网金融平台加强监管力度的金融监管部门占该群体的比例为 $\alpha$,而对互联网金融平台发展持鼓励态度,

放松监管力度的比例为 $1-\alpha$。互联网金融平台选择合规经营占该群体的比例为 $\beta$，而选择违规经营的比例为 $1-\beta$。

④ 金融监管部门加强监管的成本为 $C_s^1$，放松监管的成本为 $C_w^1$，且 $C_s^1 > C_w^1$。

⑤ 互联网金融平台合规经营的成本为 $C_c^2$，违规经营的成本为 $C_v^2$，且 $C_c^2 > C_v^2$。

⑥ 当互联网金融平台合规经营时，互联网金融平台得到的正常收益为 $R$，同时会对社会产生一定的积极影响，即社会效益为 $W$。

⑦ 当互联网金融平台违规经营时，互联网金融平台得到的超额收益为 $E$，且 $E > R$，同时会对社会产生负面影响，且负面影响所造成的社会效益损失等同于互联网金融平台的超额收益 $E$。一旦金融监管部门加强监管，那么互联网金融平台违规经营会受到惩罚 $P$，并且互联网金融平台违规经营对社会的负面影响会被金融监管部门加强监管所抵消，故不会对社会效益造成损失。

由以上前提假设可以得到互联网金融平台与金融监管部门的动态博弈策略组合矩阵，如表 5-2 所示。

表 5-2　互联网金融平台与金融监管部门的动态博弈策略组合矩阵

| 互联网金融平台<br>金融监管部门 | 合规经营（$\beta$） | 违规经营（$1-\beta$） |
| --- | --- | --- |
| 加强监管（$\alpha$） | $W-C_s^1, R-C_c^2$ | $P-C_s^1, E-P-C_v^2$ |
| 放松监管（$1-\alpha$） | $W-C_w^1, R-C_c^2$ | $-E-C_w^1, E-C_v^2$ |

## 四、互联网金融时代的金融监管博弈策略研究

由于互联网金融平台和金融监管部门是有限理性的，并且二者之间的博弈是一个渐进的过程，因此它们是在不断学习中对策略进行调整而最终达到最优策略的。

### （一）互联网金融平台拥有先行优势的演化稳定策略

根据表 5-2，可以得到选择合规经营的互联网金融平台期望收益为：

$$E_c^2 = \alpha(R - C_c^2) + (1-\alpha)(R - C_c^2) = R - C_c^2 \tag{5.7}$$

选择违规经营的互联网金融平台期望收益为：

$$E_v^2 = \alpha(E - P - C_v^2) + (1-\alpha)(E - C_v^2) = E - C_v^2 - \alpha P \tag{5.8}$$

根据式(5.7)和式(5.8)可以得到互联网金融平台的期望收益为：

$$E^2 = \beta E_c^2 + (1-\beta) E_v^2 \tag{5.9}$$

互联网金融平台选择不同策略的比例会根据金融监管部门监管策略的不同而动态变化，且关键在于该动态变化速度的大小。在这里，可以将时间变量 $t$ 引入式(5.7)～(5.9)，就可以得到金融监管部门动态变化的速度方程，即复制动态方程：

$$d\beta/dt = \beta(E_c^2 - E^2) = \beta(1-\beta)[R - E + C_v^2 - C_c^2 + \alpha P] \tag{5.10}$$

式(5.10)中，$d\beta/dt$ 表示选择加强监管的金融监管部门的比例随着时间变化的动态变化速度。当 $d\beta/dt = 0$ 时，金融监管部门即可达到演化稳定均衡，因此可以看出式(5.10)有三个均衡解，即：

$$\alpha = \frac{E - R - C_v^2 + C_c^2}{P}, \beta = 0 \text{ 或者 } \beta = 1 \tag{5.11}$$

同样的，当互联网金融平台处于演化稳定均衡时，$d\beta/dt$ 的切线斜率必须小于 0，即 $d\beta/dt$ 对 $\beta$ 的导数是小于 0 的，即：

$$\frac{d(d\beta/dt)}{d\beta} = (1-2\beta)[R - E + C_v^2 - C_c^2 + \alpha P] < 0 \tag{5.12}$$

将式(5.11)代入式(5.12)可知：

① 当 $\alpha = \dfrac{E - R - C_v^2 + C_c^2}{P}$ 时，对于所有的 $0 \leqslant \beta \leqslant 1$，$d\beta/dt$ 恒为 0，且 $\dfrac{d(d\beta/dt)}{d\beta} = 0$，即当金融监管部门选择合规经营的比例为 $\alpha = \dfrac{E - R - C_v^2 + C_c^2}{P}$ 时，无论金融监管部门选择对互联网金融平台加强监管的比例是多少，它们之间都达到了演化稳定均衡。此时金融监管部门的演化稳定策略为 $0 \leqslant \beta \leqslant 1$。

② 当 $\beta = 0$ 时，$d\beta/dt = 0$，而 $\dfrac{d(d\beta/dt)}{d\beta} = R - E + C_v^2 - C_c^2 + \alpha P$，可以发现，

仅当 $\alpha < \dfrac{E-R-C_v^2+C_c^2}{P}$ 时,才能够满足 $\dfrac{\mathrm{d}(\mathrm{d}\beta/\mathrm{d}t)}{\mathrm{d}\beta} < 0$,故 $\beta=0$ 是互联网金融平台的一个演化稳定策略。若 $\alpha > \dfrac{E-R-C_v^2+C_c^2}{P}$,则 $\dfrac{\mathrm{d}(\mathrm{d}\beta/\mathrm{d}t)}{\mathrm{d}\beta} > 0$,那么 $\beta=0$ 就不再是一个稳定演化策略。

③ 当 $\beta=1$ 时,$\mathrm{d}\beta/\mathrm{d}t=0$,而 $\dfrac{\mathrm{d}(\mathrm{d}\beta/\mathrm{d}t)}{\mathrm{d}\beta}=-[R-E+C_v^2-C_c^2+\alpha P]$,可以发现,仅当 $\alpha > \dfrac{E-R-C_v^2+C_c^2}{P}$ 时,才能够满足 $\dfrac{\mathrm{d}(\mathrm{d}\beta/\mathrm{d}t)}{\mathrm{d}\beta} < 0$,故 $\beta=1$ 是互联网金融平台的一个演化稳定策略。若 $\alpha < \dfrac{E-R-C_v^2+C_c^2}{P}$,则 $\dfrac{\mathrm{d}(\mathrm{d}\beta/\mathrm{d}t)}{\mathrm{d}\beta} > 0$,那么 $\beta=1$ 就不再是一个演化稳定策略。

在图 5-1 中,可以发现,当互联网金融平台拥有先行优势时,可以根据金融监管部门的策略来选择自身的最优策略以达到演化稳定均衡。图 5-1(a)中,当互联网金融平台发现金融监管部门有 $\alpha = \dfrac{E-R-C_v^2+C_c^2}{P}$ 的比例选择加强监管时,互联网金融平台可以任意选择合规经营和违规经营的比例。图 5-1(b)中,当互联网金融平台发现金融监管部门选择加强监管的比例 $\alpha < \dfrac{E-R-C_v^2+C_c^2}{P}$ 时,互联网金融平台的演化稳定策略是全部选择违规经营。图 5-1(c)中,当互联网金融平台发现金融监管部门选择加强监管的比例 $\alpha > \dfrac{E-R-C_v^2+C_c^2}{P}$ 时,互联网金融平台的演化稳定策略则是全部选择合规经营。

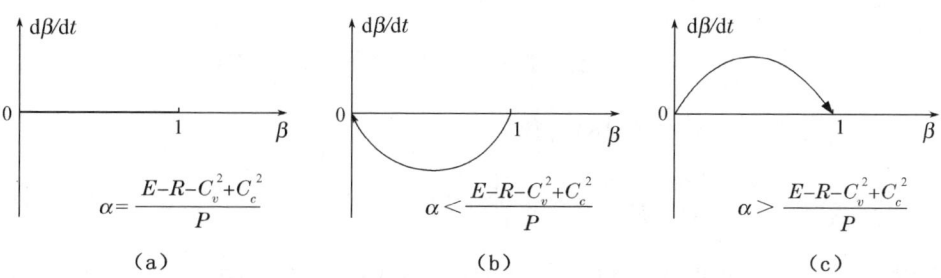

图 5-1　互联网金融平台复制动态相位图

### (二) 金融监管部门拥有先行优势的演化稳定策略

根据表 5-2 可以得到金融监管部门选择加强监管的期望收益为：

$$E_s^1 = \beta(W - C_s^1) + (1-\beta)(P - C_s^1) = \beta W + (1-\beta)P - C_s^1 \qquad (5.13)$$

同样的，金融监管部门选择放松监管的期望收益为：

$$E_w^1 = \beta(W - C_w^1) + (1-\beta)(-E - C_w^1) = \beta W - (1-\beta)E - C_w^1 \qquad (5.14)$$

根据式(5.13)和式(5.14)可以得到金融监管部门的期望收益为：

$$E^1 = \alpha E_s^1 + (1-\alpha)E_w^1 \qquad (5.15)$$

金融监管部门选择不同策略的比例会根据互联网金融平台经营策略的不同而动态变化，且关键在于该动态变化速度的大小。这里同样可以将时间变量 $t$ 引入式(5.13)~(5.15)，就可以得到金融监管部门动态变化的速度方程，即复制动态方程：

$$\frac{\mathrm{d}\alpha}{\mathrm{d}t} = \alpha(E_s^1 - E^1) = \alpha(1-\alpha)[P + E + C_w^1 - C_s^1 - \beta(P+E)] \qquad (5.16)$$

式(5.16)中，$\mathrm{d}\alpha/\mathrm{d}t$ 表示选择加强监管的金融监管部门的比例随着时间变化的动态变化速度。当 $\mathrm{d}\alpha/\mathrm{d}t = 0$ 时，金融监管部门即可达到演化稳定均衡，因此可以看出式(5.16)有三个均衡解，即：

$$\beta = \frac{P + E + C_w^1 - C_s^1}{P + E}, \alpha = 0 \text{ 或者 } \alpha = 1 \qquad (5.17)$$

根据演化稳定均衡策略的性质，若博弈双方处于均衡稳定状态，任何微小的扰动都无法干扰到双方的策略。因此，可以推导出当金融监管部门处于演化稳定均衡时，$\mathrm{d}\alpha/\mathrm{d}t$ 的切线斜率必须小于 0，即 $\mathrm{d}\alpha/\mathrm{d}t$ 对 $\alpha$ 的导数是小于 0 的，即：

$$\frac{\mathrm{d}(\mathrm{d}\alpha/\mathrm{d}t)}{\mathrm{d}\alpha} = (1-2\alpha)[P + E + C_w^1 - C_s^1 - \beta(P+E)] < 0 \qquad (5.18)$$

将式(5.17)代入式(5.18)可得：

① 当 $\beta = \dfrac{P + E + C_w^1 - C_s^1}{P + E}$ 时，对于所有的 $0 \leqslant \alpha \leqslant 1$，$\mathrm{d}\alpha/\mathrm{d}t$ 恒为 0，且

$\dfrac{\mathrm{d}(\mathrm{d}\alpha/\mathrm{d}t)}{\mathrm{d}\alpha} = 0$，即当互联网金融平台选择合规经营的比例为 $\beta =$

$\dfrac{P+E+C_w^1-C_s^1}{P+E}$ 时,无论金融监管部门选择对互联网金融平台加强监管的比例是多少,它们之间都达到了演化稳定均衡。此时金融监管部门的演化稳定策略为 $0 \leqslant \alpha \leqslant 1$。

② 当 $\alpha=0$ 时,$\mathrm{d}\alpha/\mathrm{d}t=0$,而 $\dfrac{\mathrm{d}(\mathrm{d}\alpha/\mathrm{d}t)}{\mathrm{d}\alpha}=P+E+C_w^1-C_s^1-\beta(P+E)$,可以发现当 $\beta>\dfrac{P+E+C_w^1-C_s^1}{P+E}$ 时,才能够满足 $\dfrac{\mathrm{d}(\mathrm{d}\alpha/\mathrm{d}t)}{\mathrm{d}\alpha}<0$,故 $\alpha=0$ 是金融监管部门的一个演化稳定策略。若 $\beta<\dfrac{P+E+C_w^1-C_s^1}{P+E}$,则 $\dfrac{\mathrm{d}(\mathrm{d}\alpha/\mathrm{d}t)}{\mathrm{d}\alpha}>0$,那么 $\alpha=0$ 就不再是一个稳定演化策略。

③ 当 $\alpha=1$ 时,$\mathrm{d}\alpha/\mathrm{d}t=0$,而 $\dfrac{\mathrm{d}(\mathrm{d}\alpha/\mathrm{d}t)}{\mathrm{d}\alpha}=-[P+E+C_w^1-C_s^1-\beta(P+E)]$,可以发现仅当 $\beta<\dfrac{P+E+C_w^1-C_s^1}{P+E}$ 时,才能够满足 $\dfrac{\mathrm{d}(\mathrm{d}\alpha/\mathrm{d}t)}{\mathrm{d}\alpha}<0$,故 $\alpha=1$ 是金融监管部门的一个演化稳定策略。若 $\beta>\dfrac{P+E+C_w^1-C_s^1}{P+E}$,则 $\dfrac{\mathrm{d}(\mathrm{d}\alpha/\mathrm{d}t)}{\mathrm{d}\alpha}>0$,那么 $\alpha=1$ 就不再是一个稳定演化策略。

图 5-2 显示:当金融监管部门拥有先行优势时,它就可以根据互联网金融平台的策略来选择自身的最优策略,以达到演化稳定均衡。图 5-2(a)中,当金融监管部门发现互联网金融平台有 $\beta=\dfrac{P+E+C_w^1-C_s^1}{P+E}$ 的比例选择合规经营时,金融监管部门可以任意选择加强监管和放松监管的比例。图 5-2(b)中,当金融监管部门发现互联网金融平台选择合规经营的比例 $\beta>\dfrac{P+E+C_w^1-C_s^1}{P+E}$ 时,金融监管部门的演化稳定策略是全部选择放松监管。图 5-2(c)中,当金融监管部门发现互联网金融平台选择合规经营的比例 $\beta<\dfrac{P+E+C_w^1-C_s^1}{P+E}$ 时,金融监管部门的演化稳定策略则是全部选择加强监管。

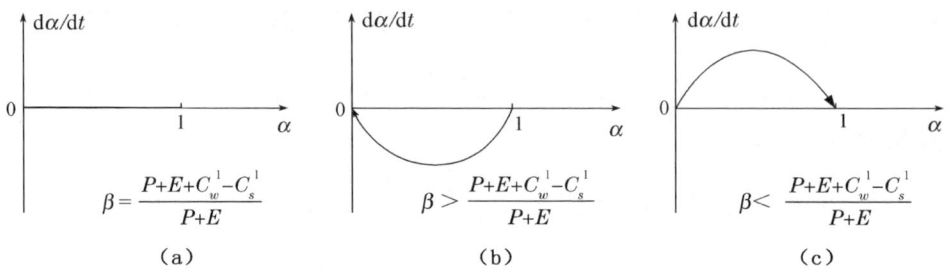

图 5-2　金融监管部门复制动态相位图

### （三）互联网金融平台与金融监管部门同时行动的演化稳定策略

1. 互联网金融平台与金融监管部门的动态演化路径

在互联网金融平台和金融监管部门的复制动态方程式（5.10）和式（5.16）的基础上，本书得到了互联网金融平台和金融监管部门各自的演化稳定策略，即在二者的博弈过程中存在五个局部均衡点，分别是（0,0）、（1,0）、（0,1）、（1,1）和 $\left(\dfrac{E-R-C_v^2+C_c^2}{P},\dfrac{P+E+C_w^1-C_s^1}{P+E}\right)$。其中，（0,0）表示金融监管部门全部选择放松监管，而互联网金融平台则全部选择违规经营；（1,0）表示金融监管部门全部选择加强监管，而互联网金融平台则全部选择违规经营；（0,1）表示金融监管部门全部选择放松监管，而互联网金融平台则全部选择合规经营；（1,1）表示金融监管部门全部选择加强监管，而互联网金融平台则全部选择合规经营；$\left(\dfrac{E-R-C_v^2+C_c^2}{P},\dfrac{P+E+C_w^1-C_s^1}{P+E}\right)$ 表示金融监管部门选择放松监管的比例为 $\dfrac{E-R-C_v^2+C_c^2}{P}$，而互联网金融平台则全部选择合规经营的比例为 $\dfrac{P+E+C_w^1-C_s^1}{P+E}$。

在得到互联网金融平台和金融监管部门博弈过程中的五个局部均衡点的

基础上,可进一步通过构建雅可比矩阵[①]来求解这两个群体的演化稳定均衡解：

$$J = \begin{bmatrix} \dfrac{\partial(\mathrm{d}\alpha/\mathrm{d}t)}{\partial\alpha} & \dfrac{\partial(\mathrm{d}\alpha/\mathrm{d}t)}{\partial\beta} \\[2mm] \dfrac{\partial(\mathrm{d}\beta/\mathrm{d}t)}{\partial\alpha} & \dfrac{\partial(\mathrm{d}\beta/\mathrm{d}t)}{\partial\beta} \end{bmatrix}$$

$$= \begin{bmatrix} (1-2\alpha)[P+E+C_w^1-C_s^1-\beta(P+E)] & -\alpha(1-\alpha)(P+E) \\[2mm] \beta(1-\beta)P & (1-2\beta)[R-E+C_v^2-C_c^2+\alpha P] \end{bmatrix}$$

$$(5.19)$$

根据雅可比矩阵式(5.19),可以得到该矩阵 $J$ 的行列式为：

$$\det J = (1-2\alpha)[P+E+C_w^1-C_s^1-\beta(P+E)](1-2\beta)[R-E+C_v^2-C_c^2+\alpha P]+\alpha(1-\alpha)(P+E)\beta(1-\beta)P \quad (5.20)$$

同时可得到该雅可比矩阵的迹：

$$\mathrm{tr}\,J = (1-2\alpha)[P+E+C_w^1-C_s^1-\beta(P+E)]+(1-2\beta)[R-E+C_v^2-C_c^2+\alpha P]$$

$$(5.21)$$

根据约束条件 $0<\alpha=\dfrac{E-R-C_v^2+C_c^2}{P}<1,0<\beta=\dfrac{P+E+C_w^1-C_s^1}{P+E}<1$,可得 $R+C_v^2-C_c^2<E<P+R+C_v^2-C_c^2,C_s^1-C_w^1<P+E$。再由式(5.10)和式(5.16)所得到的五个局部均衡点,分别是$(0,0)$、$(1,0)$、$(0,1)$、$(1,1)$和$\left(\dfrac{E-R-C_v^2+C_c^2}{P},\dfrac{P+E+C_w^1-C_s^1}{P+E}\right)$,可通过雅可比矩阵的局部稳定分析法[②]来求解互联网金融平台与金融监管部门的演化稳定均衡。将$(0,0)$、$(1,0)$、$(0,1)$、$(1,1)$和$\left(\dfrac{E-R-C_v^2+C_c^2}{P},\dfrac{P+E+C_w^1-C_s^1}{P+E}\right)$分别代入式(5.20)和式

----

①　雅可比矩阵是指在向量微积分中,将某个可微方程的一阶偏导数按照一定的顺序排列的矩阵,可用来表示该可微方程与给出点的最优线性解。

②　根据雅可比矩阵的行列式和迹的符号可判定结果的性质：当 $\det J<0$,$\mathrm{tr}\,J$ 符号不确定时,最终结果为鞍点,即沿着某一方向是稳定的,另一条方向是不稳定的奇点；当 $\det J>0$,$\mathrm{tr}\,J>0$ 时,最终结果是不稳定点；当 $\det J>0$,$\mathrm{tr}\,J<0$ 时,最终结果为稳定点；当 $\det J>0$,$\mathrm{tr}\,J=0$ 时,最终结果为中点。

(5.21)可得：

① 当局部均衡点为$(0,0)$时，$\det J$ 和 $\operatorname{tr} J$ 分别为：

$$\det J=(P+E+C_w^1-C_s^1)(R-E+C_v^2-C_c^2) \tag{5.22}$$

$$\operatorname{tr} J=(P+E+C_w^1-C_s^1)+(R-E+C_v^2-C_c^2) \tag{5.23}$$

② 当局部均衡点为$(0,1)$时，$\det J$ 和 $\operatorname{tr} J$ 分别为：

$$\det J=-(C_w^1-C_s^1)(R-E+C_v^2-C_c^2) \tag{5.24}$$

$$\operatorname{tr} J=(C_w^1-C_s^1)-(R-E+C_v^2-C_c^2) \tag{5.25}$$

③ 当局部均衡点为$(1,0)$时，$\det J$ 和 $\operatorname{tr} J$ 分别为：

$$\det J=-(P+E+C_w^1-C_s^1)(R-E+C_v^2-C_c^2+P) \tag{5.26}$$

$$\operatorname{tr} J=-(P+E+C_w^1-C_s^1)+(R-E+C_v^2-C_c^2+P) \tag{5.27}$$

④ 当局部均衡点为$(1,1)$时，$\det J$ 和 $\operatorname{tr} J$ 分别为：

$$\det J=(C_w^1-C_s^1)(R-E+C_v^2-C_c^2+P) \tag{5.28}$$

$$\operatorname{tr} J=-(C_w^1-C_s^1)-(R-E+C_v^2-C_c^2+P) \tag{5.29}$$

⑤ 当局部均衡点为$\left(\dfrac{E-R-C_v^2+C_c^2}{P},\dfrac{P+E+C_w^1-C_s^1}{P+E}\right)$时，$\det J$ 和 $\operatorname{tr} J$ 分别为：

$$\det J=\frac{(E-R-C_v^2+C_c^2)(P-E+R+C_v^2-C_c^2)(P+E+C_w^1-C_s^1)(C_s^1-C_w^1)}{P(P+E)}$$

$$\tag{5.30}$$

$$\operatorname{tr} J=0 \tag{5.31}$$

根据式$(5.22)\sim(5.31)$，并在 $R+C_v^2-C_c^2<E<P+R+C_v^2-C_c^2$，$C_s^1-C_w^1<P+E$ 的约束条件下可得 $\det J$ 和 $\operatorname{tr} J$ 的符号，如表 5-3 所示。

表 5‑3　互联网金融平台与金融监管部门的动态博弈局部稳定分析

| 局部均衡点 | $\det J$ 符号 | $\mathrm{tr}\,J$（符号） | 最终结果 |
|---|---|---|---|
| $(0,0)$ | — | 不确定 | 鞍点 |
| $(1,0)$ | — | 不确定 | 鞍点 |
| $(0,1)$ | — | 不确定 | 鞍点 |
| $(1,1)$ | — | 不确定 | 鞍点 |
| $\left(\dfrac{E-R-C_v^2+C_c^2}{P},\dfrac{P+E+C_w^1-C_s^1}{P+E}\right)$ | + | 0 | 中心点 |

在表 5‑3 中,由于局部均衡点$(0,0)$、$(1,0)$、$(0,1)$和$(1,1)$的 $\det J$ 符号为负,而 $\mathrm{tr}\,J$ 符号不能确定,故该四个局部均衡点为鞍点,而局部均衡点$\left(\dfrac{E-R-C_v^2+C_c^2}{P},\dfrac{P+E+C_w^1-C_s^1}{P+E}\right)$的 $\det J$ 符号为正,$\mathrm{tr}\,J=0$,故该局部均衡点为中心点。根据雅可比局部稳定分析法,金融监管部门与互联网金融平台同时行动时不存在演化稳定策略,即二者不具有最终的稳定状态。但如前所述,动态博弈的运动路径与该博弈的初始状态息息相关,根据初始状态下博弈双方选择策略比例的不同,最终结果会演化为不同的均衡状态。图 5‑3 描述了互联网金融平台与金融监管部门动态博弈演化过程。

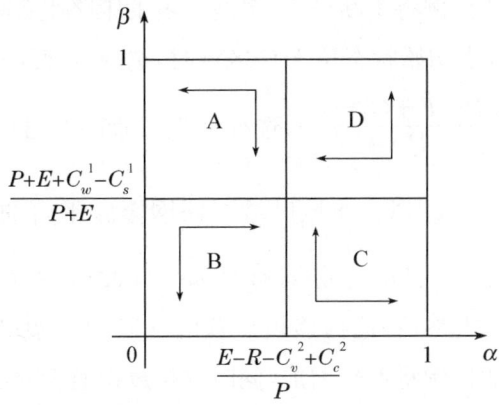

图 5‑3　互联网金融平台与金融监管部门的动态博弈局部稳定分析

① 图 5-3 中,当初始状态位于 A 区域时,选择合规经营的互联网金融平台比例满足 $\dfrac{P+E+C_w^1-C_s^1}{P+E}<\beta<1$,选择加强监管的金融监管部门比例满足 $0<\alpha<\dfrac{E-R-C_v^2+C_c^2}{P}$,因此,在该区域互联网金融平台的演化稳定策略是 $\beta=0$,金融监管部门的演化稳定策略是 $\alpha=0$,此时的演化路径方向为点 (0,0)。沿着这个演化路径,选择合规经营的互联网金融平台比例将不断减少,选择违规经营的比例将不断增加,同时选择加强监管的金融监管部门比例将不断减少,选择放松监管的比例将不断增加,最终二者的策略组合将落到 B 区域。

② 图 5-3 中,当初始状态位于 B 区域时,选择合规经营的互联网金融平台比例满足 $0<\beta<\dfrac{P+E+C_w^1-C_s^1}{P+E}$,选择加强监管的金融监管部门比例满足 $0<\alpha<\dfrac{E-R-C_v^2+C_c^2}{P}$,因此,在该区域互联网金融平台的演化稳定策略是 $\beta=0$,金融监管部门的演化稳定策略是 $\alpha=1$,此时的演化路径方向为点 (1,0)。沿着这个演化路径,选择合规经营的互联网金融平台比例将不断减少,选择违规经营的比例将不断增加,同时选择加强监管的金融监管部门比例将不断增加,选择放松监管的比例将不断减少,最终二者的策略组合将落到 C 区域。

③ 图 5-3 中,当初始状态位于 C 区域时,选择合规经营的互联网金融平台比例满足 $0<\beta<\dfrac{P+E+C_w^1-C_s^1}{P+E}$,选择加强监管的金融监管部门比例满足 $\dfrac{E-R-C_v^2+C_c^2}{P}<\alpha<1$,因此,在该区域互联网金融平台的演化稳定策略是 $\beta=1$,金融监管部门的演化稳定策略是 $\alpha=1$,此时的演化路径方向为点 (1,1)。沿着这个演化路径,选择违规经营的互联网金融平台比例将不断减少,选择合规经营的比例将不断增加,同时选择放松监管的金融监管部门比例将不断减少,选择加强监管的比例将不断增加,最终二者的策略组合将落到 D 区域。

④ 图 5-3 中，当初始状态位于 D 区域时，选择合规经营的互联网金融平台比例满足 $\dfrac{P+E+C_w^1-C_s^1}{P+E}<\beta<1$，选择加强监管的金融监管部门比例满足 $\dfrac{E-R-C_v^2+C_c^2}{P}<\alpha<1$，因此，在该区域互联网金融平台的演化稳定策略是 $\beta=1$，金融监管部门的演化稳定策略是 $\alpha=0$，此时的演化路径方向为点 (0,1)。沿着这个演化路径，选择违规经营的互联网金融平台比例将不断减少，选择合规经营的比例将不断增加，同时选择加强监管的金融监管部门比例将不断减少，选择放松监管的比例将不断增加，最终二者的策略组合将落到 A 区域。

从互联网金融平台与金融监管部门的动态博弈中可以发现，在初始状态下，当互联网金融平台选择合规运营后，金融监管部门将趋向于放松监管，而一旦金融监管部门对互联网金融平台放松监管，这就会促使互联网金融平台违规经营获得超额收益，但若被金融监管部门发现违规经营，那么金融监管部门便又会趋向于加强监管，此时网贷平台再次趋向于合规运营。互联网金融平台与金融监管部门便是沿着这个演化博弈的路径不断循环，因此二者之间的博弈不存在演化稳定均衡。

2. 参数调整对演化路径的影响

如前所述，如果互联网金融平台与金融监管部门动态博弈的中心点是 $(\dfrac{E-R-C_v^2+C_c^2}{P}, \dfrac{P+E+C_w^1-C_s^1}{P+E})$，那么就可以利用调整参数，如正常收益 $R$；互联网金融平台合规经营的成本 $C_c^2$，违规经营的成本 $C_v^2$；超额收益 $E$；互联网金融平台违规经营受到的惩罚 $P$；金融监管部门加强监管的成本 $C_s^1$，放松监管的成本 $C_w^1$，以改变中心点的位置，进而对 A、B、C、D 四个区域的面积进行调整。这可以实现对互联网金融平台和金融监管部门的动态博弈均衡演化路径进行控制。

① 互联网金融平台合规经营正常收益 $R$、成本 $C_c^2$ 和违规经营成本 $C_v^2$ 的调整。当正常收益 $R$ 和违规经营的成本 $C_v^2$ 增加，而合规经营成本 $C_c^2$ 减少

时,图 5-3 中的曲线 $\alpha = \dfrac{E-R-C_v^2+C_c^2}{P}$ 会向左移动,C 和 D 区域面积增大;

当正常收益 $R$ 和违规经营的成本 $C_v^2$ 减少,而合规经营成本 $C_c^2$ 增加时,图

5-3 中的曲线 $\alpha = \dfrac{E-R-C_v^2+C_c^2}{P}$ 会向右移动,C 和 D 区域面积减小。在 C

和 D 区域,$\beta=1$ 是互联网金融平台的演化稳定策略,说明当互联网金融平台

选择合规经营时的正常收益和违规经营时的成本增加,而合规经营成本减少

时,会激励互联网金融平台的合规经营。

　　② 超额收益 $E$ 的调整。当超额收益 $E$ 增加时,图 5-3 中曲线 $\alpha =$

$\dfrac{E-R-C_v^2+C_c^2}{P}$ 会向右移动,曲线 $\beta = \dfrac{P+E+C_w^1-C_s^1}{P+E}$ 会向上移动,区域 D 面

积减小;当超额收益 $E$ 减少时,图 5-3 中曲线 $\alpha = \dfrac{E-R-C_v^2+C_c^2}{P}$ 会向左移

动,曲线 $\beta = \dfrac{P+E+C_w^1-C_s^1}{P+E}$ 会向下移动,区域 D 面积增加。在 D 区域,$\alpha=0$

是金融监管部门的演化稳定策略,$\beta=1$ 是互联网金融平台的演化稳定策略,

说明互联网金融平台选择违规经营时的超额收益越高,就越可能进行违规经

营。因此金融监管部门应警惕互联网金融平台违规经营时的超额收益,对其实

施监控,一旦发现异常,应立即采取行动以促使互联网金融平台选择合规经营。

　　③ 互联网金融平台违规经营受到惩罚 $P$ 的调整。当互联网金融平台违

规经营受到惩罚 $P$ 增加时,图 5-3 中的曲线 $\alpha = \dfrac{E-R-C_v^2+C_c^2}{P}$ 会向左移动,

曲线 $\beta = \dfrac{P+E+C_w^1-C_s^1}{P+E}$ 会向上移动,区域 C 面积增加。当互联网金融平台违

规经营受到惩罚 $P$ 减少时,图 5-3 中的曲线 $\alpha = \dfrac{E-R-C_v^2+C_c^2}{P}$ 会向右移动,

曲线 $\beta = \dfrac{P+E+C_w^1-C_s^1}{P+E}$ 会向下移动,区域 C 面积减小。在 C 区域,互联网金

融平台的演化稳定策略是 $\beta=1$,金融监管部门的演化稳定策略是 $\alpha=1$,说明

当金融监管部门提升对互联网金融平台违规经营时的惩罚时,会导致互联网

金融平台在高额损失的威胁下选择合规经营。

④ 金融监管部门加强监管成本 $C_s^1$ 和放松监管成本 $C_w^1$ 的调整。当金融监管部门加强监管成本 $C_s^1$ 增加，而放松监管成本 $C_w^1$ 减少时，图 5-3 中的曲线 $\beta=\dfrac{P+E+C_w^1-C_s^1}{P+E}$ 会向下移动，区域 A 和区域 D 的面积增加。当金融监管部门加强监管成本 $C_s^1$ 减少，而放松监管成本 $C_w^1$ 增加时，图 5-3 中的曲线 $\beta=\dfrac{P+E+C_w^1-C_s^1}{P+E}$ 会向上移动，区域 A 和区域 D 的面积减少。在 A 和 D 区域，金融监管部门的演化稳定策略是 $\alpha=0$，说明当金融监管部门加强监管的成本增加，而放松监管的成本减少时，由于互联网金融平台全体选择合规经营的规模较大，金融监管部门倾向于对互联网金融平台放松监管。

通过分析互联网金融平台与金融监管部门的动态博弈过程可以发现，互联网金融平台和金融监管部门二者之间的博弈是通过不断学习对方的策略，而互相进行最优决策的一个循环往复的过程。随着金融监管部门对互联网金融的监管不断加强，二者之间的博弈逐渐从图 5-3 中的区域 B 向区域 C 转移，在这个过程中金融监管部门可以通过增加对互联网金融平台违规经营时的处罚，警惕互联网金融平台违规经营时的超额收益，给予合适奖励以鼓励互联网金融平台的合规经营等手段。根据互联网金融平台与金融监管部门的动态演化路径，随着金融监管部门的持续加强监管，互联网金融平台上合规经营的比例将增加，此时二者之间的博弈将从图 5-3 中的区域 C 向区域 D 转移。而金融监管部门一旦观察到互联网金融平台合规经营的比例增加，就不可避免地会放松对互联网金融平台的监管，二者的博弈就又会从图 5-3 中的区域 D 向区域 A 转移，此后就按照这个路径一直循环下去，并在这个过程中不断提升自身的收益和效用。

## 第三节　互联网金融时代金融监管的创新

在互联网金融时代，随着互联网、大数据、云计算和人工智能等信息技术的迅速发展,金融创新速度不断加快,这不仅提高了整个金融体系的运作效率,而且拓展了金融业务的边界,使社会与个人获得更多、更好的金融服务。与此同时,在互联网金融时代,金融体系因其互联互通、虚拟性、技术性以及开放性等特征,使得金融风险更加复杂和隐秘,这就必然对金融监管提出新的要求。基于此,本书将从监管沙盒、大数据监管和穿透式监管三个方面探讨互联网金融时代的金融监管创新。

## 一、监管沙盒

### (一)监管沙盒的内涵和必要性

监管沙盒(Regulatory Sandbox)是指一国或地区的金融监管部门为促进该国或地区的金融创新与发展,允许一部分科技含量高、创新能力强的金融机构和非金融机构,在一定时间和范围内测试新金融产品、新业务流程或新金融模式,并且金融监管部门会对这些参与测试的项目降低准入门槛和放宽监管限制。在监管沙盒机制下,金融机构或非金融机构所提供的创新型金融产品和服务可以在真实场景中被测试,而无须担心可能受到的监管制约。

监管沙盒最早于2015年3月由英国政府提出并实施,目的是促进金融创新、保护金融消费者和防范系统性金融风险。进入21世纪以来,金融创新速度不断加快,金融监管部门在鼓励金融创新的同时,又要防范金融创新所带来的系统性风险。因此,监管沙盒的出现立即受到大多数国家的认同和推广。2016年年初,澳大利亚和新加坡的金融监管部门与英国金融行为监管局签署了合作协议,并各自对所制订的监管沙盒计划在国内征求意见。近年来,中国香港、泰国、阿布扎比和马来西亚的监管当局也推出了自己的监管沙盒计划,加拿大、中国台湾等国家和地区的监管部门也正在对监管沙盒进行积极研究。可以看出,各国及地区为了进一步促进金融创新,提升金融产品和服务的效率与竞争力,对监管沙盒机制非常重视。在互联网金融时代,中国同样面临金融创新层出不穷和金融风险隐患增加的客观现实,金融监管部门一方面要鼓励金融创新;另一方面要保护消费者权益,防范系统性金融风险,中国金融监管部门有必要选择监管沙盒,推进金融监管创新。

### (二)互联网金融时代中国金融监管沙盒的基本框架

#### 1. 监管沙盒应坚持原则导向的监管理念

在互联网金融时代,金融监管部门在实施监管沙盒时,要坚持原则导向的监管理念:一是金融监管部门要重视与金融机构在金融创新方面的沟通交流,如监管沙盒的量化指标不宜过多,要对测试中的创新项目进行宣传和指导,以增进金融机构对测试项目的监管法律和政策的理解;同时,金融监管部门也能够通过与金融机构的沟通交流,把握金融科技的最新发展动向,进而为完善监管沙盒提供信息基础。二是根据监管原则导向,适时对具体监管条款进行适当修改和调整,实施动态监管。互联网金融时代的金融机构与金融监管部门之间会形成一个互相学习且不断改进自身策略的循环,故对创新金融产品和服务的监管是一个不断变化的动态过程,监管措施和内容需要与时俱进。因此,监管沙盒这一实践时间较短的金融监管创新,同样需要根据金融机构的行为和策略逐步完善。因此在把握监管沙盒的根本目的和要求的前提下,应根据金融机构的运行情况、金融监管部门的经验,以及行业反馈意见对监管沙盒的具体条款进行适当的修改和调整,以使测试不会偏离鼓励金融创新和防范金融风险的目标。

#### 2. 监管沙盒应重点保障金融消费者权益

虽然各国金融监管部门已经认识到监管沙盒的价值,但由于其投入使用时间不长,目前还仍然存在不足,如监管沙盒测试项目在风险控制、机构资质和业务合规等方面可能依旧不能满足监管的要求,甚至有可能让"伪劣"金融产品进入市场,进而对金融消费者权益造成严重损害。尤其是在互联网金融时代,金融创新速度快,创新产品和服务良莠不齐,若监管沙盒让质量较差的金融产品和服务流入市场,就可能造成金融消费者的巨大经济损失。因此,中国在实施监管沙盒时,应把对金融消费者权益的保护放在第一位,如重点保护金融消费者的自由选择权、依法求偿权、知情权和财产安全权等合法权益。针对参与测试的项目,金融监管部门应要求被测试机构拥有比提供一般金融产品和服务更充足的保证金、更完善的风险补偿计划,以及相应的消费者退出方案等。只有这样,监管沙盒才能够充分保障金融消费者的合法权益,并有效防止互联网金融时代的系统性金融风险。

### 3. 监管沙盒应鼓励金融创新

监管沙盒的初衷是为金融机构提供"缩小版"的真实市场和"宽松版"的监管环境,为金融科技创新留出容错、试错的空间,进而有利于降低运营和合规成本、提高市场竞争性,最终促进金融创新。基于此,监管沙盒能够让凡是在市场中符合提高实体经济效率的互联网金融产品、技术、模式更加便捷安全地服务大众,而且由于"监管沙盒"的预演,每个合规的平台都是满足监管的。因此,监管沙盒模式将是互联网金融时代的大势所趋,是平衡鼓励金融创新与控制金融风险的关键手段。

### 4. 监管沙盒应与基本国情相适应

由于实施监管沙盒的国家有不尽相同的社会经济制度和金融监管体系,因此中国不可照搬他国的监管沙盒,而是要在借鉴他国经验教训的基础上实施与中国基本国情相适应的监管沙盒。在互联网金融时代,互联网、大数据、云计算和人工智能等信息技术可以广泛运用在银行、证券、保险及其他金融业态中,这就要求中国金融监管部门在实行监管沙盒时充分考虑金融创新的类别和本质,与中国基本国情相适应。例如,在英国和新加坡,监管部门都有权对各种金融机构进行准入授权和放宽限制,故两国"监管沙盒"均可对各种金融机构的金融科技创新进行授权和测试。而在中国香港,香港金融管理局主要负责银行业监管,故其"监管沙盒"的测试授权也仅限于银行业。另外,从法律地位来看,各国及地区的"监管沙盒"都是以金融监管部门规章的形式出台,明确对金融创新的法律豁免仅限于金融监管部门自身颁布的规章和制度,不能与上位法相抵触。中国同样需要以这样的方式,明确监管沙盒的法律地位,在保证监管沙盒能够在互联网金融时代充分发挥作用的同时,又不与中国现有监管体系产生根本性冲突。

## 二、大数据监管

### (一) 大数据监管的内涵与必要性

大数据是指体量巨大以至于无法使用传统的数据库工具对其进行分析和处理的数据集。相对于传统数据，大数据具有"4V"特征，即数据体量大（Volume）、处理速度快（Velocity）、数据种类多（Variety）和价值密度低（Value）。正是因为"4V"特征，大数据改变了传统的统计学和计量经济学研究范式，提出对全体数据而非随机样本进行分析，重视相关关系而非因果关系，成为人们探究规律和统计决策的新方式。

在互联网金融时代，金融监管部门借助大数据能够更加有效地防范金融风险，大数据监管因此成为互联网金融时代金融监管发展的趋势之一。具体来说，大数据监管是指金融监管部门对金融机构的业务、功能和风险等方面的数据进行深度挖掘，提升金融监管的及时性和精准性，从而使金融监管进入大数据驱动下的全景式监管模式。在互联网金融时代，金融体系的运行时时刻刻都在自动产生规模巨大的微观金融数据，对这些数据的收集、处理和应用是金融机构得以高效运转的必要手段，大数据成为金融机构的战略资源和重要技术手段。大数据的应用使得金融机构能够准确把握金融消费者的偏好，强化金融风险的控制和管理，并在此基础上推动金融创新的迅速发展。同时，中国金融监管部门也需要充分认识大数据给金融体系带来的改变和风险，金融监管部门原有监管模式也已经不适应互联网金融时代的监管要求。中国金融监管部门要高度重视大数据在经济金融中的应用，逐步将大数据监管作为互联网金融时代的主要监管方式之一。

### (二) 大数据监管的基本框架

1. 构建大数据金融监管平台

大数据监管的前提条件之一是具有充足的大数据资源来支撑金融监管的内容和目的。中国金融监管部门需构建大数据金融监管平台来对接金融体系中企业级、行业级数据库，并在该平台上将所有结构化数据、非结构化数据和半结构化数据转化为结构和标准统一的数据，并且为金融机构和其他金融活动参与主体提供全天候的金融监管服务。在数据结构和标准统一的基础上，金融监管部门进一步提供可视化、移动化、智能化、集成化的金融监管数据成果，如行业风险报告、金融机构信用评级报告以及金融风险解决方案等。在互联网金融时代，由于数据具有复杂性和自动化生产等特征，中国金融监管部门只有通过构建大数据金融监管平台，动态定期收集各类所需数据，并进行自动化有效分析，才能够充分发挥大数据监管的作用。

2. 积极探索大数据监管方法

在构建大数据金融监管平台的基础上，中国金融监管部门还需要进一步开发出能够深入挖掘和解析大数据金融监管平台上标准一致的海量微观金融数据的大数据方法。可以说，大数据金融监管平台与大数据方法二者相辅相成，缺一不可。大数据方法很好地契合了主要发达国家乃至全球金融体系发生的结构性变化，以及这种结构性变化对各国监管当局提出的重视微观金融数据分析的这一客观要求。注重大数据方法的开发有以下两个重要意义：首先，作为传统分析方法的"逆向思维""数据驱动理论"的基本逻辑，以及大数据的技术方法为破解系统性风险的形成机制这一"黑匣子"提供了新的视角和分析工具，进而有利于金融监管当局更有效地实施宏观审慎监管。其次，大数据方法能够打通宏观审慎监管和微观审慎监管的界限，这不仅有利于维护金融体系的安全与稳定，而且将极大地提高金融市场的有效性。大数据的理念和方法既可以用来评估整个金融体系的风险，也可以用来分析某一家金融机构的风险状况。一旦微观金融数据基础设施得以建立，金融机构也可以利用开放的数据平台，提高风险管理能力（如更好地管理交易对手风险等）、更有效地拓展业务和维护客户关系以及更有针对性地开展金融创新等。因此，无论是数据基础设施还是大数据技术本身，都将在金融体系内产生巨大的溢出效应，从而对一国金融体系的发展产生重大而深远的影响。

3. 高度重视数据和信息安全

在互联网金融时代，大数据能够提高金融的效率和降低金融的成本，但也会出现因数据和信息泄漏而产生的问题。例如，美国在积极探索大数据监管的过程中,推广 LEI 识别码时就涉及侵犯隐私问题,虽然美国金融研究办公室认为 LEI 的信息报送准则中应包含金融机构的股权结构信息,以便于金融监管部门和金融机构更好地研究金融风险和识别交易对手风险,但在法律上,股权结构是对冲基金等非上市金融机构的内部机密信息,现行的公司法是支持非上市金融机构保护内部信息隐私权的。

由于大数据的管理主要依托云技术,即海量的微观金融数据被分别存储在不同的服务器并通过云服务实现共享,如果由于技术原因而导致云端服务器被攻破,或者由于人为因素而导致数据泄露,这也会造成严重的负面影响和经济损失。因此,在互联网金融时代,中国金融监管部门在实施大数据监管时,必须谨慎对待微观金融数据,防止信息安全问题。实际上,中国人民银行已经在 2019 年印发的《金融科技(FinTech)发展规划(2019—2021 年)》(以下简称《规划》)中明确提出了对数据和信息安全的保护措施,如通过制定金融信息全生命周期管理制度和标准规范、强化金融信息保护内部控制管理、健全金融信息安全管理制度等手段,建立金融信息安全风险防控长效机制,以此来充分保障数据和信息的安全。

### 三、穿透式监管

#### (一) 穿透式监管的内涵与必要性

穿透式监管是指金融监管部门透过金融产品的表面,将金融机构的资金来源、中间环节与最终投向连接起来,挖掘出金融业务和产品的性质,并根据金融业务性质、产品功能和法律属性明确监管主体和适用规则,对金融机构实施全流程监管。穿透式监管作为一种监管方法,它的理论基础是功能监管理论和行为监管理论。其中,功能监管理论是指在金融不断创新的背景下,金融监管部门应按照金融产品的功能和金融业务的性质来明确划分监管主体和监管规则,对不同类型金融机构的同类或类似业务实行统一或相对统一的监管标准,从而消除监管套利(罗伯特·默顿,1993)。[285] 而行为监管则主要针对金融机构审慎性风险和机会主义行为,提出了金融监管的两个主要目标,一是针对系统性风险的审慎监管，以维持金融机构稳健经营和金融体系稳定；二是针对金融机构机会主义行为的合规监管，以维护金融市场的公正透明，保护金融消费者的合法权益（泰勒，1995）。[286]

　　在互联网金融时代，金融创新速度不断加快，尤其是伴随互联网、大数据、云计算和人工智能等信息技术的快速进步，各种新型金融业务和金融产品应运而生。由于无法准确认识这些金融创新的性质和风险，金融监管部门按照原有的金融监管原则和措施已经无法发挥出应有的作用。此时，穿透式监管有助于金融监管部门在互联网金融时代穿透这些金融创新的表象，洞悉其本质属性，并在此基础上给予合适的金融监管措施。当然，穿透式监管无法完全消除市场风险，但能够对市场风险有比较好的把握，以此来提升金融市场透明度，并有助于消费者及时了解和防范金融风险。2016 年 10 月 13 日，国务院办公厅在《互联网金融风险专项治理工作实施方案》中正式提出"穿透式"监管这一概念，指出"要立足实践，研究解决互联网金融领域暴露出的金融监管体制不适应等问题，需要强化功能监管和综合监管，抓紧明确跨界、交叉型互联网金融产品的'穿透式'监管规则"。可以看出，穿透式监管已经受到国家层面的关注，金融监管部门须积极部署互联网金融时代的穿透式监管。

**（二）穿透式监管的基本框架**

**1. 对监管对象的穿透**

　　在互联网金融时代，金融创新速度不断加快，方式也更加复杂，这就使得金融监管部门无法及时和准确地把握真正的监管对象，进而造成金融监管的错配。因此，穿透式监管的首要目的就是要透过名义上当事人的表象，发现其背后的实质监管对象，甚至一直追溯到源头的监管对象，以此来准确把握这些当事人和监管对象的本质，并对他们实施合适的金融监管政策和规则。在互联网金融时代，信息技术的进步不仅使得金融机构开发出更具创新性的金融产品和服务，其他非金融机构同样能够借助信息技术有能力开发出受众很广的金融产品和服务，如很多电商平台的消费金融产品等。穿透式监管能够穿透这些非金融机构的表象，发现其金融属性，并实施针对性的金融监管措施。

### 2. 对金融产品属性的穿透

如前所述，互联网金融时代的金融创新使得金融产品和服务越发复杂。金融监管部门不仅要对监管主体进行穿透，同时也要对产品属性进行穿透。一般来说，对产品属性的穿透相对于对监管主体的穿透更加难以把握，因为对产品属性的穿透就是要穿透金融产品所用之名的表象来发现金融产品的本质属性，进而决定应当适用的法律并实施监管。以余额宝为例，它是蚂蚁金服旗下的余额增值服务和活期资金管理服务产品，但它同时也是天弘基金旗下的货币基金，金融监管部门通过穿透式监管才能够穿透余额宝的表象，把握其货币基金的本质，进而对其采取适当的监管。

综上所述，在互联网金融时代，由于金融产品、金融业务、金融风险的特殊性，原有的金融监管理论与实践已经不再适应对互联网金融时代的金融监管实践。在此基础上，本书引入博弈论的方法分别考察了互联网金融平台与金融监管部门的静态博弈和动态博弈均衡。在完全信息静态博弈中，金融监管部门与互联网金融平台会根据各自的期望收益来确定彼此的最优策略，且一旦做出选择就不可再改变。而在动态博弈中，本书采用演化博弈论的方法求解互联网金融平台与金融监管部门之间的演化稳定策略，发现虽然二者之间并不存在演化稳定均衡，但二者之间的博弈是一个不断循环的过程，二者在不断学习的过程中可以对自身的策略进行改进，进而达到更好的结果。

因此，原有的金融监管理论和实践在互联网金融时代表现出极大的局限性，需要与时俱进。本书在此基础上，对互联网金融时代的金融监管理论和实践进行了针对性地修正和完善，提出互联网金融时代金融监管部门需采取监管沙盒、大数据监管和穿透式监管的建议。

# 第六章　互联网金融与金融排斥理论

## 第一节　金融排斥理论的缘起与发展

在金融体系的发展历程中,金融排斥如影随形,尤其是随着金融创新和金融深化的逐步加快,金融排斥现象更为凸显,逐渐成为学界和业界的关注重点。然而,在主流经济学的发展进程中,学界更加着重于研究金融与经济相互间的关系,形成了金融发展理论的重要成果。但需要指出的是,尽管在金融发展理论中并没有直接提及金融排斥,但有关金融排斥的理论假设与结论一直存在。

### 一、金融发展理论

金融发展理论是关于金融与经济关系的理论,其渊源可以追溯到主流经济学中货币对经济作用的理论观点,亚当·斯密(Adam Smith)、大卫·李嘉图(David Ricardo)、杰里米·边沁(Jeremy Bentham)、约翰·凯恩斯(John Maynard Keynes)等著名经济学家都对货币与信贷对经济发展的作用做了比较系统和深入的研究。

#### (一)金融结构论

随着金融因素在经济发展中的作用愈发重要,针对金融发展理论的研究也更加深入。古力和爱德华(Gurley & Edward,1955,1956)指出,金融对经济的作用主要表现为促进储蓄向投资转化。[287][288]古力和爱德华(1967)还认为,储蓄向投资的转化旨在提高全社会的生产性投资,并指出金融制度的设计和运转机制不仅能够促进储蓄向投资转化，还能够阻止投资向储蓄转化而导致的资金配置无效率。他们的研究表明，金融分配技术与中介技术的创新，有助于扩大可贷资金市场广度和提高资金配置效率，进而提升储蓄向投资转化的效率，以实现促进经济增长的最终目标。[289]他们所提出的金融结构论开创了金融发展理论的先河，后来的专家学者在他们的基础上又形成了金融发展理论框架中其他极具价值的理论观点。

### （二）"需求追随"和"供给领先"论

休·帕特里克（Hugh Patrick，1966）指出，在金融与经济的发展过程中，存在着"需求追随"和"供给领先"两种截然相反的现象。"需求追随"是指在实体经济部门不断扩张市场规模和增加产品供给的过程中，由于分散风险和控制成本的需要，产生了对金融的需求，故金融发展是实体经济部门发展的结果。"需求追随"强调了微观经济主体对金融服务的需求促进了金融多方面发展，进而促进经济增长。"供给领先"是指金融通过发挥中介作用盘活被阻滞的资源，使其从传统部门转向促进经济增长的现代部门，对实体经济有积极主动的作用，故金融发展先于实体部门对金融的需求。"供给领先"强调了金融服务的供给可以超前于微观经济主体的需求，金融通过发挥金融中介的供给作用促进实体经济发展。在现实中，"需求追随"和"供给领先"往往相互交织，存在一个最优顺序问题，即在经济发展初期，"供给领先"往往居于主导地位，而随着经济不断发展，"需求追随"会逐步取代"供给领先"的主导地位。同时，最优顺序问题也会在部门内和部门间存在。[290]

帕特里克还指出，金融体系对资本存量的影响主要体现在三个方面，一是可以提高既定数量的有形财富或资本的配置效率；二是可以提高新资本的配置效率；三是可以加快资本积累的速度，因为金融中介促使人们更加愿意储蓄、投资和工作。在此基础上，他提出了落后国家应采取金融优先发展的货币供给带动政策。

### （三）金融结构论的进一步论述

雷蒙德·戈德史密斯（Raymond Goldsmith，1969）通过对各国金融发展差异的纵向和横向比较,研究了金融发展与经济发展之间的关系,揭示了决定金融结构、金融发展与经济发展的基本因素。他指出,金融结构的变化能够反映一国的金融发展水平,且可以通过指标来量化其变化情况,其中金融相关率(FIR)是最具核心意义的宏观指标。金融相关率在发达国家与不发达国家之间呈现出差异性,但从经济发展的不同阶段来看,金融结构的变化又具有规律性,即金融相关率越高,意味着储蓄与投资的分离程度就越明显,该国的金融发展水平也就越高;反之亦然。随着经济不断发展,间接融资比例下降,直接融资比例上升,金融结构伴随人均可支配收入和经济总量的增加而变得更加复杂。总之,金融结构的变化和经济总量的增长有着强相关关系,且从长期来看,各国金融结构的变化路径具有趋同性。[291]金融结构论中关于金融与经济总量成比例相匹配共同发展的理论观点,意味着经济发展方式必然要求合适的金融发展方式与之相适应。

戈德史密斯从金融结构变迁的视角研究了金融发展,他定义的金融结构是指"金融机构"的相对规模和金融市场"工具"的数量与种类,并提出"金融发展就是指金融结构的变迁"的观点。戈德史密斯对金融发展理论做了进一步研究,并与格利和肖一起,在金融发展理论演进史上,奠定了从金融结构的差异性分析入手,研究各国金融发展特征和一般规律的基础理论框架。

### (四)金融抑制论与金融深化论

20世纪70—80年代,针对发展中国家的货币化程度低、金融市场落后、金融体制效率低下、政府对金融管制严格等特征,罗纳德·麦金农(Ronald McKinnon,1973)和爱德华·肖(Edward Shaw,1973)提出了著名的金融抑制论和金融深化论。他们认为,传统货币理论的前提假设只能适用于发达国家。在发展中国家,自然经济占比很大,经济货币化和商品化程度低,信用工具缺乏,金融市场处于割裂状态,呈现二元金融结构。其主要原因在于,一是金融机制不健全和金融机构不发达,使得金融市场落后而难以有效地筹集社会资金;二是政府对金融体系所实行的过分干预和管制政策,导致以利率偏低和汇率缺乏弹性为特征的金融体系与经济发展停滞并存的现象,即金融抑制。金融抑制形成的利率上限,在通货膨胀时会导致大量资金投向实际资本和有形资产储备,从而加大通货膨胀压力。而政府迫于压力,一般会采取控制名义货币供给量或人为压低利率的政策,使大量货币流出银行体系,从而引发严重的"脱媒"问题,与经济停滞形成恶性循环。[292][293]

因此,麦金农和肖主张发展中国家应放松利率管制,取消信贷配给,实行金融自由化改革,即金融深化改革解除金融抑制。金融深化的核心就是提高实际利率水平,放开金融市场,以提高投资水平和投资效率。利率提高后,投资者和储蓄者之间的金融中介活动得以加强,中介成本降低,投资的平均收益和投资结构改善,并形成收入、储蓄、投资和就业四大效应。金融深化论的基础是自由市场主义原则,即金融市场可以自动实现均衡。该理论的初衷是期望通过解除金融管制、信贷配给等干预政策,实现覆盖低收入者和中小微企业的外源融资需求,使被排斥者的金融需求得到满足,实现供求均衡。但在现实中,受发展中国家不同国情以及经济基础与制度的约束,金融深化论成立的前提条件并不具备,因此将该理论付诸实践也难以取得理想成果。事实上,从20世纪80年代开始,拉美和东欧国家实施金融自由化改革致使金融危机频发,国内贫富差距不断扩大,金融排斥的缓解并不理想。实践的教训从反面揭示了该理论的局限性,反映出金融制度必须适应经济制度,如果脱离相应的经济制度,金融制度的优劣无从评价。

继麦金农和肖后,加尔比斯、弗莱等又从不同的角度补充和丰富了麦金农和肖的金融抑制与金融深化理论。维森特·加尔比斯(Vicente Galbis,1977)从投资质量角度分析了欠发达国家的利率政策,认为利率上升将使资金从低效率部门流向高效率部门,从而提高投资的总体质量。[294]麦克斯韦·福莱(Fry Maxwell,1988)则提出,低利率引起的资金过度需求将导致非价格配给现象,其结果是经济行为扭曲;提高利率将减少低收益投资者对投资资金的需求,提高投资的平均收益等。[295]

**(五) 金融约束论**

20世纪90年代,以赫尔曼、默多克和斯蒂格利茨(Hellman、Murdock &

Stiglitz,1997)为代表的新凯恩斯主义经济学家在金融抑制论和金融深化论的基础上,重新审视了金融自由化改革与政府的干预,基于不完全信息理论提出了政府应适度干预金融市场失灵的金融约束论。他们认为,金融约束是指政府通过一系列金融政策在民间部门创造租金机会,以达到既能减轻金融抑制的危害,又能促使银行主动规避风险的目的。金融政策包括对存贷款利率的控制、市场准入的限制,甚至对直接竞争加以管制,以影响租金在生产部门和金融部门之间的分配,并通过创造租金机会,调动金融企业、生产企业和居民等各个部门的生产、投资和储蓄的积极性。政府在此过程中可以发挥积极作用,采取一定的政策为银行体系创造条件,鼓励其积极开拓新的市场进行储蓄动员,从而促进金融深化。[296]

赫尔曼和斯蒂格利茨认为,虽然金融约束理论从不同方面论证了金融约束对发展中国家来说是合理的金融政策,但金融约束政策在执行过程中可能会因为种种原因而效果很差,其最大的危险是使金融约束变为金融抑制。因此,要保证金融约束达到最佳效果,必须具备一些前提条件,如稳定的宏观经济环境,较低的通货膨胀率,大于 0 的实际利率,银行是真正的商业银行,政府对企业和银行的经营没有或有很少的干预等,其实质是保证银行和企业的行为符合市场要求。1997 年东南亚金融危机爆发后,一些热心于金融约束论研究的专家,如赫尔曼,默多克和斯蒂格利茨(2000)认为,东南亚金融危机及其产生的影响从反面证明了金融约束论的合理性。金融约束是发展中国家从金融抑制状态走向金融自由化过程中的一个过渡性政策,它针对发展中国家在经济转轨过程中存在的信息不畅、金融监管不力的状态,主张在市场失灵的情况下发挥政府作用,这是对金融深化理论的丰富与发展。[297]

### (六) 金融功能论

20 世纪 90 年代,莫顿和博迪(Merton & Bodie,2000)在金融功能的基础上推进了金融发展理论的研究。他们指出,金融体系的核心功能是在不确定的条件下,实现金融资源的跨期、跨时空与跨区域的合理配置,金融功能从低到高的演化过程就是金融发展的过程。在此基础上,他们提出了六个金融核心功能,包括:① 在不同时空和行业间转移资源;② 风险管理;③ 结算与支付;④ 储备资源和提供分割股权的机制;⑤ 提供价格信息以利于经济决策;⑥ 在代理关系中对激励问题提供解决的方法。[298]

金融功能论强调金融整体功能对经济发展的作用,而不是金融结构及其变化。因为不同国家、不同发展阶段,其政治、经济、环境等背景各异,所以同样的金融结构所发挥的作用会有很大差异。实际上,在不同时期和不同历史背景下,金融的基本功能都是稳定的,间接融资结构(银行主导)和直接融资结构(市场主导)只是相机抉择的替代关系,这种动态替代关系表现为金融创新的螺旋式演进。

综上所述,金融发展理论的核心思想是一个国家采取什么样的金融发展方式需要符合该国经济发展特征的需要,即经济基础决定金融发展的方式。专家学者用金融结构论、金融抑制论、金融深化论、金融约束论和金融功能论等表达了他们关于金融应该如何发展的思想和主张。同时,在金融发展理论不断完善的进程中,金融排斥理论也一直与之伴随并逐渐得到重视。金融结构论从金融分配技术和中介技术两个角度解释了产生金融排斥的原因,金融抑制论和金融深化论则从新自由主义的视角指出在凯恩斯主义盛行的背景下,众多不符合国家意志的部门和群体必然遭到金融排斥。20 世纪 80 年代以后,实施自由化的拉美和东欧一些国家频繁发生金融危机和经济危机,国内贫富差距不断扩大,金融排斥现象愈演愈烈。20 世纪 90 年代后,有金融约束论者认为,政府应该相机抉择,渐进式放松金融干预,他们建议赋予银行部门"特许价值权"。然而,"特许价值权"不但排斥了小微企业等服务客体,而且排斥了中小银行等服务主体,另外也制约了直接融资市场的功能发挥。

## 二、金融排斥理论

金融排斥理论与金融发展理论中的各个分支理论一脉相承,具有紧密的内在关联性。金融结构论、金融抑制论、金融深化论、金融约束论、金融功能论等理论都直接或间接地提到了金融排斥的现象。随着金融发展理论的不断演进,尽管人们所获得的金融服务水平在不断提高,但经济发展水平不同的地区、财务条件不同的社会群体所能获得的金融服务质量是有较大差异的。尤其是在一些经济欠发达地区,财务状况不佳的社会群体从金融机构获取金融服务的难度很大、成本很高。在这样的背景下,金融排斥理论得到了进一步发展,特别是 20 世纪 90 年代后,专家学者对金融排斥理论愈发关注,形成了诸多影响深远的理论成果。

### (一) 金融排斥的基本内涵

目前国内外专家学者对金融排斥的基本内涵尚未形成共识,但他们都强调金融排斥是针对基础金融产品与服务的"接触性"(Access)和"使用性"(Usage)而言的。金融排斥由于最早关注地理排斥因素,因此更多地强调其"接触性"。随着研究的深入,金融排斥的理论内涵从不同视角得到了拓展。格林伍德和约万诺维奇(Greenwood & Jovanovic,1990)为金融需求主体受金融排斥的现象提供了社会、文化变量,如性别、年龄、社会阶层、种族、宗教等的理论解释。[299]莱森和思里夫特(Leyshon & Thrift,1994)指出,金融排斥是由于金融机构从欠发达地区撤出,导致处于该地区的群体由于地理因素制约而难以获取金融产品、金融服务的现象。[300]

随着研究的深入,金融排斥从早期的单一维度扩展到包括地理、社会经济以及金融市场等多维度,从静态概念发展到动态概念。凯普森和惠利(Kempson & Whyley,1999)对金融排斥进行了系统性的研究,提出金融排斥六维度评价标准,即地理排斥、价格排斥、评估排斥、条件排斥、营销排斥和自我排斥。其中,地理排斥是指由于金融机构网点分布不均衡,导致处于金融机构分布较少地区的社会群体在获取金融产品和服务时面临融资难的困境。价格排斥是指由于金融产品与服务定价超出某些群体的承受范围,使得这部分群体无法获得金融服务。评估排斥是指由于金融机构的准入条件较高,使得部分群体被排斥在客户群体之外。条件排斥是指金融机构在金融产品上附加了额外条件,使得部分群体受到排斥。营销排斥是指金融机构在市场营销的过程中,将部分群体排斥在客户群体之外。自我排斥是指被排斥者出于对自身财务的认识,主动对自己进行排斥。可以看出,地理排斥、价格排斥、评估排斥、条件排斥以及营销排斥等均为金融机构对被排斥对象进行的排斥,自我排斥是被排斥主体主动对自身进行的排斥。[301]

安德烈亚斯·塞布拉(Andreas Cebulla,1999)根据造成金融排斥的因素不同,将金融排斥划分为结构排斥(Structure Exclusion)和机构排斥(Agency Exclusion)。结构排斥是指由于金融机构对开户、贷款、信用卡等金融产品的信用评级进行严格审核进而使部分群体被排斥。机构排斥是指银行关闭"无利可图"的分支机构进而造成部分群体对金融机构"接触性"困境。[302]里根和帕克斯顿(Regan & Paxton,2003)认为降低金融排斥需要包容性发展,并且提出了需求宽度(Breadth of Needs)和参与深度(Depth of Engagement)二维度概念。这一概念一方面体现了部分群体对银行账户、信贷、储蓄、保险等金融产品的需求得不到满足;另一方面强调因缺乏必要的金融知识而不具备运用多种金融产品与服务的能力。[303]

关于金融排斥的概念在不断丰富,对相关理论的探讨也在逐步深入。为了使所做的研究更具有针对性,本书对金融排斥的定义为:受技术手段、社会、文化等因素的限制,金融供给主体无法在成本和风险可控的条件下为部分金融需求主体提供金融服务,同时部分金融需求主体由于自身原因主动排斥金融需求。

### (二)金融排斥的影响因素

由于金融排斥具有复合性和多维性特征,因此要从金融供给主体、金融需求主体以及社会环境三个方面对金融排斥的影响因素进行深入分析。

#### 1. 金融供给主体

金融机构作为金融供给主体,其主要职能是向社会大众提供金融产品与服务,合理匹配社会投融资需求。一般来说,金融机构在各地区所设立的物理网点是微观主体获取金融产品与服务的重要途径。

首先,受规模经济偏好以及固定交易成本等因素的影响,金融机构在网点布局的选择上倾向于资金需求旺盛、具有规模经济的"发达"地区,并且倾向于撤销在地理位置偏远、经济发展水平不高的地区的网点。克莱森等 (Claessens et al.，2003)认为,金融服务的固定成本效应可以通过网络外部性来增强,其边际效应由使用该服务的客户数量来确定。经济落后地区对金融服务的需求有限,金融机构很难通过增加交易量实现规模经济。[304]阿拉姆和托尔托萨-奥斯纳(Alamá & Tortosa-Ausina,2012)对2008年金融危机后银行业金融机构网点撤并的原因进行分析认为,规模经济和范围经济可能减少银行分支机构对吸引力不大的市场或收入水平较低地区的网点布局,导致部分社区的金融服务可得性降低。在市场竞争加剧而法制不充分的金融生态环境下,金融机构在网点布局战略方面没有足够的动力兼顾金融公平。[305]乔萨特-马切利(Joassart-Marcelli,2010)认为,法律法规不完善可能会促使金融机构提供服务出现空间分层现象,低质量和高成本的金融服务会集中在贫困和少数民族社区。[306]尼尔·马歇尔(Neill Marshall,2004)认为,贫困和少数民族社区遭受的低质量金融服务和掠夺性贷款,反映出银行的风险厌恶和盈利动机对金融生态的不良影响;同时,固定交易成本对扩大金融供给范围具有一定的限制作用,也是影响金融机构空间布局与拓展的关键因素之一。[307]

其次,在信息不对称的情况下,传统金融机构为了控制金融风险与降低信息成本,其采取的金融供给方式往往会对部分社会群体造成金融排斥。戴姆斯基和韦奇(Dymski & Veitch,1996)认为,金融机构的营销供给战略受等级制度和种族隔离体系影响,为减少风险,很有可能进一步扩大针对特定优质客户的金融供给而导致金融排斥的加剧。[308]克莱森(2006)指出,金融机构的风险或歧视以不同的方式相互作用,导致对弱势群体的金融排斥出现多样化。[309]卡维塔·达塔(Kavita Datta,2009)的研究表明,由于低收入人群违约风险较大,银行主观上将其设定为高风险客户而使他们易受到贷款排斥;或对缺乏社会地位的人群,如无家可归者和难民的开户申请提出身份证明要求,导致对弱势群体的储蓄排斥。[310]萨尔玛和派斯(Sarma & Pais,2011)对银行业自身结构与金融排斥程度之间关系的研究表明,资本资产比率较高即资金充裕的银行系统往往在贷款方面更加谨慎而表现出较高的金融排斥水平;银行不良资产水平与金融排斥程度显著正相关。而银行系统高比例的外国所有权与金融排斥正相关,具有较低金融排斥度的国家,如丹麦、奥地利、比利时和法国等,外资银行在总银行业的资产所占股份非常低(在这些国家中低于 3%)。这说明本地银行能更有效地降低金融排斥度。[311]

2. 金融需求主体

随着社会经济的发展和理论研究的深入,关于金融排斥影响因素的分析突破了地域因素的局限,逐渐与各地的社会、文化联系起来,从性别、年龄、种族、宗教、受教育程度、收入、就业状况等文化制度理论的相关变量进行解释。

首先,金融需求主体的人口学特征是导致金融排斥的主要因素。金融需求主体的人口学特征包括性别、年龄、受教育程度、宗教、种族等多个方面。詹姆斯·德夫林(James Devlin,2005)的研究表明,年龄在 16～25 岁的人群与其他组别的成年人相比,更有可能遭受金融排斥。[312]贝克和托瑞(Beck & Torre,2007)认为,老年人不适应利用现代技术参与金融活动,容易受电话银行、网络银行等业务的排斥。性别因素对金融排斥的影响表现出不一致的结果。[313]德夫林(2005)对英国的研究表明,性别与金融排斥之间没有显著相关性。[312]而强生和尼诺-扎拉苏亚(Johnson & Nino-Zarazua,2011)对肯尼亚的研究表明,邮政银行的撤并对妇女使用金融服务具有显著影响,这可能是国别差异造成的。[314]

多数研究表明教育程度是一个重要影响因素,具有较高教育程度往往不容易受金融排斥。种族、宗教是导致金融排斥不可忽视的重要因素。赛因等(Sain et al.,2013)的研究表明,穆斯林人群在澳大利亚可能更易遭受金融排斥,由于缺乏符合他们宗教信仰的金融产品而导致被动排斥。[315]贝克和托瑞(Beck & Torre,2007)的研究表明,由于信仰或文化因素,也有可能是他们自愿将自身排斥在金融服务体系之外产生自我排斥。[313]随着研究的深入,对微观主体特征的分析转向对移民的研究。乔萨特-马切利(2010)对波士顿移民居住模式的研究表明,种族、阶级、移民在邻里层面相互作用以获得金融服务,大部分金融机构尤其是银行分行及 ATM 机的布局与社区中移民和少数民族人数所占比例成负相关。[306]

其次,金融需求主体的经济财富特征是导致金融排斥的关键因素。金融需求主体的收入、财富、就业状况、住房或居住状态成为是否遭受金融排斥的关键要素。詹姆斯·德夫林(James Devlin,2009)的研究表明,失业者或残疾人等无收入人群、低收入家庭更有可能被排斥在正规金融体系之外。因为低收入群体的产品需求较弱,不太可能给金融机构带来高盈利机会,导致对这部分群体金融服务供给不足而产生金融排斥。住房使用权的类型是影响金融排斥的一个关键变量。拥有合法的房屋产权且房屋质量好的人群受金融排斥的可能性低;而居住在农村地区和远离城市金融中心的人群更可能被金融排斥;种族居住隔离使处于较低社会经济地位的移民或少数民族群体,因语言、法律上的障碍等因素易受金融排斥。[316]

3. 社会环境

在金融排斥理论研究中,不同国家的金融排斥程度存在较大差异,实际上即使同一国家中的不同区域,其金融排斥程度也有所不同。通过对文献的梳理可以发现,金融排斥产生的空间差异与社会环境密切相关。萨尔玛和派斯(Sarma & Pais,2011)对49个国家的金融排斥程度进行测算,其结果显示,国别间的金融排斥程度与其人类发展指数水平具有较强的负相关性;以人均GDP衡量的经济发展水平与金融排斥成负相关,即经济越发达,金融排斥程度就越低;收入差距大、国人识字率低、城市化水平低的国家,其金融排斥程度相对较高;互联网和电话银行的使用、交通设施的改善、居住区靠近地铁等交通要道等因素与金融排斥具有显著的负相关关系,说明基础设施较好的地区,其金融排斥程度较低。[311]奥塞-阿西贝(Osei-Assibey,2009)指出,低收入者不太可能访问互联网或手机银行。[317]托德·米顿(Todd Mitton,2008)的研究发现,部分中年人担心使用网上银行管理资金时遭受在线身份盗窃,或网上欺诈造成经济损失而拒绝使用网上银行。[318]

**(三) 金融排斥的综合评价**

随着技术手段的不断进步,对金融排斥的定量描述与分析逐渐成为主流。

定量方法使得对金融排斥的分析不再仅仅局限于金融供给主体、金融需求主体和社会环境这三个维度,而是通过建立反映金融排斥的多维度指标,运用综合评价方法来测算金融排斥程度,进而对金融排斥的研究也就更加精准与客观。

贝克等(Beck et al.,2007)利用 99 个国家的相关数据,采用综合评价法将反映金融"接触性"和"使用性"的变量具体表述为每千平方千米或每 10 万人拥有的银行分支机构数和 ATM 数、人均贷款账户数、人均贷款与人均GDP 比率等八个指标,以考察国别之间的金融排斥现象。其结果是,以人均、地均指标统计的银行分支机构覆盖度较高的国家的家庭,其接触和使用金融服务的可能性更大。欧洲国家的接触性排斥和使用性排斥均普遍较低,而非洲、南美一些国家较高。以金融机构的地均分布指标为例,每千平方千米银行分支机构数超过 119 个的大多分布在比利时、荷兰等欧洲国家,而在玻利维亚、哈萨克斯坦、纳米比亚等国家该指标低于 0.18,这一指标的中位数为4.80。人均贷款账户数的中值为 80.57,其中 5% 的国家该指标高于 700.56,这些国家大多集中在欧洲;而 5% 的国家低于 6.35,这些国家大多集中在南美和非洲。[319]

关于金融排斥程度的度量,已有研究采用分维度金融排斥指数与金融排斥综合指数分别对金融排斥程度进行度量,至今还没有形成统一的度量方法。通常,分维度金融排斥指数可以从不同层面度量微观个体、企业、区域受到的金融排斥程度;而金融排斥综合指数则可以从总体上把握群体或区域的金融排斥程度。就分维度金融排斥指数而言,早期,英格兰东南发展机构(SEEDA)利用一系列数据,将"复合剥夺指数"(Index of Multiple Deprivation)作为线性回归模型的因变量,运用逐步回归的方法确定了金融排斥的影响因素,并计算出分维度金融排斥指数。但是,因为大多数国家的统计机构缺乏计算"复合剥夺指数"的统计数据,所以英格兰东南发展机构的分维度金融排斥指数法没有得到推广。之后,萨尔玛和派斯(Sarma & Pais,2011)利用储蓄存款账户数、银行机构数、存款总额等相关指标。并从银行业务的渗透率(Banking

Penetration)、银行服务的可得性(Availability of Banking Services)和银行产品的可用性(Usage)三个维度构建金融排斥的评价指标。并在此基础上测算49个国家的金融排斥指数,发现高收入国家金融排斥度较低,多数西欧国家排斥度最低,东欧国家居于中等水平,而大量的拉美国家排斥度较高。[311]

从上述研究可以发现,由于受相关金融数据的限制,以及各国统计口径的不一致,目前对金融排斥综合指数的研究还比较有限,但可以得出发展中国家金融排斥的比例远远高于发达国家的一般结论。

### (四) 金融排斥的后果

金融发展是驱动一国经济增长的重要引擎,而金融排斥使得社会上的特定群体缺乏必要的金融服务,进而又限制了金融发展对经济增长的贡献。

#### 1. 金融排斥加剧被排斥对象的贫困

金融排斥虽在一定程度上提高了金融系统的效率,但同时也造成了不同人群的两极分化。德夫林(Devlin,2005)认为,金融排斥会降低个体对金融风险的抵御能力,缺乏必要的金融产品又会严重影响个体收入水平和生活水平的提高,进而加剧被排斥对象的贫困等社会问题。[320]辛普森和巴克兰(Simpson & Buckland,2009)认为,随着金融排斥程度的加深,被排斥群体只能依靠自己有限的积蓄投资教育等,难以获得经济收入增长的机会,这将阻碍他们的进步和发展,使其在社会剥削和贫困中恶性循环。被金融服务"遗忘"的群体通常是低收入阶层,尤其是偏远地区的弱势群体,他们无法享受基本的金融产品和服务也意味着更加严峻的社会问题,如他们很可能在就业、住房、教育和医疗等诸多方面都无法得到应有的公共服务,而这又将进一步加剧被排斥对象的贫困。[321]

#### 2. 金融排斥导致社会的不公

从政治经济学的角度来看,金融产品与服务被认为是一种公共物品,便于人们共享市场经济带来的成果,类似于获取基本医疗服务、小学教育等服务。金融化过程使微观主体通过各种方式进入金融系统以促进经济、生活多方面改善,而弱势群体往往被排斥在正规金融机构之外,使他们在其他方面也处于不公境地。劳拉·普利多（Laura Pulido，2000）认为，金融公平的缺失加剧了穷人、少数民族居住环境的恶化，易导致邻近的污染和不良的土地用途。[322] 乔萨特和斯蒂芬斯（Joassart & Stephens，2010）指出，金融服务空间分割与歧视易导致弱势群体在公共服务设施方面境况恶化。诸多在对传统零售金融服务分支机构关闭的研究中特别关注弱势群体以及一些社区或某些地区因金融服务空间重构引起的社会公平问题。[306]

### 3. 金融排斥易扩大区域经济发展的差异

在银行分支机构撤并的金融地理学研究中，不少专家学者认为，银行分支机构撤并对区域经济发展有显著影响，这不仅因为撤并分支机构是金融排斥的物理表现，而且因为金融排斥导致区域经济发展的差异扩大。金融机构作为资金融通的中介，在调节区域间资金的流向和区域间经济发展不均衡等方面发挥着重要作用。由于收入和财富的地理特征在一定程度上塑造了金融机构进入金融体系的地理格局，戴姆斯基和韦奇（1996）发现，金融排斥与金融资本的地方性高度相关，收入低的地区银行分支机构的关闭率相对较高，这种排斥的社会空间过程容易导致这些地区经济螺旋式下滑，造成其进一步陷入金融排斥的深渊。[323] 莱森等（Leyshon et al.，2008）认为，这种"金融动力"往往使富裕的地区更富裕、贫困的地区更加贫困，如英国、美国、澳大利亚、加拿大等国家银行分支机构的撤并多集中在偏远地区，进而加剧这些地区社会经济的边缘化。[324]

## 第二节　中国发展普惠金融的主要实践

### 一、普惠金融内涵辨析

#### （一）普惠

要想理解普惠金融，首先要对普惠的概念有清晰的认识。"普惠"是西方的舶来品，它的本意是"包容"（Inclusion），意味着财富、产品和服务能够公平、包容地分配给全人类。实际上，在经济学实践和理论的发展过程中，公平和效率的取舍一直受到不同经济学派的争论,而"普惠"则是对该问题的更加具体化的表达。因此,在研究普惠问题时,必须把视域扩展到经济学理论和实践领域,才能科学、准确地定义普惠的概念。在经济学理论中,普惠主要涉及要素配置、分配和再分配问题,其最为核心的问题在于公平。然而,主流经济学对普惠有着天然的排斥性。经济学之父亚当·斯密在《国富论》中指出,经济的有效运行所依靠的是市场这只"看不见的手",政府管制或计划经济将对经济运行的效率造成消极影响。然而,若经济达到有效率的结果是充分"合意"的,那么该结果就必然能够被每一个人所接受,即普惠。但在经济学理论研究中,普惠的实现往往是政府部门对市场的某种矫正。

1. 不一致性是普惠的前提

人生而平等是人类社会崇高的追求,然而现实中人生来就不尽相同,无论从出身、财富,还是智商、天赋、体能等禀赋来看,每个人都具有较强的差异性,而这些差异性的客观存在就必然会导致每个人收入和要素配置的区别。阿特金森和斯蒂格利茨(Atkinson & Stiglitz,2015)指出,若每个人的禀赋都相同,那么政府所制定的很多经济政策和公共财政策略都将失去应有的作用。因此,在经济学中存在两种不一致性,一种是先验不一致性,即不同人、不同家庭、不同群体的禀赋和偏好不同,这往往反映了不同的价值观或伦理;另一种是后验不一致性,指的是在一定游戏规则下分配的不一致性,如在商业或市场游戏规则下,产品和服务(包括金融资源)的分配必然存在不均等性。这两种不一致性的存在,使得为维护弱势群体生存和发展所需要的普惠措施必须在再分配、财政政策等不同层面存在。[325]

2. 普惠重视对弱势群体的资源分配倾斜

由于不一致性的存在,每个人所能够获得的产品和服务都是不尽相同的,表现为强势群体相对于弱势群体能够更加容易获得更多的产品和服务。因此,政府要实现普惠,就要重视对弱势群体的资源配置倾斜,在资源分配与再分配环节给予弱势群体更多的机会。但是,这种包容性的普惠很容易造成排他性的后果,即通过打击强势群体的利益以确保弱势群体的利益,而这样的普惠是不可持续的。

3. 普惠是覆盖所有人的

在以往的研究中,通常会重视对弱势群体的保护,而忽视了其他群体的利益,这就会导致其他群体的利益受到损害。若是以这种普惠作为制度设计和政策制定的前提,那么其后果反而会造成公平性和效率的损失,从而达到非普惠的结果。因此,普惠的实现必须兼顾每一个人、每一个群体。

4. 普惠包括弱势群体内部的交叉互助

交叉互助分为两个层次,一种是具有完全相同禀赋和目标的合作制;另一种是禀赋不完全相同,但具有共同利益取向的合作制。这两种合作都将直接影响普惠的体系设计。前者即通常所说的民主管理、一人一票制的合作社,以及众筹等现代互联网金融形式;而后者则一般体现为产业链金融,如公司加农户的商业信用模式。弱势群体内部的交叉互助在微观角度,把普惠从一种转移支付的政策性分析框架转入个体间为达到目的而进行相互扶持的合作分析框架。

### (二) 从普惠到普惠金融

普惠金融是普惠在金融领域的体现,二者有着紧密的联系。

1. 普惠是普惠金融的基础

如前所述,由于现实中人们之间的不一致性,必然会导致人们在要素配置、收入分配和再分配等方面的不均等,普惠就是为了尽可能地削弱这种不一致性,以达到公平、包容和有效率的资源配置。可以说,普惠是人类对公平和包容最为崇高的追求。因此,政策制定者针对普惠所制定的政策就要包含对资源要素配置的均等性、收入分配的均等性,以及再分配的合理性等。而普惠金融正是在普惠基础上所孕育和发展的,普惠为普惠金融理论研究和机制设计奠定了坚实基础。中国金融市场的发展仍然处于相对落后的状态,再加上由于信息不对称和成本等因素的存在,使得金融产品和服务在中国只能为一部分人所享受,而大部分人群,如中小微企业、低收入人群等都无法充分获得适合的金融产品和服务。在这样的背景下,为了让全民都能够获得金融产品和服务,中国政府提出了普惠金融。

2. 普惠金融同样是覆盖所有人的

与普惠一样,普惠金融并不一定要外生地、指定地向弱势群体配置金融资源。不妨设想,假如普惠金融仅仅针对弱势群体设计金融机构、市场和产品体系,而忽视了对每一个人、每一个群体的覆盖性,那么就必然损害了另外一些群体的利益。例如,一旦政策设计者要求限定金融资源的特定流向(面向弱势群体),那么另外一些群体必然会遭受福利损失,而这并不是制度设计的"帕累托改进"[①]。当然,若简单地将普惠金融理解为"每一个人",这势必会造成普惠金融概念的泛化。按照联合国(United Nations,2006)发布的《建设普惠金融体系》(*Building Inclusive Financial Sectors for Development*),普惠金融的服务对象主要是指弱势群体,通常包括低收入者、小微企业、老年人和残障人士等特殊人群。他们财富占有少、个体多,统计上具有长尾分布特征,因此可以称之为"长尾群体"。因此,普惠金融是覆盖所有人的,但其主要的服务对象是"长尾群体",并且普惠金融的目的是让"长尾群体"能够参与到金融活动中来,使其在经济增长中改变自身禀赋,并能够分享经济发展的成果。

3. 普惠金融是普惠在金融领域的外化

普惠金融是将金融资源公平地、包容地在人们之间进行分配,是专指让所有个体和群体都能够享受到金融产品和服务的一种普惠。2006年,联合国发布的《建设普惠金融体系》蓝皮书对普惠金融做了初步界定。蓝皮书中指出,个人、家庭以及企业等所有层面的参与者都能以合理的价格获取广泛的金融服务,包括信贷、储蓄、保险、理财、转账、支付、汇兑等金融服务;拥有健全的金融机构,这些机构有严密的内控机制并接受市场监督,存在规范的行业标准以及市场监督机制;金融机构具有财务上的可持续性,从而能确保金融服务的可持续性;拥有多层面竞争性的金融服务提供者能够提供多样化的选择。前中

---

① 帕累托改进是指在没有使任何人境况变坏的前提下,使得至少一个人的境况变得更好。一般来说,当权机构制定策略所希望的是实现帕累托改进,以实现公平和效率的提升,最终达到"帕累托最优",即无法再进行帕累托改进。

国人民银行行长周小川(2015)认为,普惠金融是指立足于机会平等要求和商业可持续原则,以可负担的成本让每一个人都能享受及时、有尊严、方便、高质量的各类型金融服务。[326]

根据普惠的概念辨析,以及国内外对普惠金融所做的解释,本书将普惠金融定义为,以公平、公正为原则,在成本可控的前提下,为所有具有金融服务需求的社会各阶层和人群提供价格合理的金融服务,且鉴于难以获得金融服务的群体多为中小微企业、低收入人群等"长尾群体",故普惠金融需重点关注"长尾群体",帮助该群体获得充分、公平的金融服务,以最终实现金融领域的普惠。

### (三) 普惠金融与扶贫

普惠金融能够服务于扶贫,但普惠金融不等于扶贫,实现普惠金融与扶贫有效协调需要充分认识普惠金融与扶贫的理论渊源与思想侧重点的差异。

**1. 普惠金融与扶贫的理论渊源**

贫困人口的资本可获得性直接关系到能否顺利从事生产和实现收入增长,金融资本在减贫中的作用一直备受关注。20 世纪 50 年代提出的"贫困恶性循环"理论和"低水平均衡陷阱"理论认为,贫困的根源在于金融资本缺乏。"减贫"就必须增强贫困人口的资本形成能力,改善贫困人口"福利"状况。贫困人口所需要的"资本",包括物质资本、人力资本、自然资本、社会资本和金融资本等,其中金融资本是物质资本、人力资本、自然资本积累和改善的基础,有利于缓解贫困人口在资本形成过程中的脆弱性,提升抗风险能力。

20 世纪 60 年代的金融发展理论从宏观视角研究了发展中国家如何通过金融发展来实现经济增长,为金融减贫研究提供了理论依据。可以认为,金融发展有利于经济增长的观点已经在理论和实践中形成共识,而经济增长所带来的就业岗位增加和税收增长为穷人创造了收入增长的机会,使政府有更多财力在教育、医疗和其他基础设施等方面进行投资,有利于实现穷人收入的增长。但是,需要指出的是,经济增长仅是扶贫的必要条件,而不是充分条件。例如,经济增长可能造成的金融排斥会加剧贫富差距,使贫困人口更加贫困。

由于穷人和金融机构之间存在更严重的信息不对称,穷人往往不能达到金融机构所要求的"合格"资质,抵押品信贷约束的存在使穷人难以获得生产发展所需要的资金支持,制约了穷人的投资和生产机会。所以,尽管穷人具有更高的边际投资效率,但是金融市场的不完善使穷人投资的初始禀赋受到约束,金融排斥成为导致持续性收入不均衡和贫困陷阱的重要原因。普惠金融颠覆了传统金融发展理念,在一定程度上实现了资本与穷人的结合,其关键在于以穷人为服务对象的精准扶贫机制,以团体贷款、动态激励为核心的风险防范机制。

由此可见,普惠金融与扶贫既有联系,亦有区别。普惠金融是反贫困的新理念、新方法,但普惠金融在本质上属于"金融"问题,而扶贫本质上属于"减贫"问题,不能将二者等同,普惠金融只是扶贫的重要手段之一。

2. 普惠金融与扶贫的侧重点不同

普惠金融注重发挥"减贫"过程中市场机制的作用,通过金融机制创新来解决传统金融机构服务穷人时面临的信息不对称和交易成本高的问题,注重发挥穷人参与金融活动的主动性,主张金融供给方通过业务和技术创新来实现财务可持续发展。普惠金融更多的是市场行为,政府只是为金融供需双方提供良好的政策和法律环境。而扶贫具有综合性、系统性和复杂性,离不开政府强势干预,完全依靠市场机制力量是无法完成扶贫任务的。

普惠金融与精准扶贫所需要的金融服务范畴不完全一致。普惠金融注重从金融功能观的视角构建完整、高效的金融体系,金融机构的外在组织形式可以多元化,但服务贫困弱势群体的宗旨是唯一的。它在本质上是属于可持续商业性金融,侧重于通过政策、制度和技术创新为低收入人群提供可持续低成本的金融服务。在普惠金融体系的建设中应高度重视发挥商业性金融,特别是中小型商业性金融和合作性金融的作用。而扶贫则一般是政府主导的系统性工程,具体的政策措施是按照政府扶贫规划和意愿来设计的,更多地体现了政府的利益和意志,商业性金融机构的参与仅是作为一种政治性任务。可见扶贫更多的是依靠"政策性",金融作用的发挥只是普惠金融的一个部分。

从普惠金融的理论渊源和实践可以看出,普惠金融的核心是通过"创新"来缓解金融机构和弱势群体之间天然存在的信息不对称,降低金融服务供给成本,实现在服务弱势群体的同时获得自身财务可持续发展的目标。

**（四）普惠金融的特征**

根据普惠金融的定义,本书所研究的普惠金融具有如下几点特征。

1. 对所有服务对象的公平性

公平是经济学发展所期望达到的目标。但在现实中,尤其是金融业,对效率的关注要远大于对公平的关注。当前,各国主要金融机构基于对风险和成本的考虑,使得中小微企业、农民等"草根"阶层很难获得充分和公平的金融产品和服务。在此背景下,普惠金融应运而生。但需要注意的是,尽管中小微企业、农民等"草根"阶层是普惠金融的重点关注对象,但普惠金融的本质在于为所有人群提供金融服务,以实现稀缺的金融资源在社会各群体之间的公平分配,为社会营造平等享受金融服务的环境。同时,普惠金融也需重视金融产品和服务的合理定价,要在风险可控的范围内保证社会各阶层都有能力消费金融产品和服务。基于此,普惠金融不仅需要具有一定的消费者剩余,即让消费者感觉价格优惠,或者不存在价格排斥和歧视,还需要具有一定的生产者剩余,即让金融机构成本可负担、有一定收益。因此,实现金融资源在不同群体之间的公平分配是普惠金融的重要特征之一。

2. 金融产品和服务的边界扩大

在传统金融体系内,金融机构的大部分精力都放在为大企业、大用户等资信良好的群体提供金融产品和服务上,导致传统金融机构的金融产品和服务单一、效率偏低,以及服务范围小等局限性。

普惠金融的目标是建立能为社会所有群体提供有效金融产品和服务的金融体系,使金融产品和服务的边界不断扩大。互联网金融开放与共享、信任与合作、整合与普惠的特征,对普惠金融的发展具有重要的积极意义。以阿里巴巴为代表的互联网公司将技术创新和普惠金融理念结合起来,积极开展金融产品创新（如余额宝等）,将大众手中的"碎片化资金"整合起来,如最低投资金额低至1元钱,降低了普通老百姓获得金融产品和服务的门槛,从而使更多的人参与投资和分享投资收益。这些金融创新产品的购买门槛低,打开了广阔的长尾市场,能够为更多的人提供便利的金融服务,在很大程度上填补了传统金融市场的空白。继余额宝之后,百度"百赚"、网易"现金宝"、新浪"微财富"、微信"理财通"、苏宁"零钱宝"、京东"小金库"等互联网金融产品层出不穷,丰富了普通大众"碎片化"理财的产品选择。由此可见,在互联网金融时代,普惠金融使得金融产品和服务的边界不断扩大,金融产品和服务的供给越来越丰富,让越来越多的人得到金融服务的机会,并且分享经济增长所带来的红利。

### 3. 能够实现可持续发展

联合国在2005年提出了普惠金融,其核心要义就是立足于平等和可持续发展的原则,以可负担的成本为有金融服务需求的各个群体提供适当、有效的金融服务。当前,普惠金融在中国已上升为国家战略,其要旨就在于通过金融资源向重点领域和薄弱环节倾斜性配置,促进经济薄弱领域资本积累、弱势群体金融需求不断得到满足,进而实现可持续发展。

互联网金融的迅速发展和普及为普惠金融的可持续发展奠定了坚实基础。首先,依托互联网、大数据、人工智能、云计算、区块链等技术,互联网金融平台能够将不同金融机构、金融业务串联起来,实现金融服务的规模效应,为金融消费者提供多元化、低成本、高效率的金融产品和服务。其次,将数据视为关键生产要素的理念让普惠金融在很大程度上缓解了市场上的信息不对称问题,金融机构可以通过与地方政府相关部门合作,收集与整合市场监管、税务、社保、就业、金融等方面的信息,建立大数据中心,为金融机构对民营企业、小微企业、"三农"等长尾客户进行信用评估提供信息支撑,让弱势群体也能够享受到公平的金融服务。再次,互联网金融改变了金融需求主体的思维模式和行为习惯,让各群体有了数量更多、效率更高、成本更低的金融服务获取渠道。在这个过程中,金融需求主体的"升级"倒逼金融机构改革转型,去寻找更准确的风控模式、更精准的营销方案和更受欢迎的金融产品和服务,进一步促进了普惠金融的可持续发展。

当前,人民日益增长的美好生活需要和不平衡、不充分的发展已成为中国最主要的矛盾,而普惠金融则为缓解该矛盾提供了一个有效方案。在互联网金融时代,普惠金融通过高新技术和金融功能的融合不仅赋予了金融帮弱扶贫的功能,更为传统金融一直未能有效涉及的长尾市场打通了渠道,将公平和效率有效结合起来,让金融回归支持实体经济发展的本源,不断促进金融与经济可持续发展。

## 二、中国普惠金融的发展成效

为贫困人口提供金融服务,有助于减少贫困和促进机会均等,这对社会发展和经济增长的边际贡献很大。因此,近几年来,在中国政府的大力支持下,金融供给主体秉持普惠金融理念,纷纷布局普惠金融服务体系,普惠金融发展取得了令人瞩目的成效。

### (一)普惠金融的政策支持

自2013年以来,中国高度重视普惠金融建设,陆续出台了一系列支持普惠金融发展的政策措施(见表6-1),为普惠金融在中国的发展营造了良好的社会政治环境。

表 6-1　中国普惠金融的政策措施

| 出台时间 | 出台单位 | 政策名称 |
|---|---|---|
| 2013年8月 | 国务院办公厅 | 《关于金融支持小微企业发展的实施意见》 |
| 2015年3月 | 银监会 | 《2015年小微企业金融服务工作的指导意见》 |
| 2017年10月 | 财政部、国家税务总局 | 《关于支持小微企业融资有关税收政策的通知》 |
| 2018年3月 | 银监会 | 《中国银监会办公厅关于2018年推动银行业小微企业金融服务高质量发展的通知》 |
| 2018年3月 | 银监会 | 《中国银监会办公厅关于做好2018年三农和扶贫金融服务工作的通知》 |
| 2018年4月 | 银保监会等联合印发 | 《关于印发〈融资担保公司监督管理条例〉四项配套制度的通知》 |

续　表

| 出台时间 | 出台单位 | 政策名称 |
| --- | --- | --- |
| 2018 年 6 月 | 中国人民银行等联合印发 | 《关于进一步深化小微企业金融服务的意见》 |
| 2018 年 9 月 | 银保监会 | 《中国普惠金融发展情况报告(摘编版)》 |
| 2019 年 1 月 | 银保监会 | 《关于推进农村商业银行坚守定位、强化治理、提升金融服务能力的意见》 |
| 2019 年 3 月 | 银保监会 | 《关于 2019 年进一步提升小微企业金融服务质效的通知》 |
| 2019 年 3 月 | 银保监会 | 《关于做好 2019 年银行业保险业服务乡村振兴和助力脱贫攻坚工作的通知》 |

表 6 - 1 中显示,近几年来,中国政府出台普惠金融政策的频率和力度持续提升,普惠金融已成为中国金融深化的重要一环。同时,在这些政策文件的指引下,传统金融供给主体不断提升风险管控水平和金融服务效率,为小微企业、"三农"(农业农村农民)客户以及落后的偏远地区所提供的金融产品和服务更为充分,这在很大程度上缓解了现阶段中国金融体系中存在的金融排斥。如今,中国已成为普惠金融蓬勃发展的沃土。

**(二) 农村地区金融发展**

农村金融服务体系不断完善。在凯普森和惠利(Kempson & Whyley, 1999)所概括的六类金融排斥维度中,地理位置排斥是金融排斥的首要因素。[301]一般而言,在国外应对农村地区金融排斥的政策中,都高度重视综合金融服务体系的建设。近年来,中国各地在 2010 年 1 号文件中提出的"三年内消除基础金融服务空白乡镇"的基础上,围绕普惠金融服务覆盖率、可获得性和满意度持续提升等目标,持续完善农村金融服务体系,致力于打通金融服务的"最后一公里"。

根据中国银保监会、中国人民银行发布的《2019 年中国普惠金融发展报告》,农村地区特别是偏远山区、贫困地区,是金融服务覆盖的"最后一公里",也是金融供给、需求结构不平衡问题在区域层面的表现。除设置机构网点外,部分地区借助电子机具等终端、移动互联技术以及便民服务点、流动服务站、助农取款服务点等代理模式，扩大基础金融服务覆盖面。截至 2019 年 6 月末，全国乡镇银行业金融机构覆盖率为 95.65％，行政村基础金融服务覆盖率为 99.20％，比 2014 年年末提高 8.10 个百分点；全国乡镇保险服务覆盖率为 95.47％。银行卡助农取款服务点已达 82.30 万个。农村地区电子支付进一步推广。2019 年上半年，农村地区发生网银支付业务 63.54 亿笔、金额 74.27 万亿元，发生移动支付业务 47.35 亿笔、金额 31.17 万亿元；银行机构办理农村电商支付业务 3.57 亿笔、金额 4 030.33 亿元；银行卡助农取款服务点发生支付业务（含取款、汇款、代理缴费）2.14 亿笔、金额 1 813.25 亿元。

**（三）小微企业金融服务**

在传统金融体系中，小微企业由于缺乏抵押品、信用水平不高、经营效益不善等局限性，其金融需求一直以来都未能被充分满足，这成为传统金融体系的一大空白和短板。随着互联网金融的异军突起，大数据、云计算、人工智能等技术与金融功能逐渐融合，让金融机构能够更有效和精准地识别小微企业的金融需求和风险结构，使得小微企业成为普惠金融体系中的重要组成部门。为了推动银行业小微企业金融服务由高速增长转向高质量发展，银监会提出"两增两控"目标，"两增"即单户授信总额 1 000 万元以下（含）小微企业贷款同比增速不低于各项贷款同比增速，贷款户数不低于上年同期水平，"两控"即合理控制小微企业贷款资产质量水平和贷款综合成本。"两增两控"目标突出了对小微企业贷款量质并重、可持续增长的监管导向。

截至 2019 年年末，中国银行业小微企业贷款余额为 36.9 万亿元，同比增长 10.1％，其中，单户授信总额 1 000 万元及以下的普惠型小微企业贷款余额为 11.7 万亿元，较年初增长 24.6％，贷款余额户数 2 100 多万户，较年初增加 380 万户，新发放普惠型小微企业贷款平均利率较 2018 年平均水平下降 0.64 个百分点，较好地实现了普惠型小微企业贷款"两增两控"目标。与此同时，中国银行业协会在监管部门领导下，于 2019 年倡议发起"百行进万企"全国推广工作，截至 2020 年 5 月 31 日，有融资需求且愿意银行上门走访对接的小微企业共 40 万户,商业银行向名单内小微企业实际授信 2 000 多亿元,向参与"无接触贷款助微计划"的小微企业累计发放贷款 5 263.02 亿元。

科技型企业金融服务专业化水平不断提高。政府出台优惠政策,鼓励银行在高新技术产业开发区等科技资源集中区域设立为科技型中小微企业服务的特色专业机构。截至 2019 年年末,中国已设立银行科技支行、科技金融专营机构等超过 750 家,科技型企业贷款余额突破 4.1 万亿元,较 2019 年年初增长 24%。

普惠金融支持政策持续更新。① 银行业持续减费让利,降低普惠金融融资成本。伴随着新技术、新渠道的使用和金融乱象的治理,银行业小额、分散融资服务的成本得到有效控制,价格保持在合理区间。大中型银行制定切实可行的降成本实施方案,在降低小微企业融资成本方面发挥"领头雁"的作用。② "银税互动"不断深化。针对普惠金融重点领域信用信息不足等问题,银行业与税务部门开展"银税互动",搭建银税信息共享平台,创新贷款产品,支持小微企业"以税促信、以信申贷"。③ 多层次资本市场功能显现。截至 2019 年 6 月末,逐步完善新三板关于普通股、优先股等融资工具的直接融资体系,新三板挂牌公司小微企业累计发行 5 120 次,融资金额达 1 285.5 亿元。推进区域性股权市场进一步规范发展,更好地发挥对中小微企业的支持作用。区域性股权市场挂牌企业 2.75 万家,展示企业 10.32 万家,累计实现融资10 020 亿元。稳步扩大创新创业公司债券发行试点规模,稳步发展供应链金融资产证券化产品,提高小微企业资金周转效率。创新创业公司债券累计发行 57 单,融资金额超过 80 亿元;供应链金融资产证券化产品累计发行 475单,金额 3 474.72 亿元。

### (四)金融基础设施建设

账户和银行卡的普及是民众获得金融服务、消除"金融排斥"的第一步。目前我国人均拥有的银行账户数和持卡量均处于发展中国家领先水平。截至2019 年 6 月末,我国人均拥有 7.6 个银行账户、持有 5.7 张银行卡,较 2014年年末分别提高 60% 和 50%。物理可得性是普惠金融的关键要素之一,物理机具的广泛布设为民众获得便捷的金融服务打下了基础。截至 2019 年 6 月末,我国每 10 万人拥有 ATM 机 79 台,显著高于亚太地区平均水平的 63 台;我国每 10 万人拥有 POS 机 2 356 台,较 2014 年年末实现翻倍;信息技术的发展和移动互联网的普及进一步降低了获得金融服务的门槛,显著增强了民众的金融服务获得感,全国使用电子支付的成年人比例达 82.39%,其中非银行支付机构网络支付业务及银行业机构移动支付业务发展最为迅速。2019 年上半年,银行业金融机构移动支付 434.24 亿笔,金额为 166.08 万亿元,呈现持续增长态势。

数字普惠金融发展不断深化,金融服务可触达、可获得、可持续的效率和质量明显提升。根据安永发布的《2019 年全球金融科技采纳率指数》报告,中国和印度的消费者金融科技采纳率同为 87%,远高于全球平均水平 64%;全球中小企业金融科技采纳率为 25%;中国的中小企业金融科技采纳率为 61%,位居首位,其次是美国,为 23%。银行业积极运用金融科技手段,创新服务渠道,拓展服务深度,降低服务成本,提升服务便利性。如建设银行依托金融科技战略,通过大数据、人工智能、移动互联网等新兴技术,逐步探索建立了以批量化获客、精准化画像、自动化审批、智能化风控、综合化服务为特色的"五化"普惠金融新模式,实现"一分钟融资、一站式服务、一价式收费"的客户信贷新体验,在客户信息完整的情况下,真正做到"秒申秒批秒贷",引导资金流向社会最需要的地方。截至 2019 年年末,中国建设银行普惠金融贷款余额达 9 631.55 亿元,较上年增加 3 530.81 亿元,普惠金融贷款客户近 133 万户,较上年新增近 31 万户。

信用体系建设日趋完备。持续推进中小微企业和农村信用体系建设。各地建立中小微企业和农户信用信息数据库,完善信息征集机制。截至 2019 年 6 月末,全国累计为 261 万户中小微企业和 1.87 亿农户建立信用档案,进一步完善了征信体系建设;搭建金融信用信息基础数据库,对接符合条件的放贷机构,个人和企业数据库分别接入机构 3 642 家和企业 3 524 家,共收录 9.99 亿个自然人,拥有 2 757.5 万户企业和其他组织的相关信息。下调征信服务收费标准,降低普惠金融服务对象征信成本,有序推进征信系统非金融信息采集。截至 2019 年 6 月末,人民银行共备案企业征信机构 130 家,2019 年上半年对外提供各类征信产品和服务 22 亿次。多地搭建综合金融服务平台,全面整合不同政府部门信息资源。例如,河南省焦作市搭建智慧金融服务平台,共整合了工商、公安、房管、人社等 75 个部门和事业单位的涉企信息;江苏省苏州市建立了地方企业征信平台,实现对部分政府部门、公共事业单位相关信息的常态化采集、查询和适时更新,重点采集财务报表、社保公积金缴纳、水电气缴费、知识产权和立案涉诉等信息。

### 三、中国普惠金融发展存在的问题

#### (一) 金融结构安排与普惠金融发展不匹配

在中国,以商业银行为主体的金融结构导致了间接融资与直接融资比例失衡,现有商业银行体系又使小微企业融资占比与小微企业对经济增长贡献度不匹配,再加上新三板和区域性股权交易市场发展不足,使得小微企业的发展受到了较大限制。

1. 中国现阶段金融体系结构安排

按照资金需求主体融资方式,中国金融体系分为商业银行、资本市场以及商业银行以外的"影子银行"。现有融资结构安排为不同类型的实体经济提供差异化资金需求服务。

表 6-2 显示,目前中国间接融资占比维持在 85％～90％左右,主要以商业银行贷款融资为主,该比例远高于发达国家间接融资占比 30％左右的水平;直接融资的主要形式是企业债券和企业 IPO,直接融资占比从 2010 年的不到 10％上升到 2016 年的 15.2％,但近年来直接融资的比重由于企业债券增速放缓有所下滑,截至 2019 年 7 月,直接融资占比仅为 14.16％。这种以商业银行为主体的金融结构安排直接导致了间接融资比重过大,企业债务压力过高,全社会直接融资占比不高,成为限制普惠金融发展的重要原因。

2. 间接融资结构安排与普惠金融发展不匹配

我国中小微企业（含个体工商户）占全部市场主体的比重超过90％，贡献了全国80％以上的就业、70％以上的发明专利、60％以上的GDP和50％以上的税收。由此可见，中小企业是国家经济的重要引擎。然而，与大中型企业相比，小微企业对经济增长的贡献度与小微企业融资占比是不相匹配的。

表6-3显示，在中国主要金融机构贷款构成中，小微企业贷款余额占比不到1/4，融资流向集中在大中型企业。2010年以来，小微企业贷款余额的绝对值和占比一直保持上升趋势，2010年小微企业贷款余额为7.6万亿元，占各项贷款余额的比重为16.11％，2019年二季度小微企业贷款余额为35.6万亿元，占各项贷款余额的比重上升到24.41％。可以发现，2019年二季度小微企业贷款余额相较于2010年上升了368.42％，占比提升了8.3个百分点，取得如此优异的成绩，一方面有赖于政府的支持和政策的刺激；另一方面则是由于互联网金融所带来的高端信息科技技术在金融领域的应用，两种效应叠加使得小微企业一直以来面临的"融资难、融资贵"问题得到一定缓解。但不可忽视的是，在中国现阶段以传统商业银行为主导的间接融资结构安排中，大中型企业仍是关键核心因素，小微企业贷款余额占比仍然较低。

3. 直接融资结构安排与普惠金融发展不匹配

中国直接融资结构安排主要分为债券市场和公开市场IPO。根据中国企业发行债券在企业规模、企业财务会计制度、具有偿债能力、企业经营效益良好、发行企业债券前连续3年盈利、所筹资金用途符合国家产业政策等方面所规定的基本条件，几乎绝大部分小微企业都无法达到发行债券的资格，故小微企业通过企业债券渠道来获取融资的可能性极低。企业公开市场IPO包括主板、中小板、创业板、新三板、区域性股权交易市场。其中，主板、中小板和创业板市场企业上市基本条件较为严苛，小微企业很难满足。新三板和区域性股权交易市场的企业挂牌条件较低，但总市值相对于A股市场56.7万亿元则有很大差距。而且，新三板和区域性股权交易市场企业融资功能不健全、市场流动性匮乏，无法让小微企业的资金需求得到充分满足。尽管2019年科创

表 6 - 2　2010—2019 年间接融资占比情况

万亿元

| 项　目 | 时　间 | | | | | | | | | |
|---|---|---|---|---|---|---|---|---|---|---|
| | 2010 | 2011 | 2012 | 2013 | 2014 | 2015 | 2016 | 2017 | 2018 | 2019.7 |
| 社会融资规模总量 | 64.99 | 76.75 | 91.42 | 107.46 | 122.86 | 138.28 | 156 | 174.71 | 200.75 | 214.13 |
| 间接融资占比 | 90.37% | 89.49% | 88.38% | 88.24% | 87.42% | 86.14% | 84.81% | 85.64% | 86.48% | 85.84% |
| 直接融资占比 | 9.63% | 10.51% | 11.62% | 11.76% | 12.58% | 13.86% | 15.19% | 14.36% | 13.52% | 14.16% |

数据来源：Wind 与中国人民银行官网。

表 6 - 3　中国小微企业贷款余额

万亿元

| 项　目 | 时　间 | | | | | | | | | |
|---|---|---|---|---|---|---|---|---|---|---|
| | 2010 | 2011 | 2012 | 2013 | 2014 | 2015 | 2016 | 2017 | 2018 | 2019.6 |
| 小微企业贷款余额 | 7.6 | 10.8 | 11.6 | 13.2 | 15.5 | 17.4 | 20.8 | 24.3 | 33.0 | 35.6 |
| 各项贷款余额 | 46.9 | 54.8 | 63.0 | 71.9 | 81.7 | 94.0 | 106.6 | 120.1 | 136.3 | 146.0 |
| 小微企业贷款余额占比 | 16.11% | 19.64% | 18.38% | 18.37% | 18.93% | 18.51% | 19.55% | 20.23% | 24.21% | 24.41% |

数据来源：Wind 与中国人民银行官网。

板的推出让小微企业的发展迎来新的局面,对小微企业的发展有一定的推动和促进作用,但承载小微企业直接融资主体的科创板、新三板和区域股权交易市场在融资规模和市场流动性方面,同主板、中小板和创业板市场依然存在较大差距,中国直接融资市场功能还未能得到有效发挥。

### (二) 普惠金融产品与服务创新不足

#### 1. 产品与服务创新意识淡薄

由于中国普惠金融体系尚不完善,需以宏观引导作为方向,进一步深入规划,使得普惠金融体系得到不断改进与完善,并持续健康运行。目前,金融产品与服务在个性化、差异化、多样化方面较为欠缺,阻碍了普惠金融产品与技术的创新发展,使得很多农民、小微企业等"长尾用户"未能公平地获得基本的金融服务。

究其原因主要在于,普惠金融体系的资源配置效应仍未得到最大程度的发挥,金融机构覆盖率低、金融产品成本高,以及金融可信度低等因素严重限制了普惠金融的发展。而从技术上对普惠金融的创新发展则是有效化解金融供给主体风险并降低融资成本的重要途径,也是进一步发挥普惠金融优化资源配置的重要条件。目前金融供给主体技术创新主要受到三方面的制约,一是中国商业银行等金融机构一直无法摆脱对传统贷款技术和信息技术的依赖,由于缺乏市场竞争机制和创新型技术人才,导致在普惠金融产品与服务方面重大创新的能力和动力不足。二是互联网、移动互联等有利于降低运行成本和扩大覆盖领域的现代信息技术在农村等偏远地区的应用非常有限,且效率低下,严重阻碍了数字化在金融领域的应用。三是金融理念及模式的落后,导致金融消费者数字技术知识缺失,产品及技术创新程度低,致使金融供给主体无法有效降低运营成本。

#### 2. 信息不对称削弱金融机构创新积极性

信息不对称是制约"长尾客户"获取金融服务的重要问题,阻碍了资金的健康运转。一般来说,金融供给主体在开展普惠金融业务时,由信息不对称而造成的信用风险主要包括以下两个方面:

一是逆向选择与道德风险。在逆向选择方面,由于政府对金融供给主体的持续性补贴会使金融供给主体在一定程度上忽视金融产品与服务中所隐藏的风险,进而让更多高风险的"长尾客户"被吸纳进普惠金融服务对象的队伍中。在道德风险方面,则体现为政府对"长尾客户"等弱势群体缺乏有效的信用约束,主要原因在于两个方面,首先,信用惩戒机制不健全,极低的违约成本往往会导致集体性信用违约甚至系统性金融危机的爆发;其次,征信信息不完整,由于传统金融供给主体获取征信信息的成本远远高于其使用价值,导致金融供给主体缺乏搜集和分享"长尾客户"信贷业务风险信息的动力,进而使得金融供给主体缺乏对普惠金融产品和服务创新的积极性。

二是预期收益不确定。金融供给主体为"长尾客户"提供金融产品与服务而获得的收益往往远不及预期所能获得的利润。由于对"长尾客户"征信技术的严重落后,并且"长尾客户"具有低资产、高风险的经营特征,从而导致了融资难、融资贵问题。此外,金融供给主体开展"长尾客户"信贷业务的管理成本较高,风险收益往往无法真正有效弥补所投入的成本,这又抑制了金融供给主体创新普惠金融产品和服务的积极性。

### (三)普惠金融监管政策缺乏针对性

如前所述,政府部门、监管机构为缓解普惠金融发展过程中所产生的诸多痛点问题,积极研究制定和实施了一系列有针对性的政策措施。对普惠金融的重视确实对解决问题起到了积极的缓释作用,但不可忽视的是,尽管政府部门加大了政策力度,通过财政资源缓释了一定风险,然而由于政策激励的边际效用是递减的,且财政资源也是有限的,故仅靠财政资源的支持无法真正做到金融资源对"长尾客户"群体的全面覆盖。虽然金融机构在监管的约束下加大了资金的配置力度,从指标上符合监管要求,但业务的风险与成本不匹配问题依然没有得到根本解决,积极主动性依然不强。

### 1. 金融监管立法滞后且缺乏针对性

制度完善且高效的监管是普惠金融体系良好运行的重要保障,然而现行的监管制度仍存在诸多问题,主要表现为金融监管立法滞后,以及对不同金融机构的监管缺乏针对性。首先,金融监管立法滞后且不够完善,造成监管缺位,无法有效刺激金融机构充分发挥创新活力。其次,金融监管与普惠金融实践的脱节现象较为严重,致使金融供给主体普遍过度逐利而忽略了普惠的公益责任,严重抑制了创新活力,导致投机行为泛滥。最后,普惠金融的监管缺乏针对性。监管条例"一刀切"现象较为严重,无法保证监管条例得到全面、有效的实施。

2. 普惠金融服务对象的权益保护不足

由于金融需求主体的权益保护不足,金融供给主体与金融需求主体之间往往会存在地位不对等的现象,导致金融需求主体的金融发展权利受损。首先,金融需求主体权益保护方面的立法滞后。2015 年颁布的《关于加强金融消费者权益保护工作的指导意见》中虽做出了相关规定,但总体上并未提出细化的规则,尤其是缺少针对农民等弱势群体的规范性立法。目前普惠金融领域存在着隐蔽性极强的非法金融活动,一旦普惠金融需求主体的权益遭到侵犯,其监管和维权将非常艰难。其次,金融供给主体在维护金融需求主体权益方面的动力不足、措施不力,再加上农民、小微企业等"长尾客户"群体维权意识及能力均有所欠缺,导致金融需求主体的权益难以得到充分保护。

## 第三节　金融排斥与普惠金融的辩证统一

金融排斥作为传统金融供给方式不足的直接体现,损害了全体社会成员享受金融服务的基本权利。无论是从公平正义与伦理道德的角度,还是从国家整体金融发展战略的层面,解决金融排斥问题都势在必行。普惠金融将金融服务视为全体社会成员的基本权利,扩大了金融服务的内涵与外延,强调为金融需求者提供全面、多层次的金融服务。普惠金融在经历了小额信贷、微型金融等形式的过渡之后,目前已形成更具平等性、开放性、便利性和草根性的体系。因此,普惠金融与金融排斥是相互联系、辩证统一的,发展普惠金融最直接的目的就是要改变传统金融体系中所存在的金融排斥。

　　联合国于 2005 年正式提出普惠金融的概念,此后又与世界银行、全球普惠金融合作伙伴(GPFI)、普惠金融联盟(AFI)等多个国际组织共同推行普惠金融,普惠金融逐步成为世界各国,尤其是发展中国家的重点关注对象。国际经验充分表明,普惠金融是服务实体经济的新理念,也是消除金融排斥,实现全体人民公平、充分享受金融服务的重要措施。中国大力发展普惠金融,2015年中国银监会设立普惠金融部,2016 年国务院印发《推行普惠金融发展规划(2016—2020 年)》,2017 年中国银监会发布《大中型商业银行设立普惠金融事业部实施方案》。这些举措标志着中国普惠金融国家战略的顶层设计已初步实现。

## 一、金融排斥是普惠金融的理论渊源

　　随着金融体系的演变与发展,由金融排斥而导致的部分经济主体(如贫困人口、中小企业、欠发达地区等)难以从正规金融机构获取公平、充分的金融产品和服务的现象愈发严重,而这正是损害全体社会成员享受信贷的基本权利的重要体现。在此背景下,由缓解金融排斥而引致的构建普惠金融体系成为学者及各国政府的重点关注对象,亦是金融发展理论的重要内容。因此,金融排斥理论可以被认为是普惠金融的理论渊源,同时普惠金融可以被认为是金融发展理论的重要前沿。

　　萨尔玛和派斯(Sarm & Pais, 2011)的研究表明,金融排斥就是社会排斥的一个真实反映,而普惠金融与人类发展正相关。他们通过研究银行产权特征、不良资产率、资产负债率,以及存贷款利率等对普惠金融发展水平的影响,发现国有产权、存贷款利率与普惠金融的关系不显著,外资产权、不良资产率和资产负债率与普惠金融发展水平显著负相关。[311]金融排斥是贫富差距长期存在和制约经济增长的一个重要原因。如果金融契约、市场结构和金融中介得到改进,普惠金融就会得到有效发展,并进一步减少贫困和提高机会均等(Demirgüs-Kunt & Levine,2009)。[327]班纳吉等(Banerjee et al. ,1994)指出,微型金融通过小组联保和动态激励激发成员之间互相监督,化解逆向选择和道德风险,提高贫困人口资金可获得性。[328]

普惠金融被引入中国以后,一些学者敏锐地捕捉到普惠金融理念在中国金融领域的广阔应用空间,认为发展普惠金融是解决中国贫困问题、缓解中国金融排斥、实现和谐社会发展的重要手段。星焱(2015)认为,普惠金融对小微企业和低收入群体的经济行为产生显著影响,金融创新带来的便利可以增加消费、收入和投资。[329]刘亦文等(2018)采用非线性的面板门限模型研究了普惠金融发展水平与经济增长的关系,得出了双门限效应的结论。当普惠金融低于门限值时对经济增长的促进作用不显著,高于门限值时作用显著。[330]

当前,降低金融排斥、推进普惠金融发展已成为各国政府部门制定和实施金融政策过程中优先考虑的问题,一些专业机构,如 FSA 等会定期公布国家缓解金融排斥的总体状况与远景规划,同时学术界的相关研究成果也逐渐被各国政府采纳,用以解决金融排斥及相关问题。近几年来,中国在普惠金融领域发展态势良好,实施了很多卓有成效的政策措施,在一定程度上缓解了中国金融排斥问题,但仍有改进空间。尤其是在互联网金融时代,普惠金融的发展需充分借助互联网金融的推动作用,不断降低金融排斥程度,让中国所有金融消费者都能够公平、充分地享受到金融产品和服务。

### 二、普惠金融是金融排斥的反作用机制

一般来说,发展普惠金融的本质是要有针对性地解决金融排斥,使金融体系突破现有的金融风险管理瓶颈,保证小微企业、农民和低收入者等弱势群体可以公平、便利地在金融体系中获得金融服务,实现金融体系的包容性和广泛性,以及金融服务成本可负担和质量有保障。

#### (一)普惠金融是对金融服务需求与微观组织的创新

科学合理的金融制度需要实现对不同群体金融需求的全覆盖,贫困群体与高收入群体一样,都具有金融需求。然而,金融排斥导致低收入群体的金融需求无法得到合理满足。基于此,一些非政府组织(NGOs)通过金融创新突破了生产可能性边界,在自身的逐步演化和完善中,成为新的微观金融组织。

以拉丁美洲为例,从事微型金融服务的机构有四种类型,即非政府组织、逐利性小微金融机构、商业银行和财务公司,它们一直在不断演化和创新。20世纪80年代,最早提供补贴性小微信贷的是非政府组织;90年代初,大量的非政府组织演变成逐利性微型金融机构和商业银行;90年代末,新型银行机构开始进入,这在提高基本服务可得性的同时,也增加了市场竞争程度。此后,从事消费信贷的财务公司也逐渐成为小微金融领域的供给主体之一(刁莉等,2009)[331]。从世界范围来看,随着孟加拉国格莱珉银行等逐利性微型金融机构取得成功,在20世纪90年代中后期,部分发达国家和国际组织出资数十亿美元以支持微型金融机构的进一步普及,并实现了微型金融向普惠金融的演化。但是在初期,简单复制部分逐利性微型金融机构的经验并没有达到预期效果,因为部分国家没有与成功模式相类似的外界条件。

### (二)普惠金融促进小微金融业务的创新与发展

普惠金融始于一些非政府组织的小额贷款实验,在成功降低交易成本后,迅速在全球范围内普及开来。这些成功案例吸引了学术界对普惠金融的理论研究,如约瑟夫·斯蒂格利茨(Joseph Stiglitz,1990)指出,格莱珉银行等机构的联保技术利用同行监督,解决了客户与机构之间的信息不对称,进而降低向穷人贷款的成本约束。[332]可汗和拉哈曼(Khan & Rahaman,2007)认为,小微金融技术创新之处是:在没有抵押品、缺乏信用记录的条件下,创新性地采用了同行联保的方式。此时,同行(或者团体成员)对贷款者的信用进行评估,并承担相应的违约连带责任;贷款者团体内部也会定期举行会议,敦促成员存款或者还款。[333]哈约等(Jayo et al.,2009)指出,小额贷款分为团体贷款和个人贷款,二者有一个共同之处,就是放贷之前都需要通过贷款人的社交网络对其进行信用评估。[334]布鲁恩与洛夫(Bruhn & Love,2014)认为,墨西哥的阿兹泰克银行在小微金融领域取得成功的原因在于,利用简单抵押与连带责任人的方式替代传统银行烦琐的审批备案。[335]可以发现,普惠金融的发展带来了信贷技术的创新和业务模式的变革,不仅降低了小微金融业务的成本,而且进一步缓解了小微金融业务的风险。

### （三）普惠金融带来更多的金融服务渠道

普惠金融的快速发展,为世界各地的金融需求主体,尤其是农民、小微企业等弱势群体带来了更公平、更高效的金融服务渠道创新,金融服务的可得性和便利性得到有效提升。一般来说,普惠金融渠道创新包括虚拟渠道和实体渠道。其中,虚拟渠道主要是传统金融产品与互联网、移动互联网相结合(Berger & Gleisner,2010)[336],涵盖汇兑、信贷、支付、担保等多种形式。例如,墨西哥 NAFIN 银行建立了一个互联网金融市场并进行担保,允许小供应商使用高信誉买家的应付账款,从而获得运营资本融资(Leora Klapper,2006)。[337]又如,2006—2009 年间,肯尼亚大力推行的手机银行服务(M-PESA),在传统银行开户成本较高的背景下取得了较大成功。不过,约翰逊和阿诺德(Johnson & Arnold,2012)指出,当前 M-PESA 的普惠性有限,只能是传统金融服务的一个补充,M-PESA 主要服务于年轻人,对更需要帮助的中老年人服务很少,并且该领域市场准入障碍也在逐年增加。[338]实体渠道主要是金融机构与其他公共服务机构相结合,例如,在巴西、印度、南非等国家,部分金融机构可以通过公共邮政网络、彩票店和超市提供金融服务,拓展基础网络(World Bank,2007)。[339]显然,这些实体形式的渠道创新对于偏远地区农村居民的帮助更为直接。在小微企业融资渠道上,私募股权基金(PE)、风险投资和天使投资发挥的作用愈加明显。它们具有两大优势,一是风险分担;二是提供长期资金,并且可以更为有效地解决借贷双方的信息不对称问题(Bloom et al.,2013)。[340]

尽管普惠金融理念得到了世界各国政府部门的认可和推广,其实践也在全球范围内实现了较好的效果,但与如此大规模的人类经济活动不相匹配的是,普惠金融在学术界至今尚未形成一套成熟的理论体系。但毋庸置疑的是,普惠金融是缓解金融排斥,促进经济高质量发展的重要措施。

## 第四节　互联网金融时代普惠金融的供求分析

金融排斥可以分为金融供给方排斥与金融需求方自我排斥两个方面。具体而言,金融排斥的产生可能是由于金融供给主体(包括银行和非银行金融机构)对客户信用要求过高、地理分布不均衡,也可能是由于金融需求主体(包括微观个体、中小企业)通过对自身条件的判断,主动将自身排斥在金融体系之外,甚至完全不具备相应的金融知识。由于金融供给主体与金融需求主体之间存在信息不对称,同时金融供给主体作为信息劣势方又难以顺利做出信贷决策,这就会导致金融市场低效率。然而,互联网金融迅速发展,不仅迫使传统金融供给主体转型升级,金融供给方式更加有效,而且使金融需求主体能够获得更多的融资渠道和更好的金融服务。因此,互联网金融在金融供给主体和金融需求主体两方面向金融排斥理论发出了挑战。

## 一、互联网金融优化金融供给主体的供给方式

基于金融排斥理论,传统的金融机构在提供金融产品和服务时,会受到技术水平、地域差异和"二八定律"的限制。出于对成本和风险的考虑,金融供给主体会有针对性地选择金融需求主体,导致社会弱势群体无法获得公平且充分的金融服务。因此,金融排斥是全球金融体系中普遍的金融现象。互联网金融的异军突起,使得互联网、大数据、云计算和人工智能等技术在金融体系中得到充分运用,改进和完善了传统金融供给方式,突破了金融排斥理论的桎梏。

### (一)互联网金融突破时空限制

#### 1. 线上线下联动提供金融服务

传统金融供给主体在开展金融业务的过程中,客户申请、资料收集、信用评级等程序一般采取线下人工模式,排队等待时间长、业务流程烦琐等不仅效率低、成本高,而且客户体验也比较差。在互联网金融时代,一些传统的、低效率的金融业务流程转移到线上,这显著提升了金融服务效率和客户体验。与此同时,线下物理网点具有面对面满足客户个性化、复杂化和综合性金融服务需求的优势,这一优势与线上金融服务形成优势互补进而有利于克服金融排斥问题。

一是在互联网金融的驱动下，传统金融供给主体一方面加紧将业务办理互联网化，另一方面积极研发适合在线交易的金融产品。这种战略性的改变极大地提升了金融服务效率，如客户申请信用卡、贷款，无须再去传统金融机构窗口办理，整个流程线上化，只需要客户在线上操作。

二是以客户为中心的创新精神及现代技术支持。互联网金融富有开放、平等、协作和分享的精神，传统金融机构开展线上金融业务能够为客户提供更加完备、便捷和低成本的金融服务。同时，基于互联网金融思维的管理流程具有高效、透明和扁平的特征，再配之以有效的绩效考核机制能够充分激发自上而下和自下而上的创新力量。另外，在互联网金融时代，因为客户面临更多、更快捷的信息获取渠道，并且能够在多个互联网金融平台上获得金融产品与服务，金融供给主体将面临更为激烈的竞争。因此，金融供给主体在互联网金融的冲击下将更加强调把顾客与服务放在首位，努力通过创新产品和服务来强化客户黏性。

三是线上线下的融合。一般来说，无论是单纯的线下还是线上的金融供给模式都具有不可忽视的缺陷，客户无法在这两种相互隔离的环境中获得最大程度的满足。因此，金融供给主体需要充分认识和理解线上与线下两种金融供给模式的优势和劣势，以科学合理的方式融合二者，形成优势互补，构建线上线下相结合的金融供给模式。在互联网金融的冲击下，传统金融供给主体纷纷着手线上线下协同发展的战略布局，且已经取得了良好的成效。近几年来，不仅涌现出琳琅满目的互联网金融产品，也出现了如社区银行网点、智慧/智能网点、咖啡银行网点、金融超市、微银行、直销银行、汽车金融门店、房贷金融门店等特色的线下金融供给模式，二者共同为客户带来全方位、多角度和广覆盖的金融服务，极大地提升了客户满意度。

2. 金融服务无边界

物理网点是传统金融供给主体为不同区域、不同群体提供金融服务的重要渠道，由于各物理网点在软件和硬件方面的较大差异，使得其所发挥的金融服务功能也有所不同。然而，在互联网金融的冲击下，传统金融供给主体通过应用互联网、云计算等信息通信技术能够让各物理网点共享整体研发成果,更能突破存储、算力等方面的局限性,为客户带来无边界的金融服务。

一是带来无边界的存储与计算能力。云计算(Cloud Computing)是一种分布式计算技术,其原理是将庞大的计算任务分解成多项子任务,由网络中分散的计算机进行计算分析和结果整合,并将结果反馈给用户。云计算技术通过分布式处理、并行处理和网格计算,可以在一秒之内达到数亿计甚至更大的信息处理规模,为客户提供富有价值的信息服务。对于金融供给主体来说,云计算的价值在于能够为不同区域的物理网点提供无限的廉价存储和计算能力。

首先,云计算能够提升金融供给主体服务器利用率。云计算通常是指计算元件在虚拟的基础上运行,它可以扩大硬件的容量,简化软件的重新配置过程。通过虚拟化技术,单个服务器可以支持多个虚拟机运行多个操作系统和应用,从而大大提高服务器的利用率,通过虚拟化还可提供灵活可变、可扩展的平台服务。

其次,金融供给主体可以建立私有云或租用公有云的存储空间和运算能力,来提升自身的存储能力。网络中不同类型的大量存储设备通过应用软件集合协同工作,以满足金融供给主体业务不断增长带来的庞大后台数据存储需要,形成强大的外部存储能力。云计算和云存储也能提高银行数据的可靠性,即使某台服务器出现故障,云中的服务器也可以在极短时间内快速将其数据转移到其他服务器上。

最后,在互联网金融的冲击下,金融供给主体通过把云计算与数据挖掘技术有机结合,可以快速地从海量数据中提取并整合出有价值的信息,为银行的商业决策和客户财富管理提供有效方案。

二是降低金融供给主体运营成本。首先,金融供给主体运用云计算能够分享系统内部的运算、数据资源,最大化地减少物理成本和费用,提高线上的业务收入。云计算可以实现海量存储和大规模的数据处理,降低了每单位数据存储和处理的成本,能够帮助金融供给主体减少诸如服务器等硬件设备的资金投入,进而实现点对点的精准化营销和金融服务,使得经济效益最大化。

其次,云计算技术的应用有助于统一不同金融供给主体网络接口规则。金融供给主体由于使用的网络、软件、硬件等的不同,使得内部网络接口标准并不统一,外部网络接口标准也大相径庭,这大大提升了金融体系内部进行大数据融合和挖掘的难度。而云计算技术的普及可以统一数据接口,降低内部和跨行业数据整合的难度,同时也能够减少全行业硬件系统构建的重复投资,降低跨行业业务风险,为客户提供便捷的金融服务。

最后,随着经济特别是金融的全球化,分支机构数据收集与处理的能力往往不能满足业务发展的需求,并且很多业务需求也并不是单纯靠营业网点和人员的增加所能满足的。云计算的应用在很大程度上降低了金融供给主体对物理网点和现场工作人员的需求,很多业务可以通过云端化在网上得以实现,如对客户业务的追踪、统计、分析、服务,进而大大降低了网点、设备和人员等运营成本。

三是提升业务创新能力。首先,云计算技术的应用赋予不同类型的金融供给主体获取全网金融信息的能力,能够让不同金融供给主体共享客户资源和信息资源。

其次,传统金融供给主体之所以追求大客户战略,追求贷款规模和业务规模的扩张,很大程度上是因为业务创新的大数据基础服务能力不足,无法快速识别客户需求和全面控制风险。在云计算技术的支持下,金融供给主体能够充分挖掘“长尾”客户的价值,降低“长尾”客户的管理成本,从而实现金融服务的即时化、金融创新的个性化,为小微企业金融服务提供有效思路。同时,信息共享和接口统一,可以为资源的使用方提供满足个性化需求的数据服务,有利于金融供给主体提供创新性的价值增值服务。

最后,除监管约束和市场需求外,金融产品创新的速度,还取决于对金融产品创新的风险控制。由于云计算和大数据对金融供给主体的全覆盖,使得即时风险控制成为可能,因此金融供给主体利用云计算平台推动金融产品服务创新的风险将大大降低。

### 3. 随时随地的金融服务

在互联网金融的影响下,传统的金融供给方式受到冲击,人们不仅能够在物理网点和计算机上获得金融服务,更能够借助移动便携设备、云计算和5G技术随时随地获取金融服务。

一是移动便携设备的普及。移动互联网技术是移动通信和互联网的结合,在智能移动终端设备上通过4G、5G电信网络或者无线宽带网络,以无线方式接入互联网,并获得互联网提供的各种服务。移动互联网在终端设备的使用,使得人们能够随时随地从互联网获取服务和信息,彻底颠覆了传统金融的服务方式。截至2020年12月,中国网民规模达9.89亿,普及率达70.4%,较2020年3月提升5.9个百分点,其中手机网民规模达9.86亿,网民通过手机接入互联网的比例高达99.7%,远高于在其他设备上网的网民比例,手机作为第一上网终端的地位更加稳固。随着移动互联在中国的普及,互联网金融对金融供给主体的影响愈发显著,人们通过移动便携设备能够随时随地进行网上银行业务、移动支付、证券交易、基金买卖等操作,不仅促进了金融市场进一步深化,更加速了金融产品与服务的创新。

二是5G技术提升金融服务满意度。电信联盟(ITU)将5G命名为"IMT-2020"。与4G相比,5G具有高带宽、低时延、海量物联等显著优势,峰值速率可达10 Gbps,时延低至1毫秒,可连接终端多达100万台/平方千米。首先,5G技术提升金融服务质量与效率。5G技术属于金融科技发展的关键性技术之一,大大提升了大数据、物联网以及人工智能等技术在金融领域落地与应用的效率与质量,将金融场景扩展至生活和生产的方方面面,从触客渠道、风控逻辑、产品形态、服务和响应效率等方面提升了金融服务质量,也为金融行业注入了新的生机。

其次,5G技术大大缩短了交易时长,尽管4G技术使互联网金融得到了迅速发展,但通过4G开展的互联网金融业务却仍受到网络延时的困扰,如交易转账迟迟不到账,理财交易时加载数秒仍是"操作中"状态等。相对于4G技术,5G技术的网络延迟将缩小至1毫秒,加之边缘计算的应用,现有金融服务的网络卡顿将不会再被用户感知,移动端金融服务的速度和质量得到极大提升。

最后,5G 技术带来更全面的数据、更精准的金融需求以及无处不在的金融场景,能够让金融服务和公共服务全面自动化。在 5G 技术的支持下,银行账户能够与居民家庭的水、电、气和热力表等连接,实现远程查询和自动缴费;医疗机构、金融机构与用户三方互联,医生可以通过可穿戴设备了解用户的身体状态,而金融机构则结合医疗数据、用户数据等提供支付、保险、贷款等服务;金融租赁行业则能够依靠传感器实时回传数据,更好地检测出借物的状态等。因此,金融供给主体借助 5G 技术能够为客户提供融合性更高的金融场景,真正实现金融服务的无处不在。

### (二)互联网金融降低信息不对称

#### 1. 万物互联——重要数据来源

金融的本质是对资金需求方和供给方进行资金配置,而传统的金融供给方式,由于技术手段和管理方法的低效率导致金融供给主体很难获取金融需求主体的信息,尤其是"长尾"客户的信息。物联网金融则从信息收集、信息传递到信息使用都增强了信息的有效性,为解决金融供给主体与金融需求主体之间的信息不对称问题提供了新的方案。金融供给主体通过深度应用物联网技术与各行各业合作以实现同行业与跨行业的互联互通,实时收集关键节点信息,构建一个万物互联的世界。同时,金融供给主体将收集到的交易数据及时传输到物联网金融平台,进而结合大数据自动分析金融需求主体的需求,覆盖每一个细微节点的金融需求。同时,金融供给主体通过物联网设备切入客户真实场景,掌握客户资金往来、日常行为、交易对象、风险来源等信息,判断客户的金融需求和风险等级。

物联网能够降低贷前审查成本,实现实时动态监测,完善贷后预警系统。金融供给主体传统的信贷产品逻辑是以客户拥有的资产来判定该客户的信用等级。作为金融排斥的主要群体之一,小微企业缺乏足够的资产和抵押品,而金融供给主体又受到数据匮乏和技术手段不足的限制,这使得金融供给主体对小微企业的风险识别和控制能力差,因此金融供给主体对小微企业金融业务抱有风险厌恶的态度。然而,物联网金融则是根据信贷需求主体的生产过程进行信用评估的,可以掌握更多的企业信用信息。以小微企业客户为例,在缺乏物联网技术时,金融供给主体主要通过尽职调查、固定资产盘查、对小微企业过往行为进行信用评估,往往难以实时掌握小微企业真实的经营情况。同时,对信贷风险的控制主要依靠前台—中台—后台的风控人员进行线下操作,这不仅会产生高昂的人力成本和运营成本,而且会降低信贷授信审批的效率,最终导致小微企业"融资难、融资贵"的问题。而物联网技术具备"万物互联""客观验证"的特点,其核心技术能够帮助金融供给主体直接连接采集终端,在风险控制上更强调小微企业生产的全过程。

不仅如此,物联网技术让金融供给主体不仅有能力切入贷前审批,还可以实现贷款的全过程管理,随时随地获取企业生产和管理的结构化数据、非结构化数据等。因此,物联网技术的应用和普及有力地促进了金融供给主体由滞后的主观验证转化为全流程客观验证,风险防控更加注重反映小微企业当前经营状态,风控手段具有设备技术化、流程数据化等特征。不仅如此,物联网技术还可以实时联网报警,及时甄别虚假信息,解决信用违约问题,实现贷后预警系统的可视化、智能化和科学化。因此,在物联网技术的支持下,金融供给主体有能力对小微企业的生产经营进行实时监控,由被动管理变为主动管理,风险控制能力得到显著提升。

物联网提升金融服务质量。物联网的数据化和智能化会催生其他金融产品与服务,金融供给主体通过物联网技术能够实时获取小微企业在生产经营过程中产生的一系列数据。这些数据不仅能够反馈小微企业的整体运营状况,而且能够巩固金融供给主体与金融需求主体之间的关系。在此基础上,金融供给主体能够提供覆盖小微企业全部生产经营环节的金融产品与服务,如感知支付、财务顾问、交叉销售、投资咨询、现金管理、应收账款清收和结算、企业信用评价、综合金融解决方案等,开展高附加值的创新型中介服务。随着互联网金融不断向纵深发展,金融活动也广泛地渗透于人们的生活和生产场景之中,金融服务质量与效率因此越来越受人们的关注。在物联网的支持下,金融供给主体不仅能够实时、动态地感知客户的需求，精准推送金融产品和服务，而且能够通过物联网进行数据信息挖掘，实现贷款流向和异常情况的实时监控。可以说，金融供给主体通过物联网，真正实现了由"效益为中心"向"用户为中心"的转变。

2. 大数据改变金融供给思维

大数据在金融领域的应用正改变着金融业态，并引起了金融供给主体业务模式的深刻变革，推动金融供给主体在经营理念、组织架构、业务流程、管理模式、IT架构等领域的全面升级和深度整合。随着大数据技术的迅速发展与广泛应用，社会经济活动的数据化程度也不断提高，这能够为金融供给主体带来更完备的源数据，进而有利于缓解金融供给主体与金融需求主体之间的信息不对称。

一是数据成为金融供给主体的重要生产要素。如前所述，由于数据能够对企业在生产过程中的成本和收益产生影响，并为企业带来价值，数据已成为厂商重要的生产要素。数据能够帮助金融供给主体更好地了解客户的资金需求和还款能力，从而为金融供给主体创造关键价值。

首先，随着信息通信技术的迅速发展，金融供给主体在互联网、物联网、云计算和5G等技术的支持下，拥有较以往更多的源数据来源渠道，能够为其营销、风控、产品设计等流程提供充足的数据。

其次，金融供给主体在充足数据的基础上，还需要对不同渠道的源数据进行整合、规划，并建立数据标准化体系，保证数据的唯一性、完整性和可用性。

最后，金融供给主体通过持续获取、量度、建模、处理、分析大容量多类型数据，及时在互联互通的流程、服务、系统间共享数据，并将分析结果应用于业务决策与支持，以此来提升客户服务的精准性和风险控制的有效性。

二是大数据技术成为金融供给主体的核心竞争力。在互联网金融时代，金融供给主体可以运用大数据技术，对所掌控的数据资产进行加工、处理、整合、利用和反馈，不断挖掘数据资产的价值，降低信息不对称程度，提升服务效率，支撑产品优化和新产品开发，为客户提供高质量的金融产品与服务。但是,只有庞大的体量才能够充分体现大数据的价值,巨量数据与数据分析处理能力之间互相制约与促进。为了让大数据技术充分发挥出数据处理能力,金融供给主体要积极主动搭建大数据基础设施。大数据基础设施分为硬件和软件两类。硬件基础设施需要通过建设私有云来提供灵活、按需和动态的 IT能力。软件基础设施是指金融供给主体培养一批既熟悉金融,又对互联网和大数据有深入了解的复合型人才,这些人才通过对数据进行实时深度分析,能够对未来趋势有更多的研判,并为决策提供智力支持。

三是大数据技术促进金融服务模式创新。首先,大数据技术能够实现精准营销。在大数据的支持下,金融供给主体能够通过收集和挖掘用户行为数据、社交网络数据等,分析用户影响力、聚集区域、日常活动轨迹、基础金融业务使用规律,并以此聚类出不同的客户群体,加深对客户的了解程度,进而对不同的客户群体提供个性化服务和进行精准营销,不断提升服务质量和效率。

其次,大数据技术能够建立维度更广、可信度更高的信用评级体系。5G时代的标志是实现“万物互联”,金融供给主体可通过海量、多态、相互关联的物品数据识别企业或个人的自然属性,追踪他们的行为特征,不再局限于政府机构的在档数据和用户的智能设备。虚拟经济与实体场景相连接,能够有效解决数据的客观性问题,避免互联网平台的数据造假,打造更为全面的金融信用评估体系。同时,通过物联传感器收集的信息可实时动态地反映企业或个人的资金资产状态,从而使得金融信用评估结果更为可靠。

最后,大数据技术能够实现更可靠的风险管理。在万物互联的基础上,金融供给主体能够获得关于客户的资金流向、生产经营等即时、准确的数据,通过大数据技术能够让金融供给主体及时发现客户风险,实现无时滞的风险预警,这就大大降低了风险控制的成本和难度。

## 二、互联网金融改变金融需求主体的思维导向

### (一) 自主获取信息并决策

2014 年,波士顿咨询通过对中国银行业消费者的调研发现,尽管在中国

仍有超过 50％的消费者将金融机构官网作为获取信息的重要渠道，但选择社交网络、博客、手机应用等作为信息来源的客户也已达 10％～15％，且该比例正在快速增长。过去，金融需求主体习惯于被动地接收信息，更加倾向于官方和权威专家的推荐，可获得的金融产品和服务也往往是受金融供给主体所限制。而在互联网金融时代，传统金融供给主体在信息与产品上的"权威性"和"限制供应"地位被大幅削弱。金融需求主体也逐步习惯于主动获取信息，更加愿意相信自身的判断或朋友的推荐，并且在获得的金融服务及投资决策上具有更多的决定权和主导权。

一是互联网带来更便捷的信息获取渠道。在互联网金融时代，随着互联网技术的飞速发展，互联网成为人们快速获取、发布和传递信息的重要渠道，其在社会经济发展等方面发挥着重要作用。在此基础上，互联网金融借助互联网技术的巨大优势，打破了信息"传授"与"接收"的边界，让金融消费者能够迅速、低成本地获取有助于自身财富决策的有效信息。同时，在互联网技术的支持下，人们从被动接收信息转变为主动获取和传播信息，点赞、转发、评论等形式都是信息传播的手段，进而对其他金融需求主体产生不同程度的影响。

二是人工智能算法能够提升信息获取与匹配的精准性。在互联网金融时代，尽管金融需求主体能够迅速且成本较低地获取信息，但难以判断信息的真实性和有效性。互联网为金融需求主体提供了一个碎片化的世界，在这个碎片化的世界中，金融需求主体已经习惯于利用碎片时间不断接收碎片化信息。大量零散、局部的垃圾信息充斥于人们的日常生活中，让金融需求主体做出非理性的甚至是错误的决策，从而遭受巨大损失。大数据、云计算和人工智能的研发与应用，能够实现对信息的及时、高效和低成本地筛选、清洗与分析，也能够为金融消费者提供更为全面、准确以及符合自身禀赋和偏好的信息，这有利于金融消费者更加独立和理性地做出投融资决策。

**（二）认知和决策过程更为复杂**

在互联网金融时代，金融需求主体能够接触到更多的数据与信息，金融产品与服务也更加丰富。为了实现效用最大化的目标，金融需求主体需要在获取足够的信息后进行全面的对比分析,以确定符合自身偏好和财务状况的金融产品和服务。因此,金融需求主体在互联网金融时代的认知和决策过程更为复杂和全面。

一是从获取信息的渠道和方式来看,过去的金融需求主体主要根据工资账户开户行和居住地附近的银行网点决定自己所选择的银行。现在的金融需求主体不仅具备了"了解"和"比较"的意识,获取信息的渠道也更加多元化,如线上线下的广告、社交网络中的分享等,还可以通过多种渠道便捷地参与品牌活动,体验产品和服务。在做出科学评价后,金融需求主体能够选择对自己最有利的银行。

二是金融产品与服务的附加属性更为重要。在互联网金融时代,由互联网技术所构建的网络虚拟空间已成为人们日常生活和工作的重要场所。在虚拟空间中,人们的交流更为密切,互动更为频繁,而金融需求主体选择金融产品和服务的原因,不再仅仅是产品和服务所带来的收益,而是要更好地满足金融需求主体对新鲜、有趣、个性、话题等附加属性的需求。

三是由于互联网金融时代的信息获取渠道更为多元,金融需求主体在互联网和移动便携设备的支持下,时时刻刻都处在被信息环绕的环境中。因此,在纷繁复杂的信息获取渠道中获得金融需求主体的关注和认可至关重要,如朋友圈、网络游戏、抖音视频等具有较多流量的渠道更容易吸引金融需求主体的注意力,让金融需求主体主动和积极地去了解或购买金融产品和服务。

四是金融需求主体在完成金融产品和服务的消费后,除了会对传统的售后和咨询服务具备合理的需求外,还会对互动和分享产生更加旺盛的需求,比如,朋友圈推荐、分享自己的支付宝十年账单等。"热爱分享"这一点在年轻人中尤为明显。支付宝充分抓住了客户的这种追求"有趣""个性"的个性化心理和热爱分享的态度,通过独特的营销方式,在竞争激烈的第三方支付市场中建立了差异化的品牌形象并获取了大量客户。总体来说,金融需求主体在互联网金融时代的认知和决策过程不再是封闭的、单一的、被动的,而是开放的、多元的、互动的。

### （三）自主选择接受服务的时间

过去，传统金融机构单向规定了提供金融产品和服务的时间，绝大部分金融交易只能在商业银行等金融机构早 9 点至晚 5 点的工作时间内完成。但在互联网和云计算等技术的支持下，实体网点垄断金融服务的局面被打破，将提供金融产品和服务的时间从每天 8 小时延伸至 24 小时，使客户能在他们所希望的时间段进行交易。例如，以余额宝为代表的网络货币基金，超过 50% 的互联网基金交易发生在金融机构工作时间以外，甚至有将近 20% 的交易发生在深夜 12 点至早上 5 点这些非常规时间段，这正是客户自主选择服务时间的最好体现。

### （四）更注重服务质量与体验

当金融需求主体对所接受的金融服务进行评判时，其比较的对象不再是其他金融机构，而更多的是其在相似领域的经历和体验。例如，金融需求主体在使用电子银行时，其参照物可能是购物网站便捷的流程和简明的页面设计；金融需求主体在使用银行网点时，其参照物可能是零售店、咖啡店的个性化视觉和舒适体验；金融需求主体在进行不同渠道之间的转换时，其参照物可能是数码产品多屏互动、无缝切换的便利。

因此，在互联网金融时代，金融需求主体对金融机构的预期常常体现为更为及时的信息、更为高效的问题解决方案、更为清晰的金融产品说明、更为快捷的服务获取方式等。金融需求主体行为的改变势必会倒逼整个金融行业发生改变，包括金融服务的生活化、金融服务客群的下沉、金融服务覆盖地域的拓展等。然而在现实中，金融机构在服务交付效率、操作便捷性、交互方式等方面与客户的预期还存在较大差距。

综上所述，由互联网金融带来的这一系列改变，最终会使"以客户为中心"的理念真正深入人心。更为显著的是，互联网金融颠覆了金融机构对"客户"概念的理解，"二八定律"在经营管理中的统治地位受到冲击，普惠金融理念得到广泛普及，让全体金融需求主体都能够享受到充分、公平的金融服务。

### 三、基于互联网金融的普惠金融发展路径

互联网金融异军突起,迫使金融供给主体加快转型升级的步伐,其供给方式得到明显改进。同时,金融需求主体也能够获得更多的产品信息和服务渠道。在此背景下,金融排斥理论受到了强有力的冲击,而普惠金融则获得了快速发展的契机。尽管互联网金融和普惠金融在实践中取得了良好成效,但由于缺乏成熟的理论框架作为参照指引,造成了如网贷平台失踪、隐私被侵犯、金融欺诈,以及小微企业融资难、融资贵等问题。因此,建立互联网金融时代的普惠金融理论框架显得尤为紧迫。

#### (一) 理论假设前提

普惠金融的发展符合金融发展的一般规律,同样是在金融供给主体与金融需求主体之间寻找平衡以实现整个社会的"帕累托最优"。但在普惠金融的发展过程中更加注重科技和公平,致力于为各个群体提供有效的金融产品和服务。在互联网金融时代以前,普惠金融的发展主要依靠政府的政策支持,而科技和市场手段较少,可持续性较差。随着互联网金融的异军突起,科技在金融领域广泛普及和应用,普惠金融得到新的发展契机,因此,为了探索普惠金融在中国的理论发展路径,本书以中国互联网金融的发展为时间节点,对中国普惠金融的发展路径做出理论分析,以确定当前中国普惠金融位处的发展阶段,对中国普惠金融的进一步发展提供指导和借鉴。首先,为了排除旁枝末节的干扰,更加聚焦于普惠金融发展路径的理论研究,本书做出以下六点前提假设:

①　在普惠金融市场上仅有两个主体,分别是金融供给主体和金融需求主体,金融供给主体以利润最大化为目标,而金融需求主体则以效用最大化为目标。

②　金融需求主体包括优质客户和"长尾"客户两个群体,假设两个群体对金融产品和服务具有同样的潜在需求。

③　相对于优质客户,在互联网金融时代以前,金融供给主体为"长尾"客户提供金融产品和服务的边际成本更高、边际收益更低。

④ 不同时期的金融供给主体能够充分运用当时的技术手段为金融消费者提供金融产品与服务。

⑤ 资源配置起初为"帕累托最优",且随着技术的进步,金融供给主体的生产可能性曲线将以递减的速率不断外延。

⑥ 政府作为普惠金融发展的外生变量,对普惠金融的支持会根据不同时期的市场状况动态调整,即在互联网金融时代以前,普惠金融完全由政府的计划安排所确定;在互联网金融发展过程中,政府对普惠金融的政策支持力度随着普惠金融的发展而呈递减趋势;在互联网金融全面发展阶段,政府将不再对普惠金融有政策倾斜。

### (二) 普惠金融理论的发展路径

如图 6-1,本书构建了"长尾"客户所获得的金融产品和服务数量 $Q_S$ 为横轴、优质客户所获得的金融产品和服务数量 $Q_H$ 为纵轴的坐标系,以表示普惠金融的发展路径。

1. 第一阶段: $A{\rightarrow}B$

在初始阶段,金融供给主体技术落后,信息不对称等导致其向"长尾"客户提供金融产品与服务的成本要高于收益,故金融供给主体为"长尾"客户提供金融产品与服务的净利润为负。而对于优质客户,金融供给主体为其提供金融产品与服务的风险和成本较低,能够获得较高的净利润。需要着重说明的是,在此阶段,即使存在技术进步使得金融供给主体的生产可能性曲线不断扩大,资源配置持续优化,也无法促使"长尾"客户得到金融供给主体的足够重视。其主要原因是,此时的技术进步未能达到一定的高度,技术进步带来的产品创新与效率提升完全被优质客户吸收,而不能为"长尾"客户提供任何便利。在该阶段,金融供给主体为了追求利润最大化,会集中所有的管理、技术和经济资源为优质客户提供金融产品和服务,而表现出完全的金融排斥。

在金融需求主体方,优质客户是该阶段金融供给主体的主要服务对象,故其在该阶段能够享受到金融供给主体充分的金融产品与服务。且该阶段技术水平的提升也被金融供给主体完全用在为优质客户提升金融产品与服务的质量上,故优质客户效用水平也会随之提升。而"长尾"客户尽管具有同样强烈的金融需求,但由于融资成本高昂、融资渠道受限、金融供给主体的"歧视"、自身禀赋的限制等原因,导致"长尾"客户产生"引致"的金融排斥。

　　因此,在该阶段普惠金融完全由政府对金融机构下达的计划要求所决定,如图 6-1 所示,该阶段普惠金融的发展路径为 $A{\rightarrow}B$,"长尾"客户所得到的金融产品与服务为 $Q_S^1$,且固定不变,而优质客户所得到的金融产品与服务则在不断增加,一直到与生产可能性曲线 $PPF_1$ 相交,即 $B$ 点,此时优质客户获得的金融产品与服务为 $Q_H^1$,$B(Q_S^1,Q_H^1)$ 为该阶段的帕累托最优组合。

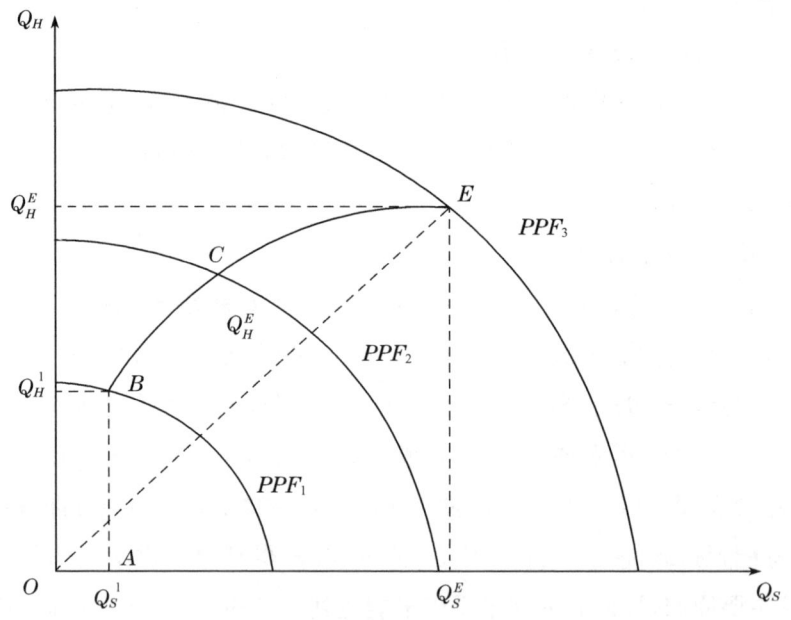

**图 6-1　普惠金融的发展路径**

　　2. 第二阶段:$B{\rightarrow}E$

　　随着技术水平的不断提升,互联网金融迅速发展,金融供给主体开展"长尾"客户金融业务的风险、边际成本和平均成本逐步下降,净利润也达到由负转正的临界点,使得金融体系为"长尾"客户提供产品和服务成为可能,普惠金融发展进入第二阶段。这主要是因为:① 互联网金融发展催生了大量新型金融服务机构,使得金融供给主体的内涵和范围不断扩大。在此基础上,不仅为金融产品与服务的创新提供了强大动能,让"长尾"客户能够获得更为专业化、个性化和差异化的金融产品与服务,还能够倒逼传统金融供给主体接受普惠金融理念,积极向互联网金融靠拢,逐步摆脱"二八定律"的束缚,将"长尾"客户纳入服务范畴。② 互联网金融显著降低金融供给主体的运营成本。随着互联网金融的初步发展,信息科技与金融的结合使得大数据思维、人工智能思维、区块链思维等新型经营管理理念和业务开展模式逐渐被传统金融供给主体所接受,这不仅使得金融供给主体的总成本得以降低、服务效率得以提升,更重要的是降低了为"长尾"客户提供金融产品和服务的风险与成本,普惠金融逐渐走向深入发展。

在金融需求主体方,技术的进步同样赋予了金融需求主体以更多的选择和更高的自主性,金融需求主体不仅能够接触到更多的金融服务渠道,市场地位也在不断得到提升。① 金融需求主体获取金融产品和服务的门槛降低。随着互联网金融的初步发展,金融供给主体的风险防控能力、客户需求识别能力和产品定价能力得到显著提升,催生出各种"宝宝"类的互联网理财工具、P2P网络贷款,以及以阿里小贷为代表的电商小额贷款等,其最大特征就在于对金融需求主体较低的准入门槛。因此,金融需求主体不再像以前那样,无法或以付出极大成本为代价来获取金融产品或服务。② 金融需求主体信息获取渠道更加广泛。互联网金融突破金融产品与服务供给的时空边界,金融消费者能够随时随地进行金融交易。③ 随着金融供给主体对金融需求主体各类型数据采集和分析能力的提升,以及互联网、微信、自媒体等媒介的广为普及,金融需求主体能够便捷和低成本地获得精准性更强的产品和服务信息。

因此,在该阶段,除了政府对普惠金融的计划安排外,金融供给主体也开始自发地为"长尾"客户提供金融产品与服务。图6-1显示,技术进步降低了金融供给主体开展"长尾"客户金融业务的风险、边际成本和平均成本。普惠金融发展将沿着 $B \rightarrow C$ 的路径向外推移,政府对普惠金融的支持力度将逐步减弱,金融供给主体自发向"长尾"客户提供的金融产品和服务会逐步增加,但优质客户仍占有绝大多数的金融资源。根据罗纳德·麦金农（Ronald McKinnon，1991）的观点，在金融排斥逐步消除的条件下，存在使投资边际收益率在整个经济体都相等的机制，投资效率会达到最优。[341]当普惠金融发展至 $C$ 点时，金融供给主体在优质客户和"长尾"客户的总体收益水平相同（由于优质客户的金融服务需求增量较小、市场竞争和交易成本增加，金融供给主体的利润水平可能会逐步降低）。因此，$C$ 点成为普惠金融发展阶段的转折点。在 $C{\rightarrow}E$ 的过程中，新增经济资源会更多地向小微企业集中，会使得曲线 $CE$ 逐步向右下方移动，生产可能性边界曲线也将由 $PPF_2$ 逐渐向 $PPF_3$ 移动。

　　3. 第三阶段：$E$（优质客户和"长尾"客户的金融需求同时被满足的均衡状态）

　　在此阶段，互联网金融得到全面发展，借助高度先进的信息技术，金融服务渗透社会的各个角落，金融排斥得到完全消除，政府对普惠金融不再有政策支持，全体社会成员都能够享受到公平、合理的金融产品和服务，普惠金融成为常态。

　　在金融供给方，由于高度发达的信息技术在金融领域得到充分应用，无论是优质客户还是"长尾"客户，金融供给主体都有能力对其进行动态的、完整的用户画像，进而迅速发现客户需求和预测风险差异，实现以批量化的方式来设计符合每个客户风险偏好和金融需求的个性化、差异化的金融产品和服务。因此，"二八定律"在此阶段将完全失效，金融供给主体为所有类型客户提供金融产品与服务的边际成本和平均成本将趋于一致。同时，由于数据成为金融供给主体的重要生产要素，而数据的产生自动化、极低的机会成本，以及对其他生产要素的高替代性等特征必然为金融供给主体带来递减的边际成本曲线和递增的边际收益曲线，故金融供给主体倾向于为所有人提供充分、公平的金融服务。

　　在金融需求方，对金融产品和服务的获取已成为金融需求方的基本需求之一，社会各个群体在互联网金融的支持下，不仅在市场地位上能够得到金融供给主体的一视同仁,而且能够突破信息不对称的束缚,主动对接大数据、云计算等技术,不断充实自身在金融市场中的"用户画像",进而获得全面和充分的金融产品和服务。

图 6-1 显示,当普惠金融的发展路径与生产可能性曲线 $PPF_3$ 相交于 $E$ 点时,将达到优质客户和"长尾"客户金融需求同时被满足的均衡状态。此时,技术的进步已经无法进一步增加金融需求主体的效用无论是优质客户还是"长尾"客户都已经获得了理论上的最大满足,普惠金融达到了最终的目标,即为所有具有金融服务需求的社会各阶层和人群提供价格合理的金融服务。

综上,通过对普惠金融发展路径的划分,可以发现随着互联网金融的发展,金融体系的风险控制、需求发现、产品设计与服务能力都将随之提高,金融排斥在互联网金融时代会逐渐削弱直至消除,而普惠金融在此过程中则得到不断增强,将沿着图 6-1 中 $A{\rightarrow}B{\rightarrow}C{\rightarrow}E$ 的路径逐渐发展至常态。基于此,互联网金融的发展水平对普惠金融能否最终实现至关重要。

当前,中国普惠金融的发展正处于图 6-1 中的 $B{\rightarrow}C$ 阶段,且尚未抵达 $C$ 点。因此,除了金融供给主体自发地向"长尾"客户提供金融产品与服务外,政府的支持政策必不可少。并且,为了减轻在普惠金融发展过程中互联网金融的负面效应,尽快达到互联网金融助力普惠金融全面普及的目标,政府的合理干预是必要的。在此基础上,本书从政府、金融供给主体、金融需求主体三个层面对中国普惠金融的进一步发展提出几点建议。

## 第五节　互联网金融时代中国普惠金融的进一步发展

当前,普惠金融在帮扶贫困、促进经济发展、营造社会公平环境等方面取得了较好成效,受到各国政府的高度重视。但同时也要清醒认识到,普惠金融发展时间较短,还未形成完整、系统和全面的理论体系,这也造成了普惠金融在发展过程中出现了诸多障碍。为了进一步促进中国普惠金融的发展,缓解普惠金融发展难题,需要充分结合互联网金融,以普惠金融理论实现路径为指导,不断提升普惠金融发展效率。

## 一、政府的合理干预

在普惠金融发展路径的前两个阶段,若无政府的合理干预,根据主流经济学"经济人"的假设前提,容易产生普惠金融的低效运行,甚至产生自然垄断、小微企业金融危机、道德风险等市场失灵问题。因此,需要根据普惠金融不同发展阶段的特性,采取有针对性的干预政策,确保普惠金融长期可持续发展。由于中国当前处于普惠金融发展路径中的第二个阶段,政府的决策和行为对于实现普惠金融平缓地过渡到第三阶段具有重大意义。但是,政府也应尽量避免对市场的直接干预,而应在保证不发生系统性风险的前提下对普惠金融供给制度进行改进和完善,包括营造公平竞争的市场环境、完善金融基础设施建设、保护消费者权益、对普惠金融的合理监管等。

### (一) 健全和完善金融市场基础设施建设

一是政府部门应支持金融供给主体金融服务的前端基础设施建设,包括ATM、POS机、智慧网点等,以及时和充分触达金融消费主体的金融需求。同时,在经济不发达和边远地区,政府部门要向金融服务的前端基础设施建设提供必要的资金和技术支持,进而激发金融供给主体发展普惠金融的积极性。

二是政府部门应促进金融供给主体不断改进和升级中后台的信息系统,以缓解因市场信息不对称而导致的逆向选择和道德风险,在授信审批、风险防控、产品定价和内部控制等方面为前端基础设施充分发挥作用提供坚实基础,不断提升对金融供给主体的服务效率。

三是政府部门应秉持互联网金融思维,为大数据、云计算、区块链和人工智能等技术的发展和在金融领域的应用创造良好的环境。同时,政府部门应主导设立大数据平台,整合全社会数据资源,为金融需求主体和金融供给主体提供开展普惠金融业务所需的必要数据资源,充分发挥数据作为必要生产要素的重要作用。

四是政府要制定发展普惠金融的规则,包括金融供给主体的服务方式、服务地点、服务时间和服务客群等方面的基本规则，以及金融消费主体的权益保护、金融创新鼓励和市场准入调整等配套规则。从而能够在市场的发展初期，在鼓励创新的同时筛选合格金融供给主体，避免严重危害社会经济发展的事件发生。

五是政府部门需健全风险分担机制，不断优化银行—政府、银行—保险的风险分担安排，以国家融资担保基金为基础，提升金融供给主体开展普惠金融业务的定力与信心。

### （二）促进专业普惠金融机构或部门的健康发展

微型金融机构（Microfinance Institutions，简称 MFIs）是国内外公认的普惠金融产品和服务的专业金融供给主体。微型金融机构主要是根据"小额分散"的原则，为小企业、贫困人口等被排斥在传统金融体系外的"长尾"客群提供小额信贷以及灵活储蓄等金融服务。在中国，微型金融机构主要包括村镇银行、小额贷款公司、村镇资金互助社、民营银行[①]，以及其他商业银行普惠金融部门等，它们为普惠金融发展做出了重大贡献。因此，促进微型金融机构的健康发展是推动中国普惠金融事业进入下一阶段的重要举措。

一是政府部门应充分了解微型金融机构所在区域的具体情况、业务重心、发展战略、监督和控制等差异化特征，并在此基础上建立微型金融机构大数据平台，收集和分析微型金融机构的经营管理数据，评估微型金融机构的发展动态和风险状况，有针对性地研究和实施合理的扶持政策，激发微型金融机构开展普惠金融业务的积极性和主动性。

二是政府部门要鼓励金融科技研发与应用，促进微型金融机构创新普惠金融产品，提升产品定价能力和风险防控能力，不断增强普惠金融业务服务的精准性与有效性。

---

① 在十八大、十九大及《关于促进民营银行发展的指导意见》有关规定的指导下，作为我国金融体系的重要补充和普惠金融的重要力量，民营银行发展受到高度重视。截至 2019 年 9 月，经中国银保监会批准，我国民营银行已扩充至 19 家（目前无锡锡商银行已获批筹建中）。

三是由于微型金融机构存在"使命漂移"①现象，政府部门应制定相应政策促进和引导微型金融机构发挥主营业务优势，压缩其他经营业务规模和范围。

### （三）适度监管

信息不对称和交易成本过高是造成金融排斥的主要原因。在互联网金融时代，大数据、云计算、人工智能等信息技术为信息不对称和交易成本高等问题提供了解决方案，也为普惠金融发展奠定了技术基础。但由于缺乏必要的监管，不合规甚至不道德地使用信息技术的现象屡见不鲜，并且已经对社会经济发展造成了严重的负面影响。因此，适度监管是普惠金融持续健康发展所必需的"防火墙"。

一是要把握监管的宽严程度。监管的宽严程度与金融产品和服务的可得性、金融风险发生概率成反比，即监管越严，金融机构提供的金融产品和服务的可得性就越差，金融风险发生概率也就越低；反之，金融机构提供的金融产品和服务的可得性就越好，金融风险发生的概率也就越高。因此，政府部门需要在加强监管与促进普惠金融发展之间寻求平衡，以保证不发生系统性金融风险为前提，不断提升普惠金融的发展质量和水平。

二是要强化用户数据的隐私保护。在互联网金融时代，数据已成为重要生产要素之一，能够为金融供给主体和金融需求主体双方带来巨大价值。然而，在数据要素蕴含巨大价值的背后是敏感的客户隐私信息，一旦诸如客户身份信息、户籍、职业、种族、银行卡、手机号、位置、教育、财产、交易及转账记录、设备型号及设备识别码、面部特征、指纹、网络使用习惯、社交行为数据、朋友圈数据、设备状态等隐私信息泄露并被不正当利用，将会给客户的人身财产安全带来极大威胁。长期以来，中国数据监管比较落后，涉及客户隐私信息的数据甚至被当作商品公开售卖，极大地损害了客户的切身利益。在此背景下，

---

①　MFIs 的"使命漂移"是指当 MFIs 以利润为经营的主要目的时，会偏离普惠金融轨道，从而回归传统金融机构"二八定律"的经营模式。

2019 年 5 月,中国互联网信息办公室发布了《数据安全管理办法(征求意见稿)》(以下简称《管理办法》)以及《网络安全审查办法(征求意见稿)》(以下简称《审查办法》),为用户的隐私信息安全提供了"保护墙"。尽管如此,《管理办法》和《审查办法》仍存以下改进空间:首先,要加强数据分类分层,根据数据的敏感性程度对数据进行分类管理;其次,要明确信息技术手段,尤其是对运用数据、分析数据、数据使用周期和销毁数据等技术手段要有明确的定义;最后,要制定更有针对性的引导和扶持政策,为数据产业的发展保驾护航。

## 二、金融供给主体的转型升级

在互联网金融时代,普惠金融不仅是金融需求主体对金融供给主体的基础需求,而且是金融供给主体应对激烈的市场竞争所必须采取的战略性业务安排。因此,金融供给主体必须积极主动认识、适应和引领互联网金融时代,加速转型升级,转换思维模式,把开展普惠金融业务视为政治任务转变为金融机构的主营业务之一。

### (一) 精准识别金融需求主体的产品偏好

由于信息不对称、"长尾"客户群体自身的局限性等原因,传统金融供给主体很难,或者要付出很高的代价才能够把握"长尾"客户群体对金融产品和服务的偏好,而这与金融供给主体追求利润最大化的目标相背离。随着互联网金融的异军突起,通过应用大数据、云计算、人工智能等技术,金融供给主体识别"长尾"客户群体金融需求的成本大幅降低,并且更加精准和全面,针对"长尾"客户群体所提供的金融产品和服务将成为互联网金融时代金融供给主体的核心竞争力。因此,金融供给主体需要根据"长尾"客户群体的差异化、个性化的金融需求设计出精准匹配的金融产品和服务,不断提升"长尾"客户群体的效用水平。只有这样,金融供给主体才能够不断吸引"长尾"客户,最终形成规模效应,进而在激烈的市场竞争中取得优势。

### (二) 便利金融服务,提升客户体验

传统的金融供给方式流程烦琐、交易成本高,为金融需求主体的开户、投

融资和交易等活动带来诸多不便,为"长尾"客户群体设置了较高的准入门槛。而普惠金融的根本目的是为所有金融需求主体提供充分和公平的金融服务,因此金融供给主体应以为客户创造价值为导向,不断优化操作程序,降低金融服务准入门槛,为金融消费者带来更便捷的金融服务和更优质的体验。随着互联网金融的快速发展,科技与金融的融合已逐步走向深入,成为便利客户服务,提升客户体验的重要方式。如移动金融服务不仅能够打破时间、空间的界线,且服务成本大幅降低,让更多人随时随地都能享受到以往面向优质客户的一对一专业服务;智能投顾让人们能够按照自己的投资偏好,获得定制的投资产品或资产配置方案;通过人机交互和智能化的数据搜集来构建大数据库,建立不同客户全生命周期的"全息画像",将客户进行科学分类,不断提升服务质量与效率,让客户体验到服务的专业性、灵活性;以区块链(联盟链)为基础的点对点和去中心化的支付系统代替银行账簿式的电子支付,从而实现更快的速度、更低的成本、更高的效率。

### (三)优化风险控制流程

在大数据、云计算和人工智能等信息技术的驱动下,金融供给主体的风险控制流程得到了极大改善。相对于传统的金融供给主体,互联网金融时代的金融供给主体主要采取大数据风控模式,通过采集客户全生命周期的数据,构建全息客户画像,精准地计算每一位客户的还款意愿和还款能力,进而决定是否发放贷款,以及贷款的价格和数量。在贷款发放后,大数据风控模式会持续、动态地实时监测资金流向,一旦发现资金流向出现问题,将及时向金融供给主体发出预警,防止逾期、坏账等风险事件的发生。因此,在互联网金融时代,传统金融供给主体需要尽快实现向大数据风控模式的转变,不断优化风险识别、风险计量和风险控制,为普惠金融发展提供强有力的保障。

### (四)创造需求

鉴于"长尾"客户的受教育水平、对金融知识的掌握程度、个人财富禀赋等方面的局限性,使得"长尾"客户群体没有足够的能力掌握自身对金融产品和服务的偏好,进而产生自我金融排斥。因此,在互联网金融时代,金融供给主体应充分考虑"长尾"客户自我金融排斥的特征,为"长尾"客户创新金融产品和服务。金融供给主体要充分发挥大数据带来的数据收集、分析和处理能力,云计算技术带来的信息、算力共享,人工智能技术带来的自动化、智能化等方面的优势,借鉴普惠金融发展的国际经验,深入挖掘"长尾"客户群体的金融需求,不断提高普惠金融的发展水平。

### 三、"长尾"客户群体能力的提升

在互联网金融时代,金融需求主体能够自主地获取信息、自主地决定接受服务的时间,以及自主地选择接受服务的渠道等,其在获得金融产品与服务过程中的话语权得到显著提升。同时,金融需求主体也能够倒逼金融供给主体积极地创新金融供给方式,形成金融需求主体和金融供给主体互相促进、共同成长的良性循环,进而有利于促进普惠金融的发展。但需要指出的是,金融需求主体在普惠金融发展第三阶段是具备充分能力的,无论是在财富禀赋、金融知识,还是在技术操作水平方面,都能够支撑其在金融交易中实现自我效用最大化。因此,金融需求主体尤其是"长尾"客户群体能力的提升对于全面实现普惠金融具有重要意义。

#### (一) 改善"长尾"客户群体需求结构

根据马斯洛需求层次理论,人的需求层次由低到高排列分成生理需求(Physiological needs)、安全需求(Safety needs)、爱和归属感(Love and belonging)、尊重(Esteem)和自我实现(Self-actualization)五类。即一个人在初始阶段对食物具有最为强烈的需求,此时人的意识几乎完全被生理需求占据,只有当人从低层次需求的控制下解放出来,才能进化出更高级的需求。而一个国家的经济发展水平、科技发展水平、文化和人民受教育的程度直接决定了人民的需求层次结构。因此,改善"长尾"客户群体需求结构是提升"长尾"客户群体能力的关键所在,通过改善"长尾"客户群体需求结构可以增加地区收入、完善金融体系、优化资源配置和降低基尼系数,进而为金融供给主体拓展市场空间。

同时,对金融需求主体进行合理的引导和教育,不断提升"长尾"客户群体使用金融产品与服务的能力,让金融需求主体清醒地认识自身的金融权利和义务。更重要的是"长尾"客户群体自身素质的提升,也要求"长尾"客户群体积极利用先进的信息通信技术,如大数据、云计算、人工智能等搜集有效信息,提高自身的需求层次,充分获取金融供给主体所提供的金融产品和服务,从而与金融供给主体形成相互促进的普惠金融新格局。

### (二)普及金融基础知识

由于信息不对称等因素,金融供给主体存在侵占金融需求主体,尤其是"长尾"客户利益的倾向。这种倾向的内在逻辑表现为,金融供给主体利用金融需求主体对金融功能、金融市场、金融产品和金融风险的认知能力不足,通过设计不平等的金融合同或带有偏见的金融产品使弱势的金融需求主体面临过高的产品定价、烦琐的业务流程、难以企及的服务门槛和低下的服务效率。因此,普及金融基础知识,提升金融需求主体获取金融服务的能力对普惠金融的可持续发展具有重要意义。2012 年的 G20 峰会上,各国首脑达成共识,将金融教育列为国家发展战略,并把金融消费者保护制度确定为发展普惠金融的重点之一。普及金融知识势在必行,一是继续完善国家基础教育建设,通过提高识字率、提升教育水平增强微观主体接触金融产品的意愿;二是提升金融教育水平,让金融消费者在金融交易中拥有更大的自主权和话语权,以降低金融需求者端的金融排斥;三是增强自我保护意识,金融需求主体要注重学习如金融合同、消费者权益保护、经济法等方面的基础法律知识,提高识别金融合同和金融产品潜在的违规问题与金融风险的能力,进而减少"欺骗性"金融创新和金融犯罪,提升普惠金融发展的质量。

# 第七章　研究结论与展望

## 一、研究结论

随着信息通信技术的快速发展,互联网金融在中国异军突起,以"长尾市场"作为主要服务对象,颠覆了传统金融体系在经营管理中所遵循的"二八定律",弥补了传统金融体系的短板与空白,迅速成为社会各界的关注焦点。但互联网金融的"野蛮生长"也带来了很多问题,P2P网贷平台跑路、信息泄漏、违约欺诈等风险事件层出不穷,给人们带来了巨大经济损失,对社会和谐安定造成了极其严重的负面影响。究其原因,主要是由于主流经济学在互联网金融时代存在较大的局限性,无法对经济金融实践进行科学、有效的指导。

为了完善针对互联网金融的经济学理论研究,本书通过广泛整理互联网金融相关材料与文献,观察和调研互联网金融实践,对互联网金融的特征和优势、风险与弊端进行了全面深入的思考与总结。在此基础上,本书采用主流经济学理论分析框架,以经济学理论发展逻辑为出发点,提出了主流经济学中的一些沿用至今的假设前提和基本规律不再适用于互联网金融的基本论断。同时,本书采用规范的经济学分析法,以逻辑推导、数学模型、实证分析等基本方法尝试构建符合中国特色的互联网金融经济学理论。不仅如此,本书还进一步为互联网金融平台的市场竞争策略和持续健康发展提供一定指导意见,对中央银行实施货币政策调控宏观经济,以及支持普惠金融发展提出了针对性的政策建议。

本书所做研究的主要结论之一是,在微观层面论述了互联网金融对经济学"边际革命"相关理论的冲击。通过搜集和整理大量文献对经济学"边际革命"的起源、兴起、深化三个阶段的研究成果和理论发展进行介绍和阐述,本书发现经济学"边际革命"不是一次单独事件，而是一个不断发展的过程，互联网金融的异军突起是经济学"边际革命"进一步发展的巨大推动力。互联网金融借助互联网、大数据、云计算和人工智能等现代化信息技术而发展起来，数据成为互联网金融平台运作过程中重要的生产要素，而传统经济学理论中的基本生产要素仅包括土地、资本、劳动和企业家才能，故传统经济学理论不再能合理地解释和指导互联网金融实践。数据作为生产要素具有其独特的优势，它的产生呈自动化趋势，机会成本极低，这使得数据要素取之不尽、用之不竭，并且能够节约或部分替代土地、资本、劳动和企业家才能等基本生产要素，经济学"边际革命"的资源稀缺性约束假设前提因此不再完全成立。

此外，由于数据已成为金融消费者和互联网金融平台在资金融通过程中的重要资源，数据投入增加所带来的金融产品和服务的价值更高，能够使金融消费者的边际效用不断增加，呈现出边际效用递增规律。同时，数据投入增加还会不断提升互联网金融平台的生产能力和收益水平，边际产量递增、边际成本递减和边际利润递增正在成为互联网金融平台运作的一般规律。因此，互联网金融平台的运作不存在非互联网金融时代经济学"边际革命"中厂商生产的"最优生产规模"，互联网金融平台在资金融通过程中的最优策略就是"拼流量"，即不断增加金融产品和服务的供给。

本书所做研究的主要结论之二是，在中观层面分析了基于互联网金融的双边市场理论。互联网金融平台作为金融中介机构，具有明显的双边市场特征，需要兼顾两边，甚至是多边的用户，它的市场竞争策略和定价策略与传统的单边市场存在很大差别。首先，互联网金融平台具有直接网络外部性、间接网络外部性和交叉网络外部性。由于直接网络外部性，一边用户所获得的效用将随着该边用户数量的增加而提升；由于交叉网络外部性，一边用户的数量会对其他边用户的数量产生直接影响；由于间接网络外部性，所有边用户的数量越多，互联网金融平台的运营成本就越低。因此互联网金融平台在市场竞争中需要获取所有边的用户规模，只有这样才能真正发挥其平台优势。

其次，互联网金融平台在运作过程中，可以通过采取横向产品差异化策略和纵向产品差异化策略来取得竞争优势。当互联网金融平台获得一定的市场规模后,可以采取排他性策略来限制竞争对手的发展,但互联网金融平台排他行为并不是普遍的现象。同时,由于互联网金融平台的虚拟性,所有交易都是基于互联网而进行的,为了防止欺诈、控制风险和保障用户合法权益,用户资质认证策略是互联网金融平台的主要手段。另外,互联网金融平台之间也可以采取互联互通,包括第一层次的交易数据库共享和第二层次的平台互联,互联网金融平台的互联互通可以提升用户的效用水平,进而改善社会福利。

最后,由于互联网金融平台的双边甚至多边用户的网络外部性程度、需求弹性等都不尽相同,因此互联网金融平台的定价是不对称的,互联网金融平台对多边用户收取的价格不反映向每边用户提供的产品或服务的边际成本。互联网金融平台或者向一边用户不收取任何费用,而向另一边用户收取费用;或者向一边用户收取低于产品或服务边际成本的价格,而向另一边用户收取高于产品或服务边际成本的价格。

本书所做研究的主要结论之三是,在宏观层面解释了互联网金融对主流经济学货币理论所造成的冲击。在货币需求方面,本书以凯恩斯货币需求理论作为分析框架,从人们货币需求的交易动机、预防动机和投机动机三个方面来说明互联网金融对货币需求的影响。在互联网金融快速发展的带动下,电子货币已经成为人们日常生活和生产活动中的"通货"。凯恩斯货币需求理论由于历史的局限性,无法观察到电子货币对人们货币需求的影响,因此它也不能解释人们对电子货币的需求。在此基础上,本书将电子货币变量引入货币需求三种动机中,以数学方法构建包含电子货币的货币需求公式,进而提出互联网金融时代的货币需求理论。

在货币供给方面,本书着重分析了互联网金融对中央银行、公众和商业银行等货币供给主要参与者的影响,指出互联网金融不仅会削弱中央银行的货币发行权,改变人们的货币需求,还会对商业银行的发展造成一定的负面影响。因此,在互联网金融的影响下,货币需求和货币供给均会发生较大变化,中央银行必须正确把握互联网金融对货币需求和货币供给的影响,才能有效合理地实施货币政策对宏观经济进行调控。在此基础上,本书通过搜集众多时间序列数据,运用总结归纳、统计数据分析、计量经济模型分析、经济理论模型分析等方法进一步研究中国互联网金融发展对货币政策中介目标和利率规则的影响。

本书所做研究的主要结论之四是,对互联网金融时代的金融监管进行了深入研究。本书通过对金融监管理论和实践的阐述与解释,发现金融监管理论和实践是一个动态发展的过程,同一国家不同时期或同一时期不同国家之间的金融监管都存在很大的不同,因此针对金融监管实践和理论的研究需要与时俱进,充分结合客观现实和时代特征,只有这样才能制定出行之有效的金融监管政策和机制。异军突起的互联网金融表现出与传统金融显著不同的特征。互联网金融借助互联网、大数据、云计算和人工智能等技术迅速发展,与传统金融相比,它具有交易成本低、方便快捷、交易无时空限制、信息不对称程度低等优势,但随之而来的是互联网金融时代的特殊风险,如由于网络安全漏洞、技术错误,以及交易平台不稳定导致的信息不对称风险、战略风险、技术和操作风险等。因此,为了保证金融体系的稳定运行,金融监管机构有必要在有效识别互联网金融时代经济金融活动所呈现出的风险特征的前提下,对金融机构进行有针对性的监管。

在此基础上,本书引入博弈论的方法分别考察了互联网金融时代金融机构与金融监管机构的静态博弈和动态博弈均衡。在完全信息静态博弈中,互联网金融时代金融机构与金融监管机构会根据各自的期望收益来确定彼此的最优策略,且一旦做出选择就不可再改变,故在理性的促使下,二者的最优策略都在它们的纳什均衡处。而在动态博弈中,本书采用演化博弈论的方法求解互联网金融时代金融机构与金融监管机构之间的演化稳定策略,发现虽然二者之间并不存在演化稳定均衡,但二者之间的博弈是一个不断循环的过程,二者在不断学习的过程中可以对自身的策略进行改进,进而达到更好的结果。本书在此基础上,对互联网金融时代的金融监管理论和实践进行了针对性的修正和完善,提出互联网金融时代金融监管机构需采取监管沙盒、大数据监管和穿透式监管的建议。

本书所做研究的主要结论之五是,对互联网金融与金融排斥理论进行辨析,并对普惠金融在互联网金融时代的发展路径进行了理论探索。本书通过深入分析金融发展理论、金融排斥理论与普惠金融理论,对三者之间存在的辩证统一关系进行了系统和全面的论证,得出金融排斥理论是普惠金融的理论渊源,而普惠金融是金融发展理论的时代前沿的结论。长期以来,金融排斥一直是金融发展过程中的重大缺陷,金融供给主体的技术不足,成本高企,"长尾"客户群体的自身素质不高等原因,使以追求利润最大化为目标的金融供给主体在经营管理中遵循"二八定律","长尾"客户群体的金融需求一直未能得到有效满足。随着互联网金融在中国异军突起,传统金融供给方式得以持续优化,为解决金融排斥、促进普惠金融发展提供了科学有效的方案。

在互联网金融时代,金融需求主体和金融供给主体都得到了发展和升级,金融需求主体不仅能够自主获取信息并决策、自主选择接受服务的时间,还具有更为复杂的认知和决策过程,并且更加注重服务质量与体验;而金融供给主体不仅能提供突破时空限制的金融产品和服务,还能够在很大程度上缓解信息不对称问题,有足够能力将"长尾"客户群体纳入重点服务对象的范畴。基于此,本书通过论述普惠金融的发展现状,以及互联网金融对普惠金融的促进作用,探索构建了基于互联网金融的普惠金融发展路径,并发现随着互联网金融的不断发展,金融排斥会逐渐削弱直至消除,而普惠金融在此过程中则得以发展为常态。另外,本书还认为,为了较好、较快地实现互联网金融的全面发展和普惠金融的全面普及,政府、金融供给主体和金融需求主体应该共同进步,互相促进,并提出了相关政策建议。

互联网金融以其交易成本低、方便快捷、没有时空限制等优势,降低了信息不对称程度,拓展了投融资渠道,提升了金融体系效率,为中国社会经济发展带来了积极推动作用。但理论研究的缺失使得互联网金融在发展过程中无法得到正确的指导,导致出现了一些影响社会和谐稳定的风险问题。基于此,本书通过分析和论述互联网金融对主流经济学所造成的冲击,不仅能够对互联网金融的发展提供一定的指导作用,同时也让社会公众、金融监管机构和中央银行等个人和机构能够正确认识和理解互联网金融。

## 二、展望

本书在借鉴主流经济学理论分析框架的基础上,研究了中国互联网金融的异军突起对主流经济学相关理论的影响和冲击。通过主流经济学理论自我发展和完善的内在逻辑和机制,本书论述了互联网金融时代主流经济学相关理论的局限性,并以此为出发点实现了主流经济学的与时俱进。因此,本书所做研究不仅对互联网金融的持续健康发展有一定的积极指导作用,同时还希望能够为中国特色社会主义经济学理论的完善和发展做出贡献。互联网金融作为一种新生的经济现象,它的发展速度很快且未来还有很大的发展空间。因此,主流经济学理论的发展要紧跟互联网金融实践的步伐,并为互联网金融的发展提供科学的指导。本书认为,针对互联网金融的主流经济学理论突破仍然可以从以下几个方面进一步深入研究。

### (一)数据确权问题

在本书的研究中,数据已成为互联网金融的重要生产要素,不仅不再受到主流经济学理论中资源稀缺性的约束,同时也为互联网金融带来边际产量递增、边际成本递减和边际利润递增等优势。目前,对于数据的使用权和所权仍然有很大争议,即用户在互联网金融平台上留下的数据是属于互联网金融平台还是属于用户。互联网金融平台通常会将用户在其平台上留下的数据视为该平台所产生的生产要素,因此该平台对这些数据具有所有权和使用权,可将这些数据直接投入运作过程。但是这些数据涉及在该互联网金融平台上的用户的行为信息、身份信息和社交信息等隐私,用户并不希望这些数据被其他人或机构发现和使用,因此用户会认为数据的所有权和使用权归用户所有。针对这一矛盾,虽然一些互联网金融平台会和用户达成不泄露用户隐私的协议,但这一问题在当前仍然具有相当的严重性。关于数据的确权问题,本书认为在未来会由国家或者相关权威组织进行解释和确定,因此关于数据作为互联网金融平台生产要素这一理论前提仍具有深入研究的价值。

### （二）互联网金融平台的数据"孤岛"现象严重

一般来说，数据"孤岛"包括两种形式，一是不同平台站在自身的角度定义数据，使得相同数据被赋予不同含义，加大了跨平台数据合作的沟通成本。例如，用户的购物数据在 P2P 网络借贷平台上可以用来构建用户风险评估模型，而在电子商务平台上则可以用来挖掘用户深层次需求以实现精准营销。二是数据在不同平台上相互独立存储，独立维护，彼此间相互孤立。这是数据在物理空间中的局限性，即便通过云计算技术使得不同互联网金融平台可将数据存储在云上，但不同平台的数据在云上仍然会被明确地分割开来。这两种形式的数据"孤岛"使得数据资源无法得到应有的整合，数据在互联网金融平台运作中的作用也得不到充分发挥。虽然由一些大平台牵头，联合了一部分中小平台组成了合作联盟，在该联盟内的平台都可以实现数据的互联互通，但这只是小范围的数据共享，仅仅是扩大了数据"孤岛"中的单元。为了实现数据作为生产要素的全部作用，在未来同样需要中国政府或者相关权威组织通过构建全国范围内的中央数据共享平台，以实现全部数据的互联互通。因此，数据的互联互通能够为互联网金融发展增添新的强大动能，具有进一步研究的价值。

### （三）针对数字货币的研究

电子货币随着互联网金融的迅速发展已逐渐被人们广泛认可和接受，成为影响货币需求、货币供给和货币政策的重要因素。实际上，除了电子货币，新生的数字货币同样也得到了充分的发展。数字货币以区块链作为底层技术支撑，依据特定算法计算而得到，通过点对点网络及其众多节点构成的分布式数据库来确认、广播和记录所有的交易行为，并使用密码学的设计来确保数字货币使用的安全性。数字货币与电子货币不同，电子货币只是传统货币的电子储存形式，而数字货币本身就是一种货币。数字货币相对于传统纸币优势明显，不仅能节省发行、流通中的成本，还能提高资金融通和交易结算的效率，增强社会经济活动的便利性和透明度。另外，若由中央银行发行数字货币，还可以提升中央银行对货币供给和货币流通的控制力,增强中央银行货币政策的有效性。2017 年 1 月 29 日,中国人民银行正式成立数字货币研究所;2019 年年底,央行法定数字货币已基本完成顶层设计、标准制定、功能研发、联调测试等工作;2020 年 4 月,中国人民银行披露准备发行名为 DCEP(Digital Currency Electronic Payment)的官方数字货币,并且已经开始在多地进行试用。种种迹象都表明中国人民银行对数字货币的高度重视。因此,数字货币必将成为互联网金融时代的下一个研究重点,更有可能将经济学的发展推向时代的前沿。

# 参考文献

[1] 保罗·萨缪尔森,威廉·诺德豪斯.经济学[M].萧琛,译.北京:人民邮电出版社,2008.

[2] 卢周来.穷人经济学[M].上海:上海文艺出版社,2002.

[3] 亚当·斯密.国富论[M].唐日松,等译.北京:华夏出版社,2005.

[4] Friedman M. The Role of Monetary Policy[J]. The American Ecomomic Review,1968,58(3):1-17.

[5] Cagen P. The Monetary Dynamics of Hyperinflation[M]. Chicago:University of Chicago Press,1956.

[6] 亚伯拉罕·马斯洛.动机与人格[M].许金声,等译.北京:中国人民大学出版社,2013.

[7] 徐晋.稀缺二元性与制度价值论——后古典经济学范式的理论架构[J].当代经济科学,2016,38(01):1-12,124.

[8] 杨春学.经济人的"再生":对一种新综合的探讨与辩护[J].经济研究,2005(11):22-33.

[9] 孟捷.经济人假设与马克思主义经济学[J].中国社会科学,2007(01):30-42,205.

[10] 路德维希·冯·米塞斯.人的行为[M].夏道平,译.上海:上海社会科学院出版社,2015.

[11] Friedman M. The Methodology of Positive Economics[G]. Essays in Economics. Chicago:University of Chicago Press,1966.

[12] 赫伯特·西蒙.现代决策理论的基石[M].杨砺,徐立,译.北京:北京经

济学院出版社,1989.

[13] Williamson O. E. Markets and Hierarchies：Analysis and Antitrust Implications[M]. New York：Free Press，1975.

[14] 朱富强."经济人"分析范式内含的理性悖论——长远利益、为己利他与行为理性的理解[J].上海财经大学学报,2012,14(04):10-17.

[15] 托马斯·塞缪尔·库恩.科学革命的结构[M].李宝恒,纪树立,译.上海:上海科学技术出版社,1980.

[16] 伊姆雷·拉卡托斯.科学研究纲领方法论[M].兰征,译.上海:上海译文出版社,1986.

[17] 陈华,高艳兰.西方传统经济学:演化、面临的危机及其革命[J].经济学家,2013(03):100-104.

[18] 马涛.西方传统经济学的范式结构及其演变[J].中国社会科学,2014(10):41-61,206.

[19] 吴承明.经济学理论与经济史研究[J].经济研究,1995(04):3-9.

[20] 高鸿业.20世纪西方微观和宏观经济学的发展[J].中国人民大学学报,2000(01):4-11.

[21] 陈璋,万光彩.范式之争、中国经验与宏观经济理论创新[J].经济学家,2008(05):31-38.

[22] 程恩富,胡乐明.经济学方法论:马克思、西方主流与多学科视角[M].上海:上海财经大学出版社,2002.

[23] 朱富强.经济学中的"经济人":内涵演变及其缺陷审视[J].财经研究,2009(04):72-83.

[24] 高德步.经济史与经济学[J].经济学家,1998(05):75-79,128.

[25] 张斌.西方传统经济学的哲学基础与方法论特征[J].经济科学,1998(05):100-108.

[26] 大卫·李嘉图.政治经济学及赋税原理[M].郭大力,王亚南,译.北京:商务印书馆,1976.

［27］阿尔弗雷德·马歇尔. 经济学原理［M］. 朱志泰,陈良璧,译. 北京:商务印书馆,2005.

［28］卡尔·门格尔. 国民经济学原理［M］. 刘絜敖,译. 上海:上海世纪出版集团,2005.

［29］斯坦利·杰文斯. 政治经济学理论［M］. 郭大力,译. 北京:商务印书馆,2012.

［30］里昂·瓦尔拉斯. 纯粹经济学要义［M］. 蔡受百,译. 北京:商务印书馆,2013.

［31］Keynes J. M. The General Theory of Employment, Interest and Money ［M］. London: Macmillan, 1976.

［32］Friedman M. The Quantity Theory of Money: A Restatement, in Studies in the Quantity Theory of Money［M］. Chicago: University of Chicago Press, 1956.

［33］Economides N. Network Economics with Application to Finance［J］. Financial Markets, Institutions & Instruments, 1993, 2(5): 89 - 97.

［34］McKnight L. W. , Bailey J. P. Internet Economics［M］. Cambridge: The MIT Press, 1998.

［35］Mishkin F. S. , Strahan P. E. What Will Technology Do to Financial Structure? ［J］. NBER Working Paper, 1999(1), No. 6892.

［36］Prinz A. Money in the Real and the Virtual World: E-money, C-money and the Demand for Cb-money［J］. Netnomics, 1999(1): 11 - 35.

［37］Friedman B. M. The Future of Monetary Policy［J］. International Finance, 1999, 2(3): 321 - 338.

［38］Friedman B. M. Decoupling at the Margin: the Threat to Monetary Policy from the Electronic Revolution in Banking［J］. International Finance, 2000, 3(2): 261 - 272.

［39］Economides N. The Impact of the Internet on Financial Markets［J］.

Journal of Financial Transformation，2001，1(1)：8 – 13.

[40] Gu B. and Hitt L. M. Transaction Costs and Market Efficiency[C]. Proceedings of the ICIS. 2001：85 – 96.

[41] Allen N. ，BergerRobert，DeYoung. The Effects of Geographic Expansion on Bank Efficiency[J]. Journal of Financial Services Research，2001(19)：163 – 184.

[42] Banks E. E-Finance：The Electronic Revolution in Financial Services [M]. New York：John Wiley& Sons Press，2001.

[43] Dieter H. Internet PR[M]. Besonderheiten der PR im Netz. Berlin，2001.

[44] Sato S. and Hawkins J. Electronic Finance：An Overview of the Issues [C]. BIS Papers Chapters，2001：1 – 12.

[45] Allen F. E-Finance：An Introduction[J]. Journal of Financial Services Research，2002，22(2)：5 – 27.

[46] Keldon，Bauer，Scott E. ，Hein. The Effect of Heterogeneous Risk on the Early Adoption of Internet Banking Technologies[J]. Journal of Banking & Finance，2006，30(6)：1713 – 1725.

[47] DeYoung R. ，Lang W. W. ，Nolle D. E. How the Internet Affects Output and Performance at Community Banks[J]. Journal of Banking & Finance，2007，31(4)：1033 – 1060.

[48] Shahrokhi M. E-finance：Status，Innovations，Resources and Future Challenges[J]. Manangerial Finance. 2008，34(6)：365 – 398.

[49] Hernández-Murillo R. ，Llobet G. ，Fuentes R. Strategic Online Banking Adoption[J]. Journal of Banking & Finance，2010，34(7)：1650 – 1663.

[50] Arnold I. ，Ewijka S. Can Pure Play Internet Banking Survive the Credit Crisis? [J]. Journal of Banking & Finance，2011，35(4)：

783 - 793.

[51] Seuken S. , Zilberstein S. Improved Memory-Bounded Dynamic Programming for Decentralized POMDPs[J]. Co RR, 2012(5): 3 - 35.

[52] Fonté E. F. Mobile Payments in the United States: How Disintermediation May Affect Delivery of Payment Functions, Financial Inclusion and Anti-Money Laundering Issues[J]. Washington Journal of Law, Technology & Arts, 2013(8): 419 - 456.

[53] Pemlhatur A. K. Clicks and Bricks: E-risk Management for Banks in the Age of the Internet[J]. Journal of Banking & Finance, 2001, 25 (40): 143 - 165.

[54] Klaff M. Online Peer-to-Peer Lending: A Lenders' Perspective[R]. Proceedings of the International Conference on E-Learning, E-Business, Enterprise Information Systems, and E-Government, CSREA Press, Las Vegas, 2008: 371 - 375.

[55] Singha H. , Gopalb R. , Lib X. Risk and Return of Investments in Online Peer-to-Peer Lending[R]. University of Texas. 2008: 1 - 5.

[56] Mann R. J. Regulating Internet Payment Intermediaries[J]. Texas Law Review, 2004(3): 681 - 716.

[57] Sullivan R. J. How Has the Adoption of Internet Banking Affected Performance and Risk in Banks? [J]. Financial Industry Perspectives, 2000(12): 1 - 16.

[58] Verstein A. The Misregulation of Person-to-Person Lending[J]. U. C. Davis Law Review, 2001(45): 445 - 530.

[59] Akindemowo E. Recalibrating Abstract Payments Regulatory Policy: A Retrospective Post Dodd-Frank Act[J]. Kanasa Journal of Law and Public Policy, 2011, 21(1): 86 - 120.

[60] Claxton N. Note Progress, Privacy, Preemption: A Study of the

Regulatory History of Stored-Value Cards in the United States and the European Union [J]. Arizona Journal of International & Comparative Law，2011(2)：501－538.

[61] 谢平. 互联网金融的现实与未来[J]. 新金融，2014(4)：4－8.

[62] 贾甫，冯科. 当金融互联网遇上互联网金融：替代还是融合[J]. 上海金融，2014(02)：30－35，116.

[63] 龚明华. 互联网金融：特点，影响与风险防范[J]. 新金融，2014(2)：8－10.

[64] 吴晓求. 中国金融的深度变革与互联网金融[J]. 财贸经济，2014(1)：14－23.

[65] 陈志武. 互联网金融到底有多新[J]. 新金融，2014(4)：9－13.

[66] 刘澜飚，沈鑫，郭步超. 互联网金融发展及其对传统金融模式的影响探讨[J]. 经济学动态，2013(08)：73－83.

[67] 宫晓林. 互联网金融模式及对传统银行业的影响[J]. 南方金融，2013(5)：86－88.

[68] 郑联盛. 中国互联网金融：模式，影响，本质与风险[J]. 国际经济评论，2014(5)：103－118.

[69] 谢平，邹传伟，刘海二. 互联网金融的基础理论[J]. 金融研究，2015(08)：1－12.

[70] 霍兵，张延良. 互联网金融发展的驱动因素和策略——基于长尾理论视角[J]. 宏观经济研究，2015(02)：86－93，108.

[71] 李继尊. 关于互联网金融的思考[J]. 管理世界，2015(07)：1－7，16.

[72] 皮天雷，赵铁. 互联网金融：逻辑、比较与机制[J]. 中国经济问题，2014，56(04)：98－108.

[73] 邹积超. 互联网金融竞争秩序的规制策略——基于双边市场理论的分析[J]. 经济体制改革，2015，33(02)：178－182.

[74] 李凌. 平台经济发展与政府管制模式变革[J]. 经济学家，2015，27(07)：

27 - 34.

[75] 汪桥红.基于超网络模型的互联网金融产业生态化发展研究[J].湖南科技大学学报社会科学版,2015,17(06):97 - 102.

[76] 王馨.互联网金融助解"长尾"小微企业融资难问题研究[J].金融研究,2015(09):128 - 139.

[77] 黄建康,赵宗瑜.互联网金融发展对商业银行的影响及对策研究——基于价值体系的视域[J].理论学刊,2016(01):61 - 68.

[78] 尹龙.电子货币对中央银行的影响[J].金融研究,2000(04):34 - 41.

[79] 赵家敏.论电子货币对货币政策的影响[J].国际金融研究,2000(11):19 - 24.

[80] 谢平,尹龙.网络经济下的金融理论与金融治理[J].经济研究,2001(04):24 - 31,95.

[81] 张红,陈洁.电子货币发展给宏观调控带来的新挑战[J].财贸经济,2003(08):65 - 67.

[82] 周光友.电子货币发展对货币流通速度的影响——基于协整的实证研究[J].经济学(季刊),2006(03):1219 - 1234.

[83] 杨力.试论金融全球化条件下的网络金融发展对货币政策的影响[J].世界经济研究,2007(03):29 - 34,88.

[84] 贾丽平.网络虚拟货币对货币供求的影响及效应分析[J].国际金融研究,2009(08):38 - 46.

[85] 谢平,刘海二.ICT、移动支付与电子货币[J].金融研究,2013(10):1 - 14.

[86] 周光友,施怡波.互联网金融发展、电子货币替代与预防性货币需求[J].金融研究,2015(05):67 - 82.

[87] 黄诚,李纯安.电子货币的本质与网络经济条件下的金融制度创新[J].经济科学,2000(02):49 - 55.

[88] 尹龙.货币性质的再认识与货币供给理论的发展[J].金融研究,2002(01):55 - 62.

[89] 李东荣. 中国电子现金发展相关问题研究[J]. 金融研究,2014(03):1-10.

[90] 周光友. 电子货币发展对货币乘数影响的实证研究[J]. 数量经济技术经济研究,2007(05):98-107.

[91] 刘澜飚,齐炎龙,张靖佳. 互联网金融对货币政策有效性的影响——基于微观银行学框架的经济学分析[J]. 财贸经济,2016(01):61-73.

[92] 谢平,尹龙. 网络经济下的金融理论与金融治理[J]. 经济研究,2001(04):24-31,95.

[93] 刘林,朱孟楠. 货币供给、广义货币流通速度与物价水平——基于非线性LSTVAR模型对中国数据的实证研究[J]. 国际金融研究,2013(10):20-32.

[94] 周光友. 电子货币对货币流动性影响的实证研究[J]. 财贸经济,2010(07):13-18,88,136.

[95] Bernoulli D. Exposition of a New Theory on the Measurement of Risk [J]. Econometrics, 1954, 22(1): 23-36.

[96] Galiani F. On Money [M]. Cambridge: Harvard University Press, 1965.

[97] Anderson J. Observations on the Means of Exciting a Spirit of National Industry; Chiefly Intended to Promote the Agriculture, Commerce, Manufactures, and Fisheries of Scotland[M]. Edinburgh: T. Cadell-C. Elliot, 1777.

[98] West E. Essay on the Application of Capital to Land[M]. London: T. Underwood, 1815.

[99] 托马斯·马尔萨斯. 论谷物法的影响 地租的性质与发展[M]. 何宁,译. 北京:商务印书馆,1962.

[100] 大卫·李嘉图. 政治经济学及赋税原理[M]. 郭大力,王亚南,译. 北京:商务印书馆,1972.

[101] 约翰·杜能. 孤立国同农业和国民经济的关系[M]. 吴衡康,译. 北京:

商务印书馆,1986.

[102] Longfield S. M. Lecture on the Political Economy [M]. London：Hard Press，1931.

[103] Cournot A. A. Researches into the Mathematical Principles of the Theory of Wealth [J]. Competition Policy International，2008，4(1)：283 – 305.

[104] Gossen H. H. The Laws of Human Relations and the Rules of Human Action Derived Therefrom [M]. Cambridge：The MIT Press，1983.

[105] 斯坦利·杰文斯. 政治经济学理论[M]. 郭大力,译. 北京:商务印书馆,2012.

[106] 卡尔·门格尔. 国民经济学原理[M]. 刘絜敖. 译. 上海:上海人民出版社,2013.

[107] 里昂·瓦尔拉斯. 纯粹经济学要义[M]. 蔡受百,译. 北京:商务印书馆,2013.

[108] 弗里德利希·冯·维塞尔. 社会经济学[M]. 张旭昆,等译. 杭州:浙江大学出版社,2012.

[109] 欧根·冯·庞巴维克. 资本实证论[M]. 陈端,译. 北京:商务印书馆,1964.

[110] Edgeworth F. Y. Mathematical Psychics：An Essay on the Application of Mathematics to the Moral Sciences[M]. London：C. Kegan Paul & CO. , 1 Paternoster Square，1881.

[111] Wicksteed P. H. An Essay on the Co-ordination of the Laws of Distribution[M]. London：London School of Economics，1932.

[112] Pareto V. Cours d'Economie Politique [J]. Political Science Quarterly，1896，11(4)：750 – 751.

[113] 约翰·贝茨·克拉克. 财富的分配[M]. 王威,译. 北京:人民日报出版社,2010.

[114] 克努特·威克赛尔. 国民经济学讲义[M]. 刘絜敖, 译. 上海: 上海译文出版社, 1983.

[115] 莱昂纳尔·罗宾斯. 经济科学的性质与意义[M]. 朱泱, 译. 北京: 商务印书馆, 2000.

[116] 威廉·配第. 赋税论[M]. 陈冬野, 等译. 北京: 商务印书馆, 1978.

[117] 马克思. 资本论: 第1卷[M]. 中共中央马克思恩格斯列宁斯大林著作编译局, 译. 北京: 人民出版社, 2004.

[118] 杰里米·边沁. 论道德与立法的原则[M]. 程立显, 宇文利, 译. 西安: 陕西人民出版社, 2009.

[119] Rochet J. C. and Tirole J. Two-sided Markets: an Overview[R]. IDEI Working Paper, 2004.

[120] Coase R. H. The Problem of Social Cost[J]. Journal of Law and Economics, 1960(3): 1-44.

[121] Armstrong M. Competition in Two-sided Markets[J]. Journal of Economics, 2006, 37(3): 668-691.

[122] Katz M. L., Shapiro C. Network Extemalitis, Competition, and Compatibility[J]. American Economic Review, 1985, 75(3): 424-440.

[123] Rochet J. C., Tirole J. Platform Competition in Two-Sided Markets[J]. Journal of European Econornic Association, 2003(1): 990-1029.

[124] Evans D. S. The Antitrust Economics of Multi-Sided Platform Markets[J]. Yale Journal on Regrelation, 2003b(20): 325-381.

[125] 林勇汉. 科技中介基本业务运作问题研究[D]. 上海交通大学管理学院, 2003.

[126] Evans D. S., Schmalensee R. The Industrial Organization of Markets with Two-sided Platforms[R]. NBER Working Paper, 2005.

[127] Hagiu A. Two-Sided Platforms: Pricing and Social Efficiency[EB]. IDEI, 2005.

[128] Pigou A. C. The Economics of Welfare[M]. London: Macmillan, 1920.

[129] Scitovsky T. Two Concepts Of External Economics[J]. Journal of Economy, 1954(62): 143 - 151.

[130] Parker G. and Alstyne M. V. Unbundling in the Presence of Network Externatities, Information Complements, Substitutes and Strategic Product Design[EB]. Mimeo, Tulane University, 2002.

[131] Bensaid B. , Lesne J. P. Dynamic Monopoly Pricing with Network Externailities[J]. International Journal of Industrial Organization, 1996, 14(6): 837 - 856.

[132] Ambrus A. , Argenziano R. Pricing on Markets with Network Externalities and Coalitionally Rational Consumers[EB]. Working paper, Harward University, 2003.

[133] Farrell J. , Saloner G. Converters, Compatibility and the Control of Interfaces [J]. Journal of Economic of Industrial Economics, 1992 (40): 55 - 83.

[134] Katz M. L. , Shapiro C. Product Introduction with Network Externalities[J]. Journal of Industrial Economics, 1992, 40(1): 55 - 83.

[135] Choi J. P. Network Externalities, Compatibility Choice and Planned Obslescence[J]. Journal of Industrial Economics, 1994 (41): 167 - 182.

[136] Choi J. P. The Provision of(Two-way) Converters in the Transition Process to a New Incompatible Technology [J]. The Journal of Industrial Economics, 1997, 45(2): 139 - 152.

［137］Palma A. D. , Leruth L. Variable Willingness to Pay for Network Externalities with Strategic Standardization Decisions［J］. European Journal of Political Economy，1996(12)：235－251.

［138］Economides N. , Flyer F. Compatibility and Market Structure for Network Goods［EB/OL］. Leonard N. Stern School of Business，New York University，Department of Economics Working Paper Series EC－98－02，1997.

［139］Baake P. , Boom A. Vertical Product Differentiation，Network Externalities，and Compatibility Decisions［J］. International Journal of Industrial Organization，2001，19(1)：267－284.

［140］Saloner G. , Shepard A. Adoption of Technologies with Network Externalities：An Empirical Examination of the Adoption of Automated Teller Machines［J］. Mimeo，1991(1146)：1－29.

［141］Katz M. L. , Shapiro C. Technology Adoption in the Presence of Network Externalities［J］. Journal of Political Economy，1986(94)：822－841.

［142］Katz M. L. , Shapiro C. Systems Competition and Network Effects［J］. Journal of Economic Perspectives，1994(8)：93－125.

［143］Caillaud B. , Jullien B. Chicken & Egg：Competition Among Intermediation Service Providers［J］. Rand Journal of Economics，2002(24)：309－328.

［144］Porter E. M. Competitive Strategy［M］. New York：The Free Press/Macmillan，1980.

［145］Wright J. Access Pricing under Competition：An Application to Cellular Networks［EB］. Mimeo，University of Auckland，2002a.

［146］Gabszewicz J. , Wauthy X. Two-sided Markets and Price Competition with Multihoming［EB］. IDEL，2004.

[147] Evans D. S. Some Empirical Aspects of Multi-sided Platform Industries[J]. Review of Network Economics，2003a，2(3)：191 - 209.

[148] Rysman M. Competition Between Networks：A Study of the Market for Yellow Pages[EB]. Review of Economic Studies，Mimeo，Boston University，2002.

[149] Wright J.，Kaiser U. Price Sturcture in Two-sided Markets：Evidence the Magazine Industry[EB]. IDEI，2004.

[150] Doganoglu T.，Weight J. Multihoming and Compatibility [J]. International Journal of Industrial Organization，2006(24)：45 - 67.

[151] 胥莉. 互联互通与国际化竞争——金融开放条件下中国银行卡产业发展机理研究[D]. 上海交通大学，2005.

[152] 王起静. 展览产品定价模型及价格影响因素研究——基于双边市场理论视角[J]. 经济管理，2007(16)：26 - 30.

[153] 陈赤平，李艳. 基于双边市场理论的 CA 产业定价策略的研究[J]. 求索，2008(11)：23 - 25.

[154] 吕魁. 有线电视入网费定价模型及影响因素分析——基于双边市场理论[J]. 西安电子科技大学学报(社会科学版)，2009，19(01)：85 - 89.

[155] 程贵孙，李银秀. 具有负网络外部性的媒体平台双边定价策略[J]. 山西财经大学学报，2009，31(04)：7 - 13.

[156] 龚亮. 第三方 B2B 电子商务平台定价研究——基于双边市场理论[J]. 北方经贸，2008(08)：51 - 53.

[157] 曹俊浩，陈宏民，胥莉. 基于网络外部性的电子商务企业纵向差异垄断定价策略[J]. 上海交通大学学报，2008(09)：1557 - 1560.

[158] 胥莉，陈宏民. 银行卡定价理论的新发展——兼论对中国银行卡 POS 交易价格形成机制的启示[J]. 中国工业经济，2006(06)：22 - 29.

[159] 胥莉，陈宏民，潘小军. 具有双边市场特征的产业中厂商定价策略研究

[J]. 管理科学学报，2009，12(05)：10－17.

[160] Rochet J. C., Tirole J. Two-sided Markets：A Progress Report[J]. Journal of Economics，2006，37(3)：645－667.

[161] Hotelling H. Stability in Competition[J]. The Economic Journal，1929，39(153)：41－57

[162] BIS. Risk Management for Electronic Banking and Electronic Money Activities，Basle Committee on Banking Supervision，Working Paper，1998.

[163] 印文，裴平. 电子货币的货币供给创造机制与规模[J]. 国际金融研究，2016(12)：3－12.

[164] Fisher P. The Purchasing Power of Money [M]. New York：Macmillan，1911.

[165] Pigou A. C. The Value of Money[J]. Quarterly Journal of Economics，1917，32(1)：38—65.

[166] 约翰·凯恩斯. 就业、利息和货币通论[M]. 李欣全，译. 北京：北京联合出版公司，2015.

[167] Baumol W. J. The Transactions Demand for Cash：An Inventory Theoretic Approach[J]. Quarterly Journal of Economics，1952，66(4)：545－556.

[168] Tobin J. The Interest-elasticity of Transactions Demand for Cash[J]. Review of Economics and Statistics，1956，38(2)：241－247.

[169] Romer D. A Simple General Equilibrium Version of the Baumol-Tobin Model[J]. Quarterly Journal of Economics，1986，101(4)：663－685.

[170] Clower R. W. A Reconsideration of the Microfoundations of Monetary Theory[J]. Western Economic Journal，1967，6(1)：1－8.

[171] Lucas R. E. Equilibrium in a Pure Currency Economy [J]. Economic

Inquiry，1980,18(2)：203—220.

[172] Whalen E. L. A Rationalization of the Precautionary Demand for Cash [J]. Quarterly Journal of Economics，1966，80(2)：314 - 324.

[173] Sprenkle C. M. ，Miller M. H. The Precautionary Demand for Narrow and Broad Money[J]. Economica，1980，47(188)：407 - 421.

[174] Goodhart C. ，Currie D. ，Llewellyn D. T. The Operation and Regulation of Financial Markets[M]. London：The Macmillan Press LTD，1987.

[175] Tobin J. Liquidity Preference as Behavior toward Risk[J]. Review of Economic Studies，1958，25(2)：65 - 86.

[176] Ando A. ，Modigliani F. Some Reflections on Describing Structures of Financial Sectors[M]. New York：American Elsevier，Amsterdam and Oxford：North-Holland，1975.

[177] Fischer S. Towards an Understanding of the Costs of Inflation [J]. Carnegie-Rochester Conference on Public Policy，1981(15)：5 - 41.

[178] Hicks J. R. Mr. Keynes and the "Classics" A Suggested Interpretation [J]. Econometrica，1937，5(2)：147 - 159.

[179] 劳伦斯·哈里斯. 货币理论[M]. 梁小民，译. 北京：商务印书馆，2017.

[180] Andersen L. C. ，Jordan J. L. Monetary And Fiscal Actions：A Test of Their Relative Importance In Economic Stabilisation[J]. Federal Reserve Bank of St. Louis Review，1968(50)：11 - 21.

[181] Meigs A. J. Free Reserves and the Money Supply[M]. University of Chicago Press，1962.

[182] 范从来. 论货币政策中间目标的选择[J]. 金融研究，2004(06)：123 - 129.

[183] 刘明志. 货币供应量和利率作为货币政策中介目标的适用性[J]. 金融研究，2006(01)：51 - 63.

[184] 何问陶,刘朝阳. 货币供应量作为中国货币政策中介目标的实证研究 [J]. 西南金融,2007(02):24-25.

[185] 夏斌,廖强. 货币供应量已不宜作为当前中国货币政策的中介目标[J]. 经济研究,2001(08):33-43.

[186] 庞贞燕,王桓. 支付体系与货币和货币政策基本关系研究[J]. 金融研究,2009(03):97-105.

[187] 郭红兵,陈平. 中国货币政策的工具规则和目标规则——"多工具,多目标"背景下的一个比较实证研究[J]. 金融研究,2012(08):29-43.

[188] 黄达. 金融学[M]. 3 版. 北京:中国人民大学出版社,2012.

[189] Poole W. Optimal Choice of Monetary Policy Instrument in a Simple Stochastic Macro Model[J]. Quarterly Journal of Economics,1970, 84(2):197-216.

[190] Taylor J. B. Discretion versus Policy Rules in Practice [J]. Carnegie-Rochester Conferences Series on Public Policy,1993(39):195 - 214.

[191] Taylor J. B. Macroeconomic Policy in a World Economy:From Econometric Design to Pratical Operation[M]. New York:W. W. Norton,1993.

[192] Clarida R.,Gali J.,Gertler M. Monetary Policy Rules in Practice: Some International Evidence[J]. European Economic Review,1998, 42(6):1033-1067.

[193] Batini N.,Haldane A. G. Forward-Looking Rules for Monetary Policy[R]. NBER Working Paper,1999:157-201.

[194] Judd J.,Rudebusch G. Taylor's Rule and the Fed:1970—1997[J]. FBR of San Francisco,Economic Review,1998(3):3-16.

[195] Clarida R.,Gali J.,Gertler M. Monetary Policy Rules and Macroeconomic Stability:Evidence and Some Theory[J]. Quarterly Journal of Economics,2000,115(1):147-180.

[196] Williams J. C. Simple Rules for Monetary Policy[R]. Finance and Economics Discussion Series, Federal Reserve Board, Working Paper, 1999.

[197] 谢平,罗雄. 泰勒规则及其在中国货币政策中的检验[J]. 经济研究, 2002,48(03):3-12,92.

[198] 卞志村. 泰勒规则的实证问题及在中国的检验[J]. 金融研究,2006,49 (08):56-69.

[199] 张屹山,张代强. 前瞻性货币政策反应函数在中国货币政策中的检验 [J]. 经济研究,2007,53(03):20-32.

[200] 陈创练,郑挺国,姚树洁. 时变参数泰勒规则及中央银行货币政策取向 研究[J]. 经济研究,2016,62(08):43-56.

[201] 陆军,钟丹. 泰勒规则在中国的协整检验[J]. 经济研究,2003,49(08): 76-85,93.

[202] 中国人民银行营业管理部课题组,杨国中,姜再勇,刘宁. 非线性泰勒规 则在中国货币政策操作中的实证研究[J]. 金融研究,2009,52(12): 30-44.

[203] 郑挺国,刘金全. 区制转移形式的"泰勒规则"及其在中国货币政策中的 应用[J]. 经济研究,2010,56(03):40-52.

[204] 刁节文,章虎. 基于金融形势指数对中国货币政策效果非线性的实证研 究[J]. 金融研究,2012,55(04):32-44.

[205] 周子衡. 金融管制的确立及其变革[M]. 上海:上海三联出版社,2005.

[206] 周道许. 现代金融监管体制研究[M]. 北京:中国金融出版社,2000.

[207] 王广谦. 中央银行学[M]. 北京:高等教育出版社,1999.

[208] 白钦先,张荔. 发达国家金融监管比较研究[M]. 北京:中国金融出版 社,2003.

[209] 孔祥毅. 百年金融制度与金融协调[M]. 北京:中国社会科学出版社, 2002.

［210］魏伙智. 中国金融监管概论［M］. 西安：陕西人民出版社，1994.

［211］骆玉鼎. 信用经济中的金融控制［M］. 上海：上海财经大学出版社，2000.

［212］Diamond D. W. , Dybvig P. H. Bank Runs，Deposit Insurance and Liquidity［J］，Journal of Political Economy，1983(3)：401 - 419.

［213］Goodhart C. , Hartmann P. , Llewellyn D. T. Financial Regulation：Why，How and Where Now? ［J］. Bank of England，1997.

［214］Posner R. A. Theories of Economic Regulation［J］. The Bell Journal of Economics and Management，1974(5)：335 - 358.

［215］Spierings R. Reflections on the Regulation of Financial Intermediaries ［J］. Kyklos，1990 (43)：91 - 109.

［216］Stigler G. J. The Theory of Economic Regulation［J］. The Bell Journal of Economics and Management，1971(2)：3 - 21.

［217］Minsky H. P. Can "It" Happen Again? Essays on Instability and Finance［J］. Journal of Economic Issues，1982(4)：1260 - 1262.

［218］Friedman M. , Schwartz A. J. Has the Government Any Role in Money? ［J］. Journal of Monetary Economics，1986(17)：37 - 62.

［219］Kaufman G. G. Bank Failures，Systemic Risk and Bank Regulation ［J］. CATO，1996(16)：17 - 45.

［220］黄金老. 金融自由化与金融脆弱性［M］. 北京：中国城市出版社，2001.

［221］江其务. 论加入 WTO 后的中国金融发展问题［J］. 财贸经济，2002(11)：5 - 12.

［222］William J. , Reid，Audrey D. , Smith，Anderson C. Research in Social Work［M］. New York：Columbia University Press，1981.

［223］Tullock G. The Welf are Costs of Tariffs，Monopolies，and Theft ［J］. Western Economic Journal，1967(5)：224 - 232.

［224］Krueger A. O. The Political Economy of Rent-Seeking Society［J］.

American Economic Review，1974，64(3)：291 - 303.

[225] Tollison R. D.，Wagner R. E. Romance，Realism，and Economic Reform[J]. KYKLOS，1991(44)：57 - 70.

[226] 陆磊. 信息结构、利益集团与公共政策：当前金融监管制度选择中的理论问题[J]. 经济研究，2000(12)：3 - 10,75 - 76.

[227] Kane E. J. Impact of Regulation on Economic Behavior[J]. Journal of Money，Credit，and Banking. 1981(9)：355 - 367.

[228] Kane E. J. A Six-Point Program for Deposit - Insurance Reform [J]. Housing Finance Review，1983(7)：269 - 278.

[229] Kane E. J. Principal-Agent Problem in S&L Salvage[J]. Journal of Finance，1990(45)：755 - 764.

[230] Keeley M. C. Deposit Insurance，Risk，and Market Power in Banking [J]. American Economic Review，1990(80)：1182 - 1200.

[231] Hellmann T. F.，Murdock K. C.，Stiglitz J. E. Liberalization，Moral Hazard in Banking，and Prudential Regulation：Are Capital Requirement Enough? [J]. American Economic Review，2000(9)：147 - 165.

[232] Crockett A. Marrying the Micro and Macroprudential Dmensions of Financial Stability[R]. BIS Speeches，2000，21.

[233] Crockett A. Market Discipline and Financial Stability[J]. Journal of Banking & Finance，2000，26(5)：977 - 987.

[234] 罗纳德·麦金农. 经济发展中的货币与资本[M]. 卢骢，译. 上海：上海三联书店，1988.

[235] 罗纳德·麦金农. 经济市场化的次序——向市场经济过渡时期的金融控制[M]. 周庭煜，尹翔硕，陈中亚，译. 上海：上海人民出版社，1997.

[236] Minsky H. The Financial Instability Hypothesis："Capitalist Process and the Behavior of the Economy" In Financial Cries：Theory and

Policy[M]. Cambridge：Cambridge University Press，1982.

[237] 古皮塔. 金融自由化的经验[M]. 申海波，陈莉，译. 上海：上海财经大学出版社，2002.

[238] 钱颖一，青木昌彦. 转轨经济中的公司治理结构——内部人控制和银行的作用[M]. 北京：中国经济出版社，1994.

[239] 高峰. 国际金融监管发展的新趋势及对我国的启示[J]. 中央财经大学学报，2001(07)：17 - 21，46.

[240] 陈建华. 中国金融监管模式选择[M]. 北京：中国金融出版社，2001.

[241] 刘崇明. 金融监管热点问题研究[M]. 北京：中国金融出版社，2002.

[242] 王鹤立. 我国金融混业经营前景研究[J]. 金融研究，2008(09)：188 - 197.

[243] 曾康霖，虞群娥. 辩证地看待银行业的分业经营与混业经营[J]. 金融研究，2003(07)：68 - 72.

[244] 谢平，蔡浩仪. 金融经营模式及监管体制研究[M]. 北京：中国金融出版社，2003.

[245] 钱小安. 建立中国统一的金融监管体制的构想[J]. 财经科学，2002(01)：6 - 12.

[246] 肖春海. 金融业混业经营条件下的金融监管[M]. 北京：中国财政经济出版社，2003.

[247] 廖凡. 竞争、冲突与协调——金融混业监管模式的选择[J]. 北京大学学报(哲学社会科学版)，2008(03)：109 - 115.

[248] 李成，马国校，李佳. 基于进化博弈论对我国金融监管协调机制的解读[J]. 金融研究，2009(05)：186 - 193.

[249] 韩嫄. 对我国银行业分业与混业经营的一些思考[J]. 中央财经大学学报，2000(12)：39 - 43.

[250] 梁红光. 金融控股公司：分业经营向混业经营过渡的现实选择[J]. 中央财经大学学报，2001(12)：35 - 38.

[251] 王曼怡,薛路遥.基于信息熵的我国银行同业业务流动性风险研究[J].
国际经济合作,2015(12):83-86.

[252] Crockett A. The Theory and Practice of Financial Stability[J]. De
Economist,1996,144(4):532-564.

[253] 吴晓求.互联网金融:成长的逻辑[J].财贸经济,2015(02):5-15.

[254] 周娟.互联网金融:现状、风险及对策[J].当代经济,2015(12):11-13.

[255] 许雯.互联网金融的风险及其防范研究[D].中共中央党校,2015.

[256] 中国人民银行济南分行课题组,王宝刚,荆伟.我国互联网金融监管的
法律规制研究[J].金融发展研究,2014(10):45-50.

[257] 李娜.互联网金融风险及监管措施探讨[J].金融经济,2014(14):42-44.

[258] 郝文正.P2P网络借贷风险形成机理及其监管思路研究[D].上海社会
科学院,2014.

[259] 姚国章,赵刚.互联网金融及其风险研究[J].南京邮电大学学报(自然
科学版),2015,35(02):8-21.

[260] 牛丰,杨立.基于博弈理论的P2P借贷信用风险产生机制分析[J].财务
与金融,2016(01):1-6.

[261] 王汉君.互联网金融的风险挑战[J].中国金融,2013(24):54-55.

[262] 刘志洋,汤珂.互联网金融的风险本质与风险管理[J].探索与争鸣,
2014(11):65-69.

[263] 徐争荣,林清泉,卜静.互联网金融流动性风险分析——基于银行挤兑
模型与大数定律视角[J].现代管理科学,2016(02):93-95.

[264] 许荣,刘洋,文武健,徐昭.互联网金融的潜在风险研究[J].金融监管研
究,2014(03):40-56.

[265] 刘峰.互联网金融的发展理论及风险分析[J].现代经济信息,2015
(04):319-321.

[266] 杨群华.我国互联网金融的特殊风险及防范研究[J].金融科技时代,
2013,21(07):100-103.

[267] 魏鹏.中国互联网金融的风险与监管研究[J].金融论坛,2014,19(07)：3-9,16.

[268] 李真.互联网金融体系:本质、风险与法律监管进路[J].经济与管理,2014,28(05):51-57.

[269] 俞林,康灿华,王龙.互联网金融监管博弈研究:以P2P网贷模式为例[J].南开经济研究,2015(05):126-139.

[270] 杨彪,李冀申.第三方支付的宏观经济风险及宏观审慎监管[J].财经科学,2012(04):44-52.

[271] 陈兆航.P2P网贷平台的法律风险及防范[J].全国商情(理论研究),2013(21):83-85.

[272] 沈晓晖,李继尊,冯晓岚.互联网金融的监管思路[J].中国金融,2014(08):43-44.

[273] 袁新峰.关于当前互联网金融征信发展的思考[J].征信,2014,32(01):39-42.

[274] 赵春兰.我国互联网金融的业态风险及法律防范制度构建[J].社会科学战线,2015(10):224-231.

[275] 王锦虹.基于逆向选择的互联网金融P2P模式风险防范研究[J].财经问题研究,2015(05):61-68.

[276] 屈援,李安.互联网金融的风险特征、监管原则与监管路径[J].学术交流,2014(08):137-141.

[277] 张晓朴.互联网金融监管的原则:探索新金融监管范式[J].金融监管研究,2014(02):6-17.

[278] 苗永旺.互联网金融有效监管原则探讨[J].金融会计,2015(05):20-24.

[279] 朱绩新,章力,章亮亮.第三方支付监管的国际经验及其启示[J].中国金融,2010(12):32-33.

[280] 翟伟丽.大数据时代的金融体系重构与资本市场变革[J].证券市场导报,2014(02):47-50,60.

[281] 陈秀梅. 论我国互联网金融市场信用风险管理体系的构建[J]. 宏观经济研究,2014(10):122-126.

[282] 郑重. 互联网金融的影响与风险防范研究[J]. 金融经济,2015(24):134-136.

[283] 王国刚. 互联网不能颠覆金融[J]. 中国金融,2015(02):47-48.

[284] Smith J. R. M. The Logic of Animal Conflict [J]. Nature, 1973, 246(11):15-18.

[285] Merton R. C. Theory of Risk Capital in Financial Firms[J]. Applied Corporate Finance, 1993, 6(3):16-32.

[286] Taylor M. "Twin Peaks": A Regulatory Structure for the New Century[M]. London: Centre for the Study of Financial Innovation, 1995.

[287] Gurley J. G., Shaw E. S. Financial Aspects of Development and Growth[J]. The American Economic Review, 1955, 45(4):515-538.

[288] Gurley J. G., Shaw E. S. Financial Intermediaries and the Saving-Investment Process[J]. The Journal of Finance, 1956, 11(2):257-276.

[289] Gurley J. G., Shaw E. S. Financial Structure and Economic Development[J]. Economic Development and Cultural Change, 1967(3):257-268.

[290] Patrick H. T. Financial Development and Economic Growth in Underdeveloped Countries[J]. Economic Development and Cultural Change, 1966(2):174-189.

[291] Goldsmith R. W. See his Financial Structure and Development[M]. New Haven: Yale University Press, 1969.

[292] McKinnon R. I. Money and Capital in Economic Development[M].

Washington：Brookings Institute，1973.

[293] Shaw E. S. Financial Deepening in Economic Development［M］. Oxford：Oxford University Press，1973.

[294] Galbis V. Financial Intermediation and Economic Growth in Less-Developed Countries：A Theoretical Approach［J］. The Journal of Development Studies，1977，13(2)：58－72.

[295] Fry M. J. Money，Interest，and Banking in Economic Development［M］. Washington：Johns Hopkins University Press，1988.

[296] Hellmann T.，Murdock K.，Stiglitz J. Financial Restraint：Toward a New Paradigm［M］. Oxford：Clarendon，1997.

[297] Hellmann T.，Murdock K.，Stiglitz J. Liberalization，Moral Hazard in Banking，and Prudential Regulation：Are Capital Requirements Enough？［J］. American Economic Review，2000，90(1)：147－165.

[298] 兹维·博迪，罗伯特·莫顿. 金融学［M］. 伊志宏，译. 北京：中国人民大学出版社，2000.

[299] Greenwood J.，Jovanovic B. Financial Development，Growth，and the Distribution of Income［J］. Journal of Political Economy，1990(5)：1076－1107.

[300] Leyshon A.，Thrift N. Access to Financial Services and Financial Infrastructure Withdrawal：Problems and Policies［J］. Area，1994，26(3)：268－275.

[301] Kempson E.，Whyley C. Kept Out or Opted Out？ Understanding and Combating Financial Exclusion［M］. Bristol：The Policy Press，1999.

[302] Cebulla A. A Beography of Insurance Exclusion：Perceptions of Unemployment Risk and Actuarial Risk Assessment［J］. Area，1999，31(2)：111－121.

[303] Regan S.，Paxton W. Beyond Bank Accounts：Full Financial

Inclusion[M]. Buckingham：Institute for Public Policy Research，2003.

[304] Claessens S.，Dobos G.，Klingebiel D.，et al. The Growing Importance of Nnetworks in Finance and Its Effects on Competition [M]. Northampton：Edward Elgar Publishers，2003：110 – 135.

[305] Alamá L.，Tortosa-Ausina E. Bank Branch Geographic Location Patterns in Spain：Some Implications for Financial Exclusion[J]. Growth and Change，2012，43(3)：505 – 543.

[306] Joassart-Marcelli P.，Stephens P. Immigrant Banking and Financial Exclusion in Greater Boston[J]. Journal of Economic Geography，2010，10(6)：883 – 912.

[307] Marshall J. N. Financial Institutions in Disadvantaged Areas：A Comparative Analysis of Policies Encouraging Financial Inclusion in Britain and the United States[J]. Environment and Planning A，2004，36(2)：241 – 262.

[308] Dymski G. A.，Veitch J. M. Financial Transformation and the Metropolis：Booms，Busts，and Banking in Los Angeles [J]. Environment and Planning A，1996，28(7)：1233 – 1260.

[309] Claessens S. Access to Financial Services：A Review of the Issues and Public Policy Objectives[J]. The World Bank Research Observer，2006，21(2)：207 – 240.

[310] Datta K. Risky migrants? Low-paid Migrant Workers Coping with Financial Exclusion in London[J]. European Urban and Regional Studies，2009，16(4)：331 – 344.

[311] Sarma M.，Pais J. Financial Inclusion and Development[J]. Journal of International Development，2011，23(5)：613 – 628.

[312] Devlin J. F. A Detailed Study of Financial Exclusion in the UK[J].

Journal of Consumer Policy，2005，28(1)：75-108.

[313] Beck T.，De La Torre A. The Basic Analytics of Access to Financial Services[J]. Financial Markets，Institutions & Instruments，2007，16(2)：79-117.

[314] Johnson S.，Nino-Zarazua M. Financial Access and Exclusion in Kenya and Uganda[J]. The Journal of Development Studies，2011，47(3)：475-496.

[315] Sain M. R. M.，Rahman M. M.，Khanam R. MPC 2013 Full Proceedings 31 Aug 2013[C]. Malaysian：Walter de Gruyter GmbH，2013：265-280.

[316] Devlin J. F. An Analysis of Influences on Total Financial Exclusion [J]. The Service Industries Journal，2009，29(8)：1021-1036.

[317] Osei-Assibey E. Financial Exclusion：What Drives Supply and Demand for Basic Financial Services in Ghana? [J]. Savings and Development，2009(3)：207-238.

[318] Mitton T. Why Have Debt Ratios Increased for Firms in Emerging Markets? [J]. European Financial Management，2008，14(1)：127-151.

[319] Beck T.，Demirguc-Kunt A.，Peria M. M. Reaching Out：Access to and Use of Banking Services Across Countries [J]. Journal of Financial Economics，2007，85(1)：234-266.

[320] Devlin J. F. A Detailed Study of Financial Exclusion in the UK[J]. Journal of Consumer Policy，2005，28(1)：75-108.

[321] Simpson W.，Buckland J. Examining Evidence of Financial and Credit Exclusion in Canada from 1999 to 2005[J]. The Journal of Socio-Economics，2009，38(6)：966-976.

[322] Pulido L. Rethinking Environmental Racism：White Privilege and

Urban Development in Southern California［J］. Annals of the Association of American Geographers，2000，90(1)：12－40.

［323］Dymski G. A.，Veitch J. M. Financial Transformation and the Metropolis：Booms，Busts，and Banking in Los Angeles［J］. Environment and Planning A，1996，28(7)：1233－1260.

［324］Leyshon A.，French S.，Signoretta P. Financial Exclusion and the Geography of Bank and Building Society Branch Closure in Britain［J］. Transactions of the Institute of British Geographers，2008，33(4)：447－465.

［325］Atkinson A. B.，Stiglitz J. E. Lectures on Public Economics［M］. Princeton：Princeton University Press，2015.

［326］文件起草组.《中共中央关于制定国民经济和社会发展第十三个五年规划的建议》辅导读本［M］.北京：人民出版社，2015.

［327］Demirgüç-Kunt A.，Levine R. Finance and Inequality：Theory and Evidence［J］. Annual Review of Financial Economics，2009：287－318.

［328］Banerjee A. V.，Timothy B.，Guinnane T. W. Thy Neighbor's Keeper：The Design of a Credit Cooperative with Theory and a Test［J］. Quarterly Journal of Economics，1994(109)：491－515.

［329］星焱.普惠金融的效用与实现：综述及启示［J］.国际金融研究，2015(11)：24－36.

［330］刘亦文，丁李平，李毅，胡宗义.中国普惠金融发展水平测度与经济增长效应［J］.中国软科学，2018(03)：36－46.

［331］刁莉，黄孝武，程承坪.拉美地区小额信贷覆盖深度变化及对我国的启示［J］.国际金融研究，2009(10)：34－40.

［332］Stiglitz J. Peer Monitoring and Credit Markets［J］. The World Bank Economic Review，1990 (3)：351－366.

[333] Khan M. A., Rahaman M. A. Impact of Microfinance on Living Standards, Empowerment and Poverty Alleviation of Poor People: A Case Study on Microfinance in the Chittagong District of Bangladesh [M]. Umea School of Business, 2007.

[334] Jayo M., Pozzebon M., Diniz E. Microcredit and Innovative Local Development in Fortaleza, Brazil: The Case of Banco Palmas[J]. Canadian Journal of Regional Science, 2009 (1): 115 – 128.

[335] Bruhn M., Love I. The Real Impact of Improved Access to Finance: Evidence from Mexico[J]. Journal of Finance, 2014 (6): 1347 – 1376.

[336] Berger S., Gleisner F. Emergence of Financial Intermediaries on Electronic Markets: The Caseof Online P2P Lending[R]. Working Paper, University of Frankfurt. 2010.

[337] Klapper L. The Role of "Reverse Factoring" in Supplier Financing of Small and Medium Sized Enterprises[J]. Journal of Banking and Finance, 2006 (11): 3111 – 3130.

[338] Johnson S., Arnold S. Inclusive Financial Markets: Is Transformation Under Way in Kenya? [J]. Development Policy Review, 2012 (11): 719 – 748.

[339] World Bank. Access to Finance: Measurement, Impact and Policies [R]. World Bank, 2007.

[340] Bloom N., Eifert B., Mahajan A., McKenzie D., Roberts J. Does Management Matter? Evidence from India[J]. Quarterly Journal of Economics, 2013 (1): 1 – 51.

[341] McKinnon R. I. The Order of Economic Liberalization: Financial Control in the Transition to a Market Economy[M]. Baltimore: Johns Hopkins University Press, 1991.

# 后　记

　　作为国家社会科学基金重大项目"互联网金融的发展、风险与监管研究"
(14ZDA043)的重要研究成果,《互联网金融冲击下的主流经济学——基于中
国实践的理论探索》这本著作已被列入"十三五"国家重点图书出版规划项目
《中国互联网金融研究丛书》。

　　2013 年 6 月,以余额宝的推出为里程碑,中国进入"互联网金融元年"。
随着互联网、大数据、云计算、人工智能和区块链等信息技术在金融领域的广
泛应用,互联网支付、网络借贷、互联网众筹、互联网保险、互联网基金销售,以
及互联网消费金融等业务模式各异的互联网金融呈现井喷式发展。这不仅推
动了中国金融业的创新与重塑,而且动摇了主流经济学资源稀缺性的基本假
设前提,进而对主流经济学产生了重大冲击。

　　互联网金融实践呼唤着经济学理论创新。作为国家社会科学基金重大项
目"互联网金融的发展、风险与监管研究"的首席专家,我意识到互联网金融的
异军突起为经济学理论的发展与创新提供了难得的机遇,特别是基于中国实
践的理论探索,深入研究互联网金融冲击下的主流经济学具有重要的理论和
现实意义。因此,我和我指导的章安辰博士对互联网金融冲击下的主流经济
学展开了深入研究,并且取得了有较大影响的研究成果。

　　我和章安辰博士是《互联网金融冲击下的主流经济学——基于中国实践
的理论探索》的共同作者。章安辰 2015 年 9 月以优秀成绩考进南京大学商学
院,在我的指导下攻读金融学专业博士学位,2018 年 6 月获经济学博士学位。
几年来,我与章安辰朝夕相处,教学相长,亦师亦友,共同在互联网金融研究领
域取得了比较突出的研究成果。我们在《学海》2018 年第 3 期发表了学术论

文《凯恩斯货币需求理论在互联网金融时代的局限性》,在《南京社会科学》2018 年第 6 期发表了学术论文《互联网金融与经济学"边际革命"》(《新华文摘》2018 年第 12 期全文转摘),在《经济问题探索》2018 年第 8 期发表了学术论文《互联网金融对中国货币政策中介目标的冲击》。我们关于互联网金融对主流经济学挑战的研究报告还两次获得江苏国际金融学会优秀成果一等奖。

《互联网金融冲击下的主流经济学——基于中国实践的理论探索》是在我和章安辰共同写作的学术论文、研究报告,以及我指导的章安辰博士学位论文基础上加以丰富和完善而最终定稿的。我们难以清晰界定彼此对这部著作的具体贡献,因为这部著作中的每个段落都融合了我和章安辰的思想与文字。

作为作者,我们要感谢所有关心和支持国家社会科学基金重大项目"互联网金融的发展、风险与监管研究"顺利开展的专家、学者和博士;感谢南京大学出版社金鑫荣社长、学术出版分社郑蔚莉副社长对本著作出版给予的重要帮助;感谢张静、陈嘉等编辑在本著作编辑和校对过程中付出的艰辛;感谢南京大学金融学专业博士生何涛协助校对了著作文稿中的部分文字。除已在著作中注明出处或列入的主要参考文献外,作者还参考了其他国内外文献和资料,在此也向所有文献和资料的著作权人表示由衷谢意。

由于各种原因,《互联网金融冲击下的主流经济学——基于中国实践的理论探索》这部著作还会有一些疏漏与不足之处,敬请广大读者批评指正。

裴　平

2022 年 4 月 6 日

**图书在版编目(CIP)数据**

互联网金融冲击下的主流经济学：基于中国实践的
理论探索 / 章安辰，裴平著. — 南京：南京大学出版
社，2022.6
（中国互联网金融研究丛书 / 裴平主编）
ISBN 978 - 7 - 305 - 24965 - 5

Ⅰ. ①互… Ⅱ. ①章… ②裴… Ⅲ. ①互联网络－应
用－金融－研究－中国 Ⅳ. ①F832.2

中国版本图书馆 CIP 数据核字(2021)第 182731 号

出版发行　南京大学出版社
社　　址　南京市汉口路 22 号　　　　邮　编　210093
出 版 人　金鑫荣

丛 书 名　中国互联网金融研究丛书
丛书主编　裴　平
**书　　名　互联网金融冲击下的主流经济学——基于中国实践的理论探索**
著　　者　章安辰　裴　平
责任编辑　张　静

照　　排　南京南琳图文制作有限公司
印　　刷　南京爱德印刷有限公司
开　　本　787×1092　1/16　印张 21.75　字数 337 千
版　　次　2022 年 6 月第 1 版　2022 年 6 月第 1 次印刷
ISBN 978 - 7 - 305 - 24965 - 5
定　　价　108.00 元

网址：http://www.njupco.com
官方微博：http://weibo.com/njupco
官方微信号：njupress
销售咨询热线：(025) 83594756

﹡版权所有，侵权必究
﹡凡购买南大版图书，如有印装质量问题，请与所购
　图书销售部门联系调换